应用技术型高校汽车类专业规划教材

Qiche Dianqi Shebei
汽车电气设备

王慧君　主　编

于明进　吴芷红　副主编

人民交通出版社
China Communications Press

内容提要

本书主要介绍了汽车电源系统、启动系统、点火系统、照明及信号系统、空调系统及辅助电气设备的作用、结构、原理、使用等方面的内容。本书不仅可作为高等院校汽车及相近专业的教材,也可作为从事汽车行业的工程技术人员、使用与维修人员的参考书。

图书在版编目(CIP)数据

汽车电气设备 / 王慧君主编. —北京: 人民交通出版社, 2014.6

应用技术型高校汽车类专业规划教材

ISBN 978-7-114-11281-2

Ⅰ.①汽… Ⅱ.①王… Ⅲ.①汽车-电气设备-高等学校-教材 Ⅳ.①U463.6

中国版本图书馆 CIP 数据核字(2014)第 050589 号

应用技术型高校汽车类专业规划教材

书　　名: 汽车电气设备
著 作 者: 王慧君
责任编辑: 夏　韡
出版发行: 人民交通出版社
地　　址: (100011)北京市朝阳区安定门外外馆斜街 3 号
网　　址: http://www.ccpress.com.cn
销售电话: (010)59757973
总 经 销: 人民交通出版社发行部
经　　销: 各地新华书店
印　　刷: 北京市密东印刷有限公司
开　　本: 787×1092　1/16
印　　张: 13.75
字　　数: 310 千
版　　次: 2014 年 7 月　第 1 版
印　　次: 2015 年 7 月　第 2 次印刷
书　　号: ISBN 978-7-114-11281-2
定　　价: 32.00 元

前言

FOREWORD

当前，随着汽车行业的快速发展，汽车人才需求激增，无论是汽车制造企业对于汽车研发、汽车制造人才的大量需求，还是汽车后市场对于汽车服务型人才的大量需求，这些都需要高校不断地输送相关人才。而目前，我国高等教育所培养的大部分人才还是以理论知识学习为主，缺乏实践动手能力，在进入企业一线工作时，往往高不成低不就，一方面企业会抱怨招不到合适的人才，另一方面毕业生们又抱怨没有合适的工作可找，主要问题就在于人才培养模式没有跟上社会发展实际需求。

《国家中长期教育改革和发展规划纲要(2010—2020年)》中明确指出，要提高人才培养质量，重点扩大应用型、复合型、技能型人才培养规模。培养理论和实操兼具的人才，使之去企业到岗直接上手或稍加培养即可适应岗位。2014年2月26日，李克强总理在谈到教育问题时指出，要建立学分积累和转换制度，打通从中职、专科、本科到研究生的上升通道，引导一批普通本科高校向应用技术型高校转型。可见国家对于应用型技术人才的培养力度将持续加大。

教材建设是高校教学和人才培养的重要组成部分，作为知识载体的教材则体现了教学内容和教学要求，不仅是教学的基本工具，更是提高教学质量的重要保证。但目前国内多家高校在应用型人才培养过程中普遍缺乏适用的教材，现有的本科教材远不能满足要求。因此，如何编写应用型本科教材是培养紧缺人才急需解决的问题。正是基于上述原因，人民交通出版社经过充分调研，结合自身汽车类专业教材、图书的出版优势，于2012年12月在北京组织召开了“高等教育汽车类专业应用型本科规划教材编写会”，并成立教材编写委员会。会议审议并通过了教材编写方案。

本系列教材定位如下：

(1)使用对象确定为拥有车辆工程、汽车服务工程或交通运输等专业的二、三本院校；

(2)设计合理的理论与实践内容的比例,主要解决“怎么做”的问题,涉及最基本的、较简单的“为什么”的问题,既满足本科教学设计的需要,又满足应用型教育的需要;

(3)与现行汽车类普通本科规划教材是互为补充的关系,与高职高专教材有明显区别,深度上介于两者之间,满足教学大纲的需求,有比较详细的理论体系,具备系统性和理论性。

《汽车电气设备》教材系根据“高等教育汽车类专业应用型本科规划教材编写会”会议精神而编写,它是汽车类专业的专业基础课。本书较系统地阐述汽车电气设备的功用、结构、原理、特性、使用等方面的基本知识和基本方法。在掌握基本原理、基本结构和基本规律的基础上,对各类汽车电器及控制系统具有举一反三、触类旁通的作用,为从事汽车行业的技术与管理的学生打下坚实的工作基础。

本书由山东交通学院王慧君主编,于明进、吴芷红副主编,具体分工是:王慧君编写第一、二、三、九章、吴芷红编写第四、六章、于明进编写第五、七、八章、曹凤萍编写第四、九章部分内容。本书可作为高等院校汽车专业的教材,也可作为从事汽车行业的工程技术人员和使用与维修人员的参考书。

本书在编写过程中,得到了许多相关企业单位、专家和工程技术人员的大力支持与帮助,源引了有关技术资料,在此表示由衷的感谢。由于编者水平有限,本书疏漏与不妥之处,恳请专家和读者指正。

应用技术型高校汽车类专业规划教材编委会

2014 年 3 月

目录

CONTENTS

第一章　绪　　论

教学目标

1. 了解汽车电气设备的发展动向。
2. 了解汽车电气设备的组成与功用。
3. 掌握汽车电气设备的特点。

教学要点

知识要点	掌握程度	相关知识
汽车电气设备的组成与功用	了解	电源系统、启动系统、点火系统、照明系统、信号系统、辅助电气设备
汽车电气设备的特点	掌握	汽车电气设备的特点

汽车电气设备是汽车的重要组成部分，随着汽车工业和汽车技术的快速发展，特别是汽车电子技术的迅速发展，汽车电器与电控装置在汽车中的权重越来越大，功用也越来越强，汽车对其的依赖程度和汽车电子控制的集成化程度越来越高，从而使当今汽车越来越完善，展示着人类的聪明才智。

汽车电气设备主要包括汽车电器与电控装置，是在汽车的电能和信号的产生、传输和使用过程中，完成通断、控制、保护、检测、变换、调节的电气元件和装置的总称，而汽车电控技术就是专门研究汽车电器，并实现有效控制的方法。

汽车电气设备种类繁多，使用面广，发展迅速，更新频繁。随着经济社会特别是汽车电子技术的发展，加速了汽车工业的发展，以环保、节能、安全为主旋律的新文化、新理论、新技术、新材料、新工艺使汽车发展为人们生活的重要组成部分。

1. 汽车电气设备的组成

汽车电气设备主要由电源系统、启动系统、点火系统、空调系统、照明、信号系统、辅助电气设备及燃油喷射电控系统、变速器换挡电控系统、悬架电控系统、转向电控系统、防滑电控系统、巡航电控系统等组成。

2. 汽车电气设备的功用

1）电源系统

电源系统包括蓄电池、发电机等。蓄电池的主要功用是在发动机不运转和发电机电压较低时向启动机和其他用电设备提供低压直流电；发电机的主要功用是在发动机正常运转时向汽车用电设备提供低压直流电，并给蓄电池充电。

2）启动系统

启动系统主要由启动机及其控制装置等组成，其功用是拖动和启动发动机。

3）点火系统

点火系统由点火线圈、火花塞和电控系统等组成，其功用是使火花塞在汽缸中适时可靠地产生电火花，以点燃可燃混合气而使汽油机正常工作。

4）照明、信号系统

照明、信号系统主要包括灯具、声光信号、控制系统等，其功用是汽车内外照明、车辆状态信号警示、保证车辆正常安全行驶。

5）空调系统

汽车空调系统的作用是根据驾驶人员的需要，调节汽车车厢内空气的温度、相对湿度、清洁度、气流速度及方向等，使汽车车厢内的空气处于比较理想的状态，保障驾乘环境舒适。

6）辅助电气设备

辅助电气设备主要包括风窗刮水与清洁设备、电动车窗、电动座椅、中控门锁与防盗系统、音响系统等，其功用是为驾乘人员提供良好的驾乘环境，保证车辆安全。

7）主要电控系统

汽车电控系统是自动控制系统，一般由传感器、控制器、执行器三部分组成。

（1）传感器。传感器是将测得的物理信号（数字式或模拟式）传送给控制器；

（2）控制器。控制器又称控制单元或电控单元，用以接受和处理来自传感器的信号，并将处理各种信号取得的控制指令传给执行器；

（3）执行器。执行器接受控制器传来的指令，将电信号转变为执行元件的动作（电动、液动、气动）。

3. 汽车电气设备的特点

1）低压直流

汽车电器与电控装置均采用低压直流电，规定并广泛采用的直流电压为6V、12V、24V三种，随着汽车电气的发展电压有提高的趋势。

2）并联单线

汽车电气设备大都采用并联单线制。并联电路可使各系统的电气设备独立控制，单线制接线方式是利用汽车的金属机体作为电气设备的公用连接端（俗称“搭铁端”），这可使汽车电气设备工作可靠、布线清晰、节约导线、维修方便。但安装在挂车、非金属件或钣金件上的电气设备一般采用双线制。

3）局域网络

随着汽车电器与电控技术的发展，控制单元所涉及的内容和处理的信息越来越多，传统的线束和连接难以满足要求，而采用可进行多路信息传输的汽车局域网络系统（又称CAN总线），可使信息传输更多、更快、更可靠，线束和连接更少。

4）负极搭铁

汽车电气设备一般采用负极搭铁，以减轻蓄电池电缆铜端子在车体连接处的化学腐蚀，提高搭铁的可靠性；统一标准，便于汽车电气设备的生产、使用和维修。

第二章　蓄　电　池

教学目标

1. 了解蓄电池的功用。
2. 熟悉蓄电池的结构。
3. 理解蓄电池的工作原理与特性。
4. 掌握蓄电池技术状况的检查及故障处理方法。

教学要点

知识要点	掌握程度	相关知识
蓄电池的结构	熟悉	蓄电池的组成、基本结构、干荷蓄电池与免维护蓄电池的特点
蓄电池的工作原理	理解	放电过程、充电过程
蓄电池的工作特性	理解	放电特性、充电特性
蓄电池的容量及其影响因素	理解	额定容量、储备容量、影响容量的因素
蓄电池的充电	了解	充电方法、充电种类、充电注意事项
蓄电池的使用与维护	掌握	蓄电池的合理使用、技术状况的检查及故障处理

蓄电池是一种化学电源,它可以将电能转变为化学能储存起来,也可以将化学能转变为电能供给用电设备。前者称为蓄电池的充电,后者称为蓄电池的放电。

汽车用蓄电池是一种可逆的直流电源,即放电后可以通过充电来补充电能,并能反复使用的二次蓄电池。

第一节　蓄电池的分类与功用

一、蓄电池的分类

蓄电池按照电极所用材料和电解液性质的不同可分为铅酸蓄电池、碱性蓄电池和新型电源。

铅酸蓄电池用途非常广泛，根据用途和容量的不同可分为启动用蓄电池、固定用蓄电池、铁路客车用蓄电池、摩托车用蓄电池等。

碱性蓄电池根据电极材料不同可分为镉镍蓄电池、铁镍蓄电池、锌银蓄电池等。

新型电源分为燃料电池、锌—空气电池、钠—硫电池等。

由于启动用铅酸蓄电池具有结构简单、内阻小、短时间内可迅速提供较大的电流、电压稳定等优点，符合汽车用蓄电池的要求，且原材料丰富、技术成熟、成本低廉，所以在汽车上得到了广泛应用。本章介绍的蓄电池即为启动用铅酸蓄电池。

目前应用较为普遍的启动用铅酸蓄电池有干荷电蓄电池和免维护蓄电池。

二、蓄电池的功用

汽车用电设备所需的电能，由发电机和蓄电池提供。二者呈并联关系，正极相连，负极搭铁。在发动机正常工作时，主要由发电机向用电设备供电，而蓄电池的功用是：

(1)发动机启动时，给启动系、点火系和燃油喷射等系统供电。要求在5~10s内供给启动机200~600A(有的柴油机的启动可达1000A)的强大电流；

(2)发电机不工作或输出电压过低时，向用电设备供电；

(3)在发电机短时间超负荷时，协助发电机向用电设备供电；

(4)具有整车电气系统的电压稳定作用，保护电路中电子元件不被损坏；

(5)蓄电池存电不足时，可将发电机的电能转变为化学能储存起来，以备需要时使用。

第二节　蓄电池的构造与型号

一、蓄电池的构造

蓄电池的构造如图2-1所示，一般由6个单格电池串联而成，每个单格电池的标称电压为2V。蓄电池由极板、隔板、电解液和壳体等组成。

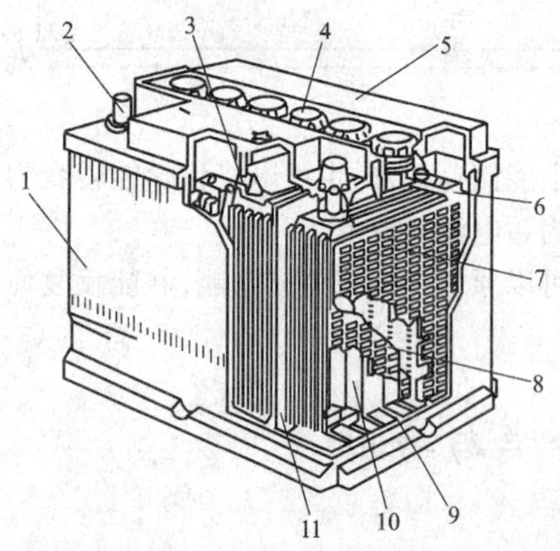

图2-1　蓄电池的构造

1-壳体；2-极桩；3-单格电池连接条；4-加液孔螺塞；5-电池盖；6-极板连接条；7-负极板；8-正极板；9-壳体底部凸肋；10-隔板；11-单格电池隔壁

1. 极板

极板是蓄电池的主要组成部分，它分为正极板和负极板，正、负极板均由栅架和活性物质组成，其形状参见图2-2。蓄电池充放电过程中电能和化学能的相互转换，就是依靠极板上的活性物质和电解液起化学反应来实现的。

极板的栅架用于支撑极板活性物质，并具有导电作用。正、负极板的栅架结构相同，一般由铅锑合金浇铸而成，其中加锑的目的是为了提高栅架的机械强度和提高栅架浇铸时的流动性能。但铅锑合金耐化学腐蚀性比纯铅差，锑易从正极板栅架中解析出来，引起自行放电和栅架的膨胀、腐烂，因此，锑的含量应尽量低，目前采用的低锑合金栅架含锑量在3%左右，有的栅架采用了铅钙合金。图2-3所示为网格式栅架,结构简单,制作方便;图2-4为放射式栅架,栅架各点至电极的距离较短,电池内阻较小。

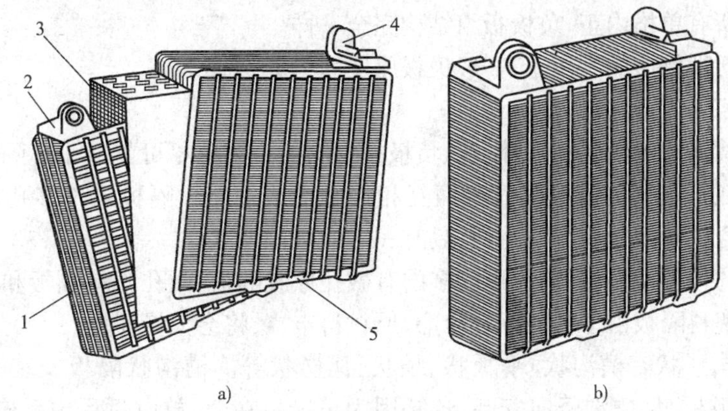

图2-2 单格电池的构造

a)单格电池分解图;b)单格电池组装图

1-正极板组;2-正极板连接条;3-隔板;4-负极板连接条;5-负极板组

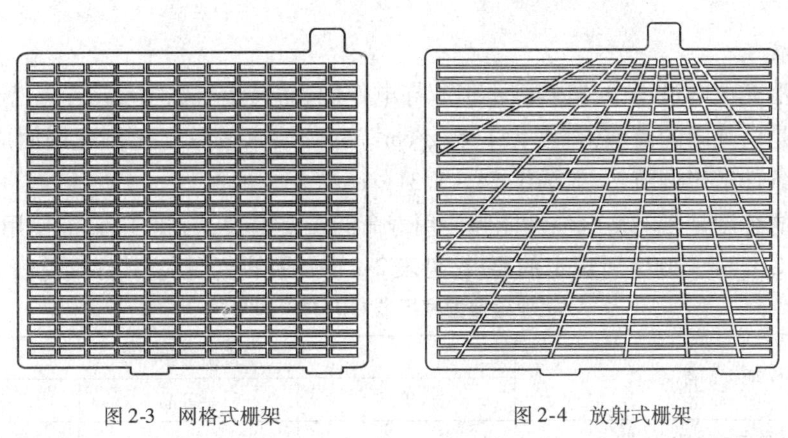

图2-3 网格式栅架　　图2-4 放射式栅架

极板的活性物质是由铅块在球磨机中研磨,与空气接触,形成氧化铅粉,然后加入一定量的添加剂和硫酸溶液调成膏状,填充在栅架网格内,干燥后,放入硫酸溶液中,经过规定时间的充电(蓄电池生产过程中称为"化成",一般18~20h),使正极板的活性物质绝大部分变成深棕色的二氧化铅(PbO_2),负极板的活性物质绝大部分变成青灰色的海棉状铅(Pb)。为了防止负极板上活性物质的收缩,保证其多孔性,铅膏里常加入添加剂,如腐植酸、硫酸钡、木素磺酸钠、炭黑等,同时还在活性物质中加入天然纤维或合成纤维,以防活性物质的脱落和裂纹。

化成后的正、负极板各一片浸入电解液中,就可获得约2V的电动势。极板上活性物质的有效数量越多,在一定放电电流的情况下,放电时间就越长,即容量就越大。为了提高蓄电池的容量,而又不致使体积过大,一般都采取小面积的多片正、负极板分别用极板连接条焊接在一起,组成正、负极板组。极板连接条上有单格电池极桩,用于单格电池之间的串联。各片极板间留有间隙,安装时正、负极板相互嵌合,之间用绝缘隔板隔开,便形成单格电池,如图2-2所示。在单格电池中,负极板的片数比正极板多一片,正极板都处于负极板之间,使两侧放电均匀,否则,由于正极板的机械强度差,单面工作会使两侧活性物质体积变化不一致,而造成极板拱曲,活性物质早期脱落。

蓄电池的所有单格内正、负极板组结构完全一样。

为了提高活性物质的利用率,一般极板厚度为1.1~1.5mm。

2. 隔板

为了减小蓄电池的内阻和尺寸,正、负极板之间的距离应尽可能减小。隔板插入极板之间,其作用就是防止正、负极板因靠近而互相接触造成短路。隔板采用多孔性绝缘材料制成,应耐酸、不含有对极板有害的物质,具有一定的机械强度。

隔板材料的种类很多,目前应用较多的有微孔橡胶隔板、微孔塑料隔板和玻璃纤维组合隔板等。微孔塑料隔板由于性能好且价廉、原材料丰富,将会大量使用。

隔板的结构形状有槽沟状、平板状、袋状、瓦楞状等。槽沟状隔板安装时应将带槽沟的一面对着正极板,且槽沟竖向安装,这是因为正极板在充、放电过程中反应激烈,槽沟能使电解液顺利地上下流通,保证极板的硫酸供应量,同时,使正极板上脱落的活性物质顺利地掉入壳底空腔中。袋状隔板安装时仅包住正极板,因为正极板活性物质比较松散,容易脱落。

3. 电解液

在蓄电池充放电过程中,电解液不但起导电作用,而且参与化学反应。

电解液是由纯净的硫酸(密度为1.84g/cm^3)和蒸馏水按一定比例配制而成的,密度随地区和气候条件适当调节,一般为1.24~1.31g/cm^3(25℃时)。

电解液的纯度是影响蓄电池性能和使用寿命的重要因素,因此,电解液使用的硫酸应采用国家标准GB534—2002所规定的要求,见表2-1。需用的蒸馏水,其标准见表2-2。

工业硫酸国家标准 GB534—2002 表2-1

项目		浓硫酸指标		
		优等品	一等品	合格品
硫酸($PbSO_4$)的质量分数(%)	≥	92.5或98.0	92.5或98.0	92.5或98.0
灰分的质量分数(%)	≤	0.02	0.03	0.10
铁(Fe)的质量分数(%)	≤	0.005	0.010	—
砷(As)的质量分数(%)	≤	0.0001	0.005	—
汞(Hg)的质量分数(%)	≤	0.001	0.01	—
铅(Pb)的质量分数(%)	≤	0.005	0.02	—
透明度(mm)	≥	80	50	—
色度(mL)	≤	2.0	2.0	—

蓄电池用蒸馏水的标准(电导率不低于30kΩ) 表2-2

杂质名称	最大允许量(%)	杂质名称	最大允许量(%)
有机物	0.003	硝酸盐及亚硝酸盐(NO_3)、(NO_2)	0.004
残渣	0.005	铁(Fe)	0.004
氯(Cl)	0.004	氨(NH_4)	0.0008

含杂质较多的非标准硫酸和水不得用于蓄电池,否则,会在蓄电池内部形成"局部电位

差”，增加蓄电池的自放电并损坏极板。

4. 壳体

蓄电池壳体是用来盛放单格电池和电解液的容器，其材料应耐热、耐酸、耐振。一般由硬橡胶或聚丙烯塑料制成。聚丙烯塑料外壳壁薄、质量轻、外形美观、透明，原材料来源广，近年来发展很快，得到广泛使用。

壳体内有隔壁，将其分成 6 个相同大小的单格，并且相互之间不沟通，各单格底部有凸肋，以支撑单格电池。凸肋间形成的空腔可沉积极板脱落的活性物质，以免正、负极板造成短路。

蓄电池的盖分为单格小盖和整体式盖两种形式。聚丙烯塑料壳体的蓄电池大多采用整体式盖，盖上有相应单格数目的加液孔和两个蓄电池正、负极桩孔，加液孔对应蓄电池的每一个单格，内有螺纹，用以安装加液孔螺塞；蓄电池正、负极桩孔引出正、负极桩，盖与壳体的密封采用加热熔合或黏结剂黏合。

加液孔螺塞平时旋紧在加液孔上，加注电解液或蒸馏水和检查蓄电池的技术状况时旋下。螺塞上设有通气孔，并采用防溅结构，既能保证蓄电池化学反应中放出的气体随时逸出，又能防止汽车行驶颠簸使电解液溅出。

5. 连接条和极桩

连接条和极桩均采用铅锑合金铸成。连接条有极板连接条和单格电池连接条，极板连接条是将多片正、负极板分别并联，组成正、负极板组。而单格电池连接条的作用是将单格电池串联起来，提高蓄电池的总电压。

单格电池的连接方式目前常用的有跨越式（图 2-5a）和穿壁式（图 2-5b）两种。跨越式即在相邻单格电池之间的隔壁上端留有豁口，连接条通过豁口跨越隔壁，将相邻的两单格电池串联连接；穿壁式即在相邻单格电池之间的隔壁上打孔，供连接条穿过，把单格电池串联连接。

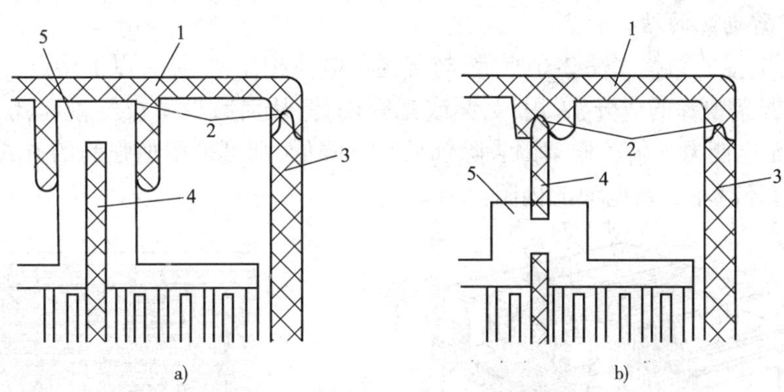

图 2-5 单格电池的连接方式

a）跨越式；b）穿壁式

1-电池盖；2-黏结剂；3-电池壳体；4-隔壁；5-连接条

各单格电池串联后，两端的正、负极桩穿出电池盖，分别形成蓄电池的正、负极桩，蓄电池的正、负极桩上平面一般都铸有“+”、“-”标记，且正极桩较负极桩略粗。使用过的蓄电池标记不清时，也可观察极桩的颜色（正极桩呈深棕色、负极桩呈深灰色）来区分或用直流电压表测定。

另外，在蓄电池每个单格电池组的顶部，都置有护板，其作用是避免对蓄电池进行技术状况检查时损坏极板上部。

二、干荷电蓄电池

干荷电蓄电池与普通蓄电池相比，其结构基本相同，不同点主要在于负极板的制造工艺要求较高，具有干荷电的特性。普通蓄电池正极板的活性物质（PbO_2）化学性能比较稳定，其荷电性能可以长期保持。而负极板的活性物质（Pb）由于表面积大，化学活性高，容易被氧化。为使干荷电蓄电池的负极板在储存时也能较长时间地保持其荷电性能，在负极板的铅膏中加入了松香、油酸、硬脂酸等防氧化剂，并在化成过程中有一次深放电循环或进行反复的充、放电，使活性物质达到深化。化成后的负极板，先用清水冲洗，再放入防氧化剂溶液（硼酸、水杨酸混合液）中进行浸渍，让负极板表面生成一层保护膜，并采用特殊的干燥工艺（干燥罐中充入惰性气体或抽真空）处理，这样即可制成具有干荷电性能的极板。

干荷电蓄电池使用时的优点：

（1）极板组在干燥状态下能够较长期地保存在制造过程中所得到的电荷；

（2）在规定的保存期（1 ~2 年）内如需使用，只要灌入符合规定密度的电解液，搁置 15 ~ 20min，调整液面高度至规定标准后，不需进行初充电即可使用。

对储存期超过保存期的干荷电蓄电池，因极板上有部分被氧化，使用前应以补充充电的电流充电 5 ~10h 后再用。

三、免维护蓄电池

免维护蓄电池从 20 世纪 70 年代后期进入国际市场以来，已得到迅猛发展，基本取代了传统的蓄电池。

1. 免维护蓄电池的结构特点

免维护蓄电池的结构如图 2-6 所示，与普通蓄电池相比，它具有以下特点：

（1）极板栅架中锑的成分，采用钙、镉或锶等代替，从而减少了析气量和耗水量，减少了自放电，耐过充电能力强。若栅架因去除锑后强度降低，则可采用加强筋的方式以提高强度（图 2-7），同时还减小了蓄电池的内阻。

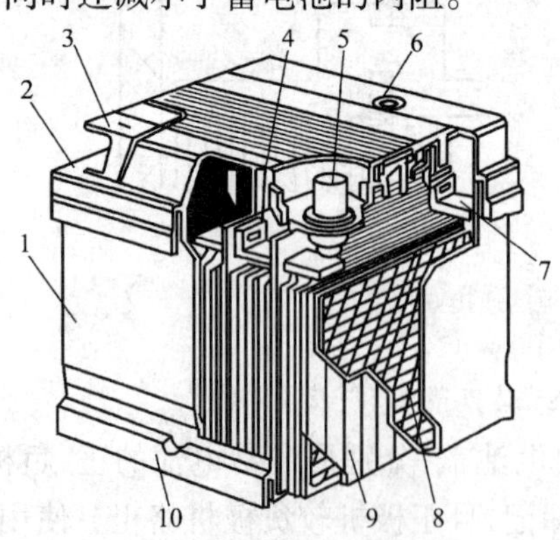

图 2-6　免维护蓄电池结构

1-壳体；2-电池盖；3-极桩盖；4-单格电池连接条；5-极桩；6-观察窗（内装密度计）；7-极板连接条；8-负极板；9-袋式隔板（包住正极板）；10-安装蓄电池的下滑面

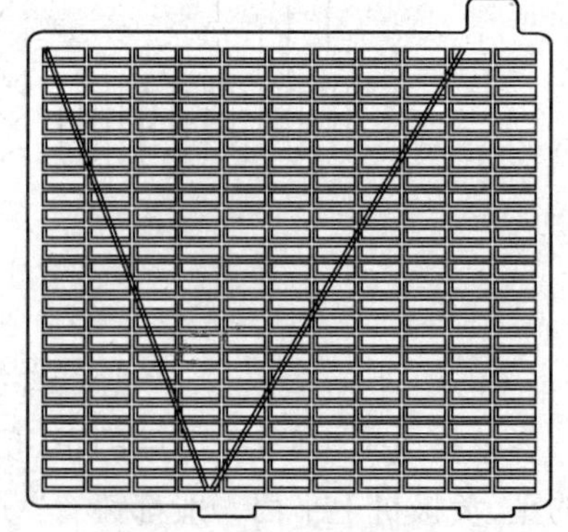

图 2-7　栅架采取加强筋形式

(2)隔板采用袋式微孔塑料隔板,将正极板包住,可保护正极板活性物质不致脱落,并防止极板短路。

(3)各单格顶端没有加液孔,只是设置了相应的通气孔,通气孔多采用迷宫式排气结构,蓄电池除通气孔外是带液全密封的。通气孔还采用安全通气装置(如采用催化剂钯、设有气体膨胀室等),可使排出的氢氧离子结合生成水再回到电池中去,减少水的消耗,可避免电池内的酸气析出与外部火花接触产生爆炸。同时使电池顶部和接线柱保持清洁,减少表面及接线柱的腐蚀和因表面不清洁造成的自放电。

(4)单格电池间采用穿壁式连接,连接条短,内阻小,启动性能好。

(5)壳体为聚丙烯塑料热压而成,壳底没有凸肋,极板组直接坐落在蓄电池底部,这样可使极板上部的电解液量增加一倍多,且壳体内壁薄,与同容量电池相比,质量轻、体积小。

(6)大多数免维护蓄电池自身装有反映蓄电池技术状况的观察窗(内装密度计)。

2. 免维护蓄电池的使用特点

免维护蓄电池合理使用过程中不需添加蒸馏水;极桩腐蚀轻或没有腐蚀;蓄电池自放电少,寿命长;启动性能好;使用或储存时不需进行补充充电;可及时观察蓄电池的技术状况。

四、蓄电池的型号

蓄电池的型号按 JB/T 2599—2012《铅酸蓄电池名称型号编制与命名办法》由以下几部分组成:

串联的单格电池数——蓄电池的类型 蓄电池的特征——额定容量

(1)串联的单格电池数用阿拉伯数字表示。

(2)蓄电池类型是根据其主要用途来划分的。如启动用蓄电池代号为"Q",摩托车用蓄电池代号为"M"。

(3)蓄电池特征为附加部分,仅在同类用途的产品中具有某种特征而在型号中又必须加以区别时采用。当产品同时具有两种特征时,原则上应按表 2-3 顺序将两个代号并列标志。产品特征代号见表 2-3 所示。

产品特征代号 表 2-3

序号	产品特征	代号	序号	产品特征	代号
1	干荷电	A	7	半密闭式	B
2	湿荷电	H	8	液密式	Y
3	免维护	W	9	气密式	Q
4	少维护	S	10	激活式	I
5	防酸式	F	11	带液式	D
6	密闭式	M	12	胶质电解液	J

(4)额定容量是指 20h 放电率时的容量,单位为 A · h,用阿拉伯数字表示。20h 放电率一片正极板的设计容量约为 15A · h。

(5)在产品具有某些特殊性能时,可用相应的代号加在产品型号的末尾。如 G 表示薄型极板的高启动率电池,S 表示采用工程塑料外壳、电池盖及热封工艺的蓄电池。

例如:

6-QA-105G:由 6 个单格电池组成,额定电压 12V,额定容量为 105A · h 的启动用干荷电高启动率蓄电池。

6-QAW-100:6 个单格电池组成,额定电压 12V,额定容量为 100A · h 的启动用干荷电免维护蓄电池。

蓄电池的选用必须符合汽车电气系统的标称电压,并能提供启动所必需的电流和容量。目前,汽油机汽车标称电压多选用 12V,柴油机汽车标称电压多选用 24V。随着汽车用电设备的增加,汽车电源标称电压有采用 36V 或 48V 的趋势。

第三节　蓄电池的工作原理与特性

一、蓄电池的工作原理

蓄电池由正极板(二氧化铅 PbO_2)和负极板(海绵状铅 Pb)浸入电解液(硫酸 H_2SO_4的水溶液)中而形成,其内部的化学反应是可逆的。根据"双硫化理论",蓄电池放电时,两极板上的活性物质与电解液发生作用都转变成了硫酸铅($PbSO_4$),电解液密度下降;而充电时,两极板上的 $PbSO_4$又分别恢复为原来的 PbO_2和 Pb,电解液密度回升,略去中间化学反应过程,可用式(2-1)表示:

(正极板)　(电解液)　(负极板)　(正极板)　(电解液)　(负极板)

$$PbO_2 + 2H_2SO_4 + Pb \underset{充电}{\overset{放电}{\rightleftharpoons}} PbSO_4 + 2H_2O + PbSO_4 \tag{2-1}$$

1. 电动势的建立

充电状态下的蓄电池正、负极板浸入电解液时,负极板处有少量 Pb 溶入电解液,生成 Pb^{2+},而在极板上留下两个电子 2e,使极板带负电。由于正、负电荷的相互吸引,Pb^{2+}沉附于极板的表面。当溶解平衡时,极板具有负电位,约为 $-0.1V$。

正极板处有少量 PbO_2溶入电解液,与电解液中的 H_2O 生成 $Pb(OH)_4$,$Pb(OH)_4$再分离成 Pb^{4+} 和 OH^-:

即

$$PbO_2 + 2H_2O \rightleftharpoons Pb(OH)_4$$

$$Pb(OH)_4 \rightleftharpoons Pb^{4+} + 4OH^-$$

Pb^{4+}沉附于极板上,使极板呈正电位,当溶解平衡时,约为 $+2.0V$。

因此,在外电路未接通,反应达到相对平衡状态时,蓄电池的静止电动势 E_0约为 2.1V。

2. 放电过程

蓄电池的放电过程是将化学能转换成电能的过程。当蓄电池接上负载时,在蓄电池电动势的作用下,电流 I_f便从正极经过负载流向负极(即电子从负极移向正极),使正极电位降低,负极电位升高,破坏了原来的平衡。放电时的化学反应过程如图 2-8 所示。

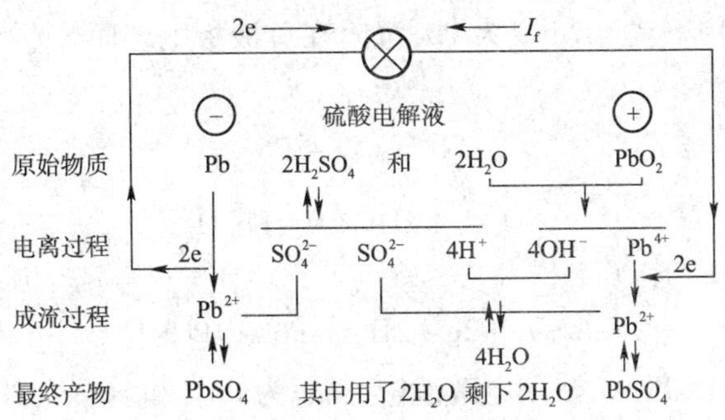

图 2-8 蓄电池的放电过程

正极板处，Pb^{4+} 得到 2e，变成 Pb^{2+}，Pb^{2+} 与电解液中的 $SO_4{}^{2-}$ 结合生成 $PbSO_4$，沉附于正极板上。

即

$$Pb^{4+} + 2e \rightarrow Pb^{2+}$$

$$Pb^{2+} + SO_4{}^{2-} \rightleftharpoons PbSO_4$$

负极板处 Pb^{2+} 与电解液中的 $SO_4{}^{2-}$ 结合生成 $PbSO_4$ 沉附在负极板上。

极板上的活性物质继续溶解，如果电路不切断，上述化学反应将继续进行，生成的 2e 不断转移，使正极板的 PbO_2 和负极板的 Pb 逐渐转变成 $PbSO_4$，而在电解液中 H_2SO_4 逐渐消耗转变成 H_2O，电解液密度下降。

理论上讲，只有当正负极板上的活性物质全部转变成 $PbSO_4$ 时，蓄电池才因为正负极板的电位差等于零而失去供电能力，放电过程彻底停止。但实际上电解液不可能渗透到极板活性物质的最内层进行反应。所以，使用中所谓完全放完电的蓄电池，只不过仅 30% 左右的活性物质发生了反应。因此，采用薄型极板，增加多孔性，可提高极板活性物质的利用率。

3. 充电过程

蓄电池的充电过程是将外电源的电能转换成化学能储存起来的过程。将放电状态下的蓄电池接以直流电源，电源与蓄电池并联连接。电源电压应高于蓄电池的电动势，这样，在电源电压的作用下，电流 I_C 从蓄电池的正极流入，负极流出（即驱使电子 2e 从正极经外电路移向负极），其化学反应过程如图 2-9 所示。可见蓄电池内部发生的化学反应与放电过程正好是相反的。

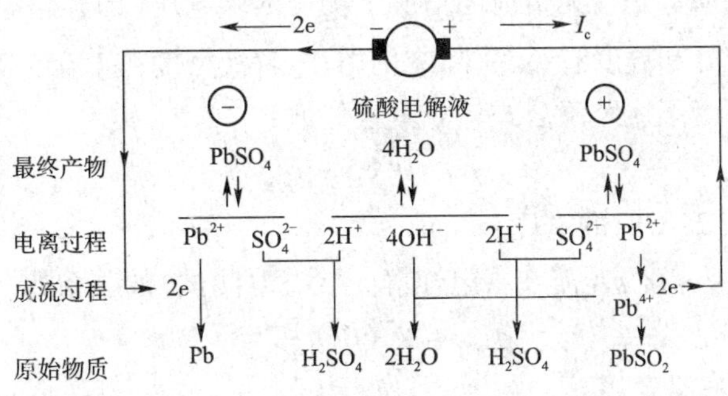

图 2-9 蓄电池的充电过程

负极板处有少量的 $PbSO_4$ 溶入电解液中，离解为 Pb^{2+} 和 $SO_4{}^{2-}$，即

$$PbSO_4 \rightleftharpoons Pb^{2+} + SO_4{}^{2-}$$

Pb^{2+}在电源的作用下获得2e变为Pb,沉附在负极板上。而SO_4^{2-}则与电解液中的H^+结合,生成H_2SO_4即

$$Pb^{2+} + 2e \rightarrow Pb$$

$$SO_4^{2-} + 2H^+ \rightleftharpoons PbSO_4$$

负极板上的总反应为:

$$PbSO_4 + 2e + 2H^+ \rightarrow Pb + PbSO_4$$

正极板处,也有少量$PbSO_4$溶入电解液中,离解为Pb^{2+}和SO_4^{2-},Pb^{2+}在电源的作用下失去2e变为Pb^{4+},Pb^{4+}又和电解液中的H_2O离解出来的OH^-结合,生成$Pb(OH)_4$,$Pb(OH)_4$又分解为PbO_2和H_2O,而SO_4^{2-}又与电解液中的H^+结合生成H_2SO_4。

其反应如下:

$$PbSO_4 \rightleftharpoons Pb^{2+} + SO_4^{2-}$$

$$Pb^{2+} - 2e \rightarrow Pb^{4+}$$

$$4H_2O \rightleftharpoons 4H^+ + 4OH^-$$

$$Pb^{4+} + 4\ OH \rightleftharpoons Pb\ (OH)_4 \rightleftharpoons PbO_2 + 2H_2O$$

$$SO_4^{2-} + 2H^+ \rightleftharpoons H_2\ SO_4$$

正极板上的总反应为:

$$PbSO_4 - 2e + 4H_2O \rightarrow H_2SO_4 + PbO_2 + 2\ H_2O\ + 2H^+$$

可见,在充电过程中,正、负极板上的$PbSO_4$,将逐渐恢复为PbO_2和Pb,电解液中的H_2SO_4成分逐渐增多,H_2O逐渐减少,电解液密度上升。当正负极板上的$PbSO_4$全部转变为PbO_2和Pb时,充电过程结束。

充电终期,电解液密度将升到最大值,且会引起水的电解。蓄电池充电时要保证通气畅通和充电室通风。

二、蓄电池的特性

1.静止电动势

蓄电池的静止电动势是指无负荷的情况下测得的端电压(即开路电压),用E_0表示。E_0的大小与电解液的密度和温度有关,实际应用中,电解液密度在1.05~1.30g/cm³范围内,单格电池静止电动势可由下述经验公式计算其近似值:

$$E_0 = 0.85 + \rho_{25℃} \tag{2-2}$$

式中:$\rho_{25℃}$——电解液25℃时的密度,g/cm³。

$\rho_{25℃}$与实测电解液密度ρ_t(需在蓄电池静止状态时测试)的关系如下:

$$\rho_{25℃} = \rho_t + \beta(t - 25) \tag{2-3}$$

式中:t——实测电解液温度,℃;

β——电解液密度温度系数,$\beta = 0.00075$,即每温升1℃,密度将下降0.00075g/cm³。

蓄电池的电解液密度在充电时增大,放电时减小,一般在1.12~1.30 g/cm³之间波动,故静止电动势约在1.97~2.15V之间变化。

2. 内阻

蓄电池的内阻包括极板、隔板、电解液、单格电池连接条等的电阻。

极板电阻一般很小，并且随极板上活性物质的变化而变化。充电后电阻变小，放电后电阻变大。放电终了时，活性物质大部分转变为 $PbSO_4$，则电阻大大增加。

隔板电阻因所用的材料和厚度不同而异，橡胶隔板和塑料隔板电阻较小。隔板越薄，电阻越小。

电解液的电阻随密度和温度不同而变化。温度降低，电阻越大。25℃时电解液密度在 1.23g/cm^{3}左右时，电阻较小。密度过高或过低都会减少 H_2SO_4的离解数量，密度过大还会增加电解液的粘度，所以内阻都比较大。

总的来说，蓄电池内阻较小，可输出较大的电流，能适应启动需要。

3. 放电特性

蓄电池的放电特性是指完全充电的蓄电池以 20h 率的电流连续恒流放电，其端电压 U_f 和 25℃时的电解液密度 $\rho_{25℃}$ 随放电时间 t_f而变化的特性。以 6-QA-105 型蓄电池为例，放电电路如图 2-10 所示，在以 20h 率的电流连续放电过程中，每隔一定时间测量蓄电池的端电压和电解液密度 ρ_t，并换算成单格电压和 $\rho_{25℃}$，便得到如图 2-11 所示的 6-QA-105 型蓄电池的放电特性曲线。

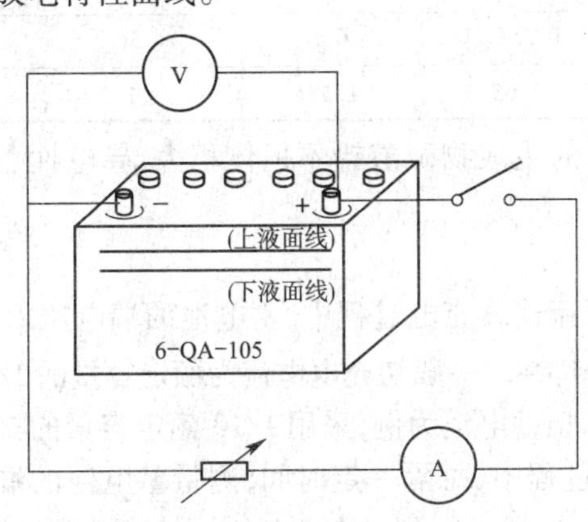

图 2-10 蓄电池放电电路

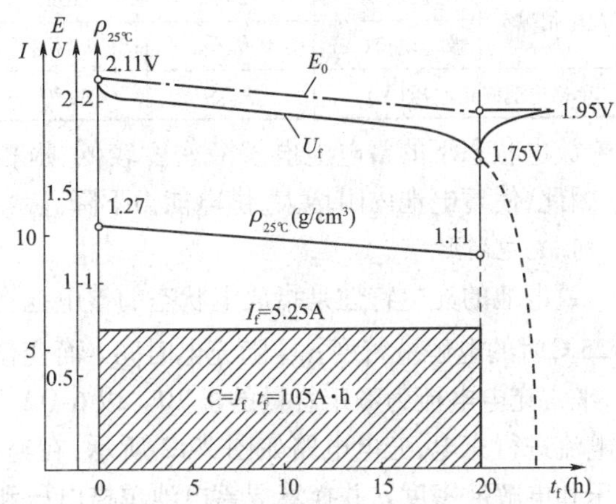

图 2-11 6-QA-105 型蓄电池放电特性曲线

由于放电过程中电流是恒定的，单位时间内所消耗的硫酸量是相同的，所以 $\rho_{25℃}$ 沿直线下降，且每下降 0.04g/cm^3，蓄电池放电约为额定容量的 25%。

放电过程中，由于蓄电池存在内阻压降，所以实测蓄电池的端电压 U_f总小于蓄电池的电动势 E_0，即：

$$U_f = E_0 - I_f R_n \tag{2-4}$$

式中：I_f——放电电流，A；

R_n——蓄电池内阻，Ω。

放电过程中，蓄电池的端电压是变化的，它随放电过程中电动势的减小而降低。

由图 2-11 可见，放电初期，蓄电池的端电压下降很快，是由于放电时极板的活性物质与硫酸的化学反应首先在极板的孔隙内进行，使极板孔隙内的硫酸量迅速消耗，电解液密度迅速下降。这时，壳体内电解液密度相对较高便向极板孔隙内渗入，当极板孔隙内消耗的硫酸量与渗入的硫酸量达到平衡时,端电压将随壳体内电解液密度的降低而缓慢下降。放电末期,极板上的活性物质大部分已转变成硫酸铅。由于硫酸铅较原来活性物质的体积大(是海绵状铅的2.68倍,是二氧化铅的1.86倍),硫酸铅的生成使极板孔隙的截面积减小,阻碍了电解液的渗入,内阻增大,极板孔隙内消耗掉的硫酸难以得到补充,电解液密度迅速下降。因此,端电压迅速下降至单格电池电压为1.75V,放电便告终了,整个放电历时20h。此时应立即停止放电,否则电压将急剧下降,使蓄电池过放电。过放电对蓄电池是有害的,因为孔隙中生成的粗晶粒硫酸铅,充电时不易被还原,而使极板损坏,容量下降。

放电停止后,极板孔隙中的电解液和壳体内的电解液相互渗透,蓄电池的端电压将回升。当渗透达到平衡时,端电压与静止电动势相等。

蓄电池放电终了的特征是:

(1)电解液密度降低到最小许可值。

(2)单格电池的端电压降至放电终止电压(以20h放电率放电,单格终止电压为1.75V)。

蓄电池允许放电终止电压与放电电流强度有关。放电电流越大,放电时间越短,允许的放电终止电压越低,见表2-4。

蓄电池的放电率与终止电压的关系 表2-4

放电情况	放电率	20h	10h	3h	30	5min
	放电电流(A)	$0.05C_{20}$	$0.1C_{20}$	$0.25C_{20}$	C_{20}	$3C_{20}$
单格电池终止电压(V)		1.75	1.70	1.65	1.55	1.5

放电状态下的蓄电池电解液密度较低,极板上的生成物硫酸铅不但体积大,导电性也差,因此,使蓄电池内阻增大,供电能力下降。

4. 充电特性

蓄电池的充电特性是指放电状态的蓄电池在恒流连续充电过程中,蓄电池的端电压 U_c 和25℃时的电解液密度 $\rho_{25℃}$ 随充电时间 t_c 而变化的特性。一般初充电电流为额定容量的1/15,平常充电电流为额定容量的1/10。以6-QA-105型蓄电池为例,采用1/10额定容量的充电电流进行充电,充电电路如图2-12所示,在充电过程中,每隔一定时间,测量蓄电池的端电压和电解液密度 ρ_t 并换算成蓄电池单格电压和 $\rho_{25℃}$,便可得到如图2-13所示的6-QA-105型蓄电池的充电特性曲线。

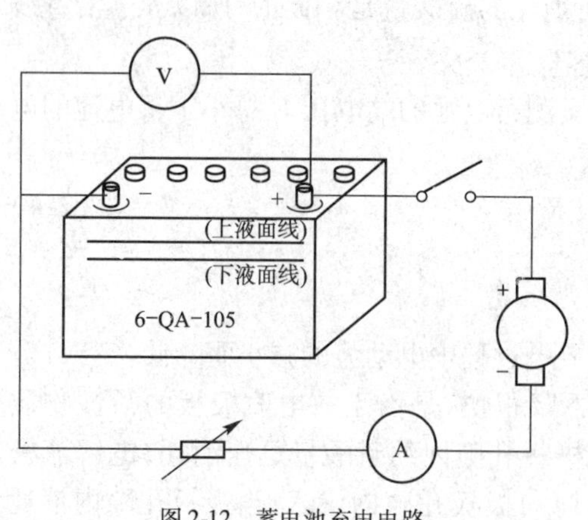

图2-12 蓄电池充电电路

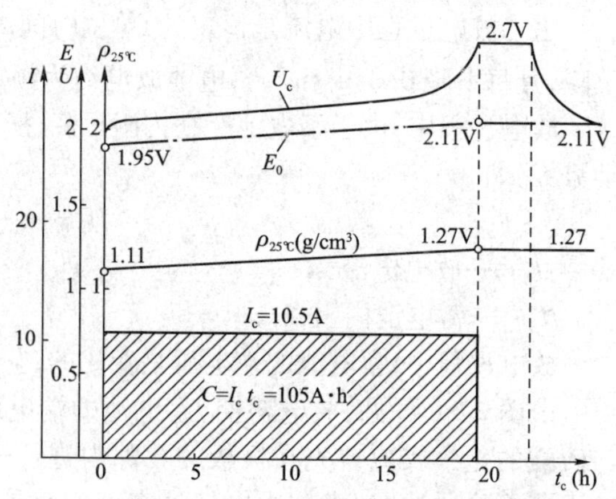

图2-13 6-QA-105型蓄电池充电特性曲线

充电时,电源电压必须克服蓄电池的电动势 E_0 和电池内阻压降 I_cR_n。因此充电过程中,蓄电池的端电压 U_c 总大于电动势 E_0,即:

$$U_c = E_0 + I_cR_n \tag{2-5}$$

式中:I_c——充电电流,A。

由于恒流充电时,单位时间内生成的硫酸量相等,所以电解液密度随充电时间沿直线上升。

蓄电池的端电压在充电开始后便迅速上升,这是因为充电时活性物质与电解液的反应同样也是在极板孔隙内首先进行的,充电使活性物质转变成铅和二氧化铅,极板孔隙内硫酸骤增,来不及向极板外扩散,因此,端电压升高很快,随后由于孔隙内电解液密度较高,便向壳体内扩散,当继续充电至极板孔隙内析出的硫酸量与扩散的硫酸量达到平衡时,端电压则随壳体内电解液密度的上升而缓慢升高。充电接近终了时,极板表面的硫酸铅大部分已恢复为铅和二氧化铅,蓄电池的端电压此时约为2.3V。继续充电,电解液中的水开始分解,两极释放出很多气泡,氢气包围负极板,氧气包围正极板,由于氢离子在极板上与电子的结合是缓慢的,所以靠近负极板处会积存有较多的 H^+,使电解液与极板之间产生附加电位差(约0.33V),因此,端电压又急剧上升至2.5~2.6V。继续充电,极板上的活性物质已全部转变为充电时的状态,这时电解液沸腾,端电压稳定在2.7V左右。此后充电时间即使再延长,端电压也不再上升,只是无谓的消耗电能进行水的分解。实际上,为了保证蓄电池充足电,一般可继续充电2~3h(称过充电),但不可长时间过充电,否则,由于剧烈地放出气泡会使极板内部造成压力,加速活性物质的脱落,使极板早期损坏。另外,过多的水的分解会使电池液面降低,电解液密度增大。

停止充电后,I_cR_n 为0,端电压立即降至2.3V,随着极板孔隙中电解液的逐渐扩散,孔隙中电解液密度逐渐下降,端电压慢慢降至2.1V左右的稳定状态。

蓄电池充电终了的特征是:

(1)蓄电池内产生大量气泡,即所谓"沸腾"。

(2)端电压和电解液密度均上升到最大值,且在过充电阶段的2~3h内基本不变。

充电状态下的蓄电池电解液密度大,内阻减小,供电能力恢复。

由蓄电池的充、放电特性可知,实际上蓄电池充、放电过程中电动势与端电压的差值是变化的,它包括蓄电池内阻产生的电压降、由极板孔隙内电解液的密度与壳体内电解液的密度差引起的电极电位的变化以及充电终了电解水所产生的电化学极化。蓄电池内阻压降在外电路切断后即消失;密度差引起的电极电位的变化在外电路切断后随电解液的扩散逐渐消失(蓄电池的端电压与极板孔隙内电解液的密度有关,蓄电池的电动势与壳体内电解液的密度有关);电化学极化在外电路切断后,电解水停止,随电极积累电荷的消失而消失。

5. 蓄电池的容量

完全充足电的蓄电池在允许的放电范围内所输出的电量称为蓄电池的容量,它是蓄电池对外供电能力的标志,也是选用蓄电池的重要依据。容量用 C 来表示,单位为安培小时(A·h)。即

$$C = I_f t_f \tag{2-6}$$

式中:I_f——放电电流,A;

t_f——放电持续时间,h。

蓄电池的容量不是常数,它与放电电流、放电持续时间、电解液温度等因素有关,因此,蓄电池的标称容量是在一定条件下确定的。

国家标准 GB5008.1—2013《起动用铅酸蓄电池第1部分:技术条件和试验方法》规定了蓄电池额定容量和储备容量的定义和试验方法。

1)额定容量

蓄电池的额定容量用20 h率容量 C_{20}(A·h)表示。它是指充足电的新蓄电池在电解液平均温度为25℃条件下,以20h率放电电流(即0.05C_{20}A)连续放电至各单格电池的平均电压为1.75V时输出电量的最小允许值。额定容量是检验新蓄电池是否合格的重要指标。

2)储备容量

储备容量用 Cr·n(min)表示。它是指充足电的新蓄电池在电解液平均温度为25±2℃条件下,以25A电流连续放电至各单格电池的平均电压为1.75V,放电所持续的时间。它表征当汽车充电系失效时,蓄电池尚能持续提供25A电流的能力。一般蓄电池都能达到120min左右。

6.影响容量的因素

影响蓄电池容量的因素主要是结构以及使用条件等。

蓄电池极板的结构设计及生产工艺应符合尽量提高活性物质的利用率,减小电池内阻等,以提高蓄电池的容量。使用条件对蓄电池容量的影响主要有以下几点:

1)放电电流的影响

蓄电池在不同放电电流情况下的容量是不同的。实践证明,放电电流越大,则电压下降的越快,终止电压越低,至终止电压的时间越短,容量越小。这是因为蓄电池在大电流放电时,其内部的化学反应较快,极板表面活性物质的孔隙很快就被放电生成物硫酸铅所堵塞,电解液难以渗入,使极板内层的活性物质不能参加反应,因而活性物质利用率大大降低,容量减小(图2-14)。

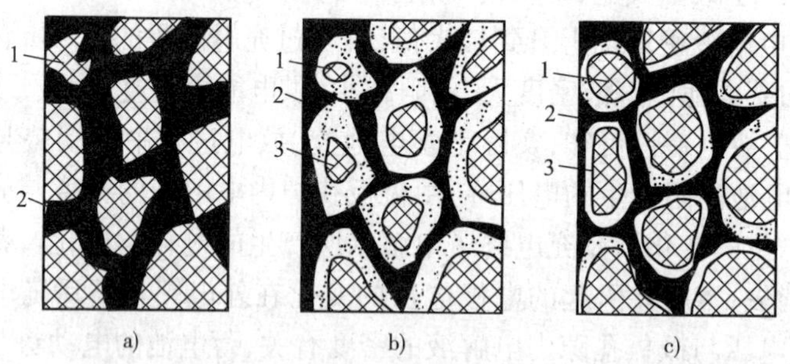

图2-14 正常放电电流和强电流放电时极板活性物质被利用的情况

a)放电前;b)正常电流放电;c)强电流放电

1-活性物质;2-孔隙;3-硫酸铅

因此,在使用启动机时,由于蓄电池提供的电流较大,故应严格控制启动时间。每次启动时间不应超过5s,相邻两次启动之间应有15s以上的间隔。

2)电解液温度的影响

在一定的放电率和一定的终止电压下,温度越高,放电容量越大;温度越低,放电容量越小。这是因为温度降低,电解液粘度增大,离子运动速度减慢,同时极板、隔板收缩,微孔缩小,使蓄电池内阻增大,电解液渗入困难,极板孔隙内的活性物质得不到充分利用,容量减小。

根据 GB5008.1—2013 标准,蓄电池的额定容量是指电解液温度为25℃时 20h 率放电的容量。温度每下降1℃,缓慢放电时的容量约减小1%,迅速放电时约减小2%。

由此可见,电解液温度的高低对放电容量有很大影响。当冷启动时,由于放电电流也大,使蓄电池容量大大下降,启动性能变差。所以北方冬季要注意蓄电池保温。

3)电解液密度的影响

电解液密度的变化直接影响着蓄电池的放电容量,因为电解液密度决定着极板电位、电解液的电阻以及电解液的扩散速度。适当增大电解液的密度,可增大极板孔隙内的硫酸浓度,提高蓄电池的放电容量。但密度过高,反而会增大电解液的粘度和电阻,也会增加栅板的腐蚀,使蓄电池放电容量下降,使用寿命降低。密度过低,电解液中能参加反应的硫酸成分减少,容量也会下降。因此,电解液密度应在一定范围内根据不同的使用条件合理选择。根据经验,一般情况下采用密度偏低的电解液有利于提高放电电流和容量,有利于延长蓄电池的使用寿命。冬季使用的电解液密度可高于夏季,以降低冰点,但在保证不结冰的前提条件下,也应尽量低一些。表2-5 列出的是不同地区和气温条件下,电解液密度选择的参考值。

电解液密度 $\rho_{25℃}$(g/cm^3)与放电率和气温的关系参考值 表2-5

气温 / 电解液密度 / 放电率	冬季气温低于-40℃的地区		冬季气温在-40℃以上的地区		冬季气温在-30℃以上的地区		冬季气温在-20℃以上的地区		冬季气温在0℃以上的地区	
	冬季	夏季	冬季	夏季	冬季	夏季	冬季	夏季	冬季	夏季
全充电时	1.30	1.26	1.28	1.25	1.27	1.24	1.26	1.24	1.24	1.23
放电25%	1.26	1.22	1.24	1.21	1.23	1.20	1.22	1.20	1.20	1.19
放电50%	1.22	1.18	1.20	1.17	1.19	1.17	1.18	1.16	1.16	1.16
放电75%	1.19	1.15	1.17	1.14	1.15	1.13	1.14	1.12	1.12	1.12
全放电时	1.16	1.11	1.14	1.10	1.12	1.10	1.11	1.09	1.09	1.09

新蓄电池一般应按制造厂规定,加注密度为1.25~1.285g/cm^3 的电解液。

第四节 蓄电池的充电及其设备

为充分转化极板上的活性物质,使蓄电池有足够的容量,延长蓄电池的使用寿命,可根据实际情况对蓄电池进行充电。

一、充电方法

1. 定流充电

定流充电是指蓄电池的充电电流在充电过程中始终保持一定的充电方法。

采用定流充电时,可将电压不同容量相同的蓄电池串联在一起充电。充电时,每个单格需要的电压是2.7V,因此,串联的单格电池总数不应超过 $n = U_C/2.7$(U_C为充电机额定电压)。

充电过程中，蓄电池的电动势 E 是逐渐升高的，因此，要保持恒定的充电电流 $I_C=(U-E)/R_n$，就必须不断调节电路中设置的可变电阻值来逐步提高蓄电池的充电电压 U。

定流充电在实际应用中一般分两个阶段，第一阶段充电达每单格电池端电压升高到 2.4V 气体开始生成时，将 I_C 减半，转入第二阶段的充电，直至蓄电池完全充足电。

串联充电电池若容量不等时，则充电电流应按照容量小的来选择，当小容量的蓄电池充足电后，及时取下，然后继续给大容量的蓄电池充电。

定流充电有较大的适应性，对蓄电池的技术状况要求低，有益于延长蓄电池的使用寿命，但缺点是充电时间长，并且需要经常调节充电电流。

2. 定压充电

定压充电是指蓄电池的充电电压在充电过程中保持一定的充电方法。

采用定压充电时，可将电压相同容量不同的蓄电池并联在一起充电。充电时，每单格电池的充电电压一般不超过 2.4V。若电压过高，易发生过充电现象，电压过低，则会使蓄电池充电不足。

因为 $I_C=(U-E)/R_n$，在定压充电开始时，由于蓄电池的电动势 E 较低而充电电流很大。此后随着 E 的增大，I_C 逐渐减小，至充电终了时 $E=U$，I_C 将自动降低到零(图 2-15)。定压充电开始时 I_C 很大，即在充电的前 4～5h 内蓄电池就可获得额定容量的 90%～95%。

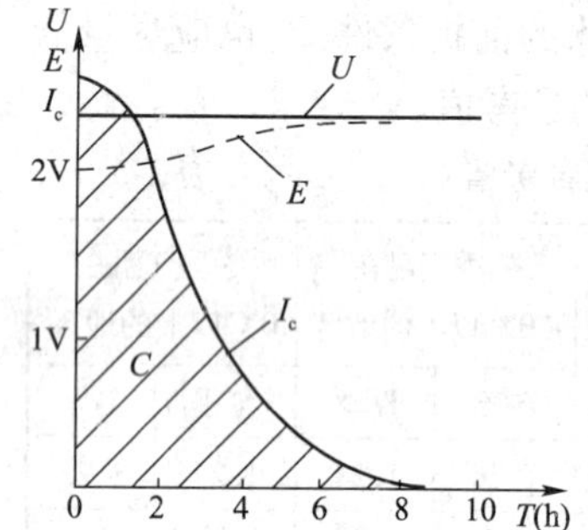

图 2-15　定压充电特性曲线

定压充电时间短，充电过程中可不用人照管，充电结束时会自动断电，不易造成过充电。但充电电流不能调节，充电开始 I_C 大，温度高，易造成极板弯曲，活性物质脱落；充电末期 I_C 小，极板深处的硫酸铅不易被还原。

3. 脉冲快速充电

脉冲快速充电是一种在大电流充电过程中，进行短暂的停充，并加以放电脉冲消除极化的充电方法。

“极化”是指蓄电池充电过程中，两极间的电位差高于两极活性物质的平均电极电位的现象。如欧姆极化、浓差极化、电化学极化。

采用脉冲快速充电时，充电初期，由于极化现象不明显，可采用大电流（相当于 $0.8C_{20}$～$1C_{20}$ 的电流）定流充电，使蓄电池在短时间内获得容量的 60% 左右，当单格电池电压上升到 2.4V，电解液冒气泡时，开始脉冲去极化循环充电，直至充足电为止。

脉冲快速充电的方法，不仅有效地消除了极化现象，提高了充电接受率，而且充电时间大大缩短，空气污染小，省电。但控制电路复杂，成本高。

二、充电种类

蓄电池的充电按其性质不同，分为初充电，补充充电和去硫化充电等。

1. 初充电

新蓄电池或修复后的蓄电池使用前进行的首次充电称为初充电。

初充电的目的是恢复蓄电池在存放期间极板上部分活性物质缓慢硫化和自行放电而失去的电量，使极板的活性物质彻底转化，避免造成永久性充电不足。

初充电采用定流充电，充电规范见表2-6，第一阶段的充电电流约为额定容量的1/15，全部充电需要60～70h。

蓄电池的充电规范　　表2-6

蓄电池型号	初次充电				补充充电			
	第一阶段		第二阶段		第一阶段		第二阶段	
	电流(A)	时间(h)	电流(A)	时间(h)	电流(A)	时间(h)	电流(A)	时间(h)
6—Q—60	4	25～35	2	20～30	6	10～11	3	3～5
6—Q—75	5		3		7.5		4	
6—Q—90	6		3		9		4	
6—Q—105	7		4		10.5		5	
6—Q—120	8		4		12		6	

充电时，给蓄电池加注一定密度的电解液（一般新蓄电池规定加注密度为1.25～1.285g/cm^{3}的电解液）并充分渗透后液面至高出极板上缘15mm。因为电解液在配制、加注和充电过程中都会生热，因此要不断测量电解液的温度，保证温度低于35℃再作业。充电过程中，若温度上升到40℃，应将电流减半，如继续上升到45℃，应立即停止充电，进行人工降温。充电过程中如果减小了充电电流则应适当延长充电时间。充电接近终了时，应测量电解液密度，如不符合规定，可用蒸馏水或密度为1.4 g/cm^{3}的电解液调整，调整后必须再充电2h，如密度仍不符合规定，应再调整再充电2h，直至密度符合规定为止。

对新蓄电池的初充电一般在充电后，要以20h率连续放电，再充电，循环几次，直至充电后，其容量为额定容量的90%以上，方可使用。

新蓄电池的初充电也可采用脉冲快速充电的方法，充电时间一般不超过5h。

2. 补充充电

使用后的蓄电池，根据需要进行的充电称为补充充电。

蓄电池在使用过程中，常有充电不足的现象，应根据需要进行充电。若发现有下列情况之一时，随时进行充电。

(1)电解液密度降到1.150g/cm^{3}以下时；

(2)冬季放电超过额定容量的25%，夏季超过50%时（此数值规定为蓄电池的放电极限）；

(3)灯光比平时暗淡，表示电力不足时；

(4)充电后若不用，每两个月需进行一次补充充电。

补充充电采用定流充电时，也分两个阶段进行，充电规范见表2-6中的补充充电。第一阶段充电电流值一般为蓄电池额定容量的1/10，充电方法和初充电相同，时间约为13～16h。补充充电也可采用定压充电和脉冲快速充，采用脉冲快速充电只需0.5～1.5h。

3. 去硫化充电

极板硫化是蓄电池长期充电不足或放电后长时间未能充电，极板上逐渐生成的一层白色粗晶粒硫酸铅，在正常充电时不能恢复为二氧化铅和海绵状铅的一种现象。极板硫化主要发生在负极板，为消除硫化现象而进行的充电称去硫化充电。

去硫化充电方法是先倒出蓄电池内的电解液，用蒸馏水反复冲洗数次，然后灌入蒸馏水至高出极板上缘15mm，用初充电电流进行充电。并随时测量电解液密度，升至1.15 g/cm³以上时，可用蒸馏水冲淡，继续充电使密度不再上升后进行小电流放电。如此反复多次，或充6h，中间停2h，反复进行，至密度在6h内不变为止。最后参照初充电方法充电并调整密度至规定值，即可使用。

脉冲快速充电对去硫化也有明显效果。

三、充电设备

蓄电池充电设备常用的有电动机-发电机组和各种整流电源。

电动机-发电机组由三相交流电动机驱动直流发电机给蓄电池充电。这种充电电源适应于拥有大量蓄电池进行成批集中充电的大型充电场所。

常用的整流充电设备有硅整流充电机和可控硅充电机等。

四、充电注意事项

(1)给蓄电池充电应将蓄电池从车上卸下，在充电室内进行；

(2)严格遵守各种充电方法的充电规范；

(3)充电过程中要注意电池电压和密度的测量，及时判断其充电程度和技术状况；

(4)充电过程中要注意测量各个单格电池的温升，以免温度过高影响蓄电池的使用性能，也可用风冷和水冷的方法来降温；

(5)初充电工作应连续进行，不可长时间间断；

(6)配制和灌注电解液时，要严格遵守安全操作规则和器皿的使用规则；

(7)充电时应经常备用冷水和10%的苏打水溶液或10%的氨水溶液，以清除溅出的电解液；

(8)充电时打开电池的加液孔盖，使氢气、氧气顺利逸出，以免发生事故；

(9)充电室应装有通风设备；

(10)充电室严禁明火；

(11)充电设备最好不和蓄电池放置在同一房间内。充电时应先接牢蓄电池线，检查导线连接可靠无误后再接通充电机开关，停止充电时，应先切断充电机电源；

(12)由于其他原因蓄电池需要在车上进行充电时，一定要将负极电缆脱开，并加强安全管理。

第五节　蓄电池的使用与维护

一、蓄电池的合理使用与维护

蓄电池的性能与使用寿命，不仅取决于其结构和质量，而且还与使用情况、维护质量密切相关，合理使用蓄电池，加强日常维护，对提高使用性能，延长使用寿命有着重要的意义。

蓄电池在使用过程中，应注意以下几点：

(1)经常检查蓄电池外表面应保持干燥、清洁，无电解液渗漏或溅出，以防电池短路和极桩腐蚀；

(2)保持蓄电池的通气孔畅通，以防蓄电池充电过程中因内部气压升高而损坏蓄电池；

(3)蓄电池在车上的固定要牢固，避免振动造成活性物质脱落；

(4)经常清除极桩和导线接头上的氧化物，保证极桩与导线连接良好，减小接触电阻；

(5)定期检查蓄电池液面高度，发现不足及时补充，以防极板上部产生硫化；

(6)定期检查蓄电池放电程度，应保持蓄电池经常处于充足电状态，蓄电池放电超过极限值，应及时补充充电，否则，若蓄电池长期充电不足，会导致极板硫化；

(7)电解液密度要根据不同地区和气候条件合理选择，并保证电解液的纯度；

(8)冬季若需加蒸馏水，应在发动机运转，发电机向蓄电池充电时进行，这样可使蒸馏水快速与电解液混合，减少电解液结冰的危险；

(9)冬季使用蓄电池，应经常保持在充足电状态，以防电解液密度降低而结冰，致使容器胀裂、极板弯曲和活性物质脱落等；

(10)避免大电流长时间过充电，否则，极板会由于过热而拱曲，引起活性物质松浮而脱落；

(11)避免大电流长时间过放电，发动机启动时应控制启动时间和两次启动的间隔时间，特别是冬季更要严格控制启动时间，否则，会导致极板弯曲，活性物质脱落；

(12)严禁金属工具放在蓄电池上，以防造成短路，导致大电流放电。

二、蓄电池技术状况的检查

为了及时发现蓄电池在使用中的各种内在故障，可根据需要(一般汽车每行驶1000km或冬季使用10~15天，夏季使用5~6天)，对蓄电池定期进行下列检查。

1. 电解液液面高度的检查

电解液液面高度规定为高出极板10~15mm。若液面过低，由于汽车在行驶过程中的颠簸，极板上部有机会与空气接触而强烈氧化，而后极板的氧化部分又与电解液接触，会造成极板上部硫化。若液面过高，电解液容易通过通气孔溅出，腐蚀机体。

蓄电池在使用过程中，由于电解液中水的蒸发以及过充电造成的水的分解，液面会有所下降，所以对蓄电池的液面高度应做定期检查。检查的方法，可用玻璃管测量，如图2-16所示。对于透明塑料外壳，可直接观察液面是否与外壳上标记的刻度线相对应，如图2-17所示。若检查发现液面过低，应及时加注蒸馏水。除非确知液面降低是由于电解液溅出所致，否则，一般不允许加注硫酸溶液。

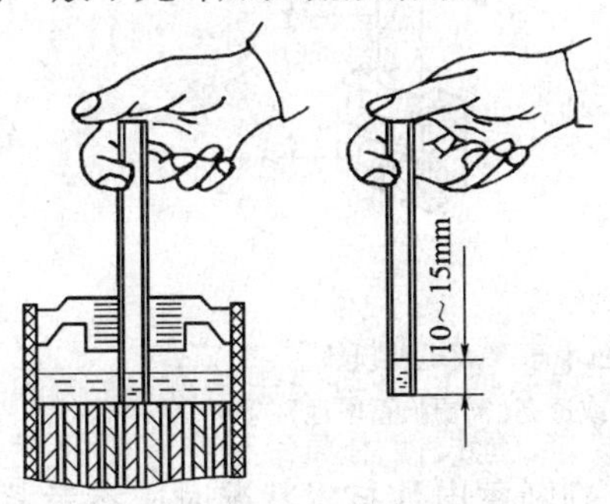

图2-16 用玻璃管测量电解液液面高度

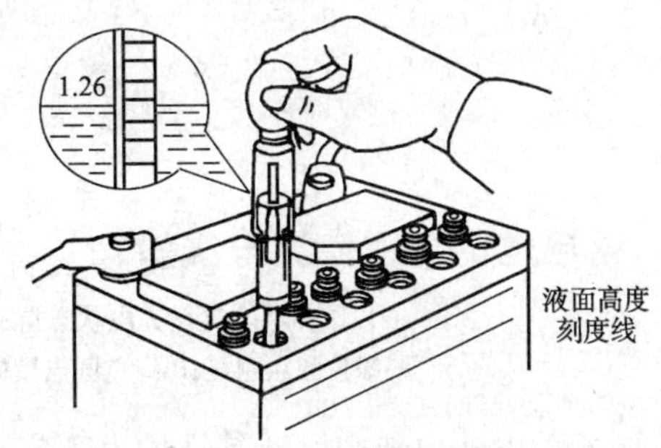

图2-17 测量电解液的密度

2. 蓄电池放电程度的检查

1)用密度计测量电解液密度的检查方法

用吸式密度计测定电解液密度,如图2-17所示。液平面所对应密度计上的刻度即为密度值。测量密度的同时,应测量电解液的温度,并将测得的电解液密度值按表2-7转换到25℃进行修正或用式(2-6)换算成25℃时的密度$\rho_{25℃}$。

不同温度下对密度计读数的修正数值　　表2-7

电解液温度(℃)	密度修正数值	电解液温度(℃)	密度修正数值	电解液温度(℃)	密度修正数值
+45	+0.0150	+10	0.0112	-20	-0.0337
+40	+0.0112	+5	-0.0150	-25	-0.0375
+35	+0.0075	0	-0.0187	-30	-0.0412
+30	+0.0037	-5	-0.0225	-35	-0.0450
+25	0	-10	-0.0262	-40	-0.0487
+20	-0.0037	-15	-0.0300	-45	-0.0525
+15	-0.0075				

根据实际经验,密度($\rho_{25℃}$)每下降0.04g/cm^{3}相当于蓄电池放电25% C_{20}。所以从测得的电解液密度就可以粗略估算蓄电池的放电程度。但必须注意,在强电流放电和刚加注蒸馏水后,由于电解液混合不均匀,不应立即测量电解液密度,当检查发现放电超过极限值时,应及时给予充电。

免维护蓄电池由于是全密封的,故自身装有指示其充电状态的观察窗(内装密度计)见图2-6,可直接观察其内部颜色以判断蓄电池的放电程度和液面高度,内装密度计的结构与原理如图2-18所示。不同放电程度的蓄电池,电解液密度不同,对笼中绿色小球的浮力也不同。如果观察镜观察到绿色圆点明显,说明蓄电池充电状态良好(约为65% C_{20});若绿色圆点模糊,说明充电不足;若圆点呈黄色,则给蓄电池再充电也无济于事,若圆点透亮,说明电解液不足。

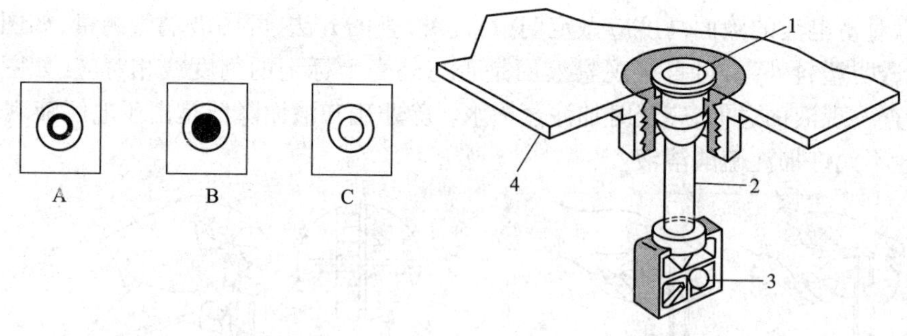

图2-18　内装密度计的结构

1-观察窗;2-光学充电状态指示器;3-绿色小球;4-蓄电池顶部

A-绿色圆点明显;B-绿色圆点模糊;C-黄色或透亮(需更换蓄电池)

不同的蓄电池内装密度计其结构也不完全相同,判断蓄电池技术状况时应参考蓄电池上标出的说明。

2)用高率放电计测量放电电压的检查方法

高率放电计是模拟接入启动机负荷,测量蓄电池在大电流(接近启动机启动电流)放电时的端电压,用以判断蓄电池的放电程度和启动能力的一种测量工具。它由一个双向直流电压表和一个定值负载电阻组成,如图2-19所示。

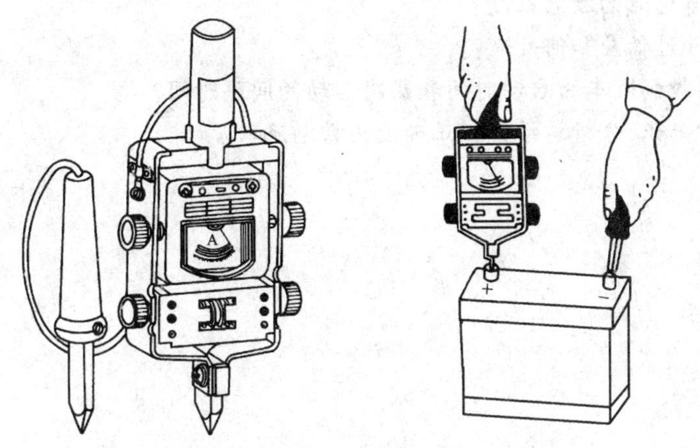

图2-19 高率放电计测量方法

测量时应根据电池单格数调节电压表的量程,然后将两叉压紧在电池的正、负极桩上,历时5s左右,观察大电流放电情况下蓄电池所能保持的端电压。不同品牌的放电计,负荷电阻值不同,放电电流和电压表的读数也就不同,应按照说明书的规定使用。表2-8是放电电流为100A时,换算出的单格电压与放电程度的对照表。

一般技术状况良好的蓄电池,用高率放电计测量时,单格平均电压应在1.5V以上,并在5s内保持稳定;如果5s内电压迅速下降,表示蓄电池有故障。

高率放电计有不变负荷式和可变负荷式两种,以上介绍的不变负荷式应用居多。

用高率放电计测定放电程度 表2-8

高率放电计测得单格电池端电压(V)	放电程度(%)	高率放电计测得单格电池端电压(V)	放电程度(%)
1.7~1.8	0	1.4~1.5	75
1.6~1.7	25	1.2~1.4	100
1.5~1.6	50		

复习思考题

1. 铅酸蓄电池的特点是什么?

2. 蓄电池充电状态下,极板上的活性物质其成分、颜色如何?随着蓄电池的放电将发生如何变化?

3. 蓄电池不同形式的隔板有什么安装要求?为什么?

4. 如何配制电解液?有什么要求和注意事项?

5. 蓄电池电解液成分和密度在充放电过程中有何变化?电解液密度和放电程度有何

关系?

6. 两块6-QA-105的蓄电池串联后其总电压和总容量各是多少?组装一块6-QA-105的蓄电池共需要多少片正极板和负极板?

7. 蓄电池冬季、夏季放电极限分别是多少?规定放电极限有什么意义?

8. 如何检查蓄电池的放电程度?

9. 蓄电池液面过低应如何处理?

10. 为什么要控制汽车的启动时间和两次启动的间隔时间?

11. 结合所学知识,分析总结如何正确使用蓄电池。

第三章　充　电　系

教学目标

1. 了解充电系的组成与功用。
2. 熟悉发电机、调节器的分类与结构。
3. 理解发电机、调节器的工作原理与特性。
4. 理解充电系的控制电路及工作原理。
5. 掌握充电系的检测与故障诊断基本方法。

教学要点

知识要点	掌握程度	相关知识
充电系的组成与功用	了解	充电系的组成与功用、发电机与调节器的功用
发电机的结构	熟悉	发电机的分类、基本组成与结构、各类发电机的结构与电路特点
发电机的工作原理	理解	发电原理、整流原理、励磁方式
发电机的工作特性	理解	空载特性、输出特性、外特性
调节器的结构与工作原理	理解	电压调节原理、典型调节器的基本结构与工作原理
充电系的控制电路	理解	典型控制电路及工作原理
充电系的使用与检测	掌握	发电机、调节器及其充电系的检测与故障诊断基本方法

第一节　充电系的组成与功用

汽车蓄电池不具备长期给电气系统供电的能力，所以汽车电源除蓄电池外还有发电机，发电机由发动机通过皮带轮带动运转，将机械能转变成电能，在发动机正常工作时，向除启动机以外的所有用电设备供电，并向蓄电池充电，以补充蓄电池启动所消耗的电能。

蓄电池、发电机及其调节器、发电与充电显示装置（电流表、电压表或充电指示灯）以及控制电路等组成了汽车的电源系统（即充电系）。发电机和蓄电池呈并联关系，按需向用电设备提供电能，以保证汽车用电设备的正常工作。

第二节 发 电 机

一、发电机的分类与型号

1. 发电机的分类

汽车发电机分直流发电机和交流发电机两大类。

随着汽车用电设备数量及需求功率的不断增加，由于直流发电机采用机械换向器整流，高速时换向火花大，且发电机体积较大、比功率小，难以满足汽车发展和轻量化的要求，而采用硅整流的交流发电机与直流发电机相比具有体积小、比功率大、结构简单、维修方便、使用寿命长、转速适应范围大、对无线电干扰小、配用的调节器结构简单等优点，因此，在现代汽车上得到普遍使用。本章所介绍的发电机即为硅整流交流发电机。

汽车发电机结构形式繁多，按照不同的分类方法可分为以下类型。

(1)按有无电刷可分为有刷式和无刷式两种。其中有刷式应用较为普遍，无刷式结构相对复杂，制造成本较高，一般用于工作环境比较恶劣的场合。

(2)按励磁方式不同分为励磁式和永磁式两种，其中励磁式应用较多。

(3)按磁场绕组的搭铁方式不同分为内搭铁式和外搭铁式两种。前者是指磁场绕组接电源负极的一端直接搭铁与发电机壳体相连，后者是指磁场绕组接电源负极的一端接调节器，通过调节器后再搭铁。

(4)按整流二极管的数量不同分为六管、八管、九管、十一管不同形式的发电机。六管是指只有六只整流二极管的普通类型发电机；八管是指在六管的基础上又增加了两只中性点二极管，从而具有八只整流二极管的发电机；九管是指在六管的基础上又增加了三只磁场二极管，具有九只整流二极管的发电机；十一管是指在六管的基础上既有中性点二极管又有磁场二极管的具有十一只整流二极管的发电机。

(5)按通风、冷却方式不同分为开启式和封闭式两种。开启式是在发电机的端盖上留有通风孔，通过风扇使空气流经发电机内部，对发电机进行冷却；封闭式发电机，端盖上无通风孔，可防泥浆、污水、灰沙侵入发电机内部，其外形尺寸较大，在其前、后端盖上铸有散热筋，进行散热冷却。封闭式发电机也适应于工作环境较恶劣的场合。

发电机按其结构不同还有内装调节器的整体式发电机和带泵的发电机(通过转子轴驱动一个其他用途的真空泵)等。

2. 发电机的型号

根据中华人民共和国汽车行业标准 QC/T 73—1993《汽车电气设备产品型号编制方法》的规定，国产汽车交流发电机的型号组成如下：

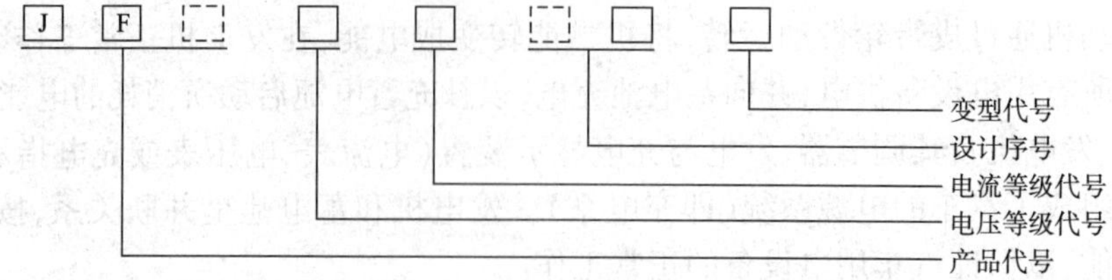

(1)产品代号:交流发电机的产品代号有 JF、JFZ、JFB 和 JFW 四种,分别表示交流发电机、整体式交流发电机、带泵交流发电机和无刷交流发电机(字母"J"、"F"、"Z"、"B"和"W"分别为"交"、"发"、"整"、"泵"和"无"字的汉语拼音第一个大写字母)。

(2)电压等级代号和电流等级代号:分别用 1 位阿拉伯数字表示,其含义见表 3-1 和表 3-2。

电压等级代号 表 3-1

电压等级代号	1	2	3	4	5	6
电压等级(V)	12	24	—	—	—	6

电流等级代号 表 3-2

电流等级代号	1	2	3	4	5	6	7	8	9
电流等级(A)	~19	≥20~29	≥30~39	≥40~49	≥50~59	≥60~69	≥70~79	≥80~89	≥90

(3)设计序号:按产品设计先后顺序,以 1~2 位阿拉伯数字组成。

(4)变形代号:交流发电机以调整臂位置作为变形代号。从驱动端看,在中间不加标记;在右边时用 Y 表示;在左边时用 Z 表示。

例如 JF152:表示交流发电机,其电压等级为 12V,电流等级为≥50~59A,第二次设计。JFZ1913Z:表示交流发电机,其电压等级为 12V,电流等级为≥90A,第 13 次设计,调整臂在左边的整体式交流发电机。

二、发电机的构造

目前国内外生产的汽车发电机结构基本相同,主要由转子、定子、硅整流器、前后端盖、电刷总成、风扇、皮带轮组成。如图 3-1 所示为发电机的基本组成与结构,如图 3-2 所示为发电机的组装图。

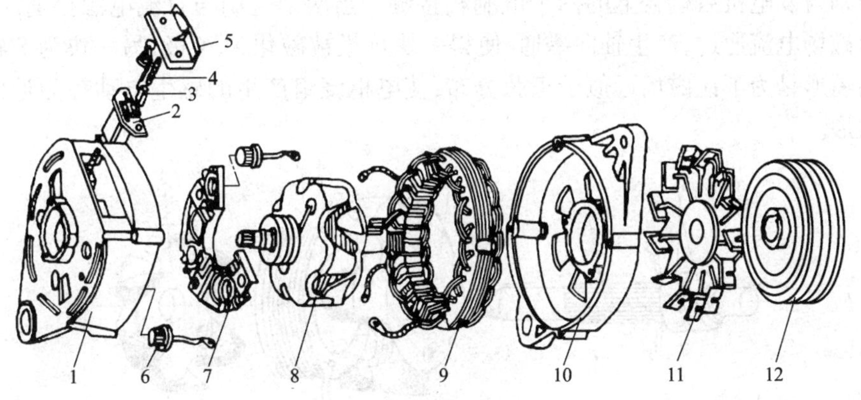

图 3-1 发电机的结构

1-后端盖;2-电刷架;3-电刷;4-弹簧;5-电刷弹簧压盖;6-硅二极管;7-元件板;8-转子总成;9-定子总成;10-前端盖;11-风扇;12-皮带轮

1. 转子

转子是发电机的磁场部分,其作用是形成发电机的磁场。主要由磁极、磁场绕组和滑环等组成,如图 3-3 所示。

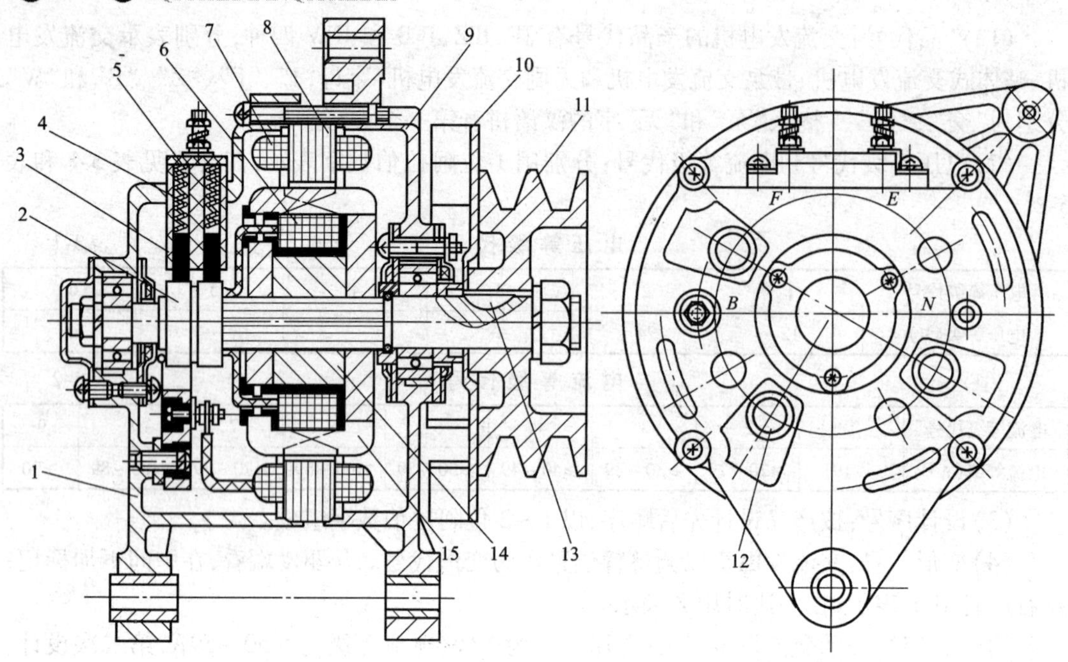

图 3-2 发电机的组装图

1-后端盖;2-滑环;3-电刷;4-电刷弹簧;5-电刷架;6-磁场绕组;7-定子绕组;8-定子铁芯;9-前端盖;10-风扇;11-皮带轮;12-整流器;13-键;14-转子铁芯(磁轭);15-磁极

两块低碳钢材料锻制成的爪极(两块爪极上各有若干个鸟嘴形磁极,如有 4 个、5 个、6 个、7 个的,国产发电机多为 6 个磁极)压装在滚有花纹的转子轴上,爪极上的磁极相互交错,均匀分布。两爪极之间的空腔内装有低碳钢磁轭,其上绕有磁场绕组,磁场绕组的两引线分别焊接在两个彼此绝缘的铜质滑环上,两个滑环压装在转子轴上并与转子轴绝缘。两个滑环分别与发电机后端盖上的两个电刷相接触。当两个电刷与直流电源接通时,磁场绕组中便有磁场电流通过,产生轴向磁通,使得一块爪极被磁化为 N 极,另一块为 S 极。磁极设计成鸟嘴形是为了让磁场近似于正弦分布,使电枢绕组产生的感生电动势为近似于正弦曲线的波形。

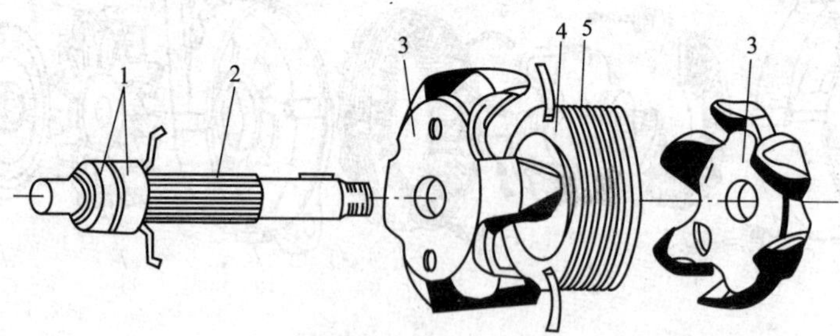

图 3-3 发电机转子结构

1-滑环;2-轴;3-爪极;4-磁轭;5-磁场绕组

2. 定子

定子是发电机的电枢部分,其作用是产生交流电动势。它由定子铁芯和电枢绕组组成,见图 3-1 中 9。

定子铁芯是由相互绝缘的内圆带嵌线槽的环状硅钢片（厚度一般为0.5～1 mm）叠合铆接或焊接而成，定子铁芯槽内嵌入三相对称绕组，三相绕组有星形“Y”、三角形“△”两种连接方式，国产车大多采用星形接法，只有少数大功率发电机采用三角形接法。三相绕组的展开图如图3-4所示。

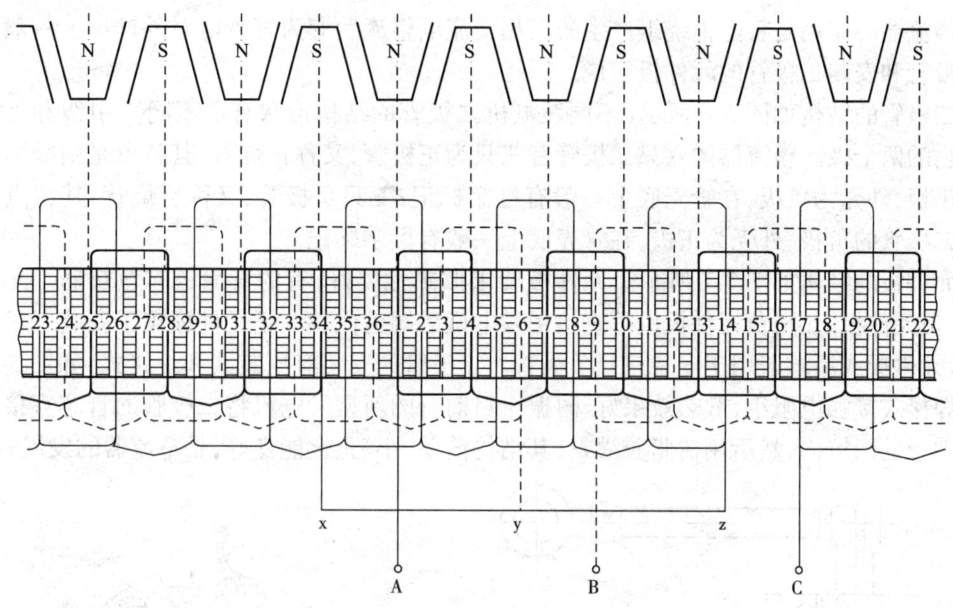

图3-4 三相绕组的展开图

星形接法是将三相绕组的末端x、y、z连在一起（称为中性点），首端A、B、C引出，分别与硅二极管相连，如图3-5a所示。三角形接法是将一相绕组的末端和另一相绕组的首端顺次序连接，例如x接B，y接C，z接A连成一个闭合回路，再从三个连接点引出三根导线分别与硅二极管相连，如图3-5b所示。

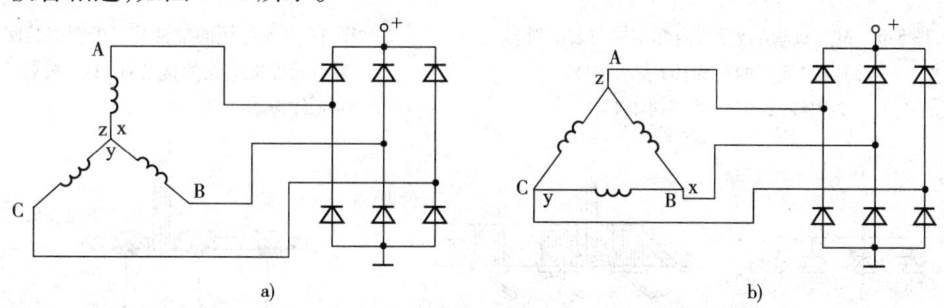

图3-5 三相绕组的连接

a）星形连接；b）三角形连接

三相绕组的结构应符合如下要求。

（1）每相绕组串联的线圈个数与磁极对数相等。

（2）每个线圈的匝数都相同，节距（指每个线圈的两个有效边之间所间隔的距离，通常用定子槽数表示）与极距（指相邻异性磁极中心线之间的距离，通常也用定子槽数来表示）相等。

（3）三相绕组结构相同，三个首端在定子铁芯槽内的排列分别相隔120°电角度（一对磁极构成一个磁场周期，即360°电角度）。

当发电机工作时，定子绕组则产生周期性的三相交流电动势，并且频率相同、幅值相等、相位差为120°电角度。

3. 整流器

整流器的作用是将电枢绕组产生的三相交流电整流后变为直流电对外输出。一般由六只二极管和安装二极管的元件板组成。

二极管的结构如图3-6所示（不同发电机二极管的结构形状有所不同），引线和外壳分别是它的两个极。整流器的六只二极管有三只为正极管，又称正烧管，其特点是引线为二极管的正极，外壳为负极，在管壳底上一般有红字标记；三只负极管，又称反烧管，其特点是引线为二极管的负极，外壳为正极，在管壳底上一般有黑字标记。

元件板的结构如图3-7所示。元件板要求散热性要好，有的背面铸有散热筋。元件板有正、负元件板之分，负元件板也可直接用发电机后端盖代替。正元件板用于安装三只正极管，负元件板或后端盖用于安装三只负极管。二极管的安装有压装式和焊接式，如图3-8所示。焊接式接触电阻小、散热效果好、耐振。目前有的新型发电机将二极管的管芯直接焊装在元件板的凹坑内，然后用树脂胶灌封，其结构简单、小巧、性能良好，是整流器的发展方向。

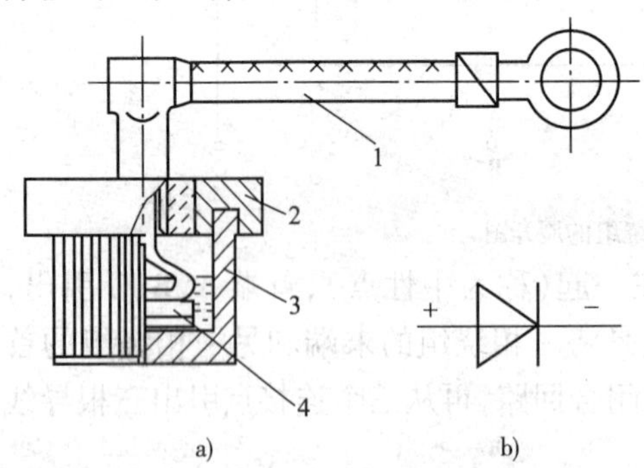

图3-6 硅二极管的外形、内部结构与表示符号

a）硅二极管的结构；b）表示符号

1-引线；2-盖；3-外壳；4-PN结

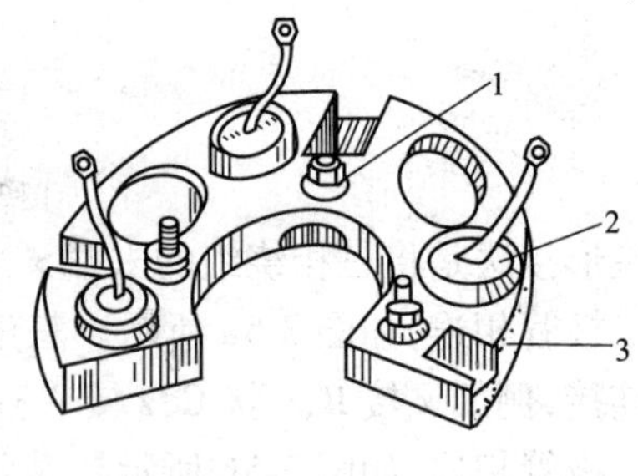

图3-7 元件板的结构及二极管的装配

1-与元件板绝缘的接线柱；2-二极管；3-元件板

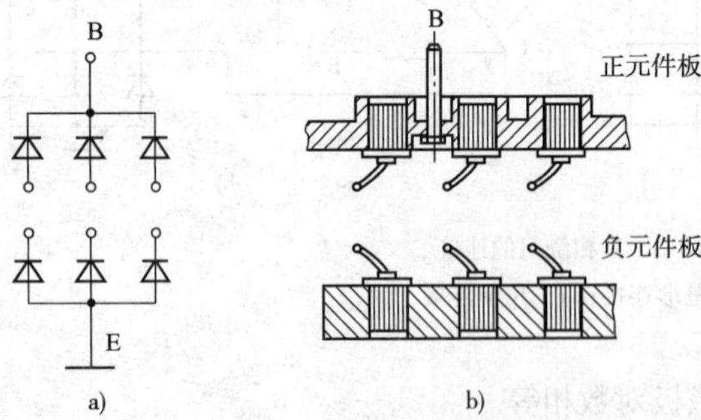

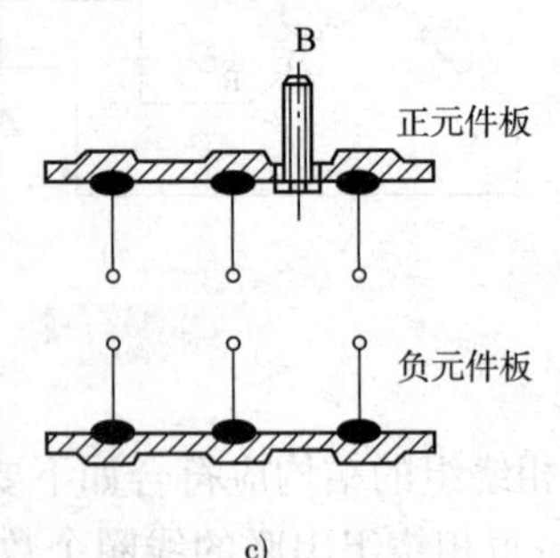

图3-8 整流器的组装

a）原理图；b）二极管压装式；c）二极管焊接式

正、负元件板固定在后端盖上，正元件板与后端盖绝缘，正、负二极管的引线分别接于正元件板的三个绝缘接线柱上，如图3-9所示。正元件板通过螺栓引至后端盖外部（与后端盖

绝缘),作为发电机的正极,用“B”或“+”或“A”或“电枢”表示。负元件板与后端盖相连,作为发电机的负极,用“E”或“-”表示。

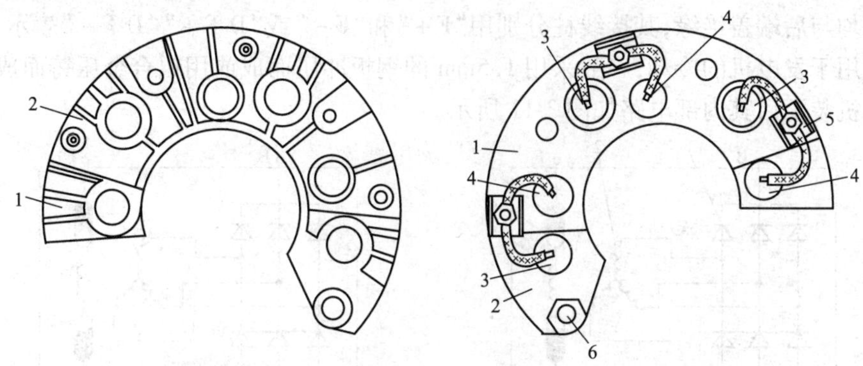

图3-9 整流器总成

1-负元件板;2-正元件板;3-正极管;4-负极管; 5-与元件板绝缘的接线柱;6-电枢接线柱安装孔

发电机三相电枢绕组的三个引出线也分别接在元件板的三个绝缘接线柱上,即形成了图3-5所示的三相桥式整流电路。

4.端盖和电刷总成

前、后端盖用来支撑转子和定子,均用铝合金压铸而成,因为铝合金为非导磁性材料,可减少漏磁并具有轻便、散热性能好等优点。为提高轴承孔的机械强度,增加其耐磨性,有的发电机端盖的轴承座镶有钢套。

电刷总成由电刷、电刷弹簧和电刷架组成,其结构如图3-10所示。电刷架由酚醛玻璃纤维塑料模压而成或用玻璃纤维增强尼龙制成,固定在发电机后端盖上,两个电刷装在电刷架的孔内,借弹簧压力与转子的滑环接触,电刷弹簧压盖压紧弹簧并固定,两电刷的引线通过接线柱引至压盖的外部,作为发电机的磁场接线柱,用来接通直流电源,给发电机提供磁场电流。

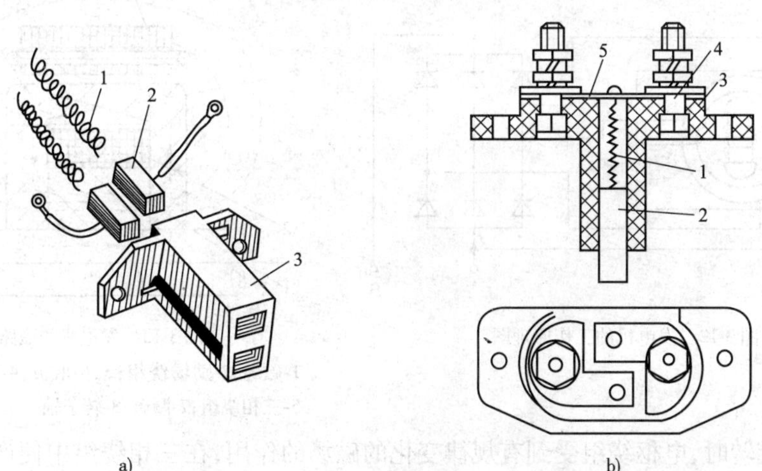

图3-10 电刷总成

a)电刷总成的结构;b)电刷总成的组装

1-电刷弹簧;2-电刷;3-电刷架;4-磁场接线柱;5-电刷弹簧压盖

发电机的磁场接线柱中一个与后端盖绝缘，称为磁场接线柱，用“F”或“磁场”表示，另一个直接与后端盖连接，称为搭铁接线柱，用“－”或“E”或“搭铁”表示。外搭铁发电机的两个接线柱均与后端盖绝缘，其接线柱分别用“F＋”和“F－”或“D F＋”“D F－”表示。

风扇用于发电机的冷却，一般采用1.5mm的钢板冲压而成或用铝合金压铸而成。

发电机装配后其内部电路如图3-11所示。

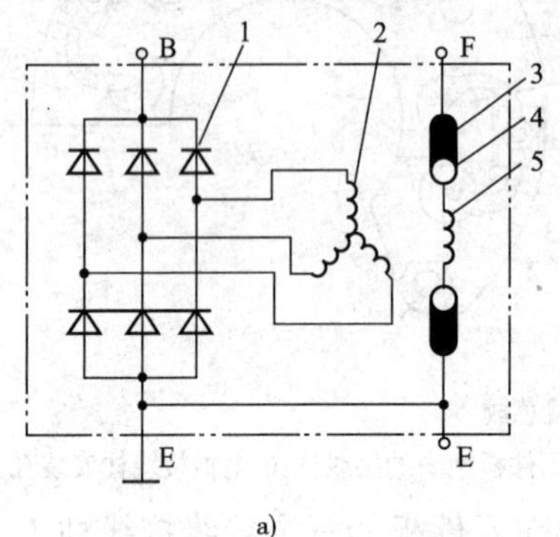

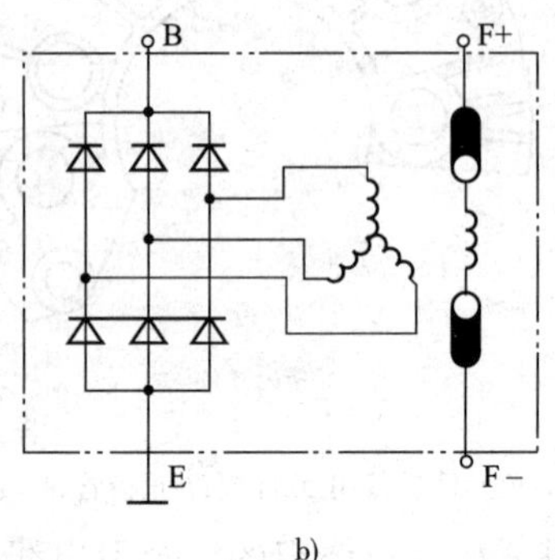

图3-11 发电机内部电路

a)内搭铁式发电机；b)外搭铁式发电机

1-整流二极管；2-电枢绕组；3-电刷；4-滑环；5-励磁绕组

三、发电机的工作原理

1. 发电原理

图3-12所示为发电机的工作原理图。发电机的转子为一旋转磁场，其磁路如图3-13所示，当有励磁电流通过时，两块爪极被磁化为N极和S极，磁力线由N极出发，穿过转子与定子之间的气隙进入定子铁芯，然后又经过空气隙回到相邻的S极，通过磁轭构成了磁回路。

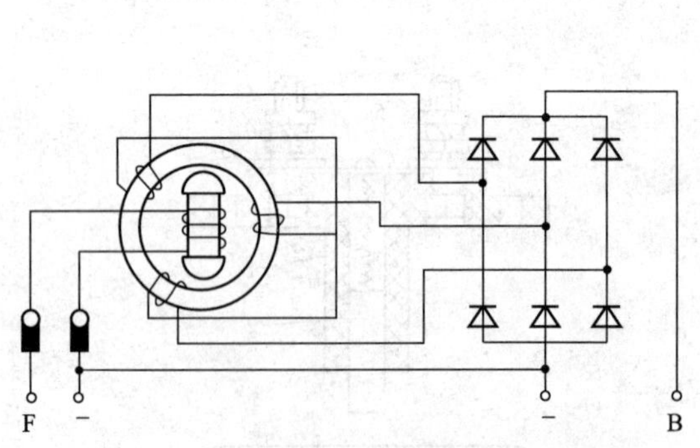

图3-12 发电机的工作原理图

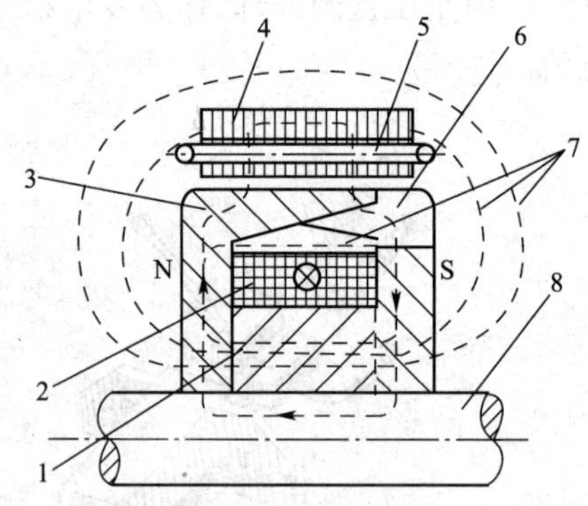

图3-13 发电机的磁路

1-磁轭；2-励场绕组；3、6-爪极；4-定子铁芯；5-三相绕组；7-漏磁；8-转子轴

当转子旋转时，电枢绕组受到有规律变化的磁场的作用，在三相绕组中便产生了频率相同，幅值相等，相位差为120°电角度的正弦电动势 e_A、e_B 和 e_C。其波形如图3-14b)所示。三相绕组中电动势的瞬时值为

$$e_A = E_m \sin\omega t = \sqrt{2} E_\Phi \sin\omega t \tag{3-1}$$

$$e_B = E_m \sin(\omega t - 120°) = \sqrt{2}E_\Phi \sin(\omega t - 120°) \quad (3\text{-}2)$$

$$e_C = E_m \sin(\omega t - 240°) = \sqrt{2}E_\Phi \sin(\omega t - 240°) \quad (3\text{-}3)$$

式中:E_m——每相电动势的最大值,V;

E_Φ——每相电动势的有效值,V;

ω——电角速度($\omega = 2\pi f$),rad/s。

发电机每相绕组中所产生的电动势的有效值为

$$E_\Phi = 4.44 K f N \Phi = C_e n \Phi \quad (3\text{-}4)$$

式中:K——绕组系数(发电机采用整距集中绕组 $K=1$);

f——感应电动势的频率,Hz,$f = Pn/60$(P 为磁极对数,n 为转速 r/min);

N——每相定子绕组的匝数;

Φ——每极磁通,Wb;

C_e——发电机结构常数。

由式(3-4)可知,电枢绕组内感应电动势的大小与每相绕组串联匝数以及感应电动势的频率(也即转子的转速)成正比。

2. *整流原理*

发电机电枢绕组产生的交流电经过整流器变为直流电向负载供电。

由 6 只硅二极管组成的三相桥式全波整流电路如图 3-14a)所示。由于二极管具有单向导电的特性,当外加电压为正向电压(即二极管的正极电位高于负极电位)时,二极管处于导通状态;当外加电压为反向电压(即正极电位低于负极电位)时,二极管处于截止状态。由电路可知,三只正极管 VD_1、VD_3、VD_5 的负极连在一起电位相等,在每一瞬间,总是正极电位最高的一只正极管首先导通,而后由于另两只正极管的负极电位高于正极而不能导通;三只负极管 VD_2、VD_4、VD_6 的正极连在一起电位相等,所以在每一瞬间,总是负极电位最低的一只负极管首先导通,而后由于另两只负极管的正极电位低于负极而不能导通。三只正极管和三只负极管分别轮流导通,这样在每一瞬间,电流总是从电压最高的一相绕组开始,经过一

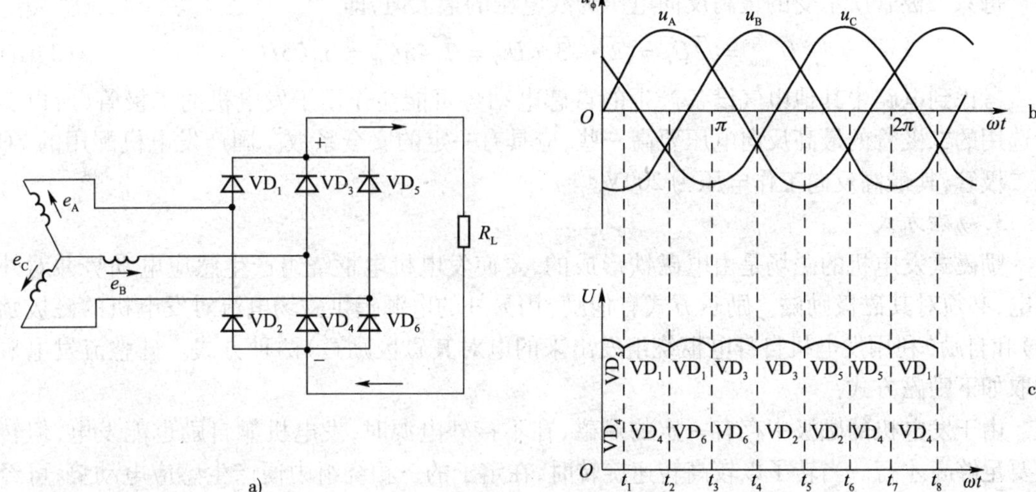

图 3-14 三相桥式整流电路中的电压波形

a)三相桥式整流电路;b)三相交流电压波形;c)整流后的电压波形

只正极管、负载、一只负极管、最后回到电压最低的一相绕组构成回路，负载两端得到的是两相之间的线电压，只要发电机不断运转，负载上就会得到如图 3-14c）所示的一个比较平缓的直流脉动电压。

发电机输出直流电压的平均值为：

$$U = 1.35U_{L} = 2.34U_{\Phi}（星形连接） \tag{3-5}$$

$$U = 1.35U_{\Phi}（三角形连接） \tag{3-6}$$

式中：U_{L}——线电压的有效值，V；

U_{Φ}——相电压的有效值，V；

U_{L}——$\sqrt{3}U_{\Phi}$，V。

如考虑二极管正向导通时的电压降 U_{d}，则

$$U = 2.34U_{\Phi} - 2U_{d} \quad（星形连接） \tag{3-7}$$

$$U = 1.35U_{\Phi} - 2U_{d} \quad（三角形连接） \tag{3-8}$$

式中：U_{d}——每只二极管的电压降（汽车硅整流二极管约为 0.2～0.6V），V。

星形连接的三相绕组有的从中性点引出来中心抽头，其接线柱称为中性点接线柱，标记为“N”，如图 3-15 所示。中性点对发电机外壳（即搭铁）之间的电压 U_{N}（中性点电压）是通过三个负二极管半波整流后得到的直流电压，等于发电机直流输出电压的一半。即

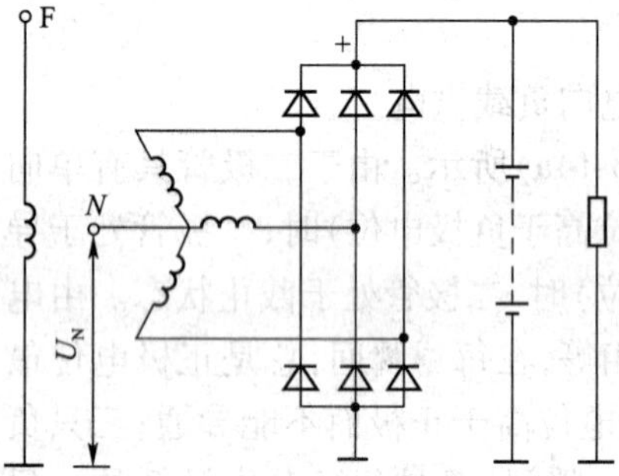

$$U_{N} = 1/2U \tag{3-9}$$

中性点电压一般用来控制各种不同用途的继电器，如磁场继电器、充电指示灯继电器等。

图 3-15　带有中心抽头的发电机

在三相桥式整流电路中交流电的每个周期内，每只二极管只有 1/3 的时间导通，所以每只二极管的平均电流 I_{V} 只为负载电流 I 的 1/3。

每只二极管所承受的最高反向电压为线电压的最大值，即

$$U_{vmax} = \sqrt{2}U_{L} = \sqrt{2} \cdot \sqrt{3} \cdot U_{\Phi} = 2.45U_{\Phi} = 1.05U \tag{3-10}$$

考虑到电路中其他电气设备产生的自感电动势可能会作用于发电机的二极管，所以实际选用的二极管的最高反向电压要高一些，应具有一定的安全系数。国产发电机配用的 ZQ 型二极管，其最高反向工作电压为 200V。

3. *励磁方式*

励磁式发电机的磁场是由电磁铁形成的，要使发电机电枢绕组产生感应电动势并对外供电，必须对其磁极励磁。励磁方式有他励（用另外的电源提供磁场电流对发电机的磁极励磁）和自励（利用发电机自身电枢绕组发出来的电对其磁极励磁）两种方式。硅整流发电机采取如下励磁方式：

由于发电机的磁极中存有一定的剩磁，在不接外电源时，发电机靠自励也能发电，但转速要足够高才行。当转子以较高转速旋转时，在定子的三相绕组中便产生感应电动势，可经二极管整流后给磁场绕组提供磁场电流，因而磁场得到加强，使电枢绕组的电动势进一步提高，这又将使磁场进一步增强，如此互相促进，使发电机电动势很快升高。而发电机低速运

转时，则由于硅二极管在正向电压很低时呈现的电阻较大(这个很小的电压叫死区电压，约小于0.6V)，基本上不导通，并且磁极的剩磁也较弱，所以电压不能建立。这样就减少了给蓄电池充电的机会，是不符合使用要求的。为了克服这一缺点，在发电机转速较低，发电机电压低于蓄电池电动势时，可由蓄电池提供磁场电流，进行他励，使电压很快上升。发电机转速在1000r/min左右时，即可向蓄电池充电，并开始自励。

由此可见，交流发电机的励磁方式是：在低速运转，其电压还未达到蓄电池充电电压时，是他励；当高速运转，其电压已达到蓄电池充电电压时，是自励。

4. 电枢反应对电动势的影响

当发电机有负载电流时，发电机内部除存在着一个磁极磁场外，还存在着一个电枢电流产生的磁场，即电枢磁场。电枢磁场对磁极磁场的影响称为电枢反应。

电枢反应对发电机感应电动势的影响见图3-16。当发电机空载时，给发电机磁场绕组通入磁场电流 I_f，便有磁极磁场存在，磁通为 Φ_0，如图3-16中的实线所示。当发电机有负载电流 I_S 时，电枢绕组周围也会产生一个磁场，即电枢磁场，磁通为 Φ_S，如图3-16中的虚线所示。这样在发电机内部就同时存在着磁极磁场和电枢磁场。电枢磁场的产生使磁极磁场受到影响，磁极上的磁通发生了变化，每块磁极其中的半个磁极因 Φ_S 与 Φ_0 方向相反而减少，磁场被削弱；而另半个磁极由于 Φ_S 与 Φ_0 方向相同而增加，磁场得到加强。然而铁磁物质的磁通达到饱和时便不再增加，所以电枢反应的影响使磁场削弱的一半磁极上减少的磁通往往要大于磁场增强的一半磁极上所增加的磁通，这就使两磁场的合成磁通较单独的磁极磁通有所减少。因此，发电机在转速一定的情况下，负载电流会使感应电动势有所下降。负载电流越大，电枢反应越强，发电机电动势的下降也会越多。

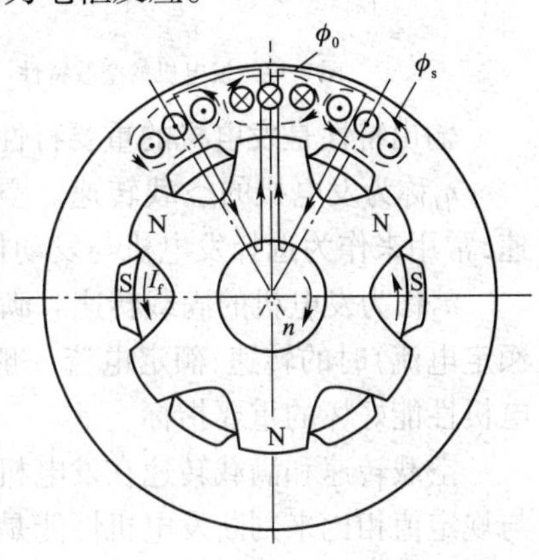

图3-16 发电机的磁极磁场和电枢磁场

四、发电机的特性

汽车发电机的特点是转速变化范围大，因此一般以转速为标准，表示各参数的关系。

发电机的特性主要研究发电机整流后的直流电压、输出电流与转速之间的相互关系，包括空载特性、输出特性和外特性。

1. 空载特性

空载特性是指发电机空载时的端电压与转速之间的关系，即 $I=0$ 时，$U=f(n)$ 的曲线，如图3-17所示。由特性曲线可知发电机低速时由于他励，电压上升较快，保证了低速时具有良好的充电性能。随转速的升高，电压超过蓄电池电动势后继续上升，可见在其他条件不变的情况下，转速升高，电压需要节压器限制，以保证对负载安全供电。空载特性是判断发电机充电性能是否良好的依据。

2. 输出特性

输出特性也称负载特性，是指发电机向负载供电时，保持输出电压一定（对12V系统的发电机电压规定为14V，对24V系统的发电机电压规定为28V），输出电流与转速之间的关系,即 U = 常数时,$I=f(n)$ 的曲线,如图 3-18 所示。

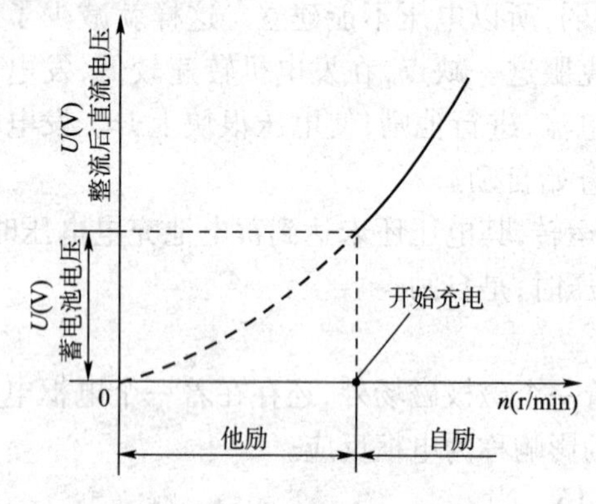

图 3-17 发电机的空载特性

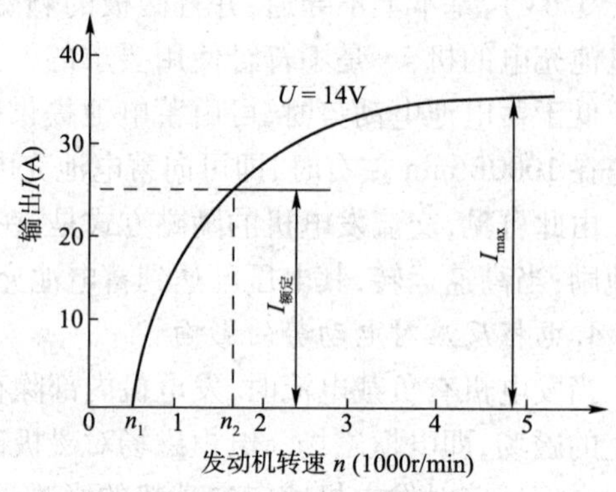

图 3-18 发电机的输出特性

输出特性是发电机的重要特性,它表达了发电机在不同转速下输出功率的情况。

n_1 称为发电机的空载转速。空载转速是指发电机在空载时端电压达到额定值时的转速,常用来作为选择发电机与发动机传动比的主要依据。

n_2 称为发电机的满载转速。满载转速是指发电机达到额定功率(即在额定电压下输出额定电流)时的转速,额定电流一般规定为最大电流值的 70% ~75%。满载转速是评价发电机性能好坏的重要指标。

空载转速和满载转速在发电机产品说明书中均有规定。使用中可以测得这两个数据,与规定值相比来判断发电机性能是否良好。

I_{max} 称为发电机的最大输出电流或限流值。当转速达到一定值后,发电机输出电流不再随转速的升高和负载电阻的减小而增大,可见发电机具有自身限制输出电流的能力,避免了负载过多而烧坏发电机的危险。发电机自身限制输出电流的原理简述如下:

(1)发电机的电枢绕组具有一定的阻抗 Z,而阻抗由相绕组的电阻 r 和感抗 X_L 合成,即

$$Z=\sqrt{r^2+X_L^2} \tag{3-11}$$

$$X_L=2\pi fL \tag{3-12}$$

式中:L——一相电枢绕组的电感,H;

f——感应电动势的频率($f=Pn/60$),Hz;

P——磁极对数;

n——转子的转速,r/min。

可见 X_L 与 n 成正比,高速时 r 与 X_L 相比可以忽略,所以可认为电枢绕组的阻抗与转速成正比,当发电机转速升高到使输出电流增加到一定数值后,如再提高转速,尽管电枢绕组中的感应电动势增加,但因此时电枢绕组的阻抗也增大了,所以引起发电机内部电压降的增大。

(2)发电机输出电流增大,电枢反应加强,引起感应电动势下降。

两者共同作用的结果,使发电机的输出电流不再增加,因此,发电机具有自身限制输出电流的特性,电路中不需要安装限流装置。

3. 外特性

外特性是指发电机转速一定时,端电压与输出电流之间的关系。即 n = 常数时,$U=f(I)$ 的曲线,如图 3-19 所示。

由外特性可知,随着输出电流的增加,使得发电机的内压降增大,引起端电压下降,且转速越高,下降的斜率越大,而端电压的下降,又会引起磁场电流减小,从而导致端电压进一步下降。当发电机高速运转时,如果突然失去负载,端电压会急剧上升(发电机定子绕组因突然失去负载而产生的瞬变过电压),致使发电机中整流二极管以及调节器中的电子元件有被击穿的危险。所以,使用中应将发电机与蓄电池连接牢固,由蓄电池来吸收所产生的瞬变能量,或在电路中安装过电压保护装置,以此避免电子元件被击穿。

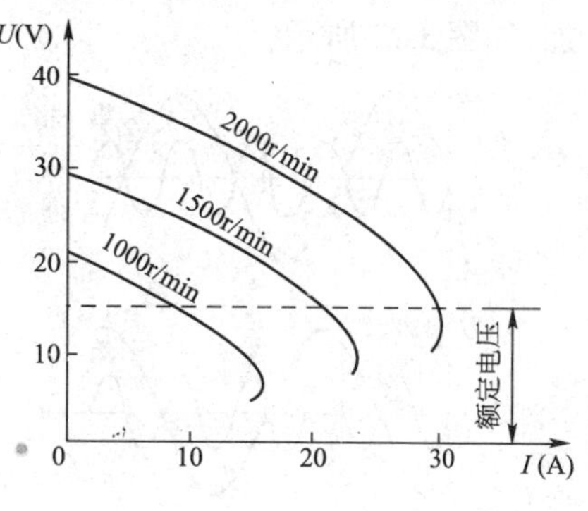

图 3-19 发电机的外特性

另外,当输出电流增大到一定值时,如果负载再增加,输出电流反而会同端电压一起下降,即外特性曲线上有一转折点,所以发电机短路时的电流是很小的,这也说明发电机具有自身限流功能。一般发电机是工作在转折点之前的。

五、发电机性能的改善

在“Y”形接法的发电机中,中性点 N 不仅具有直流电压(等于发电机直流输出电压的一半),而且还包含有交流电压成分,其原因如下:

当发电机空载时,由于鸟嘴形磁极使磁场分布近似为正弦曲线,从而使其三相感应电动势接近于正弦波。而当发电机正常工作有电流输出时,由于电枢反应的强弱、漏磁、铁磁物质的磁饱和以及整流二极管的非线性特性等因素,会使发电机内的磁通变为非正弦分布,从而造成发电机感应电动势和输出电压的波形畸形。如图 3-20a)所示为某一相电压的实际波形。可以认为这一畸形波形是由正弦基波(图 3-20b)和三次谐波(频率是基本频率的 3 倍,见图 3-20c)叠加而成。

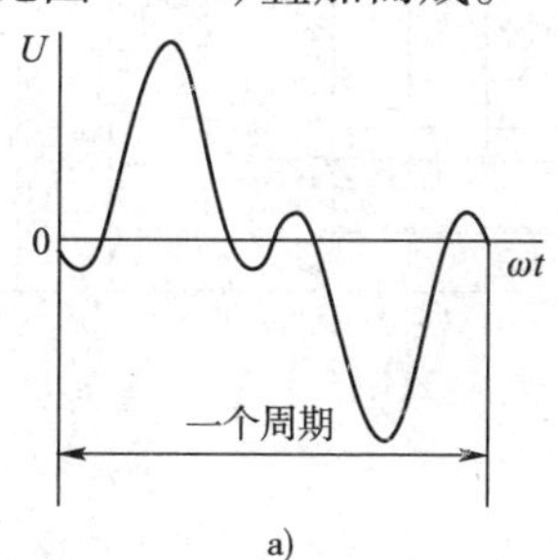

a)

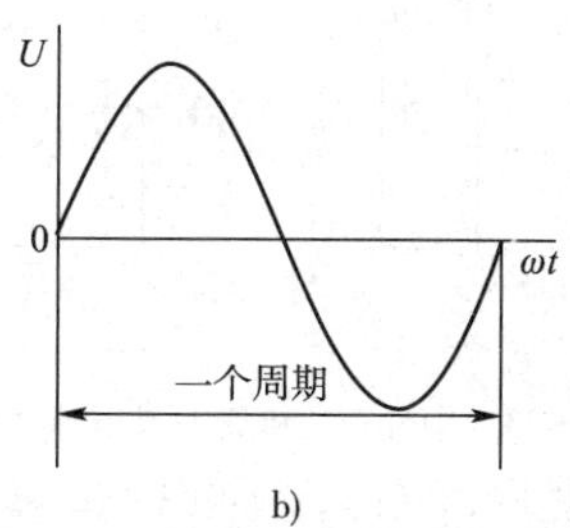

b)

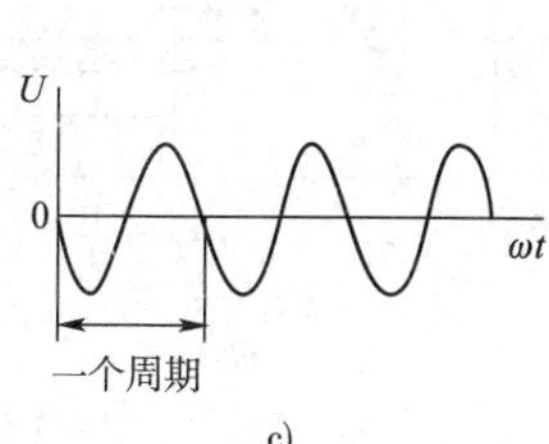

c)

图 3-20 有输出电流时的畸变波形及分解波形图

a)相电压畸变波形; b)相电压基波;c)三次谐波

图 3-21 所示为三相绕组分解得到的基波和三次谐波,由图可以看出尽管三相电压的基波相位相差 120°,而各相的三次谐波之间的相位却是相同的。由于三相绕组采用 Y 形接法时,线电压是两相电压之差,而三次谐波电压大小相等,相位相同,可互相抵消,故对外输出

的电压反映不出三次谐波电压，但相电压可测出三次谐波电压，并且该三次谐波的幅度随发电机转速的升高而升高。

由此可见，中性点电压为三相基波电压整流得到的直流分量和三次谐波交流分量的叠加，如图 3-22 所示。

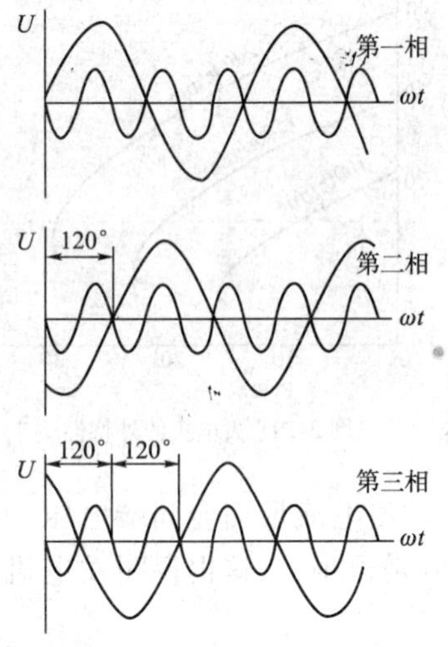

图 3-21　各相绕组基波和三次谐波

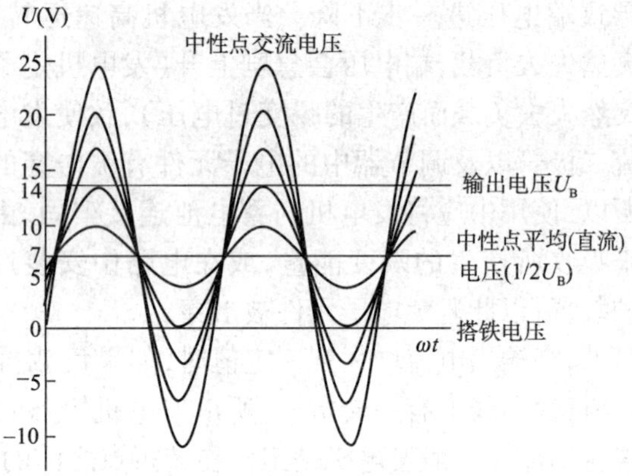

图 3-22　不同转速时中性点电压变化波形

当发电机转速升高到一定程度时（超过 2000r/min），交流分量的最高瞬时值有可能超过发电机的直流输出电压 U_B，最低瞬时值则可能低于搭铁端电压（0V），可见在这种情况下，该处的交流分量中高于发电机输出电压 U_B 和低于 0V 时便有可能向外输出。因此，在中性点与发电机的"B +"端以及与搭铁端" - "之间分别增加一只整流二极管，见图 3-23 中 VD_7 和 VD_8，即形成八管发电机。这两只二极管称为"中性点二极管"，这样，便可利用中性点的电压来增加发电机的输出电流。其工作原理如下：

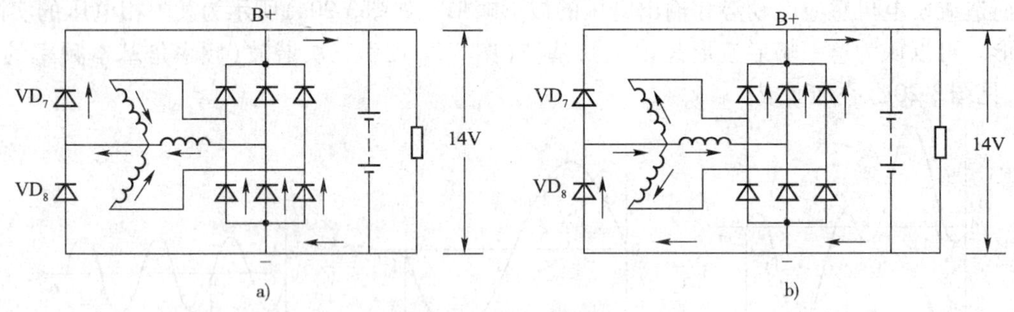

图 3-23　中性点二极管及其电流通路

a) 中性点电压高于 U_B 时；b) 中性点电压低于 0V 时

当中性点的瞬时电压高于发电机的输出电压 U_B 时，二极管 VD_7 导通，电流便经 VD_7、负载以及三个负极管子中的一只后经某一相绕组形成回路，如图 3-23a) 中箭头所示。

当中性点的瞬时电压低于 0V 时，二极管 VD_8 导通，电流则从某一相出发，经该相的正极管子、"B +"端、负载、搭铁，最后经二极管 VD_8 回到中性点而形成回路，如图 3-23b) 中箭头所示。

图 3-24 所示为有、无中性点二极管时某发电机输出电流的对比，可见在中高速时，有中性点二极管的发电机其输出电流可增加 10% ~15%，从而提高了发电机的输出功率。

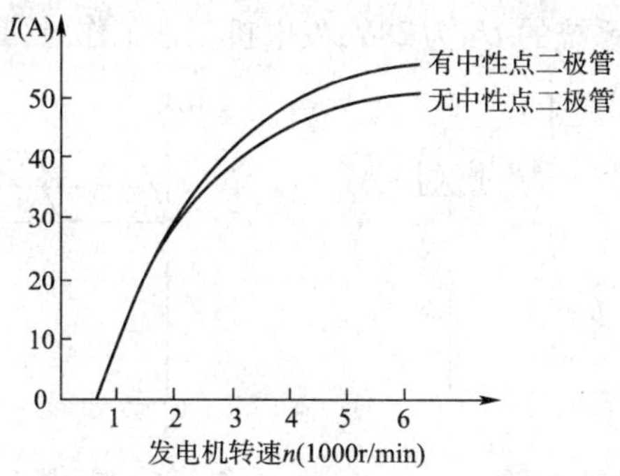

图 3-24 有、无中性点二极管时发电机输出电流对比

第三节 调 节 器

一、概述

通过发电机特性分析发现，在转速变化时，发电机端电压有较大变化；在转速恒定时，由于输出电流的变化对端电压也有很大影响。若发电机不限压，在条件具备的情况下能够发出高达 250V 的电压，因此，在实际使用中要保证用电设备安全用电，发电机必须配用电压调节器。

发电机电压调节器简称调节器，其作用就是在发电机转速和负荷变化时，自动调节发电机输出电压的平均值不超过规定值，防止输出电压过高烧坏用电设备和蓄电池过充电。

1. 电压调节原理

根据电磁感应原理，发电机的感应电动势为：

$$E = C_e \Phi n \tag{3-13}$$

发电机的端电压为：

$$U \approx E - I \cdot Z \tag{3-14}$$

可见，发电机的端电压与发电机的结构常数、转速、磁通、定子绕组的阻抗以及负载大小有关。而发电机在汽车上是由发动机按固定的传动比驱动旋转的，其转速随发动机的不同工况在很大范围内变化，定子绕组的阻抗也随转速的变化相应变化，并且发电机的负载大小也不是固定不变的。当发电机结构确定时，要保持发电机端电压平均值恒定，只有相应地改变磁极磁通。由于磁极磁通与励磁电流成正比，所以调节器的节压原理是通过调节励磁电流平均值的大小使发电机端电压平均值在不同的转速和负载情况下基本保持恒定的。

调节器控制原理如图 3-25 所示，电压控制装置为一电压感受元件，其作用是当电压达到某一限定值时，控制触点的动作。设定发电机工作电压下限为 U_1，上限为 U_2，当发电机正常工作时，随着不同因素对端电压的影响，电压若低于上限，触点处于闭合状态，励磁电流由发电机通过触点提供，当电压超过规定值达到上限时，电压控制装置会使触点断开，励磁电流因通过调节电阻或直接切断而减小，相应发电机端电压下降，电压下降至下限，触点又会闭合，励磁电流再次通过触点而上升，周而复始，发电机端电压会控制在 U_1、U_2 之间，调节器工作时的电压波形如图 3-26 所示。取平均值为发电机的工作电压（即额定电压 U_e），一般 12V 系统的 U_e 为 14V，24V 系统的 U_e 为 28V，发电机正常工作时，其工作电压应达到额定值。

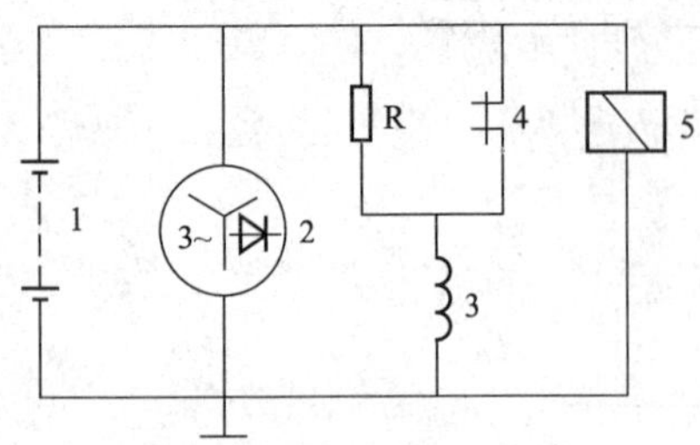

图 3-25　调节器控制原理图

1-蓄电池；2-发电机；3-励磁绕组；4-常闭触点；5-电压控制装置；R-调节电阻

图 3-26　调节器工作时发电机输出电压波形

2. 调节器的分类

调节器种类繁多、形式各异，按其结构不同大致可分为电磁振动式和电子式两大类。

1）电磁振动调节器

电磁振动调节器是利用电磁力矩与弹簧力矩的共同作用控制触点反复开闭，以改变发电机磁场电路的电阻，调节磁场电流，达到节压目的的。按其触点的对数不同又分为单级式（只有一对触点）和双级式（具有两对触点）；按其组成的联数不同又分为单联式（只有电压调节器）和双联式（除电压调节器外，还有磁场继电器或充电指示灯继电器等）。

2）电子调节器

电子调节器是利用稳压二极管作为感受元件，控制晶体三极管反复通断（开关特性），来调节磁场电流，以达到节压的。按其结构形式不同又分为晶体管式（利用分立电子元件组成的调节器）和集成电路式（以集成电路 IC 为核心组成的调节器），集成电路式调节器可装于发电机内部组成整体式发电机；按其控制功能不同可分为单功能型（仅有电压调节功能的调节器）和多功能型（除电压调节功能外，还有充电指示灯控制功能等）。

调节器按搭铁方式的不同可分为内搭铁式（与内搭铁式发电机配套工作的调节器）和外搭铁式（与外搭铁式发电机配套工作的调节器）。

随着汽车电子技术的发展，集成电路式调节器已得到广泛应用。尤其是微机在汽车上的应用，利用微机控制发电机输出电压，取消电压调节器已是势在必行了。

3. 调节器的型号

根据 QC/T 73—1993《汽车电气设备产品型号编制方法》的规定，调节器的产品型号编制方法如下：

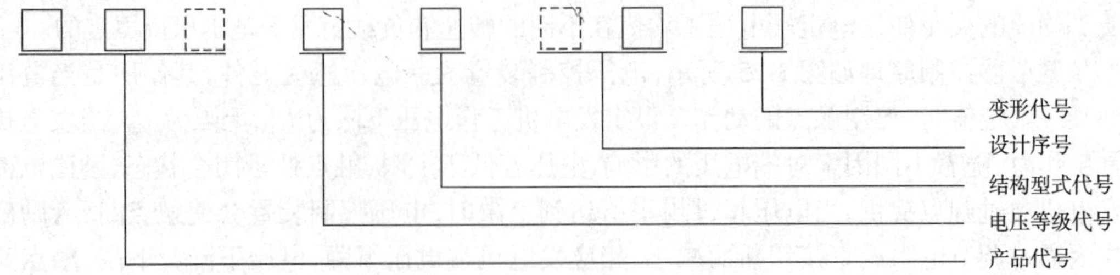

(1)产品代号:发电机调节器的产品代号有“FT”和“FTD”两种,分别表示发电机调节器和发电机电子调节器(字母“F”、“T”、“D”分别为“发”、“调”、“电”的汉语拼音第一个字母)。

(2)电压等级代号与发电机相同,见表3-1所示。

(3)结构型式代号:结构形式代号用1位阿拉伯数字表示,见表3-3所示。

发电机调节器的结构型 表3-3

结构型式代号	1	2	3	4	5
电磁振动式调节器	单联	双联	三联		
电子式调节器				晶体管式	集成电路式

(4)设计序号:按产品设计先后次序,以1~2位阿拉伯数字表示。

(5)变型代号:以汉语拼音大写字母A、B、C……顺序表示(不能用O和I)。

例如:FTD152表示12V集成电路调节器,第二次设计。FT126C表示12V的双联电磁振动式调节器,第6次设计,第3次变型。

二、电磁振动式调节器

1. 基本结构与原理

以单级式电磁振动调节器为例,其基本结构以及连接电路,如图3-27所示。调节器由铁芯、支架、磁化线圈、弹簧、常闭触点(调节器不工作时处于闭合状态的触点)、调节电阻等组成。磁化线圈绕在铁芯上,两端承受发电机的端电压,铁芯电磁力矩与弹簧力矩共同控制触点的开闭,当弹簧力矩大于铁芯电磁力矩时,触点闭合;弹簧力矩小于铁芯电磁力矩时,触点开启。触点K与调节电阻R并联后串入发电机的磁场电路中,从而控制发电机的磁场电流,磁场电路一般由点火开关控制。

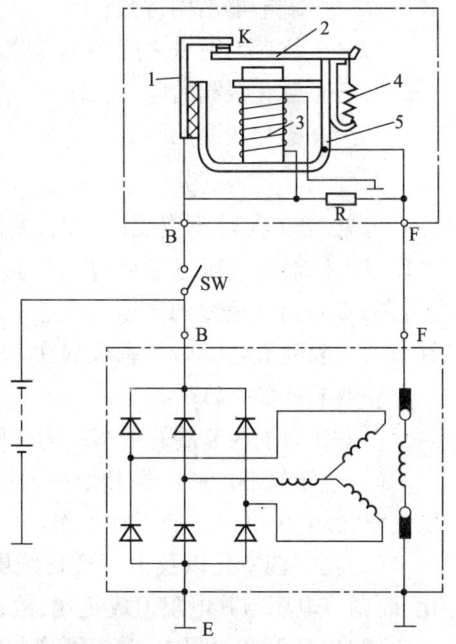

图3-27 电磁振动式调节器基本结构与电路

1-静触点支架;2-衔铁;3-铁芯及磁化线圈;4-弹簧;5-支架(磁轭);K-触点;R-调节电阻;SW-点火开关

调节器的工作原理如下:

接通点火开关,蓄电池电压加到磁化线圈上,磁化线圈的电流由蓄电池正极出发通过点火开关、磁化线圈、搭铁回蓄电池负极。这时铁芯产生的电磁力矩小于弹簧力矩,触点K处于闭合状态。蓄电池通过点火开关、触点K、衔铁、支架、给发电机磁场绕组提供他励电流。

启动发动机,发电机被驱动旋转,随转速的升高,发电机电压逐渐升高,当发电机电压达到蓄电池电动势E时,发电机开始通过触点K向磁场绕组提供自励电流,并开始向蓄电池充电。这时磁化线圈的电流也由发电机提供,并承受发电机的端电压。

转速继续上升,发电机电压上升至14V(12V系统),达到额定电压,此时发电机具有带载能力。一般发动机在怠速以上运转时发电机应具有一定的带载能力,发动机中、高速运转时,发电机应能满足大多数用电设备同时用电的要求。所以发电机的负载和发动机的转速在正常范围内变化时,当发电机端电压上升至14.5V时,磁化线圈由于承受发电机的端电压使铁芯产生的电磁力矩大于弹簧力矩,触点开启,励磁电流由发电机经点火开关、调节电阻、向磁场绕组提供,电路中由于串入调节电阻而使励磁电流下降,发电机端电压随之下降,至13.5V时,磁化线圈的电流减小,电磁力矩减小,再次使弹簧力矩大于电磁力矩,触点重新闭合,调节电阻被触点短路,励磁电流上升,发电机端电压又上升至14.5V,触点再次开启,周而复始,触点振动,调节发电机励磁电流的平均值,使发电机输出电压的平均值不超过14V。这个电压一般为发电机的额定电压,它既不能低于蓄电池的电动势,又不能高于用电设备的允许电压。

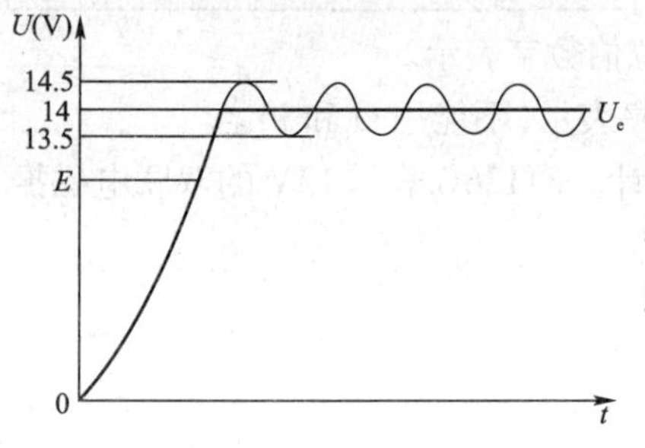

图3-28 调节器控制的发电机电压特性

上述调节器控制的发电机电压特性,如图3-28所示。在电压控制过程中,发电机转速和负载在一定范围内变化,当负载一定时,转速越高,励磁电流的平均值越小;当转速一定时,负载电流越小,励磁电流的平均值越小。

2. 节压值的调整

配用电磁振动式调节器的发电机其输出电压的平均值 U 可用下式计算:

$$U = C\delta \frac{R_0}{N_0}\sqrt{F} \tag{3-15}$$

式中:C——调节器结构常数;

δ——铁芯与衔铁之间的空气隙;

R_0——磁化线圈的电阻,Ω;

N_0——磁化线圈的匝数;

F——弹簧力,N。

可见,当 R_0、N_0 不变的情况下,调节器所维持的电压平均值 $U \propto \delta\sqrt{F}$,所以在使用中若发现发电机输出电压过低或过高,可以调节铁芯与衔铁之间的空气隙(粗调)和弹簧拉力(微调)以获得所需要的电压。铁芯与衔铁之间的空气隙可以通过调节静触点支架的位置来调节。一般调节电压12V系统的在13.5~14.8V范围内,24V系统的在27~29V范围内。

3. 调节器性能的改善

以上介绍了调节器的基本结构和原理,但在实际应用中还存在着一定的缺陷,比如:

(1)由于铁芯的磁滞性和衔铁的机械惯性,使调节器工作时触点振动频率较低,调节电压不稳,影响用电设备的正常工作。

(2)当气温变化以及由于磁化线圈工作而发热时,将会引起磁化线圈的电阻值发生变化,而调节电压与其电阻值成正比,故调节电压值将不能保持恒定。

(3)电压调节过程中,触点开启的瞬间,发电机磁场电流突然减小,磁场绕组会产生自感电动势与发电机电压叠加共同施加在触点两端,引起触点火花,烧蚀触点。电路中调节电阻的阻值越大,触点火花越强。

为了满足使用要求,调节器的改进主要有如下措施(调节器的实际电路见图3-29):

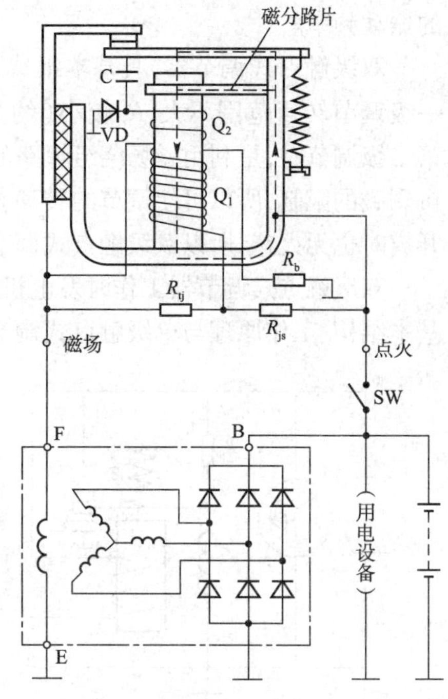

图 3-29　FT111 型单级式电压调节器

Q_1-磁化线圈；Q_2-扼流线圈；C-灭弧电容；VD-二极管；R_{js}-加速电阻；R_{tj}-调节电阻；R_b-补偿电阻

1）提高触点的振动频率

（1）减小铁芯的磁滞性。在电路中增加了加速电阻 R_{js}，使磁化线圈所承受的电压 U_0 为发电机端电压 U 减去加速电阻上的电压降 U_{js}，即

$$U_0 = U - U_{js} = U - I_{js}R_{js} \tag{3-16}$$

式中：I_{js}——通过加速电阻的电流，A。

当调节器触点闭合时，流过磁化线圈的电流分两路：一路从发电机正极→点火开关→R_{js}→磁化线圈 Q_1→R_b→搭铁→发电机负极；另一路从发电机正极→点火开关→触点→R_{tj}→磁化线圈 Q_1→R_b→搭铁→发电机负极。流经 R_{js} 的电流 I_{js} 较小，U_{js} 可忽略不计，此时作用在磁化线圈上的电压几乎等于发电机的端电压。

当调节器触点开启时，流经 R_{js} 的电流 I_{js} 则是磁化线圈的电流与磁场电流之和，R_{js} 上的电压降增大，于是作用在磁化线圈上的电压减小，通过磁化线圈的电流急剧下降，加速了铁芯退磁，触点迅速闭合，从而加速了触点的振动。

（2）减小衔铁的机械惯性。衔铁制成薄而轻且俯视投影为近似于三角形或半圆形的结构，使重心靠近支点以减小转动惯量，提高触点振动频率。

2）温度补偿

（1）采用温度补偿电阻 R_b。R_b 由康铜丝（铜镍合金）绕制而成的，串入磁化线圈中。康铜丝的电阻温度系数很小（仅为铜的 1/800），所以可使整个磁化线圈电路中的电阻值随温度的变化相应减小，故能减轻温度对调节电压值的影响。

（2）采用磁分路。磁化线圈在铁芯中产生的磁通有两条并联的磁路，如图 3-29 中虚线所示。磁分路的作用是进一步减轻温度对调节电压值的影响。磁分路片采用铁镍合金或铁镍铝合金制成，该材料的特点是磁阻随温度升高而增大。当温度升高时，磁化线圈的电阻增大，通过的电流减小，使磁通量减小，但与此同时，温度升高磁分路的磁阻也增大，使通过磁分路的磁通相应减小。这样就保证了通过衔铁的磁通不变，衔铁受到的吸力也不变，从而使发电机电压保持恒定。

3）灭弧装置

电路中加装了一个由二极管 VD、扼流线圈 Q_2 和电容器 C 组成的触点灭弧系统。其工作原理是：当发电机电压达到规定值时，磁化线圈 Q_1 使触点开启，于是 R_{tj} 和 R_{js} 串入磁场电路，使磁场电流急剧下降，在磁场绕组中产生了很高的自感电动势，其感应电流可通过二极管 VD、扼流线圈 Q_2 构成回路，起到续流的作用，保护了触点。另外，触点两端通过 Q_2 并联一电容器，用来吸收自感电动势，从而也减小了触点火花。

此外，当触点打开时，自感电流通过 Q_2 产生退磁作用，又可加速触点的闭合，提高触点的振动频率。

双级触点式调节器，其基本组成及电路如图3-30所示，它采用了两级节压的方式。第一级调节转速范围不大，R_{tj}较小（约为单级式的1/7～1/10），所以触点火花小，不易烧蚀。第二级调节时，是利用磁场绕组短路的方法保证电压恒定的，则第二级的终点转速只受发电机剩磁的限制，所以可使调节的转速范围大大增加。二级触点闭合时，磁场绕组短路，触点开启时也无火花，所以双级触点式调节器不用安装灭弧装置。

双级触点式调节器工作时发电机的电压特性曲线如图3-31所示，双级触点式调节器的基本结构、工作原理与单级触点式调节器基本相同，不再赘述。

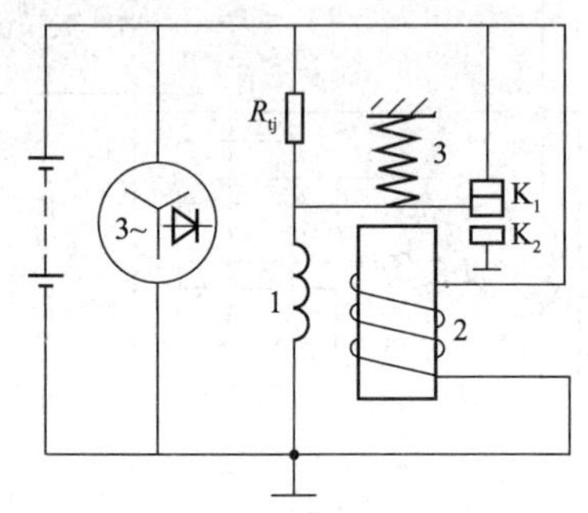

图3-30　双级触点式调节器的基本组成与电路
1-磁场绕组；2-铁芯与磁化线圈；3-弹簧；R_{tj}-调节电阻；
K_1-常闭触点（一级）；K_2-常开触点（二级）

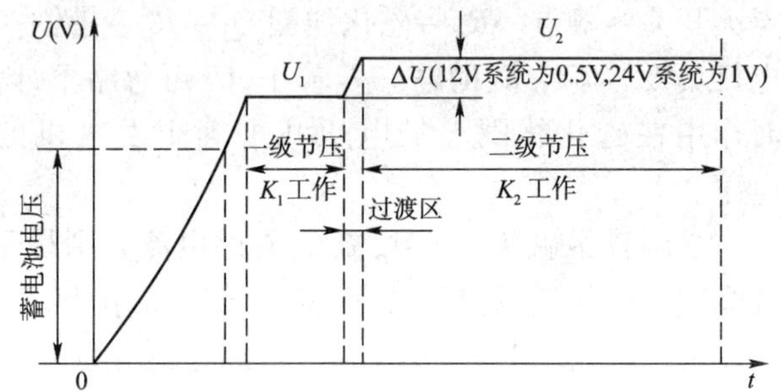

图3-31　具有双级触点式调节器的发电机工作特性曲线

由于电磁振动式调节器存在体积大、结构复杂、触点振动频率低、调节精度差、触点易烧蚀、寿命短、调整困难等不足，已被晶体管调节器所替代，特别是集成电路调节器使用更为广泛。

三、晶体管式调节器

晶体管式调节器是利用晶体管元件代替了电磁振动式调节器中的机械装置，从而克服了电磁振动式调节器的缺点，所以具有结构简单、体积小、质量轻；开关频率高、调节性能好，在转速或负载变化时其电压波动一般不大于0.3V；不会产生火花、对无线电无干扰、使用寿命长、工作可靠；使用中无需调整、维护；可通过较大的磁场电流、适应大功率发电机的要求等优点。

目前采用的晶体管式调节器一般为整体封装式，不可拆卸，不能维修，只能整体更换。调节器的接线柱名称分别为“+”、“F”、“-”。

1. 基本电路与工作原理

晶体管调节器有内搭铁型和外搭铁型两种，分别与内搭铁型和外搭铁型发电机配套使用。

图3-32所示为内搭铁型晶体管调节器的基本结构与电路。调节器由电压信号检测电路、信号放大与控制电路、开关电路组成。

电压信号的检测与采集由电阻R_1、R_2构成的分压器和稳压管VS来完成，分压器两端承

受发电机的端电压 U_{AC}，其中 U_{AB} 通过三极管 VT_1 的发射结反向加至稳压管两端（$U_{AB} = U_{AC}\frac{R_1}{R_1+R_2}$，可以反映发电机输出电压的高低），当 $U_{AB} \geqslant$ 稳压管的反向击穿电压 U_{VS} 与三极管 VT_1 发射结的正向电压 U_{eb} 之和时，稳压管反向击穿导通，VT_1 获得基极电流而导通，反之 VT_1 则无基极电流而截止。VT_1 接收到电压检测电路送来的信号进行放大处理并控制功率三极管 VT_2 的导通和截止，VT_2 作为开关串联于发电机的励磁电路中，控制发电机的磁场电流，从而使发电机的输出电压稳定在某一规定范围内。

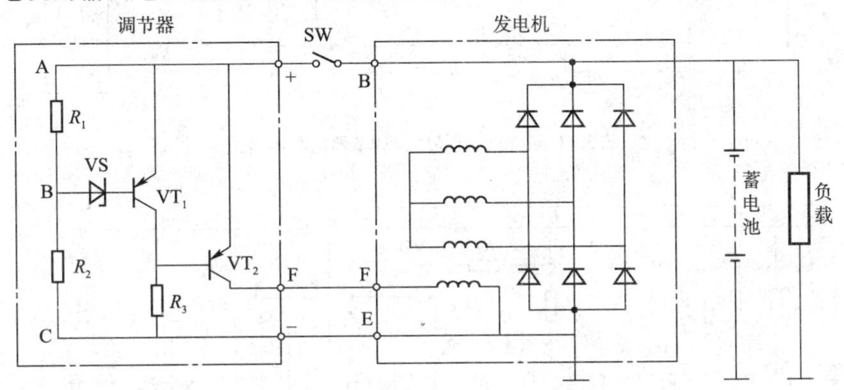

图 3-32　内搭铁型晶体管调节器的基本电路

R_3 是 VT_1 的集电极负载电阻，也是 VT_2 的偏置电阻。

晶体管调节器的工作原理如下：

接通点火开关，蓄电池的电压加在分压器 A、C 两端，R_1 上分得的电压 U_{AB} 通过 VT_1 的发射结加到稳压管 VS 上使其承受反向电压。由于蓄电池的电压低于发电机的电压规定值，故分压器加至稳压管上的反向电压低于稳压管的击穿电压，则 VS 截止，VT_1 无基极电流而截止，VT_2 在 R_3 的偏置作用下有基极电流而导通，接通了发电机的磁场电路，蓄电池的电流经 VT_2 的发射极、集电极流入磁场绕组使发电机励磁。

启动发动机后，随转速的升高，发电机电压升高至蓄电池的电动势时，发电机开始提供励磁电流，并向蓄电池充电。

当发电机转速升高，使电压稍高于规定值时，U_{AB} 达到稳压管的击穿电压值，稳压管骤然导通，VT_1 管有基极电流流过而导通。同时，VT_2 管由于发射结被短路而截止，切断了发电机的磁场电路，使发电机电压下降。当电压稍低于规定值时，稳压管重又截止，VT_1 也截止，VT_2 又导通，接通了磁场电路，发电机电压又升高。如此反复，发电机电压平均值稳定在规定值。

当发电机电压达到规定值时，即可向用电设备供电。

图 3-33 所示为外搭铁型晶体管调节器的基本结构与电路，其工作原理与内搭铁型基本相同。

2. 调节器性能的改善

上述调节器基本电路在实际应用中还存在着许多不足之处，需要增加一些相应的电子元件和电路进行弥补，如图 3-34 所示为 JFT106 型晶体管调节器的实际电路。电路主要做了以下改善：

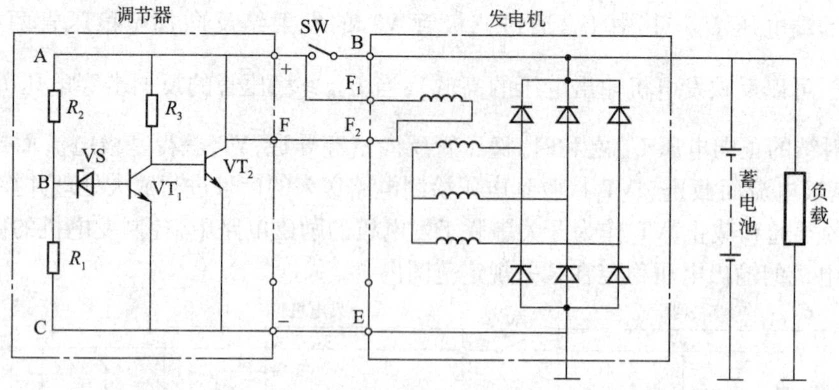

图 3-33　外搭铁型晶体管调节器的基本电路

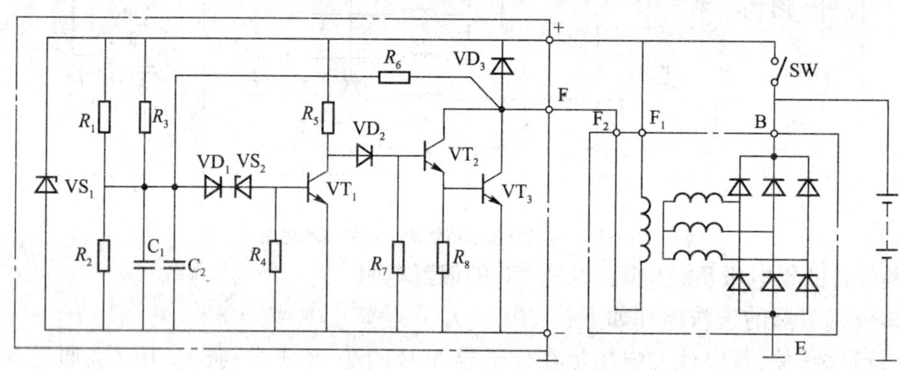

图 3-34　JFT106 型晶体管调节器电路

(1) VT_2、VT_3组成复合管，其作用是提高放大倍数，提高励磁电流。

(2) VD_3为续流二极管，它与发电机磁场绕组反向并联，其作用是当 VT_3截止时，使发电机磁场绕组中产生的自感电动势经过 VD_3自成回路，从而保护 VT_2、VT_3管不受损坏。

(3) VD_1为温度补偿二极管，它与稳压管 VS_2反向串联，其电压温度系数为负值，而稳压管 VS_2的电压温度系数为正值，故起温度补偿作用，使 VT_1的导通与截止时刻不受温度的影响，从而提高了调节器的热稳定性。

(4) VD_2的作用是当 VT_1饱和导通时，使 VT_2、VT_3可靠截止。其作用原理是当 VT_1导通时会发热，造成集一射极压降增大，有可能使 VT_2误导通，VD_2起到分压作用，从而消除了 VT_2误导通的可能性。

(5) C_1、C_2与分压电阻 R_2并联，其作用是降低晶体管的开关频率，减少管子发热，延长使用寿命。因为晶体管开关频率过高，其集电极耗散功率过大，晶体管易过热而烧坏。而电容器充放电需要一定的时间，其两端的电压不能突变，因此 R_2两端的电压也不会发生突变，这就推迟了稳压管导通与截止的时间，从而降低了晶体管的开关频率。

(6) R_6为正反馈电阻，其作用是加快晶体管的开关速度，减小三极管的耗散功率，减少发热，提高调节器的灵敏度。其作用原理是当 VT_2、VT_3趋于截止时，其集电极电位上升，通过反馈电路，使稳压管 VS_2的负极电位上升，因而稳压管快速导通，三极管 VT_1也因此加速导通，VT_2、VT_3加速截止。同理，当 VT_2、VT_3趋于导通时也会加速导通。

(7) VS_1反接在电源两端，起到过电压保护作用。其原理是利用稳压管的稳压特性，吸收当发电机负荷突然减小或蓄电池接线突然断开时发电机所产生的正向瞬变过电压；利用稳压管正向导通特性，吸收开关断开时电路可能产生的反向瞬变过电压。以保护调节器或其他电子设备中的电子元件不被损坏。

电源系统产生的过电压会对汽车电子设备造成危害，所以除了提高电子元件的耐压以及过载能力使之具有自身保护能力外，还应在汽车电源系统中设置相应的保护电路。上述稳压管保护电路是一种应用比较广泛的方法，另外还有稳压管加继电器的保护电路、可控硅保护电路等。

四、集成电路式调节器

集成电路调节器是利用集成电路(IC)组成的调节器，有全集成电路式调节器和混合集成电路式调节器两种。集成电路是指在一块微小的基片上，组装着许多半导体元件和其他电路元件所构成的电子电路。

集成电路调节器除具有晶体管调节器的优点外，还具有以下突出优点：

(1)质量轻、体积小(仅为分立元件调节器的 1/3 ~ 1/5)；

(2)可与发电机组装成一体，构成整体式发电机，从而简化了充电系的电路，降低了线路上的电能损耗，使发电机实际输出功率有所提高；

(3)电压调节精度更高，寿命更长；

(4)耐振、耐湿、耐高温(可在 130℃高温下正常工作)。

图 3-35 所示为集成电路调节器的实际电路，它采用的是一种厚膜混合集成电路调节器，由电路可见，该调节器除采用了集成电路的结构形式外，其电路元件的组成与晶体管调节器基本相同，工作原理也与分立元件的晶体管调节器完全一样，都是通过分压器和稳压管感应发电机的输出电压信号，利用三极管的开关特性控制发电机的磁场电流，使发电机输出电压保持恒定的。集成电路调节器也有内搭铁、外搭铁之分，以外搭铁应用居多。

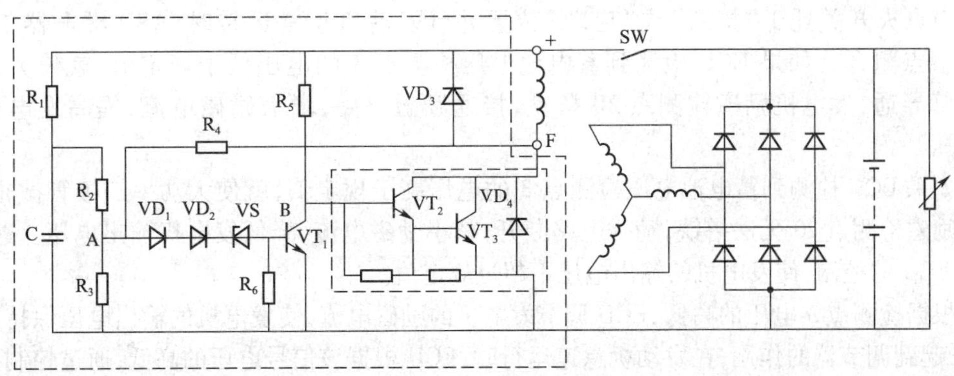

图 3-35 JFT152 型混合集成电路调节器电路

多数内搭铁型电子调节器的功率三极管采用的是 PNP 型管，外搭铁型电子调节器采用的是 NPN 型管。

五、微机控制电压调节器

在一些车辆上，取消了上述的发电机电压调节器，而是采用微机控制磁场电流，以达到调节电压的目的，如图3-36所示（图中接线柱名称为原车所标记的）。

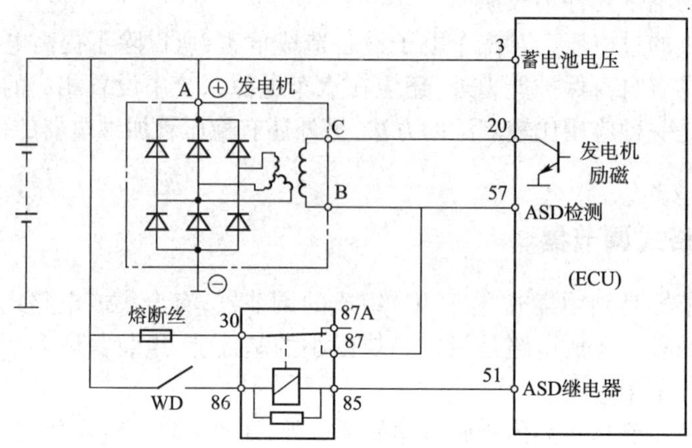

图3-36 微机控制电压调节原理

电压调节原理如下：

ECU根据蓄电池电压检测点3的电压和发动机转速，通过大功率三极管控制发电机励磁电路的搭铁，从而控制励磁电流，以保证发电机输出电压在规定范围内。

发电机励磁电路为：蓄电池或发电机正极→熔断丝→ASD继电器的常开触点→发电机磁场接柱B→励磁绕组→发电机磁场接柱C→ECU的发电机励磁检测点20→大功率三极管→搭铁→蓄电池或发电机负极。

如果点火开关没接通，或虽然处于"接通"或"启动"位置但ECU在3s内未接受到发动机转速信号，则ASD继电器不工作，大功率三极管截止，励磁绕组的电源电路和搭铁电路都断开，励磁电路不通。

当点火开关处于"接通"或"启动"位置并且发动机正常运转时，ASD继电器工作，常开触点闭合。如果ECU检测到蓄电池电压检测点3的电压低于规定值，就使大功率三极管导通，发电机励磁检测点20搭铁，接通励磁电路，增大励磁电流，提高发电机输出电压。

如果ECU检测到蓄电池电压检测点3的电压高于规定值，就使大功率三极管截止，发电机励磁检测点20无法搭铁，励磁电路断开，减小励磁电流，降低发电机输出电压。这样，通过ECU的控制，使发电机的输出电压不超过规定值。

根据检测点3电压的高低，ECU调节发电机的励磁电流，使发电机的输出电压保持在规定值，起到调节器的作用；在发动机怠速运行时，ECU根据该信号电压的高低，通过控制发动机的怠速转速，调节充电率，以免怠速时蓄电池放电，这是一般调节器无法实现的。在发动机工作时，该信号可以表明发电机有无输出，并检测充电电压过高或过低故障；根据该信号电压的高低，ECU对喷油器喷油脉冲宽度和点火闭合角进行修正。

第四节　充电指示灯控制电路

汽车电源系统正常工作是保证汽车电气设备正常工作的前提,因此,汽车上对发电机和调节器的工作状态设有监测和显示装置,使驾驶员随时掌握其工作是否正常,及时发现故障,排除故障。常用的监测和显示装置有仪表显示和充电指示灯两种形式。仪表主要采用的是电流表或电压表,显示准确、可靠,但驾驶员要随时监视表的读数变化,容易分散驾驶员的注意力,不利于行车安全。相比之下,充电指示灯就简单多了,它是装于仪表盘上的一个红色指示灯,当电源系统正常工作时熄灭,电源系统出现异常时自动点亮,驾驶员用眼睛的余光就能发现,所以能保证驾驶员专心驾驶,减少了事故发生率。充电指示灯价格便宜,便于实现仪表小型化、轻量化,在现代汽车上得到广泛应用。下面分别介绍几种典型的充电指示灯电路。

一、利用发电机中性点电压控制的电路

发电机定子绕组采用"Y"形接法时,其中性点的直流电压平均值为发电机输出电压的1/2,所以,几乎所有"Y"形接法的六管或八管发电机都是利用该点的电压,通过充电指示灯继电器或有关电路来控制充电指示灯的。如图3-37所示为中性点电压通过充电指示灯继电器控制的典型电路,其中继电器的磁化线圈一端接发电机中性点,另一端搭铁。常闭触点与充电指示灯串联(12V系统的继电器其设计动作电压在6~7V之间,释放电压在6V以下)。

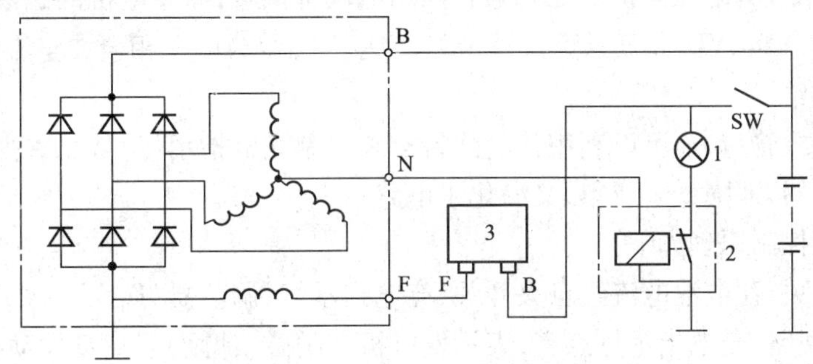

图3-37　中性点控制的充电指示灯继电器电路

1-充电指示灯;2-充电指示灯继电器;3-调节器

工作原理如下:

接通点火开关,发电机未转动时,中性点电压为0,继电器不动作,指示灯由蓄电池供电,经过常闭触点构成回路而点亮。启动发动机后,发电机开始运转,当发电机转速较低使发电机输出电压低于蓄电池电动势时,中性点电压也将低于继电器的动作电压,触点仍处于闭合状态,指示灯点亮,表示电源系统还没有进入正常工作状态,随转速升高,当发电机输出电压达到规定值时,中性点电压使继电器动作,常闭触点开启,切断了指示灯电路,指示灯熄灭,表示电源系统正常工作,如果正常工作中,指示灯突然点亮,说明电源系统工作异常,必须查明故障原因,及时排除。

在实际应用中,通常将充电指示灯继电器与电磁振动调节器组合成一体,封装在一个壳体内,形成双重功能的组合调节器或双联调节器,以减少电路连接导线,减少由于接线错误

而造成故障。

二、利用发电机磁场二极管控制的电路

九管和十一管发电机中都有三只功率较小的二极管,专门用来供给磁场电流,所以称为磁场二极管。如图 3-38 为九管发电机的充电系统电路图。图中 VD_7、VD_8、VD_9 为磁场二极管。

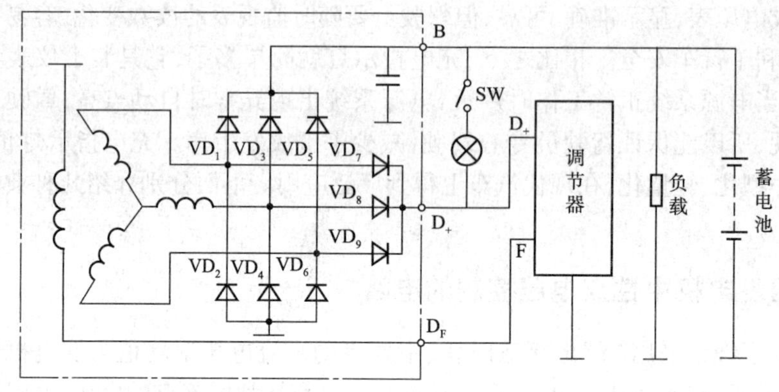

图 3-38　九管发电机充电系统电路(内搭铁式)

发电机工作时,定子绕组产生的三相交流电动势,经过 $VD_1 \sim VD_6$ 组成的三相全波整流电路整流后,输出直流电压向蓄电池充电和向用电设备供电;而发电机的磁场电流则由三只磁场二极管 VD_7、VD_8、VD_9 和三只负极管 VD_2、VD_4、VD_6 组成的三相全波整流电路整流后,输出直流电压来供给。

采用磁场二极管后,还可以利用其电路特点来控制充电指示灯,从而省去了结构复杂的充电指示灯继电器,即降低了成本,又简化了电路。

充电指示灯控制原理如下:

接通点火开关,蓄电池电流经点火开关、充电指示灯、调节器"D +"→"F"、发电机磁场绕组、搭铁构成回路,充电指示灯点亮,表示发电机被励磁(他励)。启动发动机后,随发电机转速升高,发电机电压也在升高,忽略二极管的正向管压降,发电机"D_F"端与"B"端的电压基本相同。当发电机电压低于蓄电池电压时,灯仍然点亮,但随压差减小,灯逐渐变暗。当发电机电压等于蓄电池电压时,灯由于两端电位相等而熄灭,表示发电机开始自励,励磁电流由发电机"D +"经调节器、磁场绕组、搭铁构成回路。转速再升高,发电机及调节器将进入正常工作。当发动机停车后,如果忘记关掉电源开关,充电指示灯的发亮还会提醒驾驶员及时关掉电源开关。

下面是一个内装集成电路调节器的九管发电机充电系统实际电路(图 3-39),可见充电指示灯的控制以及磁场电流的供给方式,包括电压调节原理都与前述电路相同,只是外部接线更为简单。

十一管发电机,是在普通六管发电机的基础上增加了两只中性点二极管和三只磁场二极管,充电系统电路见图 3-40,它具有八管和九管发电机的共同特点。

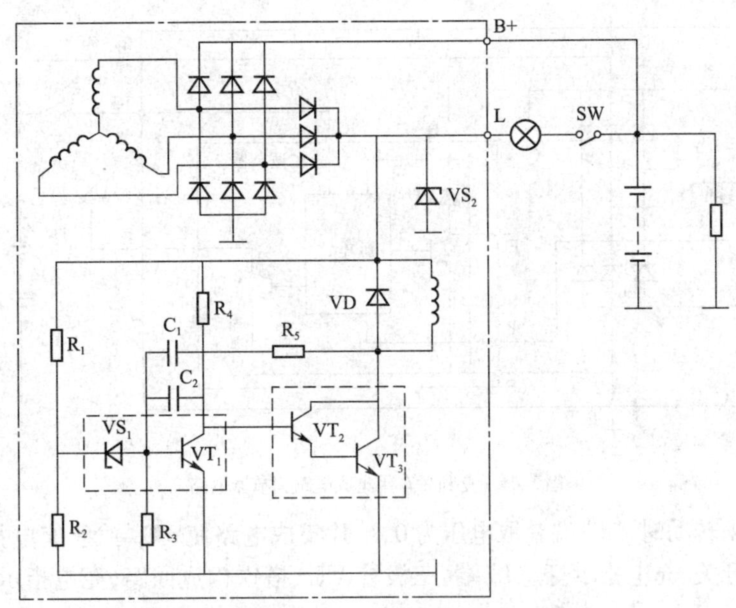

图 3-39　内装集成电路调节器的九管发电机充电系统电路(外搭铁式)

(调节器为卢卡斯(Lucas)15TR 集成电路调节器、发电机为卢卡斯 15—18ACR 型九管发电机)

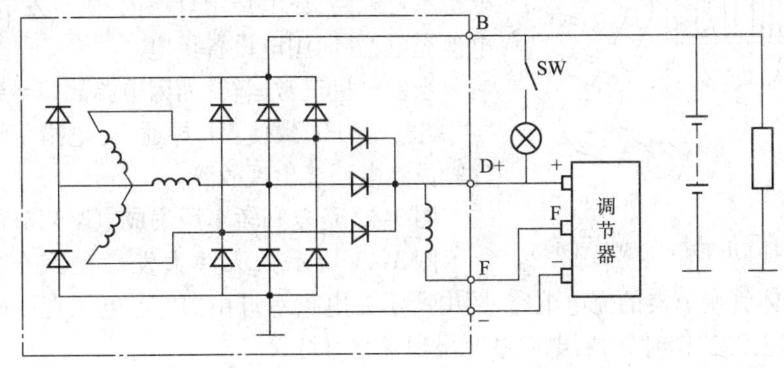

图 3-40　十一管发电机充电系统电路(外搭铁式)

三、利用发电机 P 点电压控制的电路

图 3-41 所示为天津夏利微型轿车配用的单片式集成电路调节器的电路,调节器具有电压调节、充电指示灯控制等功能。

调节器内有一单片集成电路,其"IG"端经点火开关接至蓄电池和发电机的正极,用来检测蓄电池和发电机的电压,控制三极管 VT_2 的导通与截止,从而控制磁场电流,调节发电机的输出电压。发电机电压调节原理与前述电子调节器相同,不再重述。

而"P"端则接至发电机定子绕组的某一相上,该点的电压约为发电机直流输出电压的1/3,单片集成电路调节器从"P"端检测到发电机的电压,从而控制三极管 VT_1 的导通与截止。VT_1 与充电指示灯呈串联关系,所以起到控制充电指示灯的作用。其原理如下:

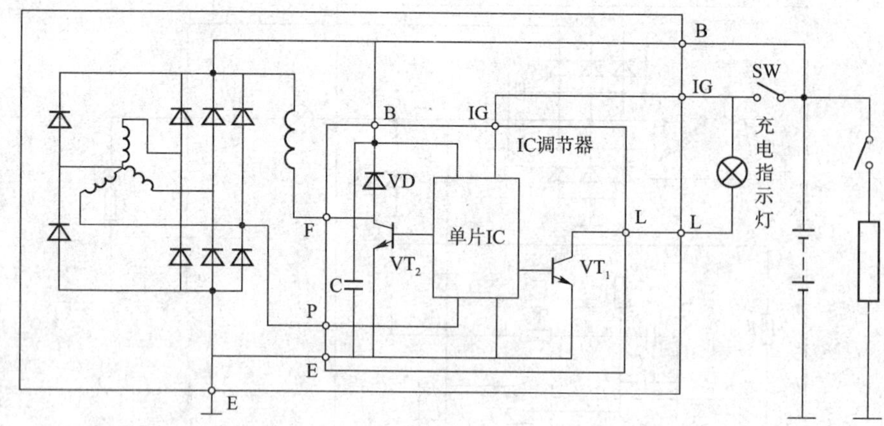

图 3-41　夏利轿车用集成电路调节器电路

当发电机未转动时，“P”端获取电压为 0，单片集成电路使 VT_1 导通，充电指示灯电路由蓄电池经点火开关、充电指示灯、“L”端、三极管 VT_1、搭铁构成回路，充电指示灯点亮，表示蓄电池放电。

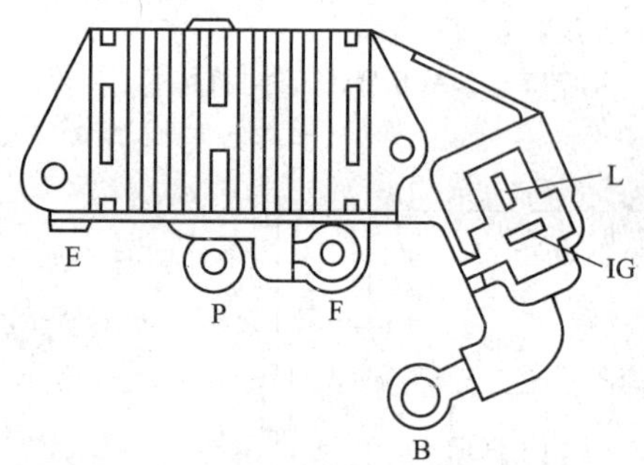

图 3-42　夏利轿车用集成电路调节器外形

当发电机转速升高，电压超过蓄电池电压时，“P”端电压信号使单片集成电路控制 VT_1 截止，切断了充电指示灯电路，充电指示灯熄灭，表示发电机开始向蓄电池充电，并向用电设备供电。

当发电机正常运转，而因电路故障导致不发电时，“P”端电压为 0，致使 VT_1 导通，充电指示灯点亮，告知驾驶员充电系统出现故障。

图 3-42 是夏利轿车用集成电路调节器的外形。

图 3-43 所示为天津大发微型汽车发电机配用 JFT126A 型晶体管调节器的充电电路，图中所示充电指示灯由“P”点电压直接控制，其特点是当电源系统正常工作时灯亮，电源系统出现异常时灯灭。

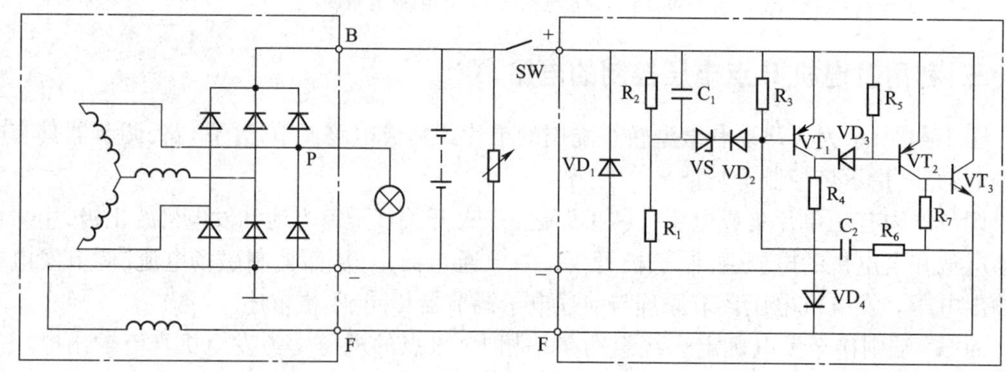

图 3-43　天津大发汽车发电机充电电路

第五节 无刷发电机

无刷发电机主要用于工作环境比较恶劣(如泥沙、粉尘较多等)的情况下,由于这种发电机没有电刷和滑环,可以减少在运行中电刷和滑环而引起的一些故障,从而提高了工作的可靠性。

无刷发电机有爪极式、永磁式、励磁式、感应子式等多种类型。下面介绍爪极式和永磁式两种比较典型的无刷发电机。

一、爪极式无刷发电机

这种发电机应用较广,其结构与一般爪极式发电机大致相同,如图 3-44 所示。不同点是磁场绕组 4 通过固定磁轭 3 固定在发电机后端盖上,两个爪极 5 和 10 用非导磁材料焊接或用非导磁连接环固定在一起,通过其中一个爪极 10 直接安装在发电机转子轴上。当转子旋转时,爪极 10 随轴一起并带动爪极 5 在定子内转动。而磁场绕组则是静止的。因此,磁场绕组两端的引线可以直接引出,省去了滑环和电刷。爪极式无刷发电机的工作原理与一般爪极式发电机相同。

这种发电机的缺点是制造工艺困难,成本高。另外由于磁路中又增加了两个附加间隙,故在输出功率相同的情况下,必须增大磁场绕组的励磁能力。

二、永磁式无刷发电机

永磁式无刷发电机的特点是转子磁极采用永磁材料制成,省去了励磁绕组,因此,也就无需电刷与滑环。常用的永磁材料有铁氧体、铝镍钴、稀土钴和钕铁硼等,其中钕铁硼为第四代超强永磁材料,其剩磁和矫顽力都非常高,且原材料丰富。采用钕铁硼为永磁材料的发电机转子磁极可制成瓦片式结构,如图 3-45 所示,并用环氧树脂胶粘在导磁轭上,磁极呈鸽尾形,N、S 极交错排列。

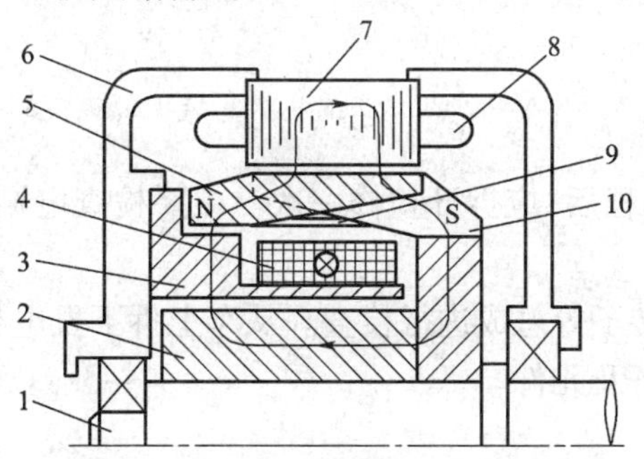

图 3-44 爪极式无刷发电机的结构原理和磁路

1-转子轴;2-转子磁轭;3-固定磁轭;4-磁场绕组;5、10-爪极;6-端盖;7-定子铁芯;8-定子绕组;9-非导磁连接环

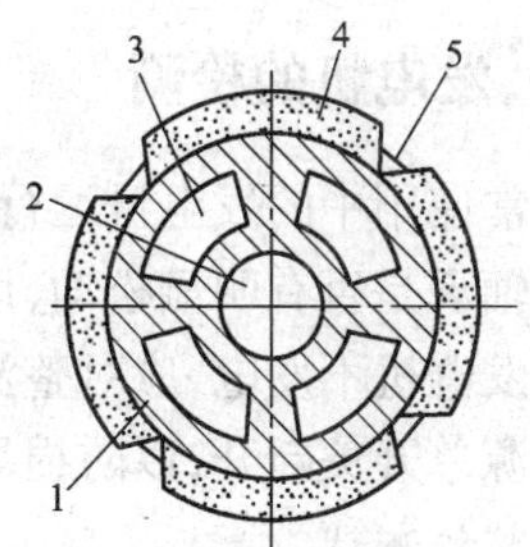

图 3-45 钕铁硼永磁转子的结构

1-磁轭;2-转子轴;3-通风孔;4-永磁体;5-环氧树脂胶

转子采用永磁结构后,所产生的磁通是不可调节的,因此,普通发电机通过改变磁通量来调节发电机输出电压的方法这里就无法实现了。为了解决这一问题,采用了如图 3-46 所

示的调节原理。三只共阳极硅二极管 VD_1、VD_2、VD_3 与三只共阴极可控硅 VT_1、VT_2、VT_3 组成三相半控桥式整流电路，由 VD_1 ~ VD_6 组成的三相桥式整流电路通过调节器的常闭触点 K 为可控硅控制极提供触发电压，调节器线圈受可控硅输出的直流电压控制。

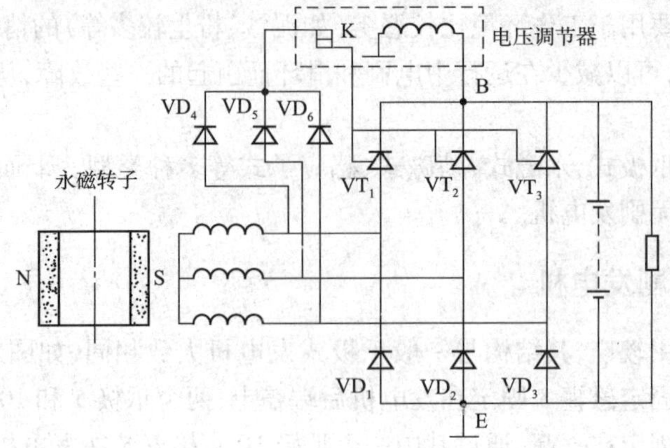

图 3-46　永磁式发电机整流电路及电压控制原理

其电压调节原理如下：

当发电机转速较低时，触点 K 闭合，可控硅控制极获得正向触发电压而导通，发电机电压随转速升高而升高，当电压达到一定值后，整流桥可向蓄电池和负载提供三相全波整流电压。当电压达到规定值上限时，调节器线圈产生的电磁吸力将触点吸开，可控硅失去正向触发电压而截止，因而整流输出电压下降。电压下降至规定值下限时，调节器线圈产生的电磁吸力减弱，使触点又闭合，三只可控硅重新被触发导通，使整流电压回升。周而复始，发电机输出电压被控制在规定的范围内。

第六节　充电系的使用与检测

充电系工作性能的好坏，直接影响着汽车用电设备的工作质量。因此，及时对该系统进行维护，保证系统的正常工作是非常必要的。

一、发电机的检测

正常使用中的发电机运行超过规定的里程后，应拆开检修一次。主要检查电刷的磨损情况和轴承是否有明显松动，以便及时更换。

若发电机不发电，应对整流元件、定子、转子等总成进行检查。从车上拆下发电机时，应先将电源总开关断开，以防损坏其他电气设备及元件。

1. 整机测试

1）检测发电机各接线柱之间的电阻值

用万用表（R×1）挡检测发电机各接线柱之间的电阻值应符合规定范围。表 3-4 列出了不同类型发电机正常时的电阻值范围。

2）测试发电机的性能

发电机空载转速和满载转速是表示其性能好坏的主要指标，可以在汽车电器万能试验台上测得，与说明书中规定的数值进行比较，以判断性能是否良好。表3-5列出了部分国产车用发电机的规格，测得结果应与其相符，否则，应根据情况分析故障原因。

发电机各接线柱之间的电阻值(Ω) 表3-4

发电机型号	"F"与"-"之间的电阻	"+"与"-"之间的电阻		"+"与"F"之间的电阻	
		正向	反向	正向	反向
JF11 JF13 JF15 JF21	5~6	40~50	>1000	50~60	>1000
JF12 JF22 JF23 JF25	19.5~21	40~50	>1000	50~70	>1000

国产发电机规格型号及参数 表3-5

发电机型号	额定数据			空载转速(r/min)	满载转速(r/min)
	功率(W)	电压(V)	电流(A)		
JF11 JF13 JF132	350	14	25	1000	2500
JF12 JF23	350	28	12.5	1000	2500
JF21 JF152 JF153	500	14	36	1000	2500
JF22 JF25	500	28	18	1000	2500
JF1000 JF210	1000	28	356	1000	2250
2JF150	150	14	11	1050	2000
JF200	200	14	15	1000	3500
JF01	175	14	13	1300	3500

用万能试验台测试时，将发电机固定在试验台上，由试验台的调速电动机带动旋转。按图3-47所示电路接好线。闭合开关K_1，启动调速电动机，逐渐提高转速，当电流表指示为零时，说明发电机电压已建立起来，此时断开K_1，继续提高转速，待电压升高到额定值时记下此时发电机的转速，即空载转速。然后闭合开关K_2，逐渐减小负载电阻并提高转速，在保持发电机额定电压的情况下，当输出电流达到额定值时，记下此时的转速，即为满载转速。

3)用示波器观察输出电压的波形

当发电机有故障时，其输出电压的波形将会出现异常，故可根据输出电压的波形判断发电机内部二极管以及定子绕组是否有故障。发电机出现各种故障时输出电压的波形如图 3-48 所示。

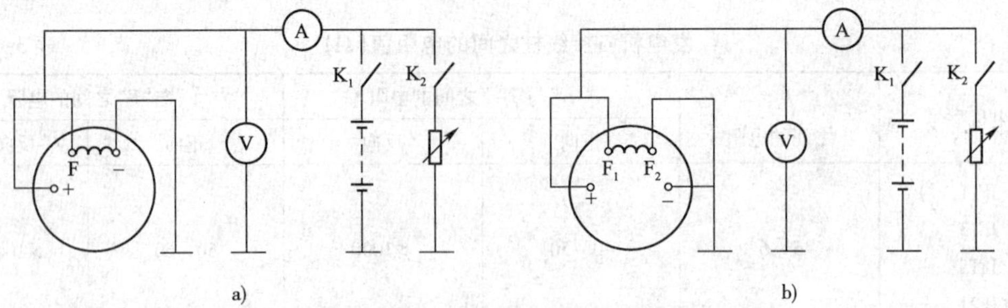

图 3-47 发电机的试验电路

a) 内搭铁发电机试验电路；b) 外搭铁发电机试验电路

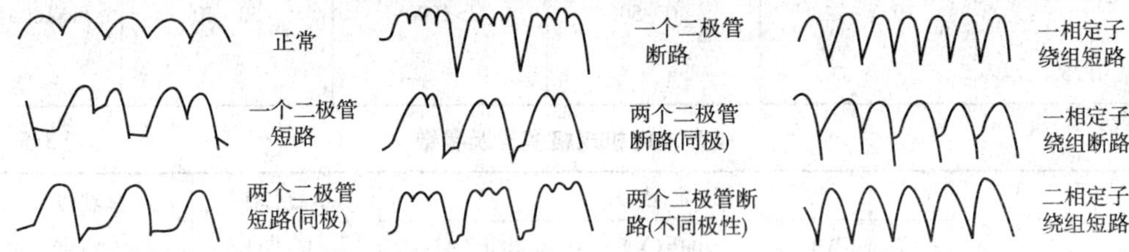

图 3-48 发电机各种故障时的输出电压波形

2. 解体检查

1) 硅二极管的检查与更换

硅二极管可用万用表检测其质量和极性。万用表有指针式和数字式两种，使用时首先弄清楚万用表的使用性能和检测方法。

将发电机解体后(使每一只二极管的引线都不与其他元件相连)，用指针式万用表的(R×1)挡分别测量每一只二极管的性能，其正向电阻值应在 8～10Ω 范围内，反向电阻值应在 1000Ω 以上，测量方法参照图 3-49。若测量正、反向电阻均为零，说明二极管短路；正、反向电阻值均为无穷大，说明二极管断路。用数字式万用表的二极管挡位测量时，正向应显示导通电压，反向截止，否则，说明二极管有断路或短路故障。

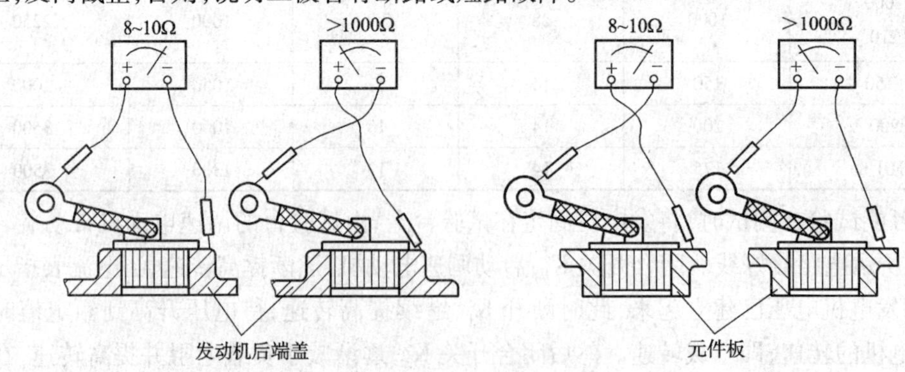

图 3-49 用万用表检查硅二极管

短路和断路的二极管应进行更换。更换二极管时，首先观察管壳上的标记或用万用表判断二极管的极性，安装时务必不要装错，否则会烧坏二极管。对于二极管压装式的整流器，拆装二极管时，必须用专门的工具顶压，严禁敲击，管与管孔配合应适当，不宜过紧或过松。对于二极管焊接式的整流器，如果有一只二极管损坏，就要更换元件板总成。

2）转子的检查与维修

转子表面不得有刮伤痕迹。滑环表面应光洁，不得有油污，两滑环之间不得有污物，否则可用干布稍浸汽油进行清洁。当滑环脏污严重并有烧损时，可用“00”号细砂纸磨光后擦净。若严重烧伤或磨损不均时，可在车床上少量车削，且保证表面粗糙度不大于$\overset{1.6}{\bigtriangledown}$，车削后滑环厚度不小于1.50mm，否则应更换。转子对其轴线的径向圆跳动应不大于0.05mm，否则应予校正或更换，检查方法如图3-50所示。

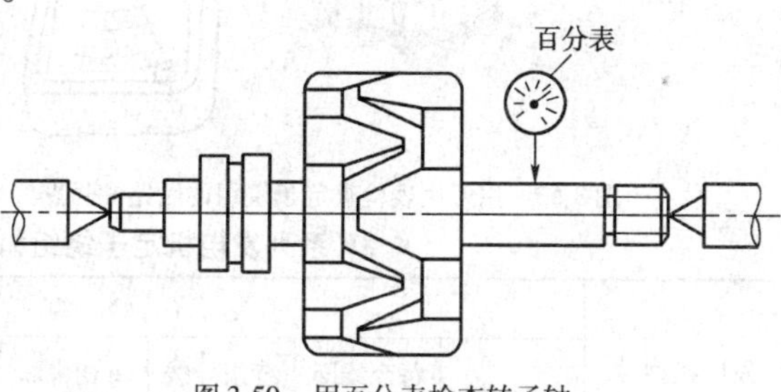

图3-50　用百分表检查转子轴

磁场绕组是否有断路、短路故障可用万用表R×1挡按图3-51所示的方法进行检查。电阻值应符合表3-6中的规定。若电阻值小于规定值，说明磁场绕组有短路；若电阻值无穷大，则说明磁场绕组断路。磁场绕组绝缘情况可按图3-52所示的方法检查，灯不亮说明绝缘情况良好，灯亮说明磁场绕组或滑环有搭铁现象。磁场绕组若有断路短路和搭铁故障时，一般需更换整个转子或重绕磁场绕组，重绕时可参考表3-6中所列数据。

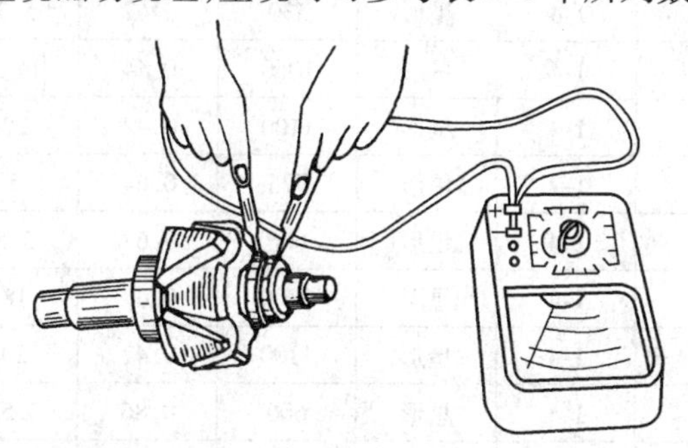
图3-51　用万用表测量磁场绕组的电阻值

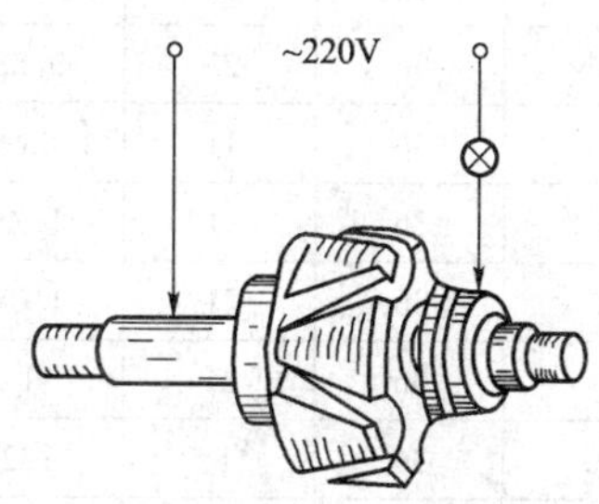

图3-52　检查磁场绕组的绝缘情况

3）定子的检查与维修

定子表面不得有刮痕，导线表面不得有碰伤、绝缘漆剥落等现象。定子铁芯失圆变形与转子之间有摩擦时，应予更换。

定子绕组断路、短路的故障可用万用表R×1挡按图3-53所示的方法检查。正常情况下，两表棒每触及定子绕组的任何两引线时，电阻值都应相等。定子绕组的绝缘情况按图3-54所示的方法检查，灯亮说明绕组有搭铁故障，灯不亮为绝缘良好。定子绕组若有断路、短路、搭铁故障，而又无法修复时，则需重新绕制或更换定子总成。绕制时有关数据参考表3-6。

上述用220V交流示灯检查转子和定子的绝缘情况时，应注意安全。

4）电刷总成的检查

电刷表面不得有油污，否则应用干布稍浸点汽油擦净。电刷应能在刷架内运动自如，当电刷磨损超过新电刷高度的1/2时，应予更换。电刷与滑环的接触面积不应小于80%。

电刷弹簧弹力减弱、折断或锈蚀等应予以更换。

刷架应无烧损、破裂、变形、否则应更换。

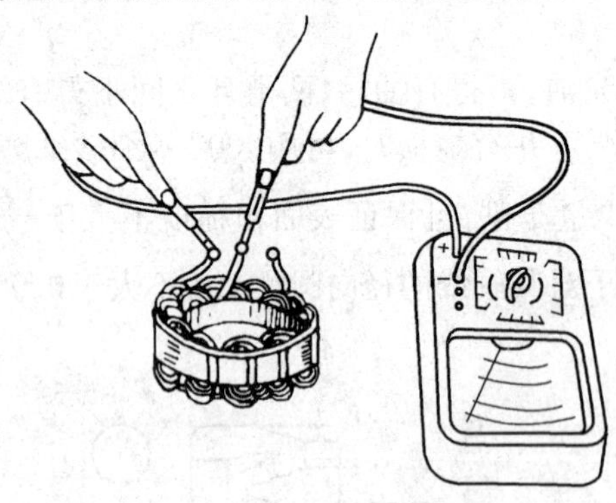

图 3-53　用万用表检查定子绕组的断路和短路

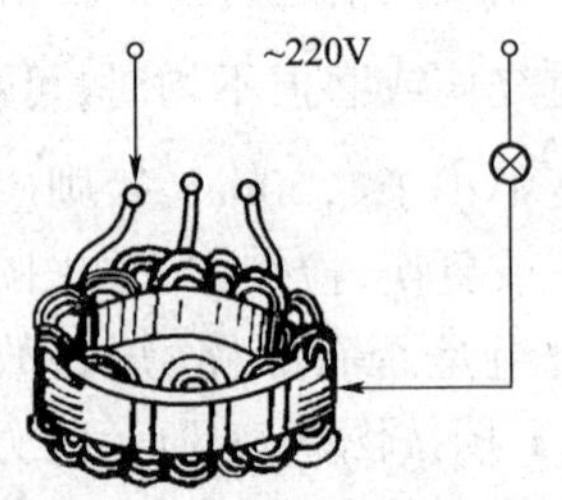

图 3-54　定子绕组绝缘情况检查

JF 系列发电机定子绕组和磁场绕组的各项数据　　表 3-6

发电机型号	定子绕组						磁场绕组		
	铁芯槽数	每个线圈的匝数	绕组导线直径(mm)	每相串联线圈数	线圈节距	三相绕组接法	匝数	导线直径(mm)	电阻(Ω,20℃)
JF11	36	13	1.08	6	1-4	星形	520	0.62	5.3
JF13	36	13	1.04	6	1-4	星形	530	0.62	5.3
JF12	36	25	0.83	6	1-4	星形	1060	0.44	19.3
JF23	36	25	0.83	6	1-4	星形	1100	0.47	20
JF21	36	11	1.08*2	6	1-4	星形	575	0.64	5
JF152	36	11	1.35	6	1-4	星形	600	0.67	5.5
JF22	36	21	1.08	6	1-4	星形	1000	0.47	18
JF25	36	21	1	6	1-4	星形	1100	0.47	20
2JF750	36	8	1.2	6	1-4	星形	600	0.86	3.53
JF172	36	7	1.68	6	1-4	星形	700	0.74	5
JF750	36	15	0.93*2	6	1-4	星形	950	0.67	8.5
JF27	36	15	1.25	6	1-4	星形	1100	0.59	13
JF1000	42	12	1*2	7	1-4	星形	1250	0.67	14.7
JF210	36	14	1.08*2	6	1-4	星形	1200	0.67	13
JF01	24	21	1.04	4	1-4	星形	500	0.53	5
JFZ1813Z	36	7	2.0	6	1-4	星形	450	0.85	2.7
JFZ1813ZB	36	7 双线	1.3	6	1-4	星形	450	0.85	2.7
JFZ1815Z	36	7 双线	1.3	6	1-4	星形	350	0.67	3.3

5)轴承的检查与维护

发电机拆开后应用汽油或煤油对轴承进行清洗,然后加复合钙基润滑脂润滑,量不宜过多。封闭式轴承,不要拆开密封圈,因轴承内装有润滑脂,一般不宜在溶剂中清洗。若轴承内润滑脂干涸,应更换轴承,或清洗后用锂基润滑脂润滑。

若轴承转动不灵活或有破损、明显松动,应予更换。

修复后的发电机,性能参数应符合表3-5中的规定。

二、调节器的检测

充电系有故障,经检查确认是调节器的故障时,应将调节器从车上拆下来进行检查。使用中的调节器也应定期进行测试和必要的调整,保证发电机的输出电压经常稳定在额定值范围内。

1.晶体管调节器的检查与测试

1)搭铁形式的判别

晶体管调节器有内搭铁和外搭铁之分,必须与相应搭铁形式的发电机配用,若调节器标记不清,为避免选错,可用图3-55所示的方法判别。图中小灯泡为12V(24V)/2W。L_1灯亮的为外搭铁式,L_2灯亮的为内搭铁式。

2)故障检查

用一只电压可调的直流稳压电源(输出电压在0~30V,电流3A)和一只车用小灯泡(代替发电机磁场绕组),按图3-56所示的电路连接好。调节直流稳压电源使输出电压从零逐渐升高,灯泡应逐渐变亮。当电压升到调节器的调节电压(14±0.2V或28±0.5V)时,灯泡应突然熄灭。再把电压逐渐降低时,灯泡又点亮,且随电压降低而亮度减弱。这说明调节器性能良好,否则调节器有故障。

如果已知调节器的有关参数,也可用万用表R×10挡测量调节器三个接线柱之间的电阻值来判断调节器的好坏。

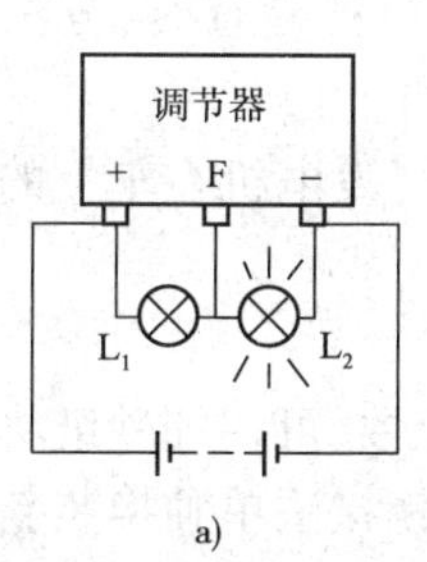

a)

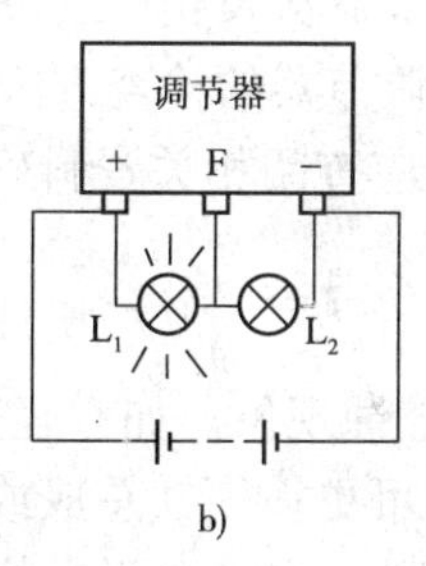

b)

图3-55 晶体管调节器搭铁形式判别

a)内搭铁式调节器;b)外搭铁式调节器

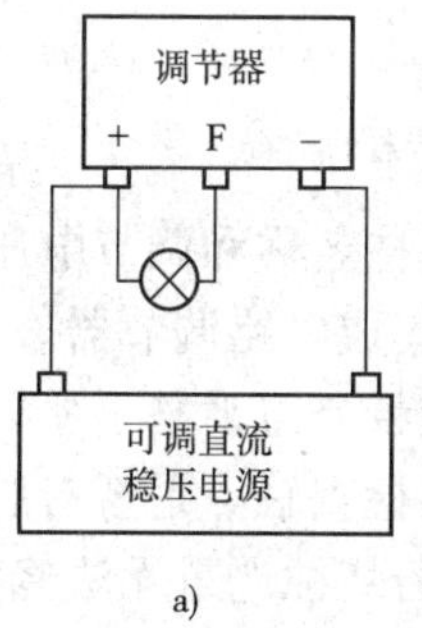

a)

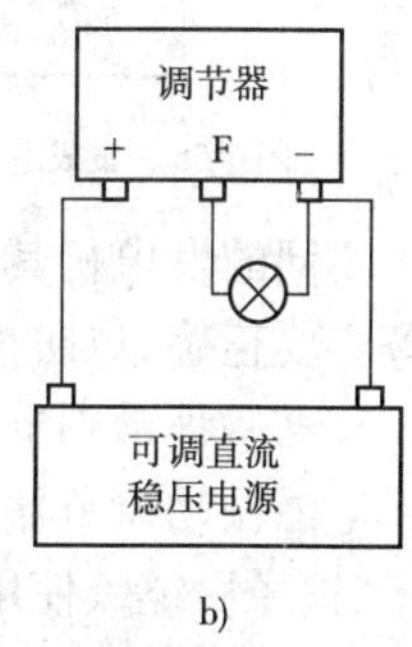

b)

图3-56 晶体管调节器故障判断

a)内搭铁式调节器;b)外搭铁式调节器

调节器的故障一般是由于晶体管损坏导致的大功率三极管始终处于不通或导通的状态,致使发电机电压建立不起来或调节电压过高而损坏用电设备。

3)性能试验

在万能试验台上进行测试。先固定发电机,按图3-57所示接线。发电机由调速电动机驱动运转,先接通K_1,待发电机自励后,断开K_1,合上K_2,并将发电机转速控制在3000r/min。调节可变电阻,发电机处于半载(输出电流为额定电流的一半)时,记下调节器所维持的电压值应符合规定(一般为14±0.5V,28±1V)。若不符合规定应报废。

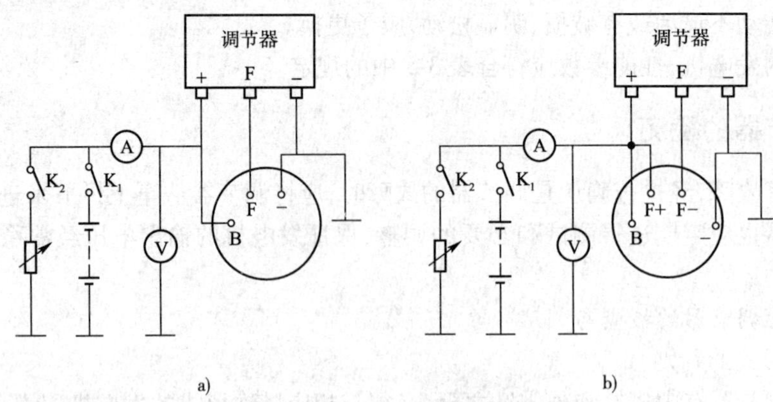

图 3-57　晶体管调节器的测试

a) 内搭铁发电机配用的调节器测试电路；b) 外搭铁发电机配用的调节器测试电路

2. 集成电路调节器的检查

集成电路调节器都是用环氧树脂封装或塑料模压而成的全密封结构，与发电机制成一体，成为整体式发电机。

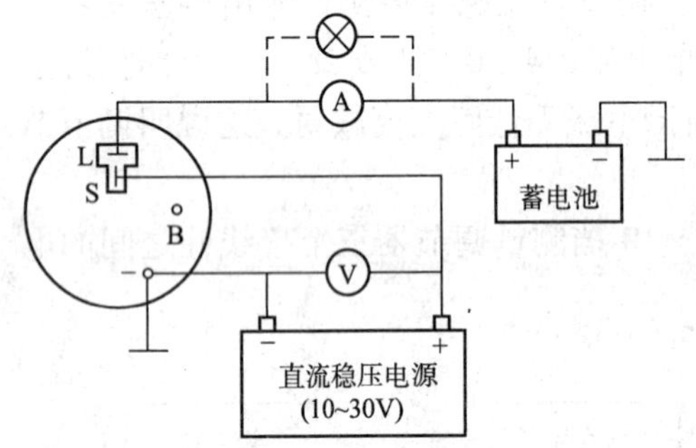

图 3-58　集成电路调节器的检查

判断集成电路调节器好坏时，可将单独的发电机按图 3-58 所示的电路连接好，电流表选用 5A 电流表或 12V/20W(24V/25W) 车用灯泡。测试时调节直流稳压电源，使电压缓慢升高，直至电流表指示为零或灯泡熄灭，这时电压表上显示的数值则为调节器的调节电压值。该值应在规定的调节范围内，否则说明有故障，应予更换。

调节器从发电机上拆下单独检查时，方法与晶体管调节器的检查方法相同。

不同的发电机其接线柱名称和调节电压范围应查阅相关资料确定。发电机在车上的接线务必要正确，以防损坏集成电路调节器。

3. 电磁振动调节器的检查与调整

电磁振动调节器主要检查触点是否有脏污、烧蚀现象。如有轻微烧蚀，可用细砂纸将其磨平、擦净后继续使用。若烧蚀严重无法修磨时，可更换衔铁总成或用铆接法单独换装新触点。电阻和线圈的状况可用万用表 Ω 挡检查，电阻值应符合规定值，若有断路、短路故障应予更换。

电磁振动调节器各部位的间隙应符合规定值。否则应予调整。一般衔铁与铁芯之间的气隙为 1～1.2mm，高速触点间隙为 0.2～0.4mm。不同型号的调节器各间隙略有差异。

电磁振动调节器在万能试验台上的测试方法与晶体管式调节器基本相同，若调节电压值不符合规定值，可调节弹簧张力予以调整。

三、充电系运行故障的诊断

充电系由发电机、调节器、蓄电池、充电显示装置、控制开关等组成，充电系的基本电路如图 3-59 所示。充电系工作是否正常，可通过充电指示灯或电流表的指示情况来监视，若出现故障,应及时查找,并排除之。一般充电系常见故障有不充电、充电电流过小、过大、不稳等。

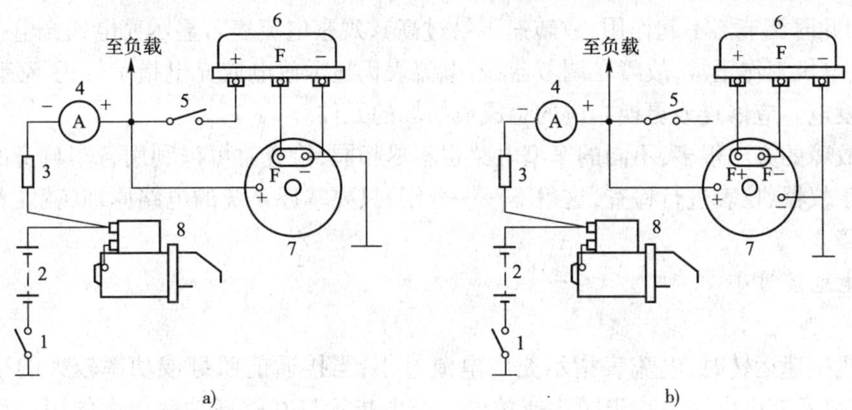

图 3-59 充电系电路图

a) 内搭铁式; b)外搭铁式

1-电源总开关;2-蓄电池;3-总保险(30A);4-电流表; 5-点火开关; 6-调节器;7-发电机;8-启动机

1. 不充电

现象:

发电机中速运转时,电流表指示放电或充电指示灯发亮。

原因:

(1)传动皮带过松。

(2)充电电路和励磁电路的连接导线有脱落或折断处。

(3)发电机内部故障:如定子三相绕组之间有短路或搭铁故障;励磁绕组有断路或短路故障;硅二极管有短路或断路故障;电刷在刷架内卡住,使其与滑环不能接触;发电机磁场接柱的绝缘损坏而搭铁等,造成发电机不发电。

(4)调节器有故障:电磁振动调节器的弹簧过松使调节电压值低于蓄电池的电动势;低速触点氧化、烧蚀、脏污;高速触点相碰等。晶体管调节器,可能是大功率管(输出级)断路或因其他元件损坏而造成不能导通。

故障诊断与排除:

(1)检查传动皮带是否过松而打滑,一般用拇指压传动皮带的中点,挠度为 10mm 左右为合适。若过松,应调整。

(2)检查充电电路、励磁电路中各元件上的导线接头应连接牢固无松脱。

(3)检查充电电路是否有断路。其方法可用本车小灯泡作试灯,一端搭铁,另一端触及发电机“+”接线柱。若试灯亮,说明充电线路良好;若试灯不亮,表明充电线路有断路。可按此方法对充电电路的各个接线柱逐个进行检查,找出断路处,排除之。

(4)检查励磁电路是否有断路。接通点火开关,用(3)中的方法,将试灯的另一端分别触及调节器的“+”、“F”接线柱和发电机“F”接线柱(外搭铁调节器可将搭铁线拆下),以检查励磁电路有否断路。若试灯亮,说明线路良好,若灯不亮,则是该点至蓄电池“+”极之间有断路处,应排查。

(5)检查发电机是否发电。在线路良好的情况下,可另用一根导线将调节器上的"+"与"F"两接线柱连接起来(外搭铁调节器连接"F"与"-"),然后启动发动机,使其中速以下运转(因为此时调节器不起作用,故转速不易过高),观察电流表若显示充电或充电指示灯熄灭,说明发电机工作正常,故障在调节器;若电流表仍显示放电或充电指示灯仍不熄灭,说明发电机不发电。应修复或更换相应的总成或损坏的元件。

诊断故障的方法很多,不同的车型电路也不尽相同,检查时可以利用各车自身的电路特点或借助于仪器、仪表进行检查,这里不一一介绍,只要掌握系统的电路原理,就能及时判断并排除故障。

2. 充电电流过小

现象:

发动机中速运转时,电流表指示充电电流过小,当接通前照灯或功率较大的用电设备时,电流表显示充电电流进一步减小或放电。充电指示灯在接通功率较大的用电设备时会点亮。

原因:

(1)传动皮带过松打滑。

(2)线路连接不良。

(3)发电机的故障:如个别二极管断路;定子绕组有一相连接不良或断路;电刷磨损过度,滑环有油污或弹簧力减弱,使电刷与滑环接触不良。

(4)调节器有故障:电磁振动调节器的低速触点烧蚀,脏污造成接触不良;弹簧过松使调节电压值过低。晶体管调节器连接不牢,使节压值过低。

诊断方法基本与不充电故障的诊断方法相同。

3. 充电电流过大

现象:

发电机中速运转时,电流表指示出大电流充电(30A 以上),蓄电池电解液消耗过快,发电机容易过热,灯泡易烧坏等。

原因:

充电电流过大,其故障主要在调节器,如电磁振动式调节器的低速触点烧结;磁化线圈断路;温度补偿电阻烧断;调节器搭铁不良;弹簧过紧使调节电压值过高等。晶体管调节器的大功率管(输出级)击穿或稳压二极管断路等故障造成大功率管无法控制励磁电路。另外,蓄电池亏电过多或其内部短路,也会造成充电电流过大。

4. 充电电流不稳

现象:

发动机正常运转时,电流表指示充电但指针总是左右摆动,让人看不清准确读数。

原因:

(1)皮带过松有跳动现象。

(2)发电机内部单相定子绕组断路或个别二极管断路。

(3)充电电路、励磁电路(包括发电机和调节器内部)接线松动。

(4)发电机电刷磨损过甚,电刷弹簧力减退或折断,滑环积污过多。

(5)调节器搭铁不稳定,调节触点有烧蚀、油污现象,晶体管调节器个别元件松动等。

诊断方法参考不充电故障。

四、充电系的使用注意事项

发电机和调节器在使用与维护中应注意以下几点:

(1)JF 系列的发电机均为负极搭铁,故蓄电池也必须负极搭铁。否则,蓄电池将通过硅二极管放电,使硅二极管烧坏。

(2)发电机运转时,不得用试火花的方法检查发电机是否发电,因为发电机若良好,试火花时忽通忽断的电流会使定子绕组产生瞬间过电压烧坏二极管。

(3)发现发电机不发电时,应及时找出故障加以排除,不应再继续运转。因为如果一个二极管短路,发电机就不发电,继续运转会引起其他二极管或定子绕组烧坏。

(4)硅二极管与定子绕组连接时,严禁用兆欧表或 220V 的交流电源检查发电机的绝缘情况,否则将使二极管击穿而损坏。

(5)发动机停熄时,应将点火开关断开,否则,蓄电池将长期通过励磁绕组和调节器的磁化线圈放电,并将线圈烧坏。

(6)发电机与蓄电池之间的导线应连接牢固,防止突然断开,使发电机产生过电压损坏二极管。

(7)发电机应配用专用的调节器配合工作,接线务必正确。

(8)发电机充电电流过大时,应及时查明原因,不得随意改变调节器的调节电压值。

(9)装用电子调节器时,不得用试火花的方法检查线路的通断。

(10)在车上未断开发电机线路之前,不能用充电机为蓄电池充电。

(11)诊断充电系故障时,不允许在中速或更高速度下短接调节器,否则,若发电机无故障时会因电压过高而击穿发电机整流二极管。

复习思考题

1. 充电系是有哪些部分组成的? 各自起什么作用?
2. 发电机是有哪些部分组成的? 各自起什么作用?
3. 画出发电机内部电路图。
4. 发电机电压建立过程中为什么采用他励的励磁方式?
5. 发电机空载转速和满载转速有何意义?
6. 简述调节器的节压原理。
7. 简述晶体管式调节器的作用和基本原理。
8. 双级触点调节器与单级触点调节器有什么不同?
9. 调节器节压值不合适应如何处理。
10. 晶体管调节器的基本电路有什么不足之处? 采用了什么改进措施?
11. 十一管发电机是指发电机中有十一只二极管,分别说出它们的名称和作用。
12. 无刷发电机常用于那些场合,有哪几种结构形式?

13. 磁场内、外搭铁式发电机的结构有什么不同？画图说明充电系的电路有什么不同？

14. 充电指示灯的作用是什么？控制充电指示灯的方法有哪几种？分析优缺点。

15. 充电系统的使用应注意什么？

16. 检修发电机时，若发电机中电刷压紧弹簧忘记装，充电系会出现什么现象？为什么？

17. 分析充电系节压值过高的故障原因。

18. 绘制发电机充电系电路图（任何一种形式都可以，但必须正确），指出充电电路、他励电路、自励电路。

第四章 启动系

教学目标

1. 了解启动系的组成与功用。
2. 熟悉启动机的结构。
3. 理解启动机的工作原理与特性。
4. 理解启动系的控制电路及工作原理。
5. 掌握启动系的检测与故障诊断基本方法。

教学要点

知识要点	掌握程度	相关知识
启动系的组成与功用	了解	启动系的组成与功用、启动机的功用
启动机的结构与工作原理	理解	启动机的基本组成、各组成部分的构造与工作原理、减速启动机的特点
启动机的工作特性	理解	转矩特性、机械特性、功率特性
启动系的控制电路	理解	典型控制电路及工作原理
启动系的使用与检测	掌握	启动系的检测与故障诊断基本方法

第一节 概　述

发动机由静止状态过渡到能自行稳定运转状态的过程,称为发动机的启动。发动机的启动方式主要有人力启动、辅助汽油机启动和电力启动(又称启动机启动)三种。电力启动系统,简称启动系,因操作简单,启动迅速可靠且重复启动能力强而被广泛应用。

一、启动系的组成与功用

启动系主要由蓄电池、启动机、启动开关和启动电路等组成。如图4-1所示,启动机在点火开关的控制下,将蓄电池的电能转变为机械能,带动发动机的飞轮使曲轴旋转,完成发动机的启动过程。

二、启动系的基本要求

(1)启动机的齿轮与发动机的飞轮齿圈啮合要容易,尽量不发生冲击现象;

(2)发动机启动后,启动机的小齿轮应能自动打滑或脱离啮合,以免发动机启动后,飞轮带动启动机高速旋转造成事故;

(3)启动系统应结构简单、工作可靠、启动转速足够高。

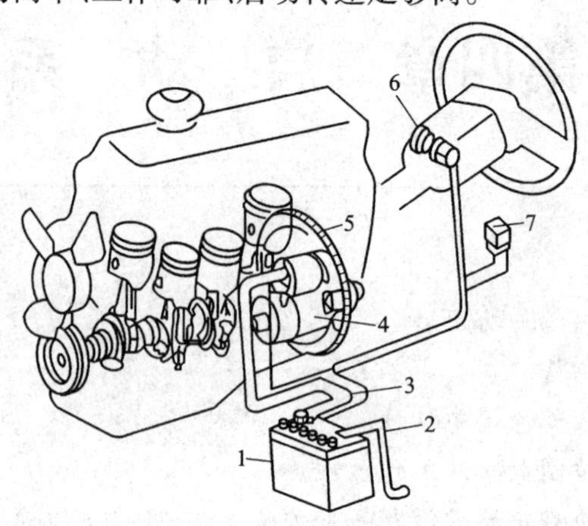

图 4-1　启动系的组成

1-蓄电池;2-搭铁电缆;3-启动机电缆;4-启动机;5-飞轮;6-点火开关;7-启动继电器

第二节　启　动　机

一、启动机的组成

启动机是启动系统的主要组成部分。启动机由直流电动机、传动机构和操纵机构三大部分组成。

如图 4-2 所示为启动机的结构。

1. 直流电动机

直流电动机的作用是将蓄电池输入的电能转换为机械能,产生电磁转矩。

2. 传动机构

传动机构又称启动机离合器或啮合器。其作用是在发动机启动时,将启动机轴上的小齿轮推入飞轮齿圈,把启动机的电磁转矩传递给发动机曲轴;发动机启动后又能使启动机小齿轮与飞轮齿圈自动打滑,即启动机与飞轮间只能单向传力。

3. 操纵机构

操纵机构又称控制装置,其作用是用来接通和断开电动机与蓄电池之间的主电路。

二、启动机的分类

(1)按控制装置的操纵方式分为机械操纵启动机和电磁操纵启动机。

(2)按直流电动机磁场产生的方式分为永磁启动机和激磁启动机。

(3)按传动机构有无减速装置分为减速启动机和非减速启动机(普通启动机)。

(4)按驱动齿轮的啮入方式分为惯性啮合式启动机、电枢移动式启动机、齿轮移动式启动机和强制啮合式启动机。

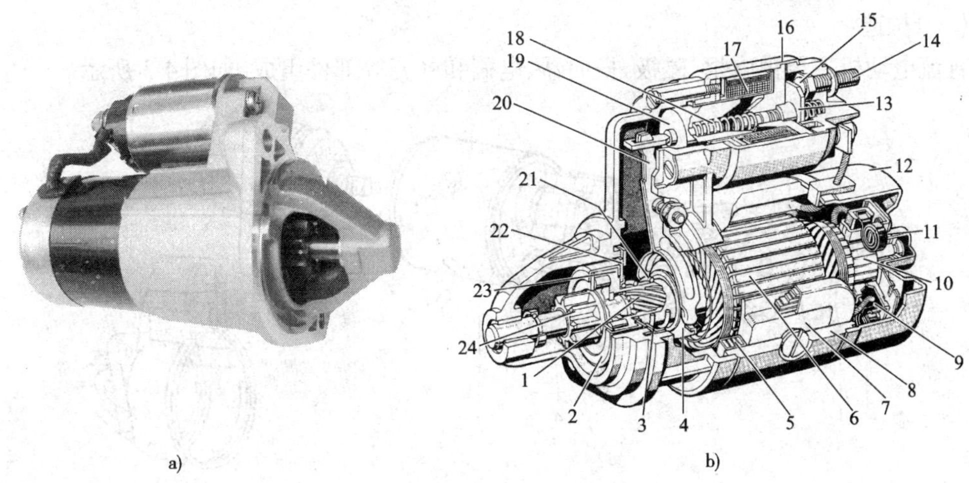

图 4-2 启动机的结构

a)外形;b)内部结构

1-电枢轴;2-单向离合器;3-阻止环;4-拨叉套筒;5-励磁绕组;6-电枢;7-磁场铁芯;8-启动机壳体;9-电刷;10-换向器;11-电刷压簧;12-启动机后端盖;13-接触盘;14-端子;15-触点;16-电磁开关;17-电磁线圈绕组;18-铁芯复位弹簧;19-活动铁芯;20-拨叉;21-缓冲弹簧;22-挡圈;23-单向离合器主动件;24-驱动齿轮

三、启动机的型号

根据中华人民共和国行业标准 QC/T73—1993《汽车电气设备产品型号编制方法》的规定,启动机的型号一般由五部分组成。

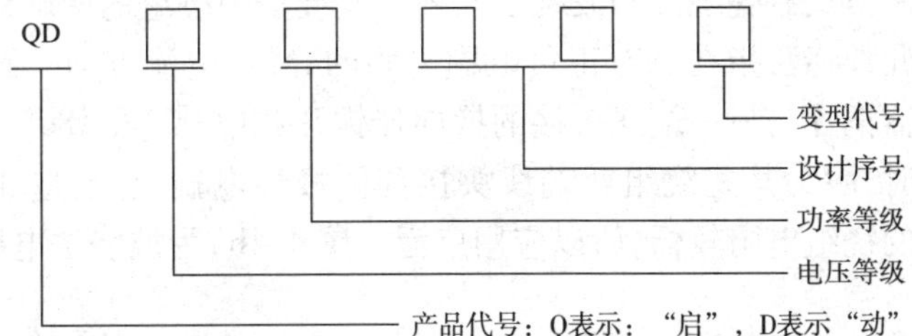

(1)产品代号:启动机的产品代号有 QD、QDJ、QDY 三种,分别表示启动机、减速启动机和永磁启动机(包括永磁减速启动机)。

(2)电压等级代号:用 1 位阿拉伯数字表示,1、2、6 分别表示 12V、24V 和 6V。

(3)功率等级代号:用 1 位阿拉伯数字表示,其含义见表 4-1。

例如:QD124 表示额定电压 12V、功率 1 ~ 2kW、第 4 次设计的启动机。

启动机功率等级 表 4-1

代号	1	2	3	4	5	6	7	8	9
功率/kW	<1	1 ~ 2	2 ~ 3	3 ~ 4	4 ~ 5	5 ~ 6	6 ~ 7	7 ~ 8	>8

四、直流电动机

启动机的直流电动机多采用串励式,是启动机最主要的组成部分,它的工作原理和特性决定了启动机的工作原理和特性。

(一)构造

直流电动机主要由电枢、磁极、换向器、电刷和外壳等部件组成,如图 4-3 所示。

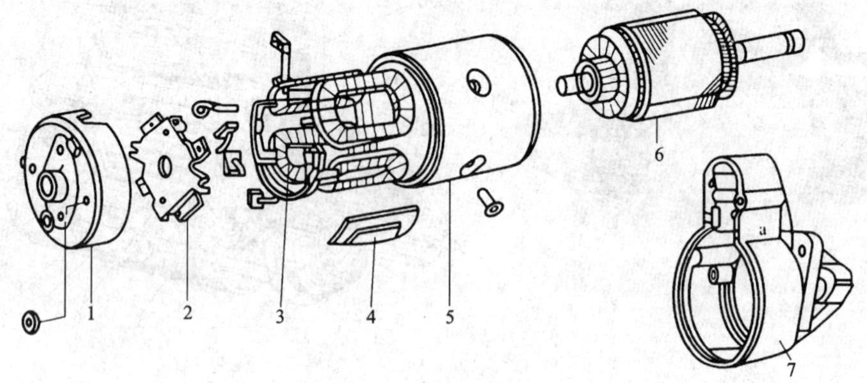

图 4-3　串励式直流电动机

1-端盖;2-电刷架;3-励磁绕组;4-磁极铁芯;5-壳体;6-电枢;7-驱动端盖

1. 电枢

电枢是直流电动机的旋转部分,其作用是产生转矩,它包括电枢轴、换向器、铁芯和电枢绕组,如图 4-4a)所示。电枢铁芯由多片硅钢片叠成,内圆有键槽,通过平键与电枢轴连接,外圆圆周设有线槽,用来安装电枢绕组。为了获得足够的电磁转矩,通过电枢绕组的电流一般为 200 ~ 600A,因此电枢绕组采用较粗的矩形裸铜线绕成成型绕组。为了防止裸铜线绕组间短路,在铜线与铜线之间、铜线与铁芯之间用绝缘性能较好的绝缘纸隔开。

电枢绕组的绕制方式有叠绕法和波绕法两种。叠绕法中绕组的两端线头分别接相邻的两个换向器铜片。此种绕法指在一对正负电刷之间的导线,电流方向一致。波绕法指绕组一端线头接的换向器铜片与另一端线头接的换向器铜片相隔 90°或 180°。采用此种绕法的电枢转到某一位置时,因为某些绕组两端线头接到同极性电刷上,会造成一些绕组没有电流。但由于波绕法的绕组电阻较低,所以应用广泛。图 4-4b)为波绕法电枢绕组的展开图。

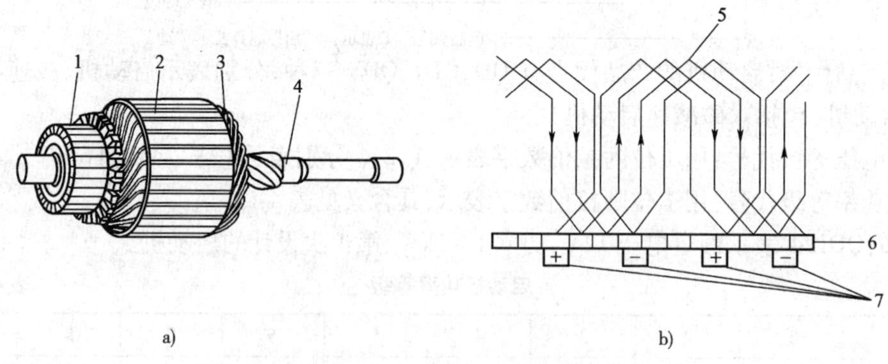

图 4-4　电枢的结构及展开图

a)电枢的结构;b)波绕法电枢绕组的展开图

1、6-换向器;2-铁芯;3、5-电枢绕组;4-电枢轴;7-电刷

换向片和云母片叠压成换向器,如图 4-5 所示。云母片形状与换向片形状相同,用于换向片之间的绝缘。换向器与轴套、压环之间通过云母片绝缘,装于电枢轴的一端,电枢绕组

每个线圈端头均焊接在换向器片上，通过换向器和电刷将蓄电池的电流引进来。

2. 磁极

磁极是电动机的定子部分，其作用是产生磁场，由铁芯和磁场绕组组成。铁芯用螺钉固定在壳体的内壁上，磁场绕组安装于铁芯的颈部，磁极一般是4个，为增大电磁转矩，大功率启动机采用6个磁极。磁极结构与磁路如图4-6所示。

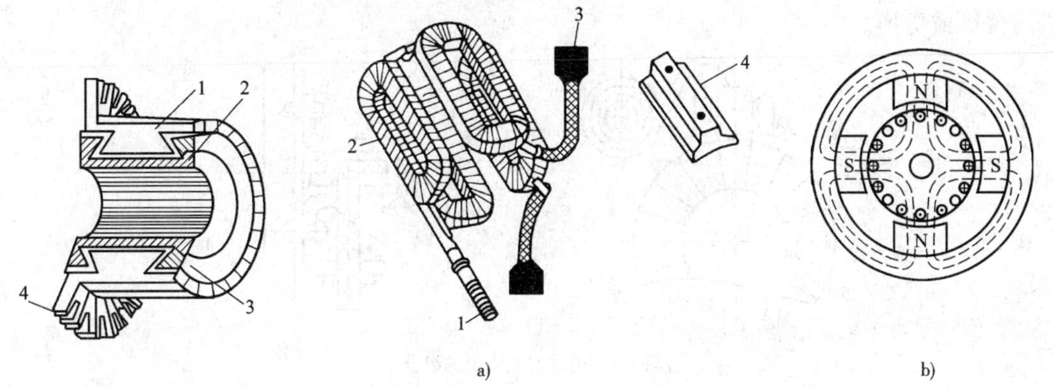

图4-5 换向器构造

1-铜质换向片；2-轴套；3-压环；4-接线槽

图4-6 磁极与磁路

a）磁极；b）磁路

1-接线柱；2-励磁绕组；3-电刷；4-铁芯

励磁绕组也采用较粗的矩形裸铜线绕制而成（通过电流达200～600A），励磁绕组与电枢绕组常见的连接方式如图4-7所示。由于励磁绕组与电枢绕组串联，故称串励式直流电动机。

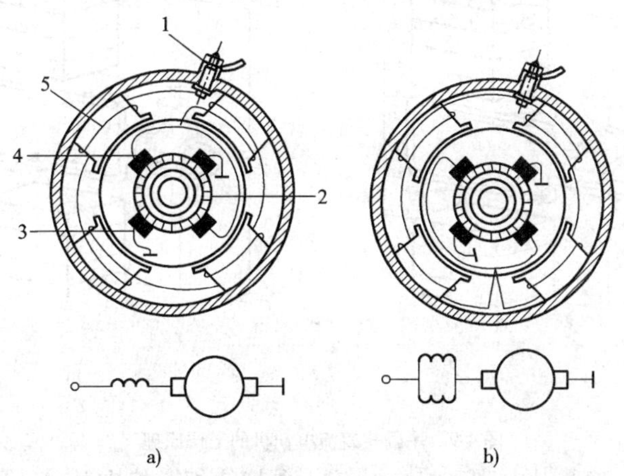

图4-7 励磁绕组与电枢绕组的连接方式

a）四个励磁绕组串联；b）励磁绕组两两串联后再并联

1-接线柱；2-换向器；3-搭铁电刷；4-绝缘电刷；5-励磁绕组

励磁绕组一端接在外壳的绝缘接线柱上，另一端与两个非搭铁电刷相连，当启动开关接通时，启动机的电路为：蓄电池正极→接线柱→励磁绕组→电刷→电枢绕组→搭铁电刷→搭铁→蓄电池负极。

3. 电刷架与电刷

电刷和装在电枢轴上的换向器用来连接磁场绕组和电枢绕组的电路，并使电枢轴上的电磁力矩保持固定方向。

电刷架一般为框式结构，如图 4-8 所示。其中正极刷架与端盖绝缘地固装，负极刷架直接搭铁。电刷置于电刷架中，电刷由铜粉与石墨粉压制而成，呈棕红色。刷架上装有弹性较好的扭转弹簧，以压紧电刷与换向器良好接触。电刷的高度一般不应低于标准电刷的 2/3，电刷与换向器的接触面积不应小于 75%，并且要求电刷在电刷架内无卡滞现象，否则，需要进行修磨或更换。

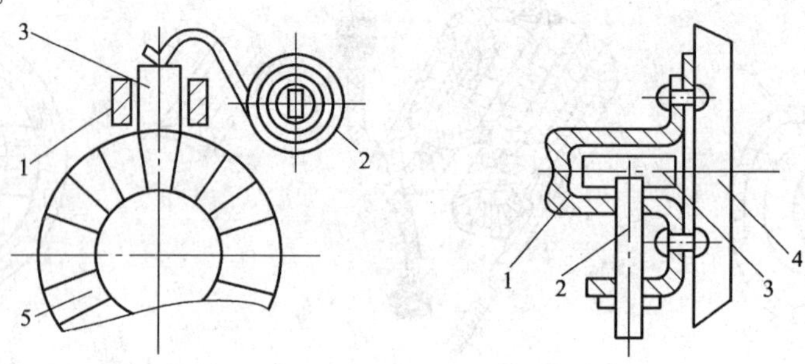

图 4-8　电刷与电刷架的组合

1-框式电刷架;2-扭转弹簧;3-电刷;4-端盖;5-换向器

(二)工作原理

1. 电磁转矩的产生

它是根据通电导体在磁场中受到电磁力作用这一原理工作的。其工作原理如图 4-9 所示。

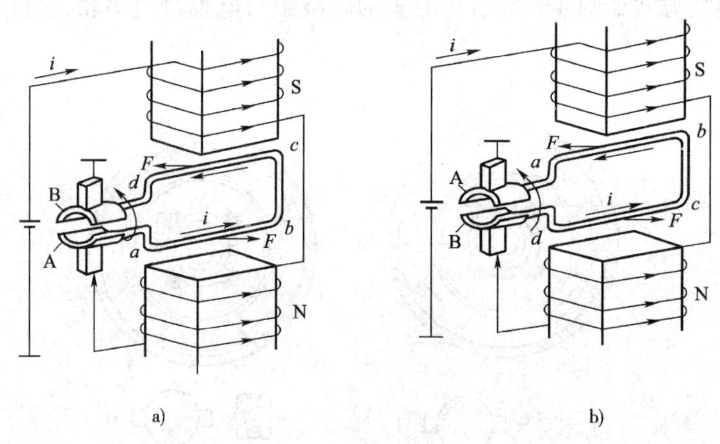

图 4-9　串励式直流电动机的工作原理

电动机工作时，电流通过电刷和换向片流入电枢绕组。换向片 A 与正电刷接触，换向片 B 与负电刷接触，绕组中的电流从 $a \to b \to c \to d$ 根据左手定则判断绕组匝边 ab、cd 均受到电磁力 F 的作用，由此产生逆时针方向的电磁转矩 M 使电枢转动；当电枢转动至换向片 A 与负电刷接触，换向片 B 与正电刷接触时，电流改由 $d \to c \to b \to a$，但电磁转矩的方向仍保持不变，使电枢按逆时针方向继续转动。

由此可见，直流电动机的换向器可将电源提供的直流电转换为电枢绕组所需要的交流电，以保证电枢绕组所产生的电磁力矩的方向保持不变，使其产生定向转动。但实际的直流电动机为了产生足够大且能保持转速稳定的电磁力矩，其电枢上绕有很多组线圈，换向器的铜片也随其相应增加。

根据安培定律，可以推导出电动机通电后所产生的电磁转矩 M 与磁极的磁通量 Φ 及电枢电流 I_s 之间的关系为：

$$M = C_m \Phi I_s \tag{4-1}$$

式中，C_m 为电机转矩常数，它与电动机磁极对数 P、电枢绕组导线总根数 Z 及电枢绕组电路的支路对数 a 有关，即：

$$C_m = Pz/2\pi a \tag{4-2}$$

2. 直流电动机转矩自动调节原理

电枢在电磁转矩 M 作用下转动，由于绕组在转动的同时切割磁力线而产生感应电动势，并根据右手定则判定其方向与电枢电流 I 的方向相反，故称为反电动势 E。反电动势 E_f 与磁极的磁通 Φ 和电枢的转速 n 成正比，即

$$E_f = C_e \Phi n \tag{4-3}$$

式中，C_e 为电动机的结构常数。由于反电动势的方向与电源电压的方向相反，因此电动机工作时，电枢回路的电压平衡方程式为

$$U = E_f + I_s R_s \tag{4-4}$$

式中：U——电源电压，V；

R_s——电枢回路电阻，Ω，其中包括电枢绕组的电阻、电刷与换向器的接触电阻；

I_s——电枢电流，A；

在直流电动机刚接通电源的瞬间，电枢转速 n 为 0，电枢反电动势 $E_f = 0$，此时，电枢绕组中的电流达到最大值，即 $I_{smax} = U/R_s$，将相应产生最大电磁转矩，即 M_{max}，若此时的电磁转矩大于电动机的阻力矩 M_z，电枢就开始加速转动。随着电枢转速的上升，E_f 增大，I_f 下降，电磁转矩 M 也就随之下降。当 M 下降至与 M_z 相平衡时（$M = M_z$），电枢就以此转速运转。如果直流电动机在工作过程中负载发生变化，就会出现如下变化：

当工作负载增大时，$M < M_z \to n\downarrow \to E_f\downarrow \to I_s\uparrow \to M\uparrow \to M = M_z$，达到新的稳定；

当工作负载减小时，$M > M_z \to n\uparrow \to E_f\uparrow \to I_s\downarrow \to M\downarrow \to M = M_z$，达到新的稳定。

由此可见，当负载变化时，电动机能通过电枢转速、电枢电流和转矩的自动变化来满足负载的需要，使之在新的转速下稳定工作。因此串励直流电动机具有自动调节转矩的功能。这是汽车发动机采用串励式电动机启动的原因之一。

（三）启动机的特性

1. 直流电动机的形式

依据磁场绕组和电枢绕组连接方式的不同，启动用直流电动机可分为并励、串励和复励三种形式，如图 4-10 所示。汽车启动机多采用串励式，大功率启动机多采用复励式。

（1）串励式电动机。串励直流电动机的电流流向是：蓄电池正极→磁场绕组→绝缘电刷→换向器→电枢绕组→搭铁电刷→搭铁（蓄电池负极）。这种方式允许流过磁场绕组的电流全部流过电枢绕组。

串励电动机开始启动时能发出最大转矩。其输出转矩随着电动机转速的升高而下降。转矩下降是由于反电动势作用的结果。

（2）并励电动机。并励电动机的磁场绕组与电枢绕组并联连接。并励电动机的输出转

矩不随转速的升高而下降,因为电枢产生的反电动势不会削弱磁场绕组的磁场强度。由于并励电动机不能产生高转矩,故不适合作为启动机。但刮水器电动机、电动升降门窗电动机、电动调整座椅电动机等采用的都是并励电动机。

(3)复励电动机。复励电动机的一部分磁场绕组与电枢绕组串联连接,而另一部分磁场绕组与蓄电池和电枢绕组并联连接。这种配置使复励电动机能发挥好的启动转矩并保持恒定的运转转速。分路的磁场绕组用来限制启动机的转速。

2. 串励式直流电动机的特性

串励直流电动机的输出转矩 M、转速 n 和功率 P 随电枢电流变化的规律,称为串励直流电动机的工作特性。图 4-11 所示为串励式直流电动的工作特性曲线,其中曲线 M、n 和 P 分别代表转矩特性、转速特性和功率特性。串励式直流电动机的特点是启动转矩大,机械特性软。

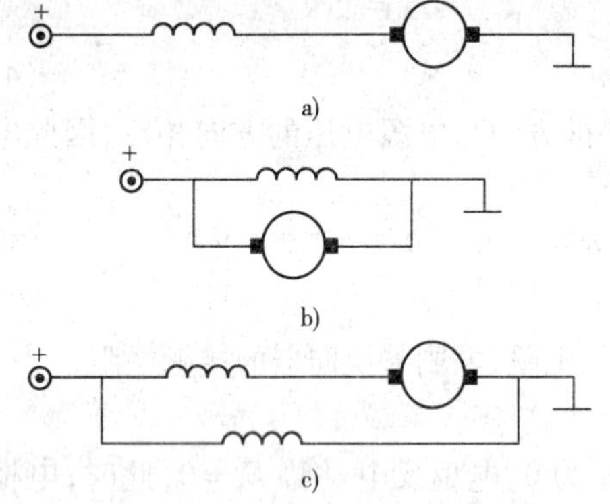

图 4-10　直流电动机的励磁方法

a)串励式;b)并励式;c)复励式

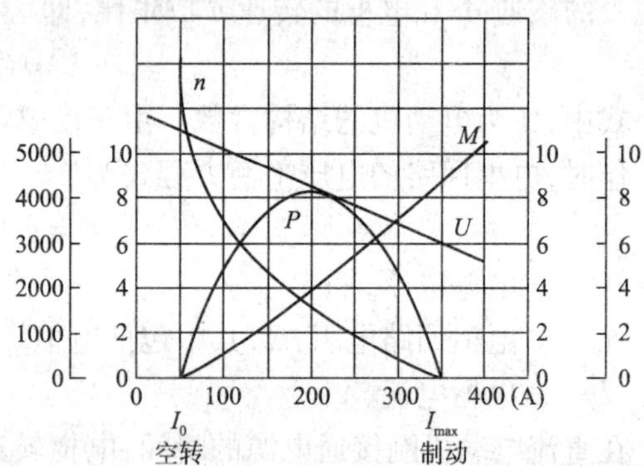

图 4-11　串励式电动机特性

M-输出转矩;n-转速;P-功率;U-启动电压

1)转矩特性

对于串励直流电动机,其磁场电流与电枢电流相同,并且在磁通未饱和时,磁通与电枢电流成正比,串励直流电动机的转矩与电枢电流的平方成正比。因此磁通未饱和时,电枢电流越大,串励式电动机产生的转矩比并励式电动机的优势更大。

即:磁通不饱和时,$\Phi = CI_j = CI_s$:

$$M = C_1 \Phi I_s = C_0 I_s^2 \tag{4-5}$$

磁通饱和时,$\Phi = C$:

$$M = C_1 \Phi I_s = C_0 I_s \tag{4-6}$$

2)机械特性

由电动机的电压平衡方程式可知,启动机的转速为:

$$n = [U - I_s(R_s + R_j)]/Cm\Phi \tag{4-7}$$

由上式可知,串励直流电动机具有轻载转速高、重载转速低的软机械特性。重载转速低,可以保证电动机在启动时(重载)不会超出允许功率而烧毁,使启动安全可靠。这是启动机采用串励直流电动机的又一原因。但由于其轻载或空载时转速很高,容易造成"飞散"事故,故对于功率较大的串励直流电动机,不允许轻载或空载下运行。

3)功率特性

启动机功率 P 由电动机电枢转矩 M 和电枢的转速 n 来确定,即:

$$P = Mn/9550 \tag{4-8}$$

式中：M——电动机电枢转矩，N·m；

n——电动机电枢转速，r/min。

由式（4-8）可知，在完全制动状态（$n=0$）和空载（$M=0$）时，启动机的输出功率等于零，电枢电流接近制动电流的一半时，电动机输出功率最大。由于启动机启动时间很短，启动机可以最大功率运转，因此将其最大功率作为额定功率。

启动机功率必须保证发动机能够迅速可靠启动，若功率不够将会增加启动次数，缩短蓄电池寿命。一般汽油机最低启动转速是50～70r/min，柴油机是100～200r/min。

启动机所需功率一般为

汽油机：

$$P = (0.184 \sim 0.21)L(\text{kW}) \tag{4-9}$$

柴油机：

$$P = (0.736 \sim 1.05)L(\text{kW}) \tag{4-10}$$

式中：L——发动机的排量，L。

3. 影响启动机功率的使用因素

（1）接触电阻。主要指蓄电池的极桩与启动机的电缆线、启动机的电缆线与搭铁、接触盘与主接线柱内侧的触头、启动机电刷与换向器片等的接触不良，导致启动机的主电路电阻增大，启动电流下降，使启动机的功率下降。另外，不要随意更改启动机电缆的截面尺寸和长度，最好使用与原车型配套的合格电缆，否则电缆过细、过长会引起电阻增大，启动机输出功率下降。

（2）蓄电池的容量。蓄电池的容量越小，内阻越大，使启动电流下降，启动机输出功率下降，故应使蓄电池经常保持充足电的状态。

（3）温度。温度降低会使蓄电池的内阻增加，容量下降，导致输出电流减小功率下降。

五、传动机构

1. 对传动机构的要求

（1）启动机的驱动齿轮与发动机的飞轮齿圈啮合时要平稳，不能发生冲击现象。

（2）由于启动机的驱动齿轮与发动机的飞轮齿圈速比很大（一般大于15），因此发动机启动后，驱动齿轮应能自动打滑或脱离啮合，以免发动机带动启动机电枢高速旋转，造成电枢绕组“飞散”的事故。

（3）因为启动机是由点火开关控制的，所以当发动机工作时，要防止点火开关误操作，使启动机的驱动齿轮再次与发动机的飞轮啮合，导致启动机与发动机的飞轮齿圈的损坏。

2. 传动机构的工作过程

图4-12为传动机构的工作示意图。

图4-12a）所示为启动机不工作时所处的位置；图4-12b）所示为在电磁开关的作用下，驱动齿轮与飞轮齿圈正在啮合，此时启动机的主要电路还没有接通；图4-12c）所示为驱动齿轮与发动机飞轮齿圈完全啮合，主电路接通，电枢轴开始带动发动机曲轴旋转。发动机启动后，驱动齿轮仍处于啮合状态，单向离合器打滑，驱动齿轮在飞轮的带动下空转。启动结束

后，驱动齿轮在电磁开关回位弹簧的作用下，与发动机飞轮齿圈脱离啮合。

启动机传动机构中的关键部件是单向离合器。其作用是在启动时将电枢产生的电磁转矩传递给发动机飞轮；而当发动机启动后，单向离合器立刻打滑，防止发动机飞轮带动电枢高速旋转，造成电枢绕组“飞散”的事故。

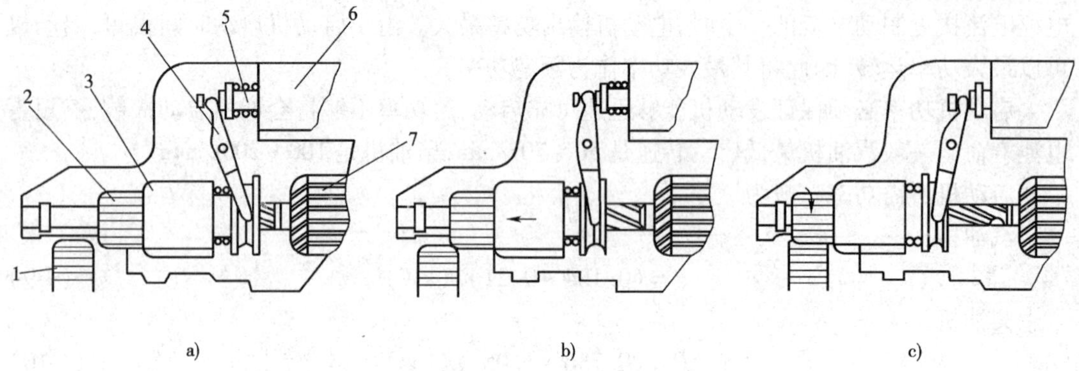

图 4-12　传动机构的工作示意图

a）启动机静止状态；b）驱动齿轮与飞轮齿圈正在啮合；c）完全啮合

1-飞轮；2-驱动齿轮；3-单向离合器；4-拨叉；5-活动铁芯；6-电磁开关；7-电枢

3. 单向离合器

常见的单向离合器有滚柱式、摩擦片式和弹簧式三种结构形式。

1）滚柱式单向离合器

滚柱式单向离合器的原理是通过改变滚柱在楔形槽中的位置来实现分离和接合的，其结构如图 4-13 所示。

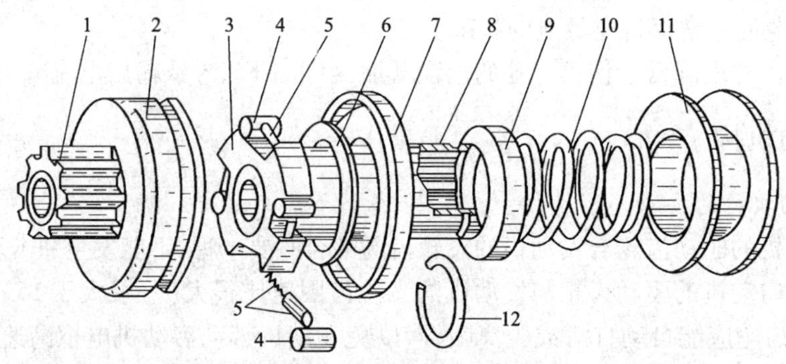

图 4-13　滚柱单向离合器结构

1-驱动齿轮；2-外壳；3-十字块；4-滚柱；5-弹簧与压帽；6-垫圈；7-护盖；8-传动套筒；9-弹簧座；10-弹簧；11-移动衬套；12-卡簧

单向离合器的外壳 2 与驱动齿轮 1 为一体，外壳 2 与十字块 3 之间形成四个楔形槽，每个槽中有一个滚柱 4，十字块 3 与传动套筒 8 为一体，通过花键与电枢轴连接。

其工作过程如下：

当启动机开始工作时，拨叉拨动移动衬套 11，使驱动齿轮 1 与发动机飞轮齿圈啮合，电磁转矩由电枢轴传到传动套筒 8 与十字块 3，使十字块 3 同电枢轴一同旋转。此时，再加上飞轮齿圈给驱动齿轮 1 的反作用力，使滚柱在摩擦力矩的作用下，滚入楔形槽的窄端而卡死，如图 4-14a）所示，于是驱动齿轮 1 和传动套筒 8 成为一个整体，带动飞轮，启动发动机。

当发动机启动后,发动机飞轮带动驱动齿轮 1 旋转,外壳 2 的转速高于十字块 3 的转速,因此,滚柱滚向楔形槽的宽端而打滑,如图 4-14b)所示。这样发动机的转矩就不能通过驱动齿轮 1 传递给电枢轴,防止了电枢轴因高速旋转而造成电枢绕组“飞散”的事故发生。

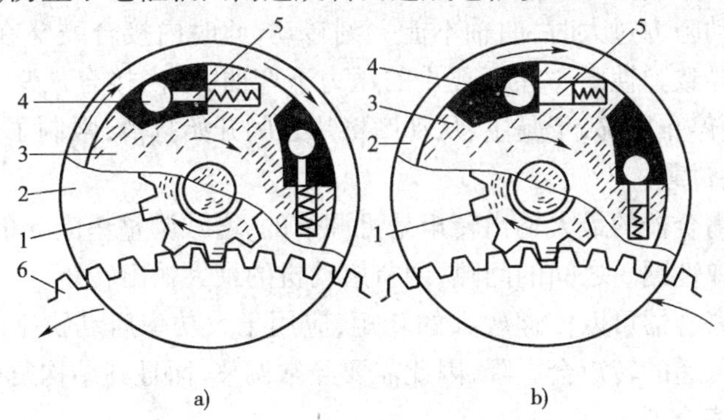

图 4-14 滚柱式单向离合器工作原理

a)离合器传力;b)离合器打滑

1-驱动齿轮;2-外壳;3-十字块;4-滚柱;5-弹簧与压帽;6-飞轮

滚柱式单向离合器结构简单,在中、小功率的启动机上广泛应用。但在传递较大转矩时,滚柱易变形而卡死,因此,滚柱式单向离合器不易用于功率较大的柴油启动机上。

2)摩擦片式单向离合器

摩擦片式单向离合器的原理是通过主、从动摩擦片的压紧和放松来实现分离与接合的,其结构如图 4-15 所示。

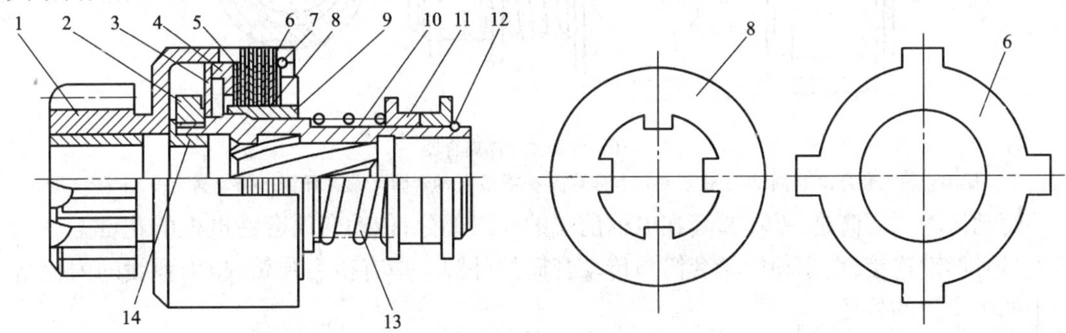

图 4-15 摩擦片式单向离合器结构

1-驱动齿轮与外接合鼓;2-螺母;3-弹簧圈;4-压环;5-调整垫圈;6-从动摩擦片;7、12-卡环;8-主动摩擦片;9-内接合鼓;10-传动套筒;11-移动套筒;13-缓冲弹簧;14-挡圈

传动套筒 10 套在电枢轴的螺旋花键上,在传动套筒 10 的外表面上又有三条螺旋花键,套着内接合鼓(主动鼓)9,内接合鼓外径开有四个轴向槽,用来插放主动摩擦片 8 的内齿。由传动套筒 10、内接合鼓 9 和主动摩擦片 8 共同组成单向离合器的主动部分。从动摩擦片 6 的外齿插放在与驱动齿轮制成一体的外接合鼓 1 的四个槽内,组成单向离合器的从动部分。主、从动摩擦片相间组装,螺母 2 与摩擦片之间装有弹性圈 3、压环 4 和调整垫圈 5。

启动机工作时,启动机电枢轴带动传动套筒 10 转动,由于惯性的作用,内接合鼓 9 随着传动套筒 10 的旋转而左移,使主、从动摩擦片紧压在一起,利用摩擦片将电枢转矩传递给飞轮。

发动机启动后，启动机的驱动齿轮被飞轮带着高速旋转，转速高于电枢轴的转速，于是内接合鼓又沿传动套筒上的螺旋线右移，使主、从动摩擦片相互脱离而打滑，避免了因电枢轴高速旋转而造成电枢绕组“飞散”的事故。

当发动机的启动阻力过大时，曲轴不能立刻转动，此时内接合鼓 9 在传动套筒 10 作用下，继续向左移动，导致弹性圈 3 在压环 4 的压力下弯曲，当内接合鼓 9 的左端面弹性圈接触时，内接合鼓 9 便停止左移，于是主、从动摩擦片之间开始打滑，限制了启动机的最大输出转矩，防止了启动机过载。

摩擦片式单向离合器的最大输出转矩是可调节的，增减调整垫圈 5 的片数，可以改变内接合鼓 9 左端面与弹性圈 3 之间的间隙，调节启动机的最大输出转矩。

摩擦片式单向离合器可以传递较大的转矩，应用于大功率启动机上。但是在使用过程中，摩擦片磨损后，传递的转矩会下降，因此需要经常调整，而且其结构复杂。

3）弹簧式单向离合器

弹簧式单向离合器的原理是通过扭力弹簧的径向收缩和放松来实现分离和接合的，其结构如图 4-16 所示。

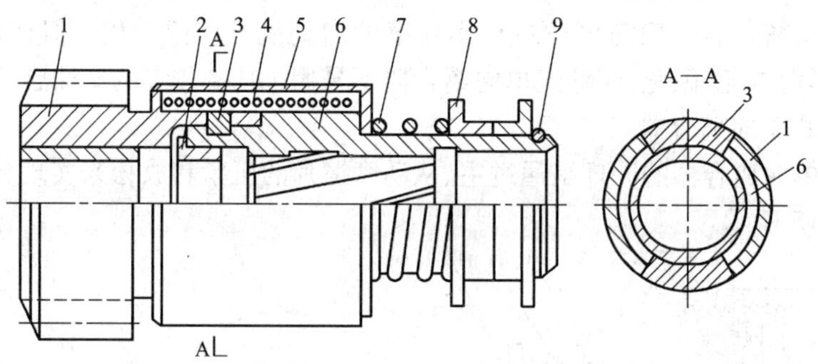

图 4-16　弹簧式单向离合器

1-驱动齿轮与套筒；2-挡圈；3-月形键；4-扭力弹簧；5-护圈；6-传动套筒；7-缓冲弹簧；8-移动衬套；9 -卡簧

驱动齿轮与套筒是一体的，套在电枢前端的光滑部分，传动套筒套在电枢的花键上。二者通过月形键连接，在驱动齿轮套筒与传动套筒的外圆上抱有扭力弹簧，扭力弹簧的内径略小于两个套筒的外径。

当启动机工作时，电枢轴带动传动套筒旋转，由于弹簧与套筒之间存在摩擦力，使弹簧扭紧而抱紧两套筒传递转矩。当发动机启动后，由于飞轮齿圈对驱动齿轮的作用力改变了方向，使弹簧放松，于是驱动齿轮只能在电枢轴的光滑部分高速空转，防止了电枢超速运转带来的危险。

弹簧式单向离合器结构简单，成本低，使用寿命长，但由于扭力弹簧的轴向尺寸较长，一般只用在大功率启动机上。

缓冲弹簧的作用是当拨叉移动驱动齿轮与飞轮齿圈啮合受阻时，缓冲弹簧受压缩，当驱动齿轮缓慢转动到啮合位置时，缓冲弹簧推动驱动齿轮与飞轮齿圈啮合。

六、控制装置

启动机的控制装置即操纵机构，也称为电磁开关，主要用来控制启动机驱动齿轮与发动机飞轮齿圈的啮合与分离，和控制启动机主电路的通、断。有些启动机的电磁开关还能在启动时将点火线圈的附加电阻短路，以提高启动时的点火电压。

1. 电磁开关的结构

如图4-17所示为电磁开关的结构与工作原理。电磁开关主要由吸拉线圈7、保持线圈8、活动铁芯、接触盘6等组成。其中吸拉线圈7与电动机绕组串联，保持线圈8与电动机绕组并联。活动铁芯一端通过接触盘6控制主电路的导通与断开；另一端通过拨叉12控制驱动齿轮13的啮合与退出。在启动机电磁开关上有三个接线柱：主接线柱2、3，启动接线柱5。

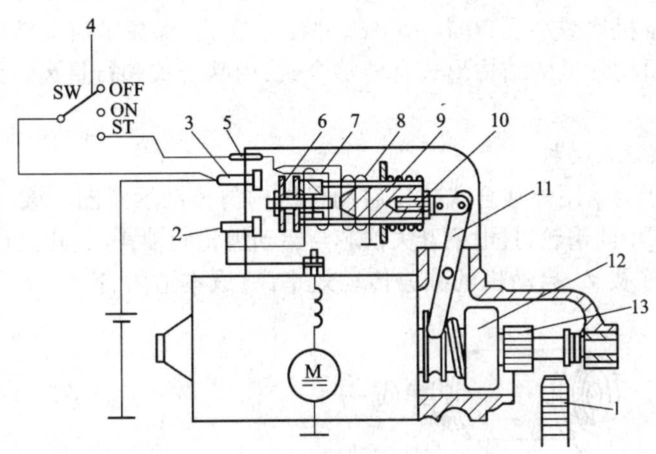

图4-17 电磁开关的结构与工作原理

1-飞轮；2、3-主接线柱；4-点火开关；5-启动挡接线柱；6-接触盘；7-吸拉线圈；8-保持线圈；9-活动铁芯；10-调整螺钉；11-拨叉；12-单向离合器；13-驱动齿轮

2. 启动机的工作过程

(1)启动时，将点火开关SW打到ST挡，电磁开关通电，其电路如下：

蓄电池正极→主接线柱3→点火开关ST挡→启动挡接线柱5(电流流入启动接线柱5后，分为两路：一路经保持线圈8直接搭铁；另一路经吸拉线圈7→主接线柱2→励磁绕组→电枢绕组→搭铁)。此时，吸拉线圈7与保持线圈8的电流流向相同，磁场方向相同，活动铁芯9在两个线圈磁场力的共同作用下克服复位弹簧的作用向左移动，通过拨叉11使驱动齿轮13与发动机飞轮1啮合后，接触盘6将主接线柱2与3内侧触头接通，于是启动机的主电路接通，其电路为：蓄电池正极→主接线柱3→接触盘6→主接线柱2→励磁绕组→绝缘电刷→电枢绕组→搭铁电刷→搭铁→蓄电池负极。这时直流电动机产生电磁转矩，通过单向离合器带动曲轴旋转，启动发动机。

(2)发动机启动后，单向离合器打滑。

(3)松开点火开关SW，点火开关从ST挡回到ON挡，这时从点火开关到启动挡接线柱5之间已没有电流，吸拉线圈7与保持线圈8的电路变为：蓄电池正极→主接线柱3→接触盘6→主接线柱2→吸拉线圈7→保持线圈8→搭铁。

此时，由于吸拉线圈7与保持线圈8的电流流向相反，磁场方向相反，电磁力抵消，活动铁芯9在复位弹簧的作用下，迅速右移，使主电路断开，驱动齿轮13与飞轮1脱离啮合，启动机停止工作。

在接触盘6接通主电路之前,由于电流经吸拉线圈7到励磁绕组与电枢绕组,所以电枢产生了一个较小的电磁转矩,使驱动齿轮13在缓慢旋转状态下与飞轮1平稳啮合。主电路接通后,吸拉线圈7被短路,活动铁芯9的位置由保持线圈产生的磁吸力来保持。

第三节　减速式启动机

减速式启动机是在普通启动机的基础上增加了一组减速器,也就是在电枢轴和驱动齿轮之间装有一级减速齿轮(一般速比为3~5),其特点是在同样输出功率情况下,体积和质量比普通启动机均减小了30%~50%,并便于安装,提高了启动转矩,有利于低温启动。启动机减速机构常见的结构形式有外啮合式、内啮合式和行星齿轮式三种,分别介绍如下:

1. 外啮合式减速启动机

如图4-18所示为采用外啮合式减速启动机结构与传动示意图。该启动机在电枢轴与驱动齿轮之间加了中间惰轮,且电磁开关铁芯与驱动齿轮同轴,电磁开关直接推动驱动齿轮与飞轮啮合,省去了拨叉,启动机的减速传动效率高,成本适中,广泛应用于小功率的启动机上。

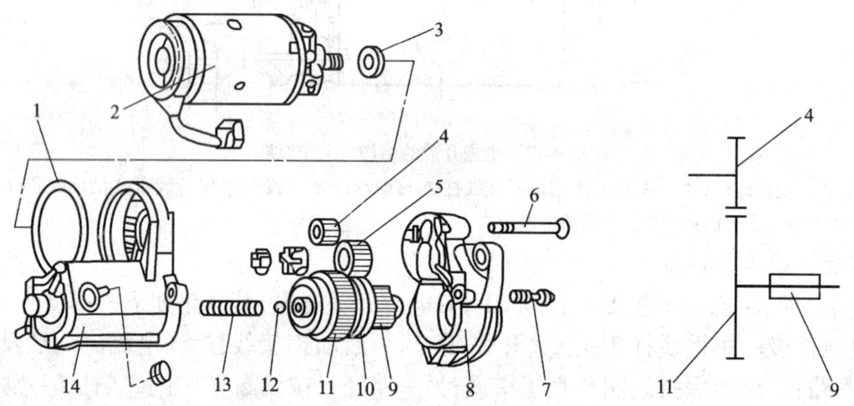

图4-18　外啮合式减速启动机结构与传动示意图

1-橡胶圈;2-电动机;3-毡垫圈;4-主动齿轮;5-惰轮;6-穿钉;7-螺栓;8-外壳;9-驱动齿轮;10 单向离合器;11-从动齿轮;12-钢球;13-复位弹簧;14-电磁开关

2. 内啮合式减速启动机

如图4-19所示为内啮合式减速启动机结构与传动示意图,这种启动机减速传动效率高,成本也高。

3. 行星齿轮式减速启动机

该种减速器的传动中心距为零,输出轴与电枢轴同心,整机尺寸小,传动比最大,可达4.5:1,大大减小了启动电流。图4-20所示行星齿轮减速器在电枢轴与驱动齿轮之间传递动力。行星齿轮总成由太阳轮、三个行星齿轮、内齿圈组成。太阳轮装在电枢轴上,三个行星轮装在行星架上,内齿圈固定不动。当电枢轴转动时,太阳轮带动三个行星齿轮绕内齿圈转动,带动行星架转动,行星架与输出轴相连。动力传递过程为:电枢轴(太阳轮)→行星齿轮及架(与输出轴一体)→单向离合器→驱动齿轮→飞轮。

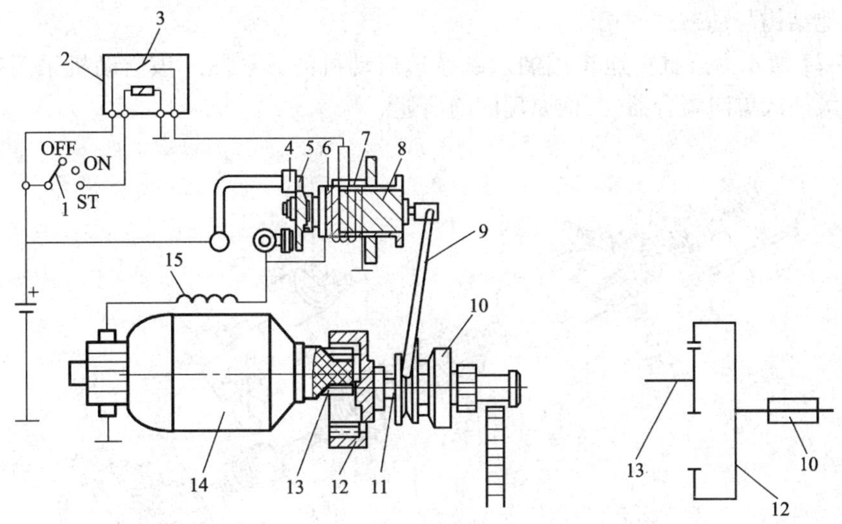

图 4-19　内啮合式减速启动机结构与传动示意图

1-点火开关;2-启动继电器;3-启动继电器触点;4-主接线柱;5-接触盘;6-吸拉线圈;7-保持线圈;8-活动铁芯;9-拨叉;10-单向离合器;11-螺旋花键轴;12-内啮合减速齿轮;13-主动齿轮;14-电枢;15-励磁绕阻

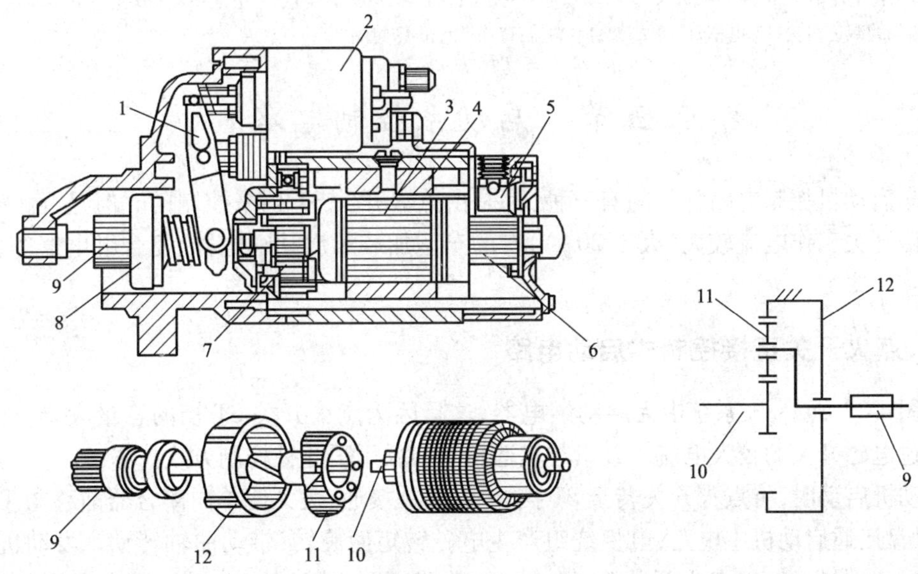

图 4-20　行星齿轮减速式启动机结构与传动示意图

1-拨叉;2-电磁开关;3-电枢;4-磁极;5-电刷;6-换向器;7-行星齿轮式减速机构;8-滚柱式单向离合器;9-驱动齿轮;10-电枢轴;11-行星齿轮架;12-内齿圈

第四节　永磁式启动机

永磁式启动机以永磁材料为磁极,没有励磁线圈,直流电动机的接线柱通过电刷直接与电枢绕组相连。该启动机具有质量轻、结构简单等优点。由于永磁式电动机的机械特性较差,所以必须配有减速机构,即永磁式启动机一般都是减速式启动机,该启动机一般有 2 ~ 3

对磁极，其他结构与励磁式的相同。

如图4-21所示为五缸奥迪车用的永磁减速启动机的分解图。该启动机采用行星齿轮减速机构、滚柱式单向离合器，其他原理同前所述。

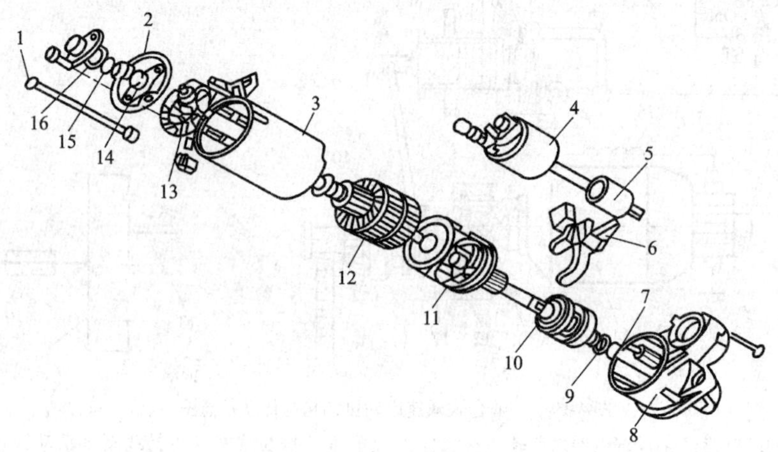

图4-21　永磁减速启动机分解图

1-穿钉；2-调整垫片；3-机壳；4-电磁开关；5-活动铁芯；6-拨叉；7-卡环；8-驱动端盖；9-止推垫圈；10-滚柱式单向离合器；11-行星齿轮式减速机构；12-电枢；13-电刷架；14-端盖；15-锁片；16-密封圈

第五节　启动系控制电路

汽车启动机控制电路常见的有三种：都是由点火开关ST挡来控制的。但是，由于启动机的电磁开关工作电流较大（大于20A），有的车型加装了启动继电器、复合继电器等，现分述如下：

一、点火开关直接控制式启动电路

如图4-22所示，该系统中无启动继电器，这是因为点火开关ST挡的容量大，允许短时间内通过电磁开关的较大电流。红旗与奥迪轿车即采用了此种控制方式。

发动机启动时，将点火开关转至ST挡，电磁开关接通，拨叉使单向离合器前移与飞轮结合，接触盘接通启动机主电路，电枢绕组产生电磁转矩而旋转，带动曲轴转动。发动机启动后，单向离合器打滑；松点火开关到ON挡，主电路断开，拨叉回位，单向离合器回位，完成启动。

二、带有继电器的启动系控制电路

大部分汽车为保护点火开关，在启动机控制电路中加装了启动继电器，避免启动开关的电流直接通过点火开关，起到保护点火开关的作用，如图4-23所示。当点火开关打到ST挡时，蓄电池经点火开关给启动继电器中的磁化线圈供电（电流很小），使继电器中的常开触点闭合，这样蓄电池电流经主接线柱3、继电器触点到启动机电磁开关的启动接线柱4，电磁开关吸合，启动机工作。

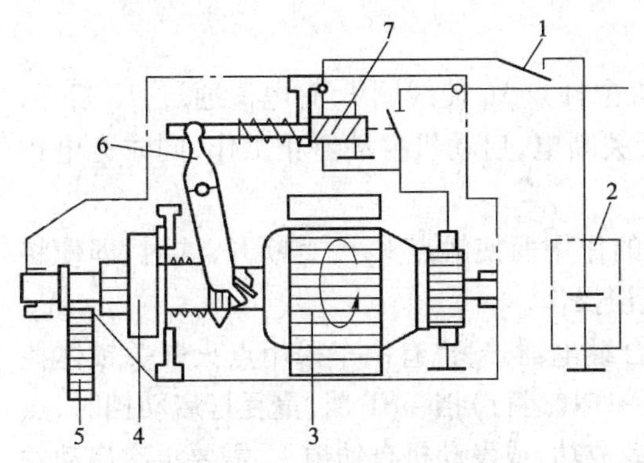

图 4-22 直接控制式启动系统

1-点火开关;2-蓄电池;3-电枢;4-单向离合器;5-飞轮;6-拨叉;7-电磁开关

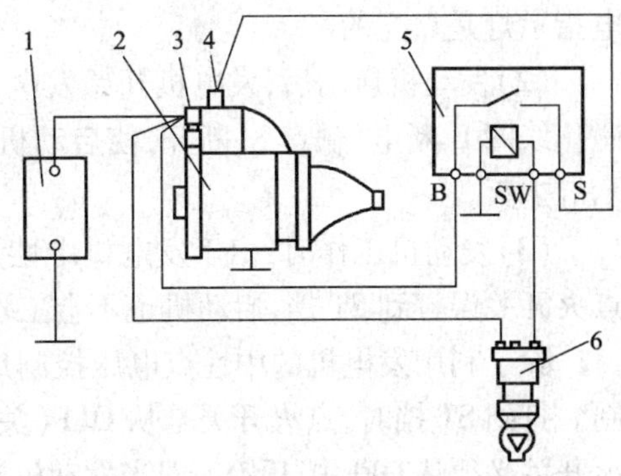

图 4-23 带有继电器的启动系统控制电路

1-蓄电池;2-启动机;3-主接线柱;4-启动接线柱;5-启动继电器;6-点火开关

三、带有复合继电器的启动系控制电路

如图 4-24 所示为解放 CA1092 汽车启动机控制电路。解放 CA1092 汽车启动机由复合继电器控制,而复合继电器由启动继电器和充电指示灯继电器组成。启动继电器的触点 K_1 常开,充电指示继电器的触点 K_2 常闭。其工作原理如下:

(1)启动时,点火开关打到Ⅱ挡,复合继电器中的启动继电器磁化线圈通电,其电路如下:蓄电池正极→启动机主接线电路→熔断器→电流表→点火开关→复合继电器 SW 接线柱→磁化线圈 L_1→触点→K_2→搭铁→蓄电池负极。

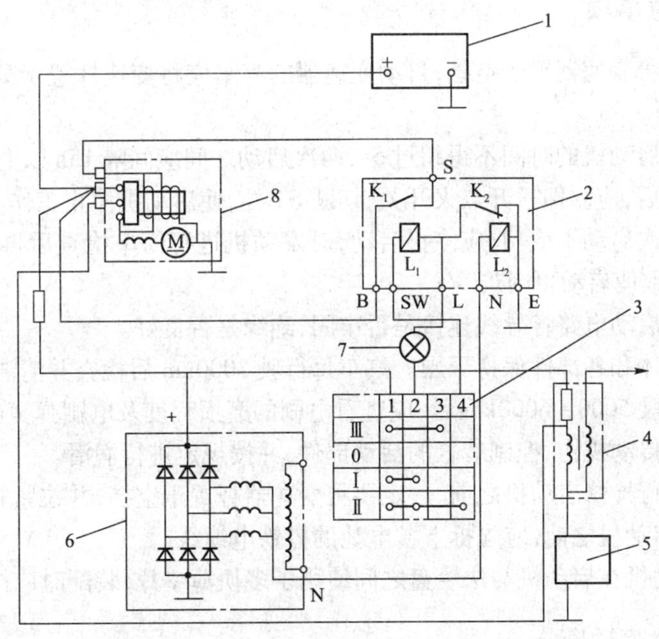

图 4-24 CA1092 汽车启动机控制电路

1-蓄电池;2-组合继电器;3-点火开关;4-点火线圈;5-点火模块;6-发电机;7-充电指示灯;8-启动机

由于磁化线圈 L_1 通电,则 K_1 闭合,接通启动机电磁开关电路,启动机正常工作。此时充

电指示灯是点亮的。

(2)发动机启动后,发电机开始发电,发电机中性点 U_N 使线圈 L_2 有电流通过,K_2 断开,磁化线圈 L_1 断电,触点 K_1 断开,使启动机电磁开关断电,启动机自动停止工作,同时充电指示灯熄灭。

(3)发动机工作时,由于发电机中性点电压的作用而使触点 K_2 一直断开,这时,即使将点火开关误打到 ST 挡,启动机也不会工作,防止误操作。

除了利用发电机的中性点电压控制启动复合继电器外,也有汽车采用点火开关锁体控制。打到 ST 挡时,点火开关是从 OFF(关断)挡→ON(运行)挡→ST 挡,重复打启动挡时,点火开关必须从 OFF 挡开始。即当发动机没有启动成功,或发动机自动熄灭,需要再次启动发动机时,点火开关必须回到 OFF 挡,然后,启动发动机。当发动机运行时(在 ON 挡),锁体向 ST 挡方向是拧不动的。这样就可以防止启动机的误操作,如桑塔纳、奥迪等车都是采用这种方式防止误操作的。

对于装有自动变速器的汽车,要求只有变速器在 P 位(停车挡)或 N 位(空挡)时,启动机才能工作,否则启动发动机时,汽车不是向前跑就是向后倒而发生事故。为此装有自动变速器的汽车,在启动系中都设有"空挡启动开关"。当自动变速器在 P 位或 N 位之外的任何挡位时,此开关都是断开的,即将启动机控制电路断开,使启动机无法工作。

第六节　启动系的使用与检测

一、使用注意事项

(1)启动前应将变速器置于空挡,自动变速器的汽车应将变速杆置于 P 位或 N 位,并同时踩下离合器踏板。

(2)每次接通启动机的时间不得超过 5s,两次启动之间应间隔 15s 以上。

(3)启动成功后,应立即松开点火开关,切断 ST 挡,使启动机停止工作。

(4)若连续三次启动不成功,应停止启动,对发动机进行简单检查后再进行启动;否则,蓄电池容量下降,致使启动更困难。

(5)经常检查启动电路各导线连接是否牢固,绝缘是否良好。

(6)启动机机体和各部件保持干燥。汽车每行驶 3000km 后检查并清洁换向器。

(7)汽车每行驶 5000 ~ 6000km 后,应查看电刷的磨损程度及电刷弹簧压力。

(8)经常检查传动机构、控制装置的活动部件,并按规定进行润滑。

(9)在车上进行检修启动机之前,一定要将变速器杆置于空挡,并拉紧驻车制动。

(10)在拆卸启动机之前,应先拆下蓄电池的搭铁电缆线。

(11)有的启动机在启动机与法兰盘之间使用了多块薄垫片,装配时应按原样装回。

二、检测与故障诊断

发动机不能启动是一个非常复杂的综合故障。产生这一故障的原因很多,包括启动系统、点火系统、燃油供给系统、配气相位、汽缸密封性及其他机械故障等,都可导致发动机不能启动。所以对于发动机不能启动，要根据具体车型、当时的维修情况及启动时发动机的特征，从简单到复杂，一个系统一个系统地检查。本节主要学习的是启动系的故障诊断。当启动系统出现故障时，故障可能是蓄电池、启动机、启动继电器、点火开关、启动系线路等引起的，通过故障诊断，能准确地判断故障在哪个部位。下面是启动系常见故障的诊断方法。

1. 启动机不工作

启动机不工作指的是当点火开关打到 ST 挡时，启动机不转动，并且电磁开关没有动作。检查步骤如下：

1）检查蓄电池

应先检查蓄电池的极桩是否松脱、氧化、腐蚀，检查电缆线及搭铁端是否正常。然后检查蓄电池是否亏电，可以按喇叭，根据喇叭声音的大小可判断蓄电池是否亏电，也可以开前照灯，根据灯光亮度的变化来判断蓄电池是否亏电，如果喇叭声变小或前照灯灯光变暗，说明蓄电池严重亏电。如果以上都正常，进行下一步检查。

2）检查启动机

将启动机上接电缆线的主接线柱与启动接线柱短接（见图 4-23 中 3 与 4 接线柱），若启动机不能工作，说明启动机的电磁开关等有故障，需拆下启动机检修。若启动机工作正常，进行下一步检查。

3）检查启动继电器及启动继电器到启动机的线路

将启动继电器上的“电池”和“点火”两接线柱短接（见图 4-23 中 B 和 SW 接线柱，注意确认 B 接线柱有电）：

（1）若启动机正常工作，说明启动继电器及启动继电器到启动机的线路正常，故障在点火开关或点火开关到启动继电器的线路上，进行下一步检查。

（2）若启动机不工作，再将启动继电器上的“电池”和“启动”两接线柱短接（见图 4-23 中 B 与 S 接线柱），启动机正常工作，故障在启动继电器；启动机不工作，故障在启动继电器到启动机的线路上。

2. 启动机运转无力

启动机运转无力是指启动机的驱动齿轮与飞轮齿圈已经啮合，但由于启动机的转速过低而不能使发动机启动。启动机无力一般是由于电路中潜在的故障引起的，这些潜在的故障引起额外的压降，使启动机的电流减小。造成启动无力的主要原因有：蓄电池故障；包括蓄电池亏电、蓄电池卡子松动、氧化或腐蚀。启动机故障；包括电刷与换向器接触不良、电磁开关中的接触盘烧蚀、串励式直流电动机励磁绕组或电枢绕组有局部短路等。检查步骤如下：

1）检查蓄电池

先检查蓄电池的极桩与电缆线的接触是否有松动、氧化或腐蚀等现象；然后通过按喇叭、开前照灯等检查蓄电池是否亏电，若上述检查正常，可初步判断故障在启动机。

2）检查启动机

启动机启动无力，如果不是蓄电池和启动电缆线的故障，一般可将启动机从车上拆下，将启动机解体后，进行检查维修。

对于启动机启动无力的故障现象，也可以通过测量启动电路压降的方法确定故障的部位，一般轿车的规律是：在启动时，每根启动电缆线的压降不大于 0.2V，每个连接点的压降

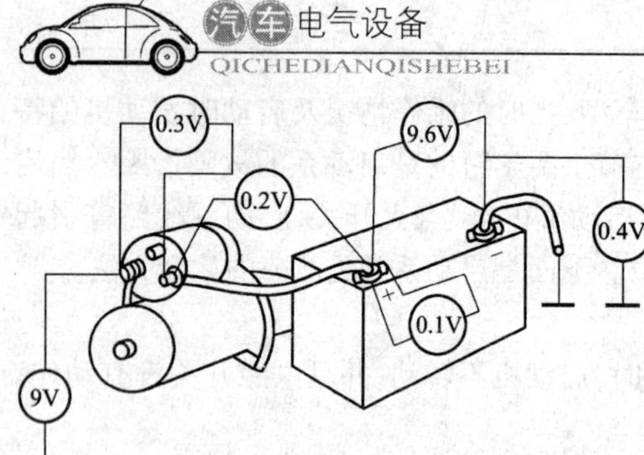

图 4-25　启动机工作时的线路压降测试

不大于0.1V,电磁开关内接触盘的压降不大于0.3V,启动机的工作电压不小于9V,蓄电池的端电压不小于9.6V,蓄电池负极桩到发动机缸体之间的电压不大于0.4V,如图4-25所示。

在检测过程中,若已确定蓄电池状态完好、各接点压降正常,而蓄电池的端电压小于9.6V时,可初步确定启动无力的故障在启动机;然后再测量电磁开关两个主接线柱的压降,若大于0.3V,说明故障部位在电磁开关;若启动机电压大于9V ,说明故障部位在启动机内部。

3. 启动机工作正常,但发动机不转(或转动很慢)并有异响

出现此故障的主要原因可能是单向离合器打滑,或是飞轮齿圈有部分齿损坏。一般可根据声音判断,声音轻、尖且连续的是单向离合器打滑,应更换单向离合器;声音沉重、间断的是飞轮齿圈损坏。也可重新转动曲轴或将车挂上挡,前后移动一下车辆,使驱动齿轮与飞轮重新啮合。若发动机顺利启动,说明飞轮齿圈的啮合端面部分损伤,可翻转齿圈使用,否则,换用新齿圈。

启动机解体后,内部电路可以用目测法或采用万用表检查,其方法参照发电机的检查方法。

复习思考题

1. 启动系的作用是什么?
2. 启动系由哪些部分组成? 各起什么作用?
3. 启动机是由哪些部分组成的? 各自起什么作用?
4. 画出启动机内部电路图。
5. 简述启动机的分类情况。
6. 简述滚柱式单向离合器的工作原理。
7. 简述摩擦片式单向离合器的工作原理。
8. 启动机为什么采用单向离合器?
9. 启动机为什么采用串励直流电动机?(从启动机的工作特性进行分析)
10. 启动继电器的作用是什么? 何为闭合电压和开启电压? 说出启动继电器各接线柱的名称,各接启动系的什么位置。
11. 画出复合继电器控制的启动系统的电路图。
12. 启动过程中启动机电磁开关中串、并联线圈产生的磁场方向是如何变化的? 为什么采用串、并联这种连接方式?
13. 采用减速启动机有什么优点? 减速器有哪几种结构形式? 画出结构简图。
14. 总结启动系统使用注意事项。
15. 分析不启动故障的现象和原因,如何诊断和排除。

第五章　点　火　系

教学目标

1. 了解的点火系作用与基本要求。
2. 理解点火系的基本电路与工作原理。
3. 熟悉点火系主要元件的结构。
4. 理解点火系的控制原理。
5. 掌握点火系故障诊断基本方法。

教学要点

知识要点	掌握程度	相关知识
点火系的作用与基本要求	了解	发动机工况、击穿电压、点火提前角
点火系的分类	了解	电感放电点火系、电容放电点火系等
点火系的工作原理	理解	基本电路、高压电的产生、提前角调整、高压电分配
点火系主要元件的结构	熟悉	点火线圈、火花塞、传感器、控制单元
点火系的控制	理解	点火提前角控制、初级电路导通角控制、恒流控制
点火系的使用	掌握	点火系的检测与故障诊断基本方法
电容放电点火系	了解	组成、基本原理

第一节　概　述

由于汽油自燃温度高，靠压燃容易导致工作粗暴，因此，汽油发动机广泛采用电火花点燃。为了在汽缸内产生电火花，汽油发动机设置了专门的点火系统，简称点火系。

一、点火系的作用

点火系的作用是在发动机各种工况和使用条件下，适时、可靠地产生足够强的电火花，以点燃汽缸内的可燃混合气。

二、点火系的基本要求

为了发挥好点火系作用，点火系应满足三个基本要求。

1. 能产生足以击穿火花塞电极间隙的电压

使火花塞电极之间的气体电离形成火花所必需的最低电压，称为火花塞击穿电压。只有当加在火花塞两电极间的电压高于火花塞击穿电压时，火花塞才能击穿点火。在保证火花能量满足要求的前提下，降低火花塞击穿电压对保证点火系工作可靠性、降低生产成本具有重要意义。火花塞击穿电压影响因素很多，主要因素有：火花塞电极间隙大小，电极的形状、温度和极性，可燃混合气的压力、温度，以及发动机工况等。

火花塞击穿电压随着火花塞间隙变化曲线如图 5-1 所示，火花塞间隙越大，气体电离所需的电场就越强，击穿电压越高。

实验证明，火花塞电极的形状越细、越尖，越容易击穿跳火，即击穿电压越低；电极的温度越高，包围在电极周围的气体密度越小、越容易发生碰撞电离，击穿电压越低，当电极温度高于可燃混合气的温度时，击穿电压约降低 30% ~50%；火花塞中心电极为负极时，击穿电压可降低 20%。

火花塞击穿电压随着可燃混合气压力变化曲线如图 5-2 所示，可燃混合气压力越高，密度越大，气体分子自由运动的距离越短，越不易发生碰撞电离，击穿电压越高。另外，可燃混合气的温度越高，气体分子动能越大，击穿电压越低。

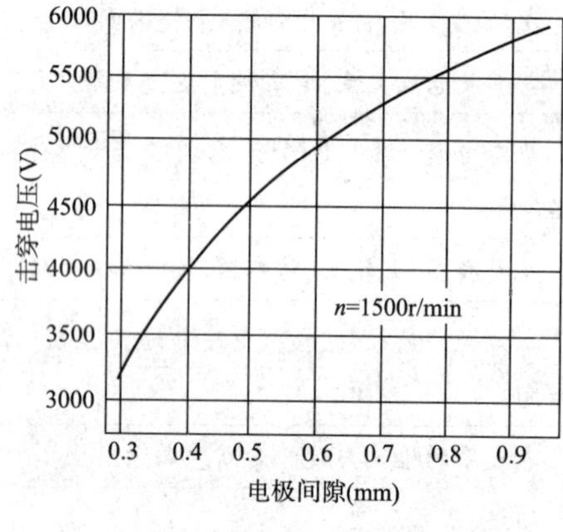

图 5-1 击穿电压与电极间隙的关系

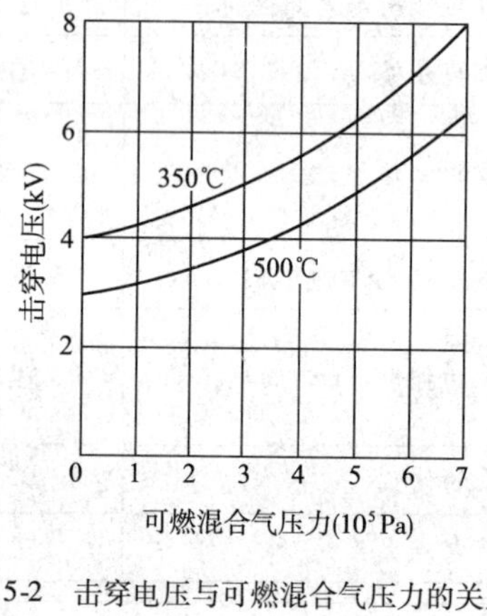

图 5-2 击穿电压与可燃混合气压力的关系

发动机工况不同时，火花塞的击穿电压也不相同，火花塞击穿电压随着发动机负荷变化曲线如图 5-3 所示，启动时，由于汽缸壁、活塞以及火花塞电极处于冷态，吸入的混合气温度低，加之火花塞电极间可能积有机油或汽油，击穿电压最高；加速时，由于大量的冷空气突然进入汽缸，使火花塞中心电极温度降低，因此击穿电压也较高；在稳定工况下，中心电极温度较高，击穿电压较低。

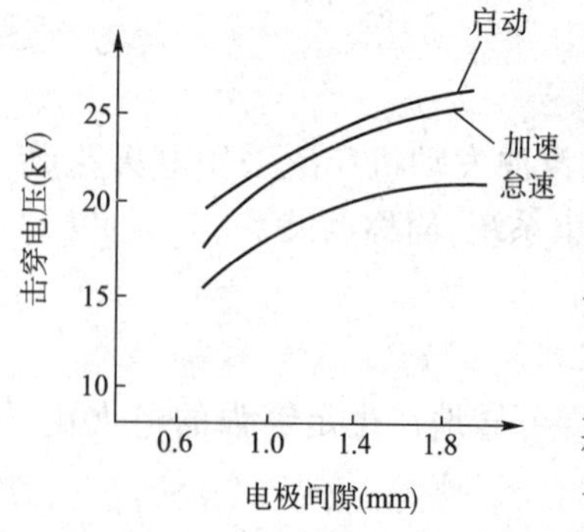

图 5-3 击穿电压与发动机负荷的关系

为了保证可靠点火，点火系必须有一定的电压储备，以期在各种工况和使用条件下产生的次级电压最大值总是高于火花塞击穿电压。随着对经济性和环保方面要求的提高，火花塞间隙已增大到 1.0 ~1.2mm，最大次级电压也相应提高到 20～25kV。但过高的次级电压会增加线路绝缘成本，所以，最大次级电压通常被限制在 30kV 以内。

2. 电火花应具有足够的能量

发动机正常工作时，由于混合气压缩终了的温度已接近其自燃温度，因此所需火花能量很小，一般 5mJ 即可；但在发动机启动、急加速及怠速时，则需要较高的点火能量。例如，启动时，由于混合气雾化不良，废气稀释严重，电极温度低，故所需的点火能量最高，一般不小于 100mJ。另外，为了提高发动机的经济性，当采用过量空气系数为 1.15～1.20 的稀混合气时，也需增加火花的能量。

因此，为了保证可燃混合气可靠而顺利地点火，一般电火花能量应不低于 100mJ，且火花具有一定的持续时间（不小于 0.8ms）。

3. 点火时间应适应发动机的工作情况

首先，点火系应按设计的发动机工作顺序进行点火。一般直列六缸发动机的点火顺序为 1-5-3-6-2-4 或 1-4-2-6-3-5；四缸发动机的点火顺序一般为 1-2-4-3 或 1-3-4-2；V 型八缸发动机的点火顺序为 1-8-4-3-6-5-7-2 或 1-5-4-8-6-3-7-2。

其次，必须是在最佳的时间点火。在发动机的汽缸内，可燃混合气从开始点火到完全燃烧需要一定的时间（一般几毫秒），所以要使发动机具有良好的动力性、经济性和排放性能，就不应在压缩行程上止点处点火，而应适当地提前一些。点火时刻一般用点火提前角（即从火花塞跳火开始到活塞到达上止点为止的这段时间内曲轴转过的角度）来表示，能够使发动机动力性、经济性、排放性能或综合性能最佳的点火提前角称为最佳点火提前角。图 5-4 反映了点火提前角对某汽油机动力性、经济性的影响，点火提前角为 30°CA（曲轴转角）左右时，发动机功率最大、耗油率最低，动力性、经济性最好。

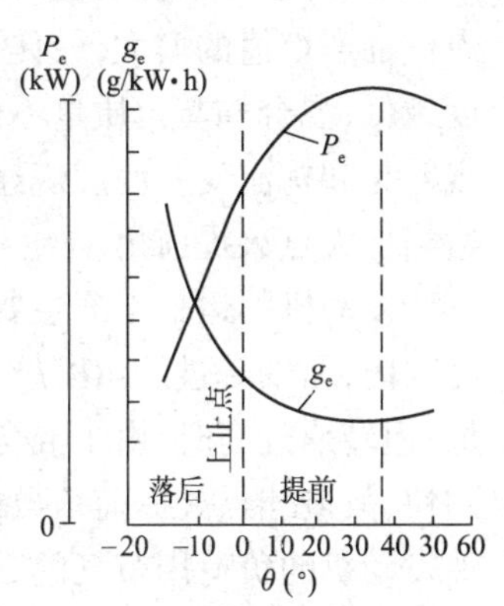

图 5-4 发动机动力性、经济性与点火提前角的关系

若点火提前角过小，即点火过迟，则混合气燃烧时，活塞已经下行，燃烧过程在容积较大的情况下进行，使气体最高压力降低，热损失增大，导致发动机发热，功率下降。同时，由于混合气燃烧不完全，会导致排气管冒黑烟，严重时造成排气管放炮。若点火提前角过大，即点火过早，由于混合气在压缩行程中燃烧，使压缩终了汽缸内压力急剧升高，使活塞上行受阻，功率降低，容易引起爆燃和运转不平稳，加速了运动件及轴承损坏。点火提前角对汽油机示功图影响如图 5-5 所示。

不同发动机的最佳点火提前角各不相同，并且同一发动机在不同的工况和使用条件下，最佳点火提前角也不相同。最佳点火提前角主要影响因素有发动机的结构、使用条件、运行工况等。

发动机结构因素包括：压缩比和每个汽缸火花塞数量。压缩比增大时，汽缸压缩终了的压力和温度增高，混合气的燃烧速度加快。因此，随着压缩比的增高，最佳点火提前角可相应减小。在汽缸内同时装有两个火花塞时，由于火焰传播距离较短，燃烧过程完成较快，因此所对应的点火提前角比用一个火花塞时减小。如两个火花塞对称布置在气门两侧，若工作温度相同时，则应同时发出火花；若位于燃烧室中温度不同的地点，由于火焰传播速度不同，则不能在同一时刻发出火花，位于排气门处的火花塞，由于残余废气相对较多，所以点火提前角比位于进气门处的火花塞稍大。

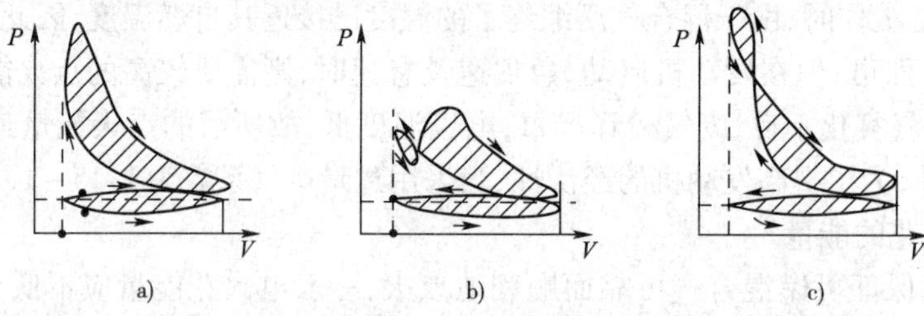

图5-5　示功图与点火提前角的关系
a)正常点火；b)点火过迟；c)点火过早

发动机的使用条件包括：汽油的辛烷值和大气温度、压力等。汽油的辛烷值是表示汽油抗爆性能的重要指标，汽油的辛烷值越大，其抗爆性能越好，即不发生爆震燃烧的最大点火提前角越大。由于发动机工作在轻微爆震状态时，其动力性、经济性及排放均好，但爆震较为强烈时，会导致发动机的功率下降、油耗增加、发动机过热等，对发动机极为有害，因此，随着汽油辛烷值的增大，最佳点火提前角可适当增加。大气温度越低，压缩终了可燃混合气温度越低，混合气雾化质量不好，导致燃烧速度变慢；大气压力越低，进气压力越小，导致混合气雾化和扰流变差使燃烧速度变慢，最佳点火提前角增大。因此，在高原地区和严寒地区应适当加大点火提前角。

发动机的运行工况主要包括：转速、负荷、可燃混合气成分等。发动机转速越高，在相同时间内，曲轴转过的角度越大，如果可燃混合气的燃烧速率不变，最佳点火提前角应线性增加；但转速升高时，由于混合气的压力与温度的提高以及扰流作用的增强，使燃烧速度随之加快，故最佳点火提前角虽然随发动机的转速升高而相应增大，但不是简单的线性关系。汽油发动机的负荷用节气门开度来表示，节气门开度越大，发动机负荷越大。在转速相等的情况下，发动机的最佳点火提前角应随负荷增加而减小。这是因为发动机的负荷越大，说明节气门开度越大，节流损失越小，吸入汽缸内的混合气量越多，压缩终了时可燃混合气的压力及温度越高，同时雾化质量越好，所以，燃烧越快，最佳点火提前角减小。可燃混合气的成分(即可燃混合气的浓度)直接影响燃烧速率，过量空气系数在0.8~0.9范围内时，燃烧速率最快，最佳点火提前角最小。过稀或过浓的混合气，由于燃烧速率变慢，故必须相应增加点火提前角。另外，在发动机启动和怠速时，虽然混合气的燃烧速度较慢，但混合气的全部燃烧时间，只占较小的曲轴转角，如果点火时间过早，可能使曲轴反转。因此，要求点火提前角较小(一般为5°~6°)或点火不提前。

可见，为了使发动机在各种工况和使用条件下都具有良好的动力性、经济性等使用性能，点火系应能根据发动机的工况和使用条件自动调整点火提前角，使其角尽量与最佳点火提前角接近。

三、点火系的分类

点火系统按电能的来源不同，分为蓄电池点火系、磁电机点火系和压电晶体点火系三大类。

蓄电池点火系:电能由蓄电池或发电机供给,利用电磁感应原理通过点火线圈将蓄电池或发电机的低压电转变为高压电实现点火;磁电机点火系:与蓄电池点火系的区别在于,电能由磁电机提供,磁电机给点火线圈提供的电压比蓄电池或发电机电压高得多,并且点火线圈与断电器、配电器组合为一个整体;压电晶体点火系:高压电直接由压电晶体产生,没有点火线圈。由于蓄电池点火系综合性能好、工作可靠,因此在汽车上得到广泛应用。

蓄电池点火系按点火能量的存储方式不同分为电感放电式和电容放电式两类。电感放电式点火系将点火能量以磁场形式存储在点火线圈中,在点火线圈的初级线圈电路切断时产生高压电,汽车上应用居多;而电容放电式点火系则将点火能量以电场形式存储在储能电容器中,在储能电容器与点火线圈的初级线圈电路接通时产生高压电。

电感放电式蓄电池点火系按点火线圈初级线圈电路的控制方法不同,分为:传统点火系(触点控制)和电子点火系(晶体管控制)两类。

1. 传统点火系

点火线圈初级电路通断由触点(俗称"白金")控制,而触点的开闭则由曲轴通过机械传动控制。由于传统点火系存在着"触点故障多、寿命短"、"点火能量低"、"无线电干扰重"、"对火花塞积炭和污损敏感"、"点火正时调节特性差"等缺陷,难以适应现代汽车发动机的要求,已被淘汰。

2. 电子点火系

点火线圈初级电路通断由大功率晶体管(俗称"无触点开关"或"电子开关")控制,而大功率晶体管的导通和截止则根据信号发生器等传感器控制。按照点火提前角的调节和控制方法不同,电子点火系又分为普通电子点火系和计算机控制点火系。

1)普通电子点火系

点火提前角主要由机械的离心调节装置和真空调节装置根据发动机转速和负荷进行自动调节,调节性能差、可靠性低,目前已很少应用。

2)计算机控制点火系

取消了机械的调节装置,点火提前角由发动机控制单元(计算机)根据发动机转速、负荷、冷却液温度以及可燃混合气的燃烧情况等进行自动调节,调节性能比较理想,目前应用广泛。按照有无分电器来分,计算机控制点火系又分为有分电器计算机控制点火系和无分电器点火系。

(1)有分电器计算机控制点火系:点火线圈产生的高压电借助分电器和高压线分配给各缸火花塞的计算机控制点火系。

(2)无分电器点火系:取消了分电器,点火线圈产生的高压电直接供给各缸火花塞的计算机控制点火系。无分电器点火系又包括两缸同时跳火点火系和单缸独立点火系两类。

点火系的分类和层次关系如图5-6所示。

下面以电感放电式计算机控制点火系为例,介绍点火系的组成、工作原理、元件结构和使用检修等内容。

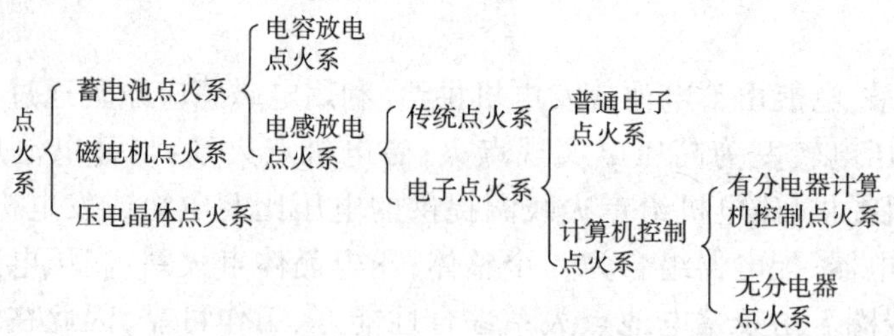

图 5-6　点火系分类图

第二节　点火系的组成和工作原理

一、有分电器计算机控制点火系

1. 组成

有分电器计算机控制点火系由低压电源、点火开关、微机控制单元(ECU)、点火线圈、分电器、火花塞、高压线和各种传感器等组成,如图 5-7 所示。

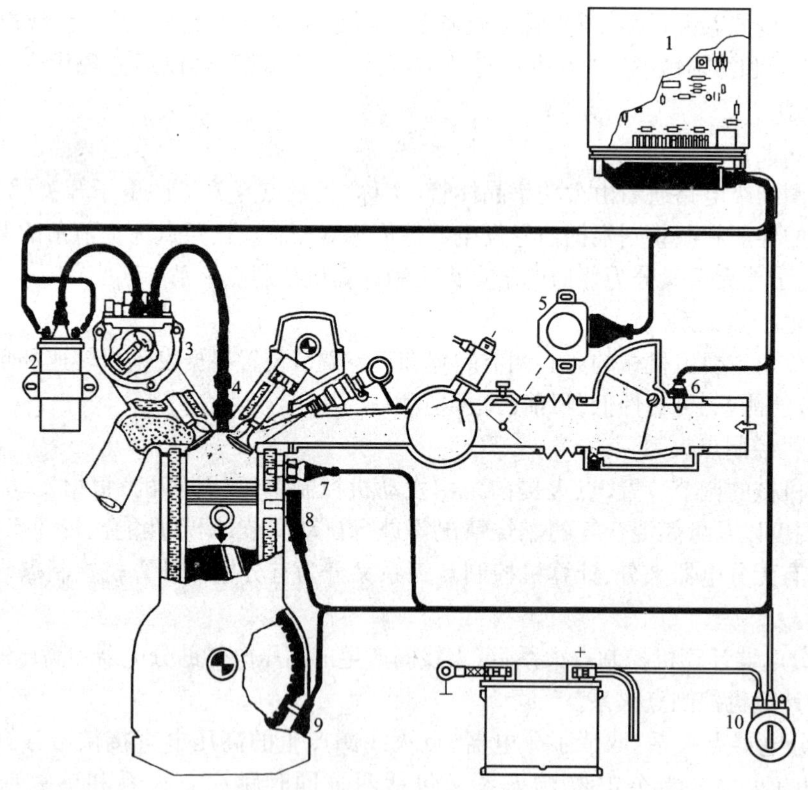

图 5-7　有分电器的计算机控制点火系

1- ECU;2-点火线圈;3-分电器;4-火花塞;5-节气门位置传感器;6-空气流量计及进气温度传感器;7-冷却液温度传感器;8-爆震传感器;9-曲轴转速及位置传感器;10-点火开关

微机控制单元,又称电子控制单元,俗称电脑,简称 ECU。根据各传感器输入的信号,计算确定最佳点火提前角和初级电路导通角，并将点火控制信号输送给点火控制器，通过点火控制器控制点火线圈的工作。

传感器是将电信号或非电信号整理或转变为电信号的装置，为微机控制单元提供转速、节气门开度、负荷、冷却液温度、进气温度和流量、启动开关状态、蓄电池电压、废气中氧的含量等有关发动机运行工况和使用条件的各种信息。

点火控制器，又称点火模块，主要根据微机控制单元输出的点火控制信号控制点火线圈初级电路的通断。

分电器主要起分配高压电的功能，多数分电器还装有曲轴位置和转速传感器及判缸信号传感器。

2. 工作原理

图5-8为一种有分电器计算机控制点火系统的原理图。点火信号发生器8和转速传感器7装于配电器壳内，点火线圈5、点火控制器6组合为一体固定在分电器壳体上。

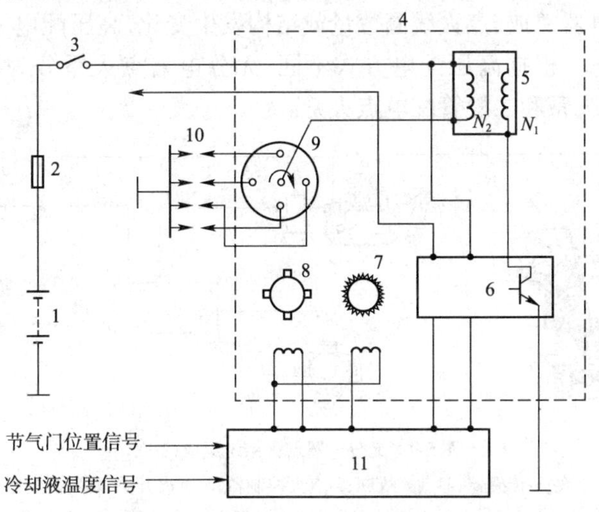

图5-8 有分电器计算机控制点火系统原理图

1-电源；2-熔丝；3-点火开关；4-分电器；5-点火线圈；6-点火控制器；7-转速传感器；8-点火信号发生器；9-配电器；10-火花塞；11-微机控制单元（ECU）

工作原理如下：接通点火开关，电源电压加到点火控制器上，传感器开始将发动机的各种工况信息转换为电信号并传递给微机控制单元，微机控制单元将接收到的信号与只读存储器中储存的数据进行比较、计算后，输出点火信号至点火控制器，由点火控制器的大功率晶体管接通和切断点火线圈的初级电路。

当点火控制器的大功率晶体管导通时，初级电路接通，点火线圈的初级绕组通电、产生磁场。初级电路为：电源正极→点火开关→初级绕组 N_1→点火控制器大功率晶体管集电极→发射极→搭铁→电源负极。

当点火控制器大功率晶体管截止时，初级电路被切断，点火线圈初级绕组电流迅速下降，点火线圈次级绕组中感应出高压电，并通过中央高压线、配电器、分缸高压线加到火花塞上，次级电路为：次级绕组 N_2正极→点火开关→蓄电池→搭铁→火花塞侧电极→火花塞中心电极→分缸高压线→配电器→中央高压线→次级绕组 N_2负极。

点火线圈次级绕组感应电压高于火花塞击穿电压时,火花塞电极间隙被击穿、产生电火花。

随着发动机旋转,初级电路交替接通、断开,点火线圈次级绕组产生的高压通过分电器的配电器依次分配给各缸火花塞,发动机一个工作循环内各缸火花塞按点火顺序轮流跳火一次。

断开点火开关,切断初级电路,发动机停止工作。

二、无分电器点火系

1. 组成

无分电器点火系也叫直接点火系,由低压电源、点火开关、微机控制单元 ECU、点火控制器、点火线圈、火花塞、高压线和各种传感器等组成,如图 5-9 所示。有的无分电器点火系还将点火线圈直接安装在火花塞上方,取消了高压线,如图 5-10 所示。无分电器点火系与有分电器计算机控制点火系相比,火花塞、高压线和主要传感器的结构和原理基本相同,主要差别在于取消了分电器总成、点火线圈数量或结构发生变化,高压配电方式由原来的机械式配电改为电子式配电。根据高压配电方式不同,无分电器点火系分为三类:单缸独立点火系、点火线圈配电点火系和二极管配电点火系。

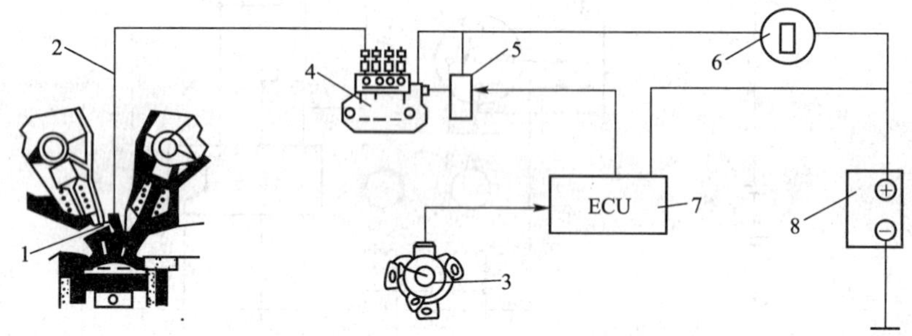

图 5-9 无分电器点火系统组成(一)

1-火花塞;2-高压线;3-传感器;4-点火线圈;5-点火控制器;6-点火开关;7-微机控制单元;8-蓄电池

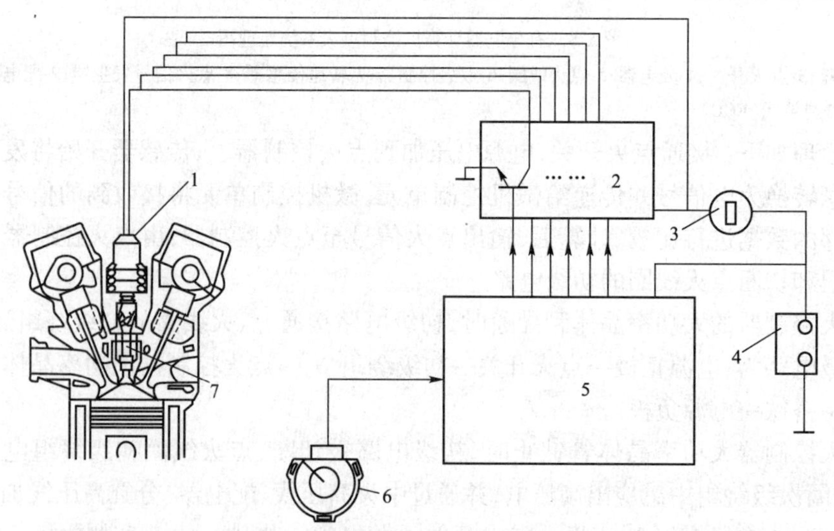

图 5-10 无分电器点火系统组成(二)

1-点火线圈;2-点火控制器;3-点火开关;4-蓄电池;5-微机控制单元;6-传感器;7-火花塞

2. 工作原理

图 5-11 为无分电器点火系统的组成框图。工作原理如下:接通点火开关,各种传感器开始将点火控制必需的信息传递给微机控制单元,微机控制单元将接收到的信息进行运算处理并与只读存储器中储存的数据进行比较后,确定需要点火汽缸、点火提前角和初级电路导通角,输出点火控制信号至点火控制器,由点火控制器接通和切断相应汽缸点火线圈初级电路,实现各缸点火控制。

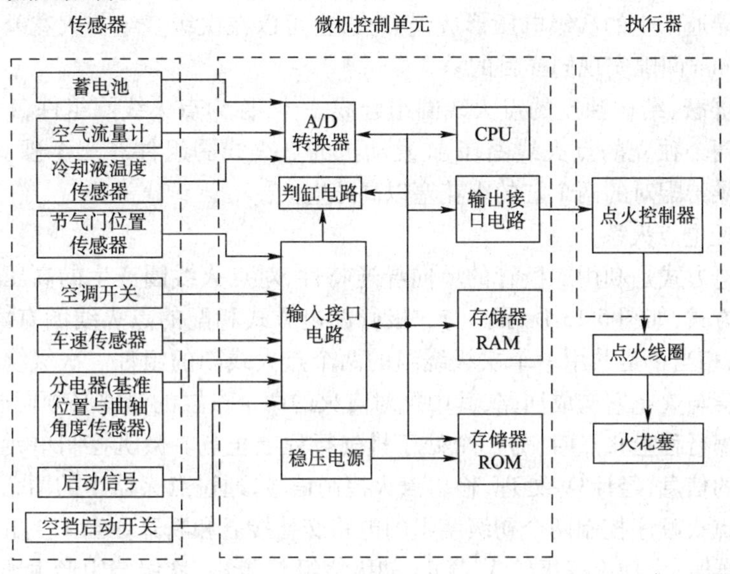

图 5-11 无分电器点火系组成框图

3. 无分电器点火系的特点

1)点火线圈配电点火系

点火线圈配电点火系是指直接用点火线圈分配高压电、一个点火线圈控制两个汽缸火花塞的点火方式,如图 5-12 所示。

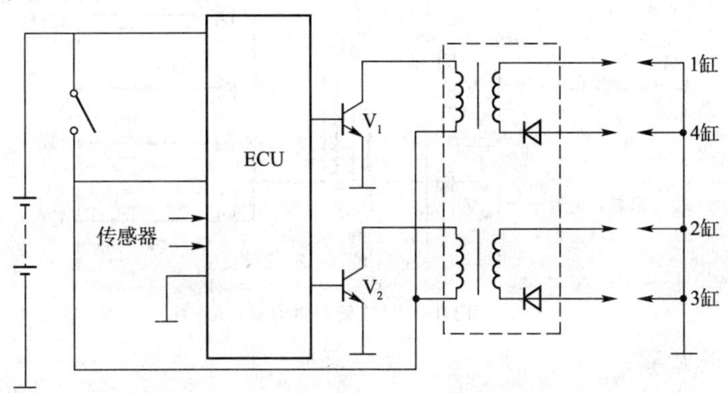

图 5-12 点火线圈配电点火系原理图

点火线圈配电点火系利用一个点火线圈使活塞接近压缩上止点和排气上止点的两个汽缸火花塞同时跳火,活塞接近压缩上止点的汽缸火花塞跳火后,混合气燃烧做功,该汽缸火花塞的电火花是有效火花;活塞接近排气上止点的汽缸,火花塞产生的电火花则是无效火花。由于排气汽缸内的压力远低于压缩汽缸内的压力,排气汽缸中火花塞的击穿电压也远低于压缩汽缸中火花塞的击穿电压,因而绝大部分点火能量主要释放在压缩汽缸的火花塞上、形成有效火花。

点火控制器中有与点火线圈数量相等的功率三极管,各个功率三极管根据 ECU 提供的点火控制信号、按点火顺序轮流导通或截止,控制相应点火线圈初级绕组通断,产生次级电压使两个汽缸的火花塞同时跳火。在点火线圈的次级绕组电路中串联一个高压二极管,以防止初级绕组导通产生的次级电压形成误点火,也可以在次级绕组与火花塞之间的高压电路中留有 3 ~ 4mm 间隙实现同样目的。

几个相互屏蔽、结构独立的点火线圈组合成一体,称为点火线圈组件,4 缸发动机的点火线圈组件有两个独立的点火线圈,6 缸发动机的点火线圈组件有三个独立的点火线圈。每个点火线圈供给配对的两个缸的火花塞以高压电。

2)二极管配电点火系

二极管配电方式是利用二极管的单向导通特性,对点火线圈产生的高压电进行分配的双缸同时跳火方式,如图 5-13 所示。与二极管配电方式相配的点火线圈有两个初级绕组,一个次级绕组,相当于是共用一个次级绕组的两个点火线圈的组件。次级绕组的两端通过四个高压二极管与火花塞构成回路,其中配对点火的两个汽缸的活塞必须同时到达上止点,即一个处于压缩行程上止点时,另一个处于排气行程上止点。微机控制单元根据曲轴位置等传感器输入的信息,经计算、处理,输出点火控制信号,通过点火器中的两个大功率三极管(V_1和 V_2),按点火顺序控制两个初级绕组的电路交替接通和断开。当 1、4 缸点火触发信号输入点火控制器时,大功率三极管 V_1截止,初级绕组 N_1断电,次级绕组产生虚线箭头所示方向的高压电动势,此时 1、4 缸高压二极管正向导通而使火花塞跳火。当 2、3 缸点火触发信号输入点火器时,大功率三极管 V_2截止,初级绕组 N_1断电,次级绕组产生实线箭头所示方向的高压电动势,此时 2、3 缸高压二极管导通,故 2、3 缸火花塞跳火。二极管配电方式的主要特点是一个点火线圈组件为四个火花塞提供高压,因此特别适宜于四缸或八缸发动机。

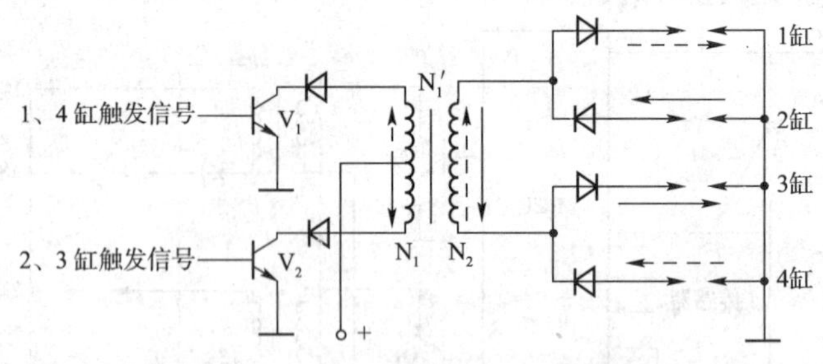

图 5-13　二极管配电方式

3)单缸独立点火系

单独点火方式是一个缸的火花塞配用一个点火线圈,单独向各缸直接点火,如图 5-14 所示。各个单独的点火线圈直接安装在火花塞上,其外形就像火花塞高压线帽。这种结构特点是去掉了高压线,同时也就消除了高压线带来的不利因素。各点火线圈的初级绕组分别由点火控制器中的一个大功率三极管控制,整个点火系统的工作也是由微机控制单元控制。发动机工作时,微机控制单元不断检测传感器输入信号,根据存储器(ROM)存储的数据，确定点火汽缸、点火提前角和初级电路导通角，输出控制信号给点火控制器，点火控制器通过大功率三极管控制初级电路的通断。

三、电感放电点火系的工作特性

点火系工作特性是指初级电流、次级电压、次级电流随时间变化的规律。下面简要分析电感放电点火系工作特性。

电感放电点火系等效电路如图 5-15 所示。

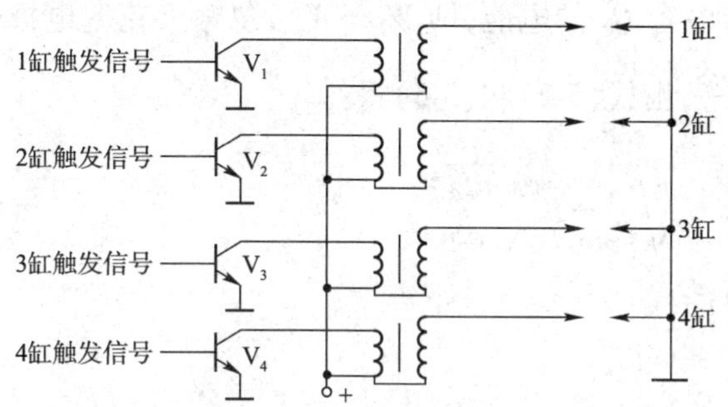

图 5-14 单独点火方式

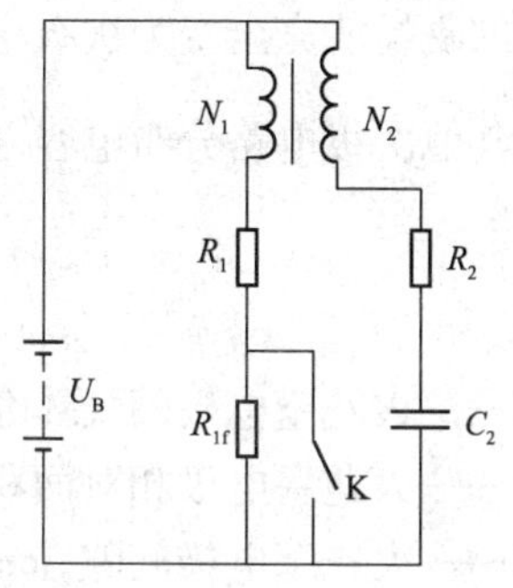

图 5-15 电感放电点火系等效电路

1. 初级电路接通，初级电流增长

初级电路控制元件 K 接通后，点火线圈初级绕组通电，产生磁场。初级电流 i_1 表达式为：

$$i_1 = \frac{U_B}{R_1}(1 - e^{-\frac{R_1}{L_1}t}) \tag{5-1}$$

式中：U_B——电源电压，V；

R_1——初级绕组电阻，Ω；

L_1——初级绕组电感，H。

由式(5-1)可见，初级电流按指数规律增长，极限值为 U_B/R_1。初级电流增长过程中，初级绕组产生自感电动势，最大值为 U_B；在次级绕组中产生约 1kV 的互感电动势，由于该电动势低于火花塞击穿电压，火花塞不会击穿跳火。

2. 初级电路断开，次级绕组中感应出高电压

初级电路控制元件 K 断开后，点火线圈初级绕组断电，点火线圈中的磁场消失，次级绕组中感应出高电压。下面简要分析次级绕组感应电压最大值的影响因素。

设初级电路控制元件 K 断开前初级电流为 I_P，则初级绕组储存的磁场能为：

$$W_P = \frac{1}{2}L_1 I_P^2 \tag{5-2}$$

初级电路控制元件 K 断开后，初级绕组电感 L_1、初级绕组电阻 R_1 和初级电路泄放电阻 R_{1f} 形成放电电路，初级绕组两端产生的自感电压为：

$$U_1 = -i_1 R_{1f} = -I_P R_{1f} e^{-\frac{R_1 + R_{1f}}{L_1}t} \tag{5-3}$$

在 $t = 0$ 时，其绝对值最大为：

$$U_{1max} = IR_{1f} \tag{5-4}$$

由于 R_{1f} 很大，U_{1max} 甚至可以高达上千伏。在初级绕组产生自感电压的同时，次级绕组中产生互感电压（即次级电压），该电压通过次级电路电阻 R_2 为次级电路分布电容 C_2（次级电路中各部分间隙形成，主要是火花塞电极间隙）充电。如果不能击穿火花塞电极间隙，次级电压将达到最大值 U_{2max}，C_2 中储存的电场能为

$$W_{C_2} = \frac{1}{2} C_2 U_{2max}^2 \tag{5-5}$$

假设初级绕组和次级绕组具有完全磁路联系，即耦合系数为 1，忽略电阻热损失，初级绕组储存的磁场能完全变为次级电路分布电容 C_2 的电能，即 $W_P = W_{C_2}$，忽略火花塞电极间隙以外的其他次级电路分布电容，则 $C_2 \approx \frac{\varepsilon S}{d}$，由式(5-2)和(5-5)得：

$$U_{2max} = I_P \sqrt{\frac{L_1}{C_2}} \approx I_P \sqrt{\frac{dL_1}{\varepsilon S}} \tag{5-6}$$

式中：ε——火花塞电极间气体介电常数；

S——火花塞电极相对面积，mm^2；

d——火花塞电极间隙，mm。

由式(5-6)可见，火花塞不能击穿时，次级电压最大值与初级电路断开电流、初级绕组电感、次级电路分布电容有关，次级电路分布电容与火花塞电极间隙和相对面积、气体介电常数有关，初级电路断开电流、初级绕组电感和火花塞电极间隙越大，次级电压最大值越高；次级电路分布电容（或火花塞电极相对面积、气体介电常数）越大，次级电压最大值越低。

如果次级电压还未上升到最大值火花塞电极间隙已经击穿，忽略电阻热损失和初级绕组的剩余能量，初级绕组储存的磁场能主要变为次级电路分布电容 C_2 的电能和次级绕组的磁场能，有

$$\frac{1}{2} L_1 I_P^2 = \frac{1}{2} C_2 U_{j0}^2 + \frac{1}{2} L_2 I_{j0}^2 \tag{5-7}$$

$$I_{j0} = \sqrt{\frac{L_1 I_P^2 - C_2 U_{j0}^2}{L_2}} = \sqrt{\left(\frac{N_1 I_P}{N_2}\right)^2 - \frac{C_2 U_{j0}^2}{L_2}} \approx \sqrt{\left(\frac{N_1 I_P}{N_2}\right)^2 - \frac{\varepsilon S U_{j0}^2}{d L_2}} \tag{5-8}$$

式中：U_{j0}——火花塞击穿电压，V；

I_{j0}——火花塞击穿前次级绕组电流，A；

N_1——初级绕组匝数；

N_2——次级绕组匝数。

火花塞击穿后，作为分布电容 C_2 一部分的火花塞电极所储存的电能瞬间释放，形成电弧，叫做电容放电部分，火花塞两端电压迅速降低；然后依靠次级绕组的磁场能继续维持电弧，叫做电感放电部分，火花塞相当于一个电阻，次级电路相当于 *RL* 串联电路，火花塞电弧电流呈负指数规律下降；当火花塞两端电压无法维持电弧时，火花塞断火，次级电路相当于 *RLC* 串联衰减振荡电路，将次级绕组剩余的磁场能转化为电阻的热能。

火花塞击穿前次级绕组电流越大，次级绕组储存的磁场能越多，电感放电阶段火花时间越长、能量越大。忽略火花塞漏电流，火花塞击穿时，火花塞电弧电流等于次级绕组电流，由

式(5-8)可见,火花塞击穿前次级绕组电流与初级电路断开电流、初级绕组与次级绕组匝数比、次级绕组电感、次级电路分布电容、火花塞击穿电压有关,初级电路断开电流、初级绕组与次级绕组匝数比、次级绕组电感越大,火花塞击穿前次级绕组电流越大;次级电路分布电容(或火花塞电极相对面积、气体介电常数)、火花塞击穿电压越大,火花塞击穿前次级绕组电流越小。

考虑电阻热损失、磁损失,式(5-6)和式(5-8)右边还应乘以小于1的系数。

第三节 点火系主要元件的结构

一、点火线圈

点火线圈将汽车电源的低压电转变为15~20kV的高压电,为火花塞提供工作电压。点火线圈结构与自耦变压器相似,在薄钢片叠成的铁芯上绕有两个线圈,构成了初级线圈和次级线圈,又称初级绕组和次级绕组。

按照线圈磁路是否封闭,点火线圈分为开磁路点火线圈和闭磁路点火线圈。

1. 开磁路点火线圈

开磁路点火线圈的结构如图5-16所示。点火线圈上端装有胶木盖,盖中央突出的部分是高压线插座,其他的接线柱为低压接线柱。

为了减小涡流和磁滞损失,铁芯2由硅钢片叠成,包在硬纸板套内。套外绕有次级绕组4,它用直径为0.06~0.10mm的漆包线绕11000~26000匝,次级绕组层与层之间均用绝缘纸隔开,最外层包有数层绝缘纸,次级绕组电阻一般为6~8kΩ。初级绕组3绕在次级绕组的外面,有利于散热。初级绕组用直径0.55~1.0mm的漆包线绕230~380匝,电阻一般为0.5~2Ω。绕组绕制好后,应在真空中浸绝缘漆或浸以石蜡和松香的混合物,以增加绝缘和减小振动。绕组绕制的方向尽量满足在初级电路断开时,次级绕组产生的高压电,正电位加在火花塞侧电极、负电位加在火花塞的中心电极,以便降低火花塞击穿电压。初级绕组与金属外壳6之间装有导磁用的钢片5,用来加强磁通。外壳内的底部有瓷杯1,以防高压电击穿次级绕组的绝缘层向铁芯和外壳放电。为加强绝缘和防止潮气进入,在外壳内填满沥青或矿物绝缘油(如变压器油),其中油浸式点火线圈的散热效果较好。

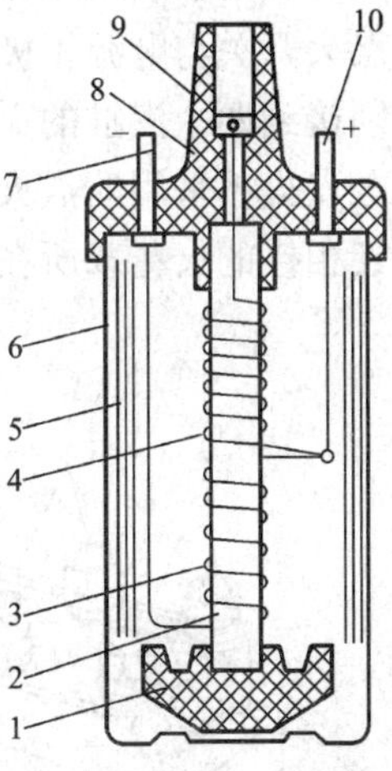

图5-16 开磁路点火线圈

1-瓷杯;2-铁芯;3-初级绕组;4-次级绕组;5-钢片;6-外壳;7-"-"接线柱;8-胶木盖;9-高压线插座;10-"+"接线柱

开磁路点火线圈因为效率较低,已经趋于淘汰。

2. 闭磁路点火线圈

越来越多的汽车采用了闭磁路点火线圈,图5-17所示为闭磁路点火线圈常见结构,在"日"字形铁芯内绕有初级绕组,在初级绕组外面绕有次级绕组,磁路如图5-18所示。由图可见,"日"字形的铁芯使磁力线构成闭合磁路(为了减小磁滞现象,"日"字形铁芯常设一很微小的间隙),因而漏磁少,能量损失小,能量转变效率较高,约为75%。

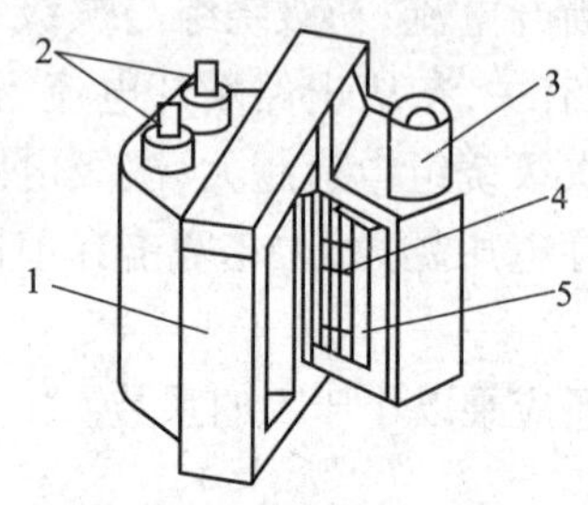

图 5-17 闭磁路点火线圈

1-铁芯;2-低压接线柱;3-高压线插座;4-初级绕组;5-次级绕组

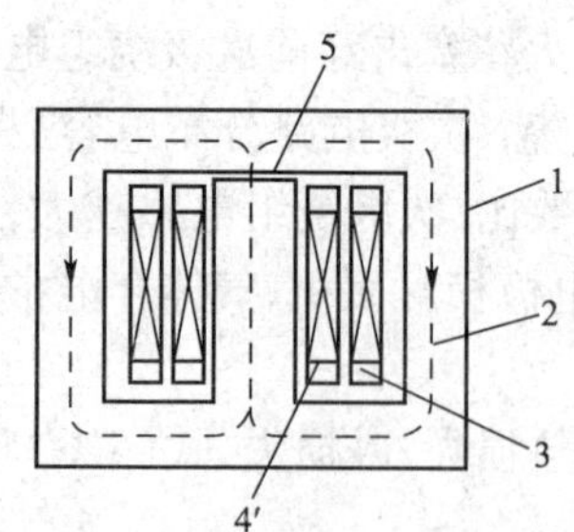

图 5-18 闭磁路式点火线目的磁路

1-铁芯;2-磁力线;3-次级绕组;4-初级绕组;5-空气隙

另外,闭磁路点火线圈采用热固性树脂作为绝缘填充物,外壳以热熔性塑料注塑成型,绝缘性、密封性均优于开磁路点火线圈,并且体积小,有利于减小对无线电的干扰、提高点火能量。

由于无分电器点火系有两个或多个点火线圈初级绕组,一个发动机的工作循环,每个点火线圈初级绕组只通断一次(单独点火)或两次(同时点火),所以点火线圈初级绕组能够有较长的通电时间,点火线圈可以采用完全的闭磁路结构,提高能量利用率。点火线圈具体结构因高压配电方式的不同而不同。

1)点火线圈配电方式的点火线圈

发动机采用点火线圈配电方式时,配用的点火线圈实际是由若干个相互屏蔽的、单独的点火线圈组装起来,形成的一个点火线圈组件。每个单独的点火线圈初级绕组的一端通过点火开关与电源正极相连,另一端由点火控制器的大功率三极管控制搭铁;次级绕组两端分别接到两个汽缸的火花塞上,使两个汽缸的火花塞同时跳火。例如,6 缸发动机点火线圈配电点火系采用的点火线圈组件外形和电路如图 5-19 所示,各高压接线柱旁边的数字表示与其相接的火花塞所在的汽缸号。点火线圈组件的结构如图 5-20 所示。

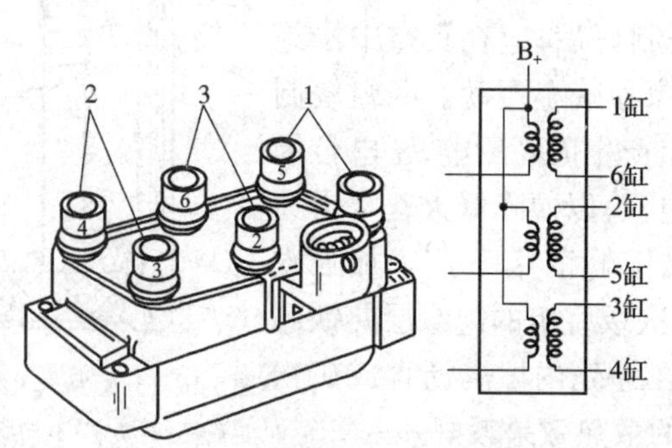

图 5-19 点火线圈组件外形及电路图

1、2、3-点火线圈

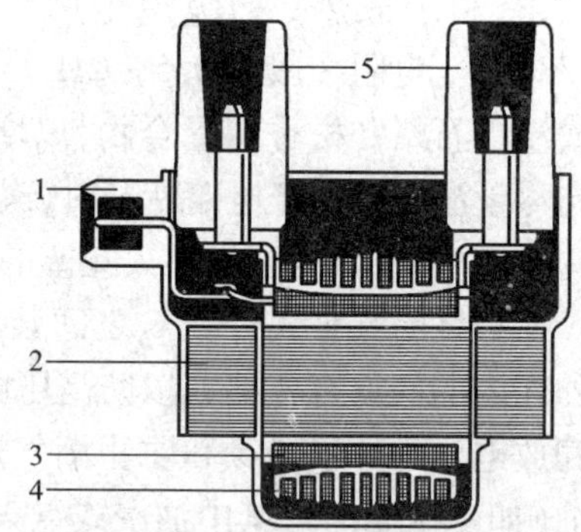

图 5-20 点火线圈组件结构

1-低压线插头;2-铁芯;3-初级线圈;4-次级线圈;5-高压线插头

2)二极管配电方式的点火线圈

二极管配电方式配用的点火线圈有两个初级绕组(或一个初级绕组被中心抽头分成两个部分,构成两个初级绕组),一个次级绕组。次级绕组有两个输出端,每个输出端又分别接两个方向相反的高压二极管,这样次级线圈通过四个高压二极管与火花塞构成回路;两个初级绕组的电路由点火控制器中的两个大功率三极管控制轮流接通和断开。

点火线圈有两种形式：一种是只包含初级绕组和次级绕组，有两个高压插座，如图 5-21 所示，高压二极管则单独按装在火花塞上方，便于检修更换；另一种是既包含初级绕组和次级绕组，又包含四个高压二极管，有四个高压插座，原理和外形如图 5-22 所示，这种结构有利于简化线路结构，高压线连接简便，但是一旦有一个高压二极管损坏，点火线圈就需要更换。

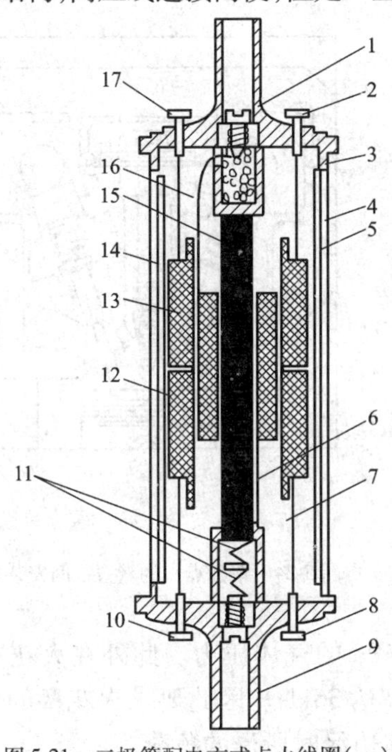

图 5-21　二极管配电方式点火线圈（一）

1、9-高压插座；2、8、10、17-接柱；3-外壳；4-导磁板；5-衬纸；6、16-高压导线；7-变压器油；11-弹簧；12、14-初级绕组；13-次级绕组；15-铁芯

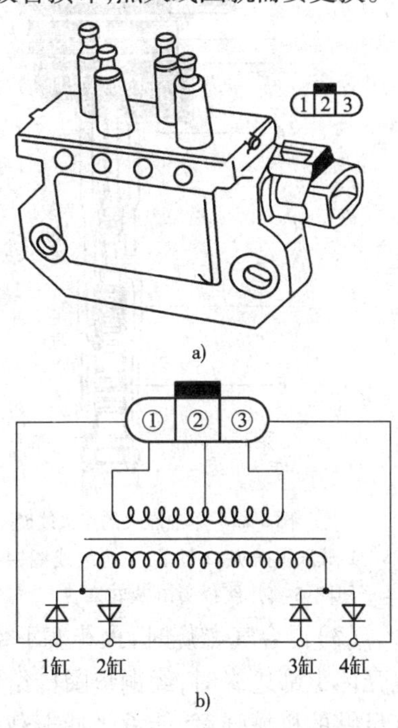

图 5-22　二极管配电方式点火线圈（二）

a）点火线圈外观；b）点火线圈内部电路

3）单独点火方式配用的点火线圈

采用单独点火方式时，发动机有几个汽缸就有几个点火线圈。每个汽缸都有自己的点火线圈，每个点火线圈的结构完全相同，如图 5-23 所示。单独点火方式特别适合在双凸轮轴发动机上配用，点火线圈安装在两根凸轮轴中间，每一点火线圈压装在各缸火花塞上，在布置上很容易实现，如图 5-24 所示。

二、火花塞

火花塞用来产生电火花、将点火线圈产生的高压电能转变为热能，以便点燃汽缸内的可燃混合气。

1. 对火花塞的要求

火花塞的工作条件极为恶劣，它承受高电压、机械负荷、化学腐蚀以及热负荷的作用，因此对其提出了较高的要求。

（1）火花塞承受冲击性高电压的作用，因此要求它的绝缘体具有足够的绝缘强度，能承受 30kV 的高压电。

（2）可燃混合气燃烧时，火花塞下部将受到 1500～2000℃的高温燃气的作用；而汽缸进气时，又受到50～60℃的进气冷却作用。因此要求火花塞应能承受这种温度的剧烈变化，且要求火花塞有适当的热特性，使其裙部（指火花塞下部与燃烧室内混合气直接接触的绝缘体部分）保持一定的温度，不得有局部过热和温度过低。

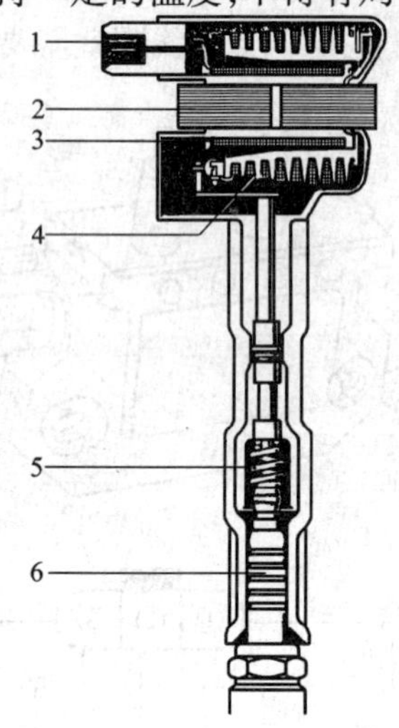

图5-23　单独点火的点火线圈

1-低压线插头；2-铁芯；3-初级线圈；4-次级线圈；5-高压线插头；6-火花塞

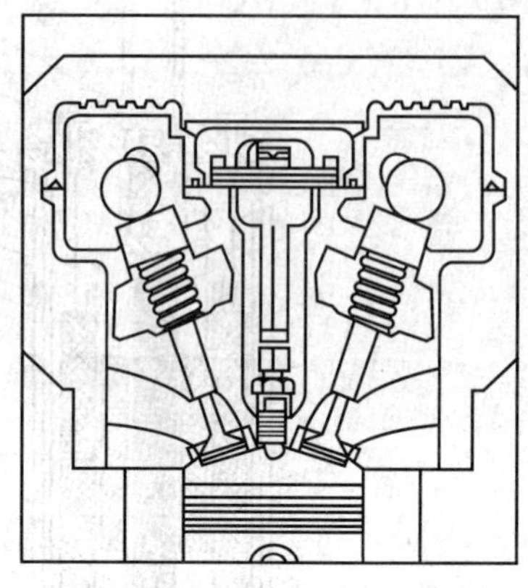

图5-24　单独点火的点火线圈安装方式

（3）混合气燃烧时，火花塞下部将受到3～7MPa的气体压力。此外在火花塞制造中卷轧壳体上部边缘时，经铜垫圈传给绝缘体的压力高达35kN。因此要求火花塞的主要零件应有足够的机械强度，能承受冲击载荷和在卷轧壳体边缘时所受的负荷。

（4）发动机工作时，火花塞的裙部会受到高温燃烧产物的作用，因燃烧产物中含有多种活性气体和物质，如臭氧、氧、一氧化碳、氧化硫和氧化铅，使电极腐蚀。因此火花塞的电极应采用难熔、耐蚀的材料制成。

（5）火花塞在安装时，密封要好，以保证可靠点火。

2．火花塞的构造

火花塞的结构如图5-25所示。在钢质壳体5的内部固定有高氧化铝陶瓷绝缘体2，在绝缘体中心孔的上部有金属杆3，金属杆的上端旋有接线螺母1用来接高压导线；绝缘体中心孔的下部装有中心电极10。金属杆3与中心电极10之间用导电玻璃6密封，铜制内垫圈4、8起密封和导热作用。壳体5的上部制成便于拆装的六方形，下部是螺纹以便旋装在发动机汽缸盖内，壳体下端固定有弯曲的侧电极9。火花塞安装时，与汽缸盖的接触处有铜包石棉垫圈7以保证密封。

中心电极一般采用含少量铬、锰、硅的镍基合金制成，其中以镍锰合金应用最多。中心电极的材料具有良好的耐高温、耐腐蚀性能。为了提高耐热性能，也有采用镍包铜电极材料的。

火花塞电极间隙要合适，若间隙过大，击穿电压增高，容易造成发动机高速断火或启动困难，并且会加重点火线圈的负担，使之老化，寿命缩短；若间隙过小，击穿电压降低，火花减弱，不能可靠点火。电极间隙一般为0.8～1.2mm，必要时扳动侧电极进行调整。

3．火花塞的热特性

要使火花塞在发动机内工作良好，必须使火花塞裙部保持一定温度。实践证明，火花塞绝缘体裙部温度保持在500～600℃时，既能保证落在绝缘体上的油滴能立即烧去，不会形成积炭，同时火花塞又不会引起炽热点火，这个温度称为火花塞的自净温度。火花塞绝缘体裙部温度低于自净温度时，火花塞容易产生积炭而漏电，导致点火不良；高于自净温度时，则容易引起炽热点火，导致早燃、甚至引起爆燃，使发动机的性能下降。

在工作中，火花塞绝缘体裙部的温度取决于其受热情况和散热条件。为了使火花塞绝缘体裙部的温度经常保持在自净温度范围内，就要求火花塞吸收的热量与散出的热量应达到一定的平衡状态，并在发动机转速和功率正常变化的范围内保持稳定。火花塞壳体下部的孔径越大，绝缘体裙部越长，吸收的热量就越多；反之，吸收的热量就少。绝缘体吸收的热量大部分经与壳体相接触的上、下铜垫圈向外传出，还有一部分则由中心电极传出。火花塞各处的温度及散热途径如图5-26所示。

火花塞的热特性主要决定于绝缘体裙部的长度。汽缸内，火花塞周围温度分布情况相同的条件下，绝缘体裙部长的火花塞，其受热面积大，而传热距离长，散热困难，裙部的温度高，称为“热型”火花塞；裙部短的火花塞，吸热面积小，传热距离短，散热容易，裙部温度低，称为“冷型”火花塞。冷、热型火花塞的结构差异见图5-27。热型火花塞用于低压缩比、低转速、小功率发动机；冷型火花塞用于高压缩比、高转速、大功率发动机。

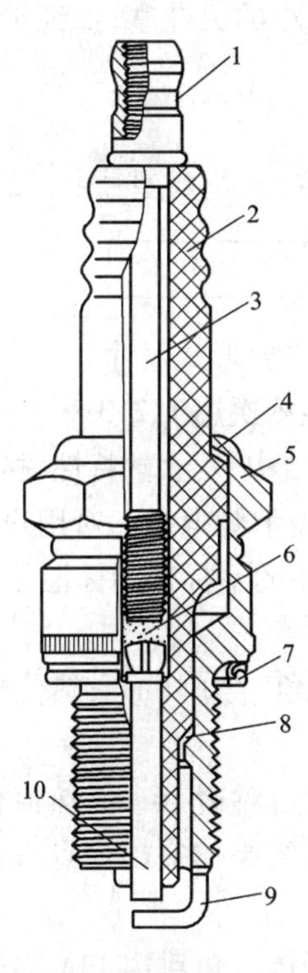

图5-25 火花塞的构造

1-接线螺母；2-绝缘体；3-金属杆；4、8-内垫圈；5-壳体；6-导电玻璃；7-多层密封垫圈；9-侧电极；10-中心电极

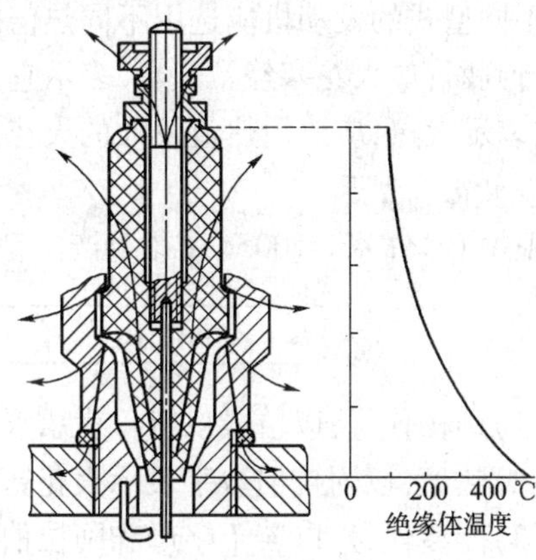

图5-26 火花塞平均温度分布及散热途径

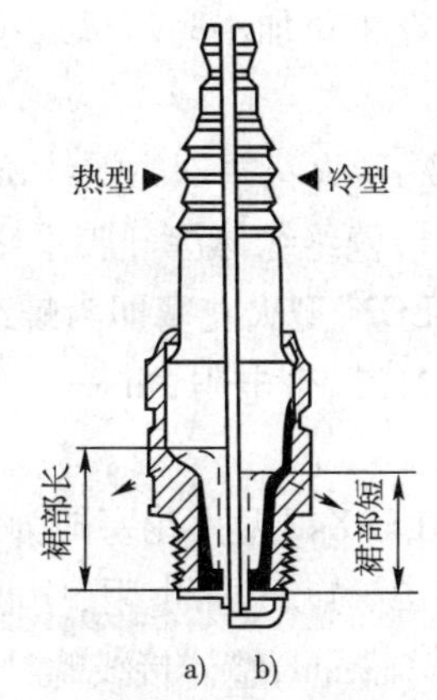

图5-27 热特性不同的火花塞对比

a)热型；b)冷型

火花塞热特性的标定方法有多种:美国 SAE 规定用一特定的单缸发动机试验,以火花塞不引起炽热点火极限时刻的汽缸最大平均指示压力来标定,即火花塞刚开始出现炽热点火时,汽缸的平均指示压力越大,所承受的热负荷也越大,则火花塞为冷型;反之为热型。联邦德国波许公司则以在特定的单缸发动机上测得火花塞开始产生炽热点火所经历的时间来标定,所经历的时间越长,火花塞承受的热负荷越大,则为冷型;反之则为热型。我国是以火花塞绝缘体裙部的长度来标定的,并分别用热值(1~11 的自然数)来表示,1、2、3 为低热值火花塞;4、5、6 为中热值火花塞;7 及以上者为高热值火花塞;热值小的为热型火花塞,热值大的为冷型火花塞,见表 5-1。

裙部长度与热值 表 5-1

裙部长度(mm)			15.5	13.5	11.5	9.5	7.5	5.5	3.5			
热值	1	2	3	4	5	6	7	8	9	10	11	……
热特性	热→冷											

不同型式的发动机应选用不同热值的火花塞,火花塞热值是否合适,主要根据其工作情况进行判断:如火花塞经常积炭,表示它太冷,应改用热值较小的火花塞;如经常发生炽热点火,则表示太热,应改用热值较大的火花塞。

4. 火花塞型号

根据 QC/T 430-2005《火花塞产品型号编制方法》的规定,火花塞型号由三部分组成:

结构代号	热 值	变型代号

(1)结构代号:以单或双字母表示火花塞的结构类型及主要形式尺寸。

(2)热值:以阿拉伯数字表示火花塞热值,从热型到冷型依次用 1、2、3……表示。

(3)变型代号:以若干字母和阿拉伯数字表示派生产品结构、发火端特性、材料特性及技术要求。代表电极材料的字母连用,则前表示中心电极,后表示侧电极。对用户有特殊要求的产品允许在末位加小写字母或小写字母和阿拉伯数字连用的下标作为标记。

例如:

"A7—3"型火花塞即为螺纹旋合长度 12.7mm,壳体六角对边 16mm,热值代号 7,螺纹规格 M10×1,瓷绝缘体涂硅胶平座火花塞。

"DF7REC2"型火花塞即为螺纹旋合长度 19mm,壳体六角对边 16mm,热值代号 7,螺纹规格 M12×1.25,带电阻,Ni—Cu 复合中心电极,快热结构,绝缘体突出型点火位置为 3mm 平座火花塞。

"VH6RLPPX4"型火花塞即为螺纹旋合长度 26.5mm,壳体六角对边 14mm,热值代号 6,螺纹规格 M12×1.25,带电阻,中心电极和侧电极均为铂金,绝缘体突出型点火位置为 4mm,点火间隙为 1.1mm,整体接线螺杆子座型火花塞。

5. 常用类型的火花塞

常用火花塞的结构如图 5-28 所示。

标准型：绝缘体裙部略缩入壳体端面，侧电极全遮盖中心电极，是使用最广泛的一种。

突出型：绝缘体裙部较长，突出于壳体端面之外，它具有吸收热量大，抗污能力好的优点。又由于绝缘体能直接受到进气的冷却而降低温度，因而不易引起炽热点火，热适应范围较宽，在轿车发动机上广泛采用。

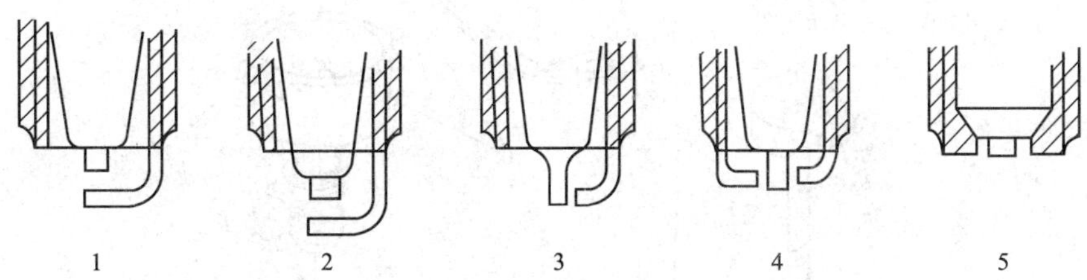

图5-28 常用火花塞电极结构

1-标准型；2-突出型；3-细电极型；4-多极型；5-沿面跳火型

细电极型：其电极很细，特点是火花强烈，点火性能好，在严寒季节也能保证发动机迅速可靠地启动，热范围较宽，能满足多种用途。

多极型：一般有两个以上的侧电极，增加了电极间相对面积，可减少电极烧蚀。并且点火可靠，间隙不需经常调整，适用于电极容易烧蚀和火花塞间隙不能经常调节的发动机上。

沿面跳火型：侧电极为环状，中心电极位于侧电极中心，是一种冷型火花塞，必须与点火能量大、电压上升快的电容放电式电子点火系配合使用。在有积炭的情况下也能正常点火。它的缺点是可燃气体不易接近电极，并由于点火能量增大，中心电极容易烧蚀。

另外，为了抑制点火系统对无线电的干扰，生产了屏蔽型和电阻型火花塞。屏蔽型火花塞是利用金属壳体把整个火花塞密封起来，其屏蔽壳体与高压导线的屏蔽套连接在一起。这种火花塞不仅可以抑制无线电干扰，还可用于防水、防爆的场合。电阻型火花塞是在火花塞内部装一个5～10kΩ的电阻，对点火系统产生的高频信号起阻尼作用，以抑制对无线电的干扰。

三、分电器

分电器主要用来将点火线圈产生的高压电按确定顺序依次分配到各缸火花塞，包括分电器盖、分火头和分电器轴。分电器盖中央有中心高压线插孔，周边有分缸高压线插孔和旁电极，中心高压线插孔通过弹簧、碳棒与分火头连接。分火头安装在分电器轴顶端，由发动机配气凸轮轴驱动，转速为曲轴转速的1/2。分火头旋转时，其上的导电片轮流和各旁电极相对，将点火线圈产生的高压电按汽缸的点火顺序依次送往各缸火花塞。

多数分电器内部装有由检测部分（定子）和转子（脉冲环）组成的判缸信号（G信号）传感器，结构如图5-29所示；有的还装有曲轴转速（Ne信号）传感器，结构如图5-30所示；还有的甚至将点火线圈和点火控制器都装在分电器上，如图5-31所示。

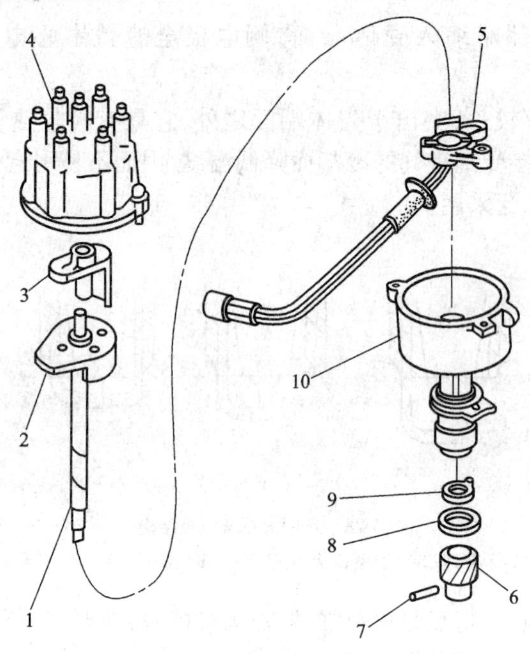

图 5-29　分电器结构(一)

1-轴;2-脉冲环;3-分火头;4-分电器盖;5-定子;6-驱动齿轮;7-柱销;8-垫片;9-垫圈;10-壳体

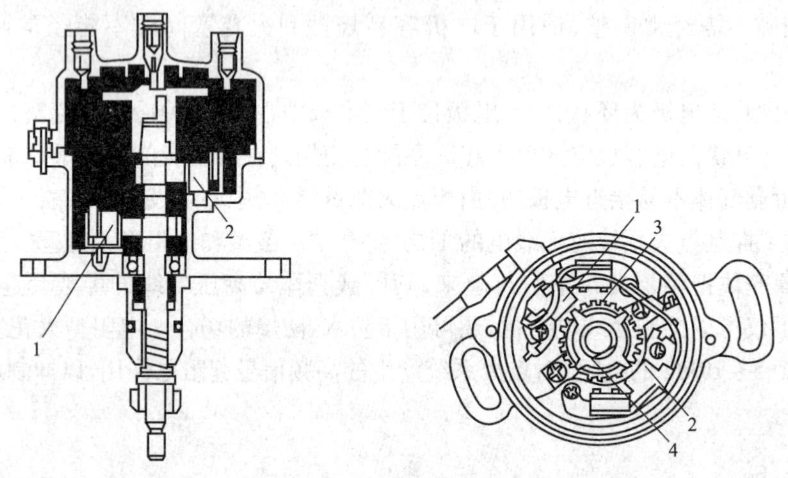

图 5-30　分电器结构(二)

1- Ne 信号检测线圈;2-G 信号检测线圈;3- Ne 信号转子;4-G 信号转子

四、点火控制器

各种发动机点火控制器的结构和功能不尽相同,但其基本功能相同,即根据曲轴位置和转速传感器等产生的信号(或 ECU 的指令),控制点火线圈初级绕组中电流的通、断,以便点火线圈次级绕组产生高压电。

点火控制器的基本电路包括:整形电路、开关信号放大电路、功率输出电路等。整形电路的作用是:将点火信号发生器送来的非方波信号或不规则的方波信号转化成能够控制初级电流通断的规则的方波信号。开关信号放大电路的作用是:将整形电路的输出信号进行幅度放大,以保证大功率输出级在输出功率足够大的情况下可靠工作。功率输出电路的作用是:利用大功率三极管(或达林顿管)及时接通和断开点火线圈初级电路,控制初级电流的通、断。

多数点火控制器不但起开关作用,还有恒流控制、导通角控制和点火反馈监视等功能,向微机控制单元反馈点火信号,以便进一步控制燃油喷射。

点火控制器有的单独安装,有的与点火线圈固定在一起,如图5-32所示;还有的装在分电器内,参见图5-31。

有的发动机取消了点火控制器,大功率三极管直接设在微机控制单元内。

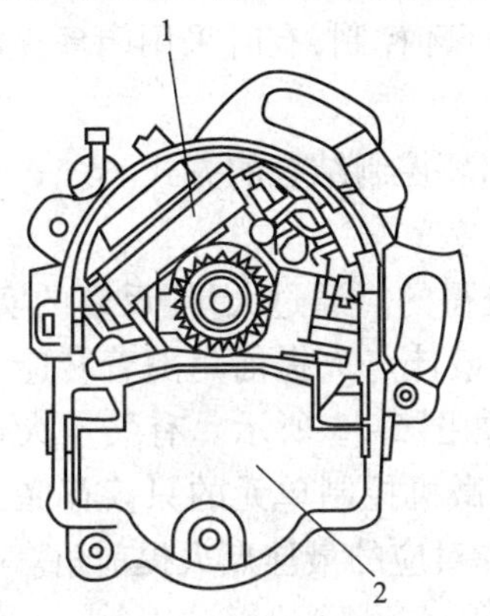

图5-31 分电器结构(三)

1-点火控制器;2-点火线圈

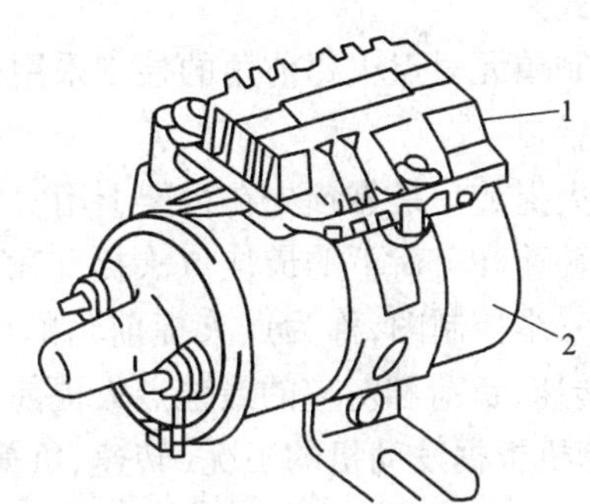

图5-32 点火控制器安装

1-点火控制器;2-点火线圈

第四节 点火系的控制

点火系的控制主要包括三方面,即点火提前角控制、初级电路导通角控制和恒流控制。

一、点火提前角控制

点火提前角由三部分组成:初始点火提前角(又称为原始点火提前角)、基本点火提前角和修正点火提前角。

初始点火提前角是指曲轴位置传感器在发动机上固定后,由曲轴位置传感器的检测部分和信号转子的相对位置决定的点火提前角。一旦曲轴位置传感器在发动机上固定,初始点火提前角就相应确定。有些车型初始点火提前角可以通过人工"点火正时"进行少许调整,有的则不可调。

基本点火提前角是指在初始点火提前角的基础上,微机控制单元根据发动机转速和负荷(进气管压力或空气流量)大小自动使点火提前角进一步增大,点火提前角增大的部分就是基本点火提前角。

修正点火提前角是指微机控制单元根据发动机冷却液温度、节气门开度、爆震传感器信号、氧传感器信号等参数确定出的点火提前角修正量。

由于初始点火提前角是固定的,因此,微机控制点火正时的实质是根据发动机运行工况和使用条件计算基本点火提前角、确定修正点火提前角，使实际点火提前角尽可能与最佳点火提前角接近。

1. 点火提前角的控制方式

自动控制方式不外乎三种：开环控制、闭环控制、开环与闭环控制结合的方式。开环控制是指系统完全根据系统运行的状况和条件，按预先设定的数据或方法对控制对象进行控制，控制结果不直接改变系统的控制方法和控制量的大小。闭环控制是指系统不但根据系统运行的状况和条件，按预先设定的数据或方法对控制对象进行控制，而且及时对控制结果进行分析，根据控制结果决定是否改变系统的控制方法和控制量大小。开环与闭环控制结合的方式是指根据系统运行的状况和条件，有时采用开环控制，有时采用闭环控制的点火提前角控制方式。

微机控制单元对点火提前角的控制采用开环与闭环控制结合的方式。

1）开环控制

基本点火提前角是靠预先在台架上用实验方法测得的。通过大量、反复的实验，测得发动机在各种转速和负荷下的最佳点火提前角，然后将最佳点火提前角随着转速和负荷变化规律编制成三维控制图，称为点火提前角的脉谱图，如图 5-33 所示。有关点火提前角脉谱图的数据（转速、负荷和对应的最佳点火提前角）存入微机控制单元的只读存储器 ROM 中，工作时，计算机根据发动机的工况（转速、负荷）来选择对应的最佳点火提前角。

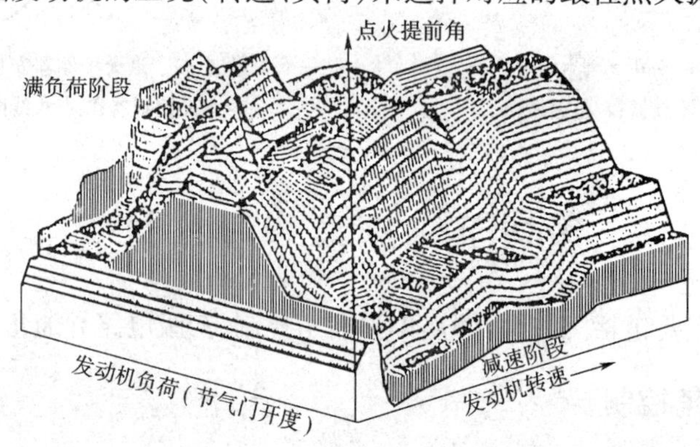

图 5-33 点火提前角的脉谱图

由于发动机的转速和负荷变化范围很大，因此，要实现对各种转速和负荷下的点火提前角进行精确控制，需要存储的数据量将非常巨大，存储器必须具有足够大的空间。为了节省存储器空间，将这些数据以经验公式的形式存储起来。发动机工作时，ECU 根据发动机转速传感器、负荷传感器信息和只读存储器 ROM 中数据，直接查出或由相应经验公式计算出对应的基本点火提前角。

修正提前角一般是采用理论计算和实验结合的方法获得。通过理论计算和大量实验，确定发动机冷却液温度、节气门开度等参数对最佳点火提前角的影响，得到这些参数不同时，对应的点火提前角修正值及对应的修正公式。

得到基本点火提前角和修正点火提前角后，微机控制单元将初始点火提前角、基本点火提前角和修正点火提前角求和，得到适应当前工况的最佳点火提前角。将最佳点火提前角存入随机存储器 RAM 中，然后根据发动机转速、曲轴位置信号，确定最佳点火提前角对应的点火时刻，即初级电流的切断时刻。

2)闭环控制

由于开环控制的精度因传感器工作状态改变而改变，并且微机控制单元的 ROM 中所存数据无法适应最佳点火提前角随着发动机制造精度、磨损状况、使用条件不同变化的要求，使 ROM 中所存数据不能很好地适应发动机对最佳点火提前角的要求，以至微机控制点火正时的优势得不到很好体现，使发动机性能不能充分发挥。为此，发动机稳定工况工作下，对点火提前角进行闭环控制，可在一定程度上解决上述问题。

点火提前角的闭环控制方式是根据发动机实际运行结果的反馈信息来控制点火提前角的，所以闭环控制又称为反馈控制。闭环控制所用的反馈信息可以是发动机的爆震信号、氧传感器输出信号、转速信号或汽缸的压力信号等。其中，利用发动机爆震信号作为反馈信息应用最多。

利用发动机爆震信号作为反馈信息的闭环控制方式中，爆震传感器将发动机的爆震状况反馈给微机控制单元。一旦爆震程度超过规定的限值，微机控制单元推迟点火；当爆震现象消失时，微机控制单元在一定时间内维持当前的提前角，在此期间若有爆震产生，将继续减小点火提前角，若无爆震产生，又会将点火时刻逐渐提前。循环调节点火时刻的结果，使发动机始终处于临界爆震的工作状态，此工作状态与发动机的技术状况无关。在此工作状态下，可使发动机获得最大的动力性能，经济性能也可以得到一定程度的改善。利用发动机爆震信号作为反馈信息的闭环控制方式的控制过程如图 5-34 所示。

有些汽车采用转速传感器信号作为点火提前角闭环控制的反馈信号(例如奥迪 5 缸发动机)，通过调节点火时刻，维持怠速转速稳定。一旦怠速转速高于设定值，微机控制单元立即推迟点火；当怠速转速低于设定值时，微机控制单元又会将点火时刻提前。循环调节点火时刻的结果，使发动机怠速转速处于设定值附近。

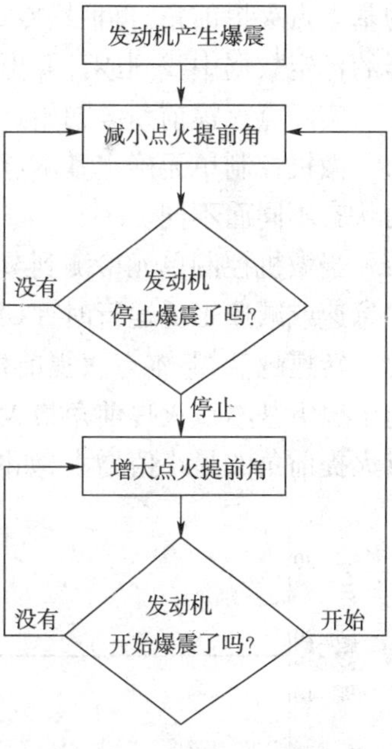

点火提前角采用以爆震信号作为反馈信息的闭环控制方式，在使用不同牌号的汽油时省去了对点火提前角的重新调整。同时可以适当提高发动机的压缩比，进一步改善其动力性和经济性。此外，对点火提前角的精确控制，闭环比开环更容易实现，所用传感器少，对传感器精度要求不高，且基本上不受环境因素和使用条件的影响。

图 5-34 爆震反馈闭环控制点火提前角

但是，采用以爆震信号作为反馈信息的闭环控制方式在改善发动机动力性和经济性的同时，使发动机的排污性能有一定程度的下降，特别是氮氧化合物排放明显增多。实验表明，当发动机负荷低于一定值时，一般不出现爆震。此时，无法用爆震传感器信号对点火提前角进行闭环反馈控制。

因此，最常见的是在大负荷等工况下，利用发动机的爆震信号作为反馈信息，既有好的动力性，又避免爆震。在怠速工况，则可以用发动机的转速信号作为反馈信息，维护怠速时稳定运转。但是一般情况下，应首先使有害气体的排放量最低，然后才考虑怠速稳定性和油耗。中等负荷等工况，则一般采用开环控制方式，保证发动机有较好的综合性能，特别是保证经济性和排放水平最佳，但在此工况下一旦发生爆震，又会自动转入利用爆震信号作为反馈信息的闭环控制方式。

2. 点火提前角的控制过程

微机控制点火系对点火提前角的控制过程，随着制造厂家和车型的不同存在差异。下面介绍点火提前角控制的一般方式和考虑的主要因素。

1）启动期间点火提前角控制

在启动期间，发动机转速较低（通常在300r/min以下），进气流量信号或进气歧管绝对压力信号不稳定，故点火时刻一般都固定在某一个初始点火提前角，其值因发动机而异。

另外，有的发动机启动期间的点火提前角还考虑冷却液温度的影响。例如，冷却液温度在0℃以上启动时，其点火提前角固定在上止点前16°；冷却液温度低于0℃时，根据冷却液温度适当增大启动时的点火提前角，冷却液温度越低，点火提前角越大，最大可达24°，如图5-35所示。

启动期间，发动机主要根据启动开关（或转速）、冷却液温度等确定点火提前角，然后根据曲轴位置和转速信号确定出与点火提前角对应的点火时刻。

2）启动后点火提前角控制

启动后，当发动机转速超过一定值时，ECU开始根据发动机转速和负荷（进气流量或进气歧管绝对压力和怠速时的空调开关通断）信号，从存储器的标定数据中找到或计算出相应的基本点火提前角，再根据冷却液温度传感器、氧传感器、爆震传感器等输出的信号从存储器的标定数据中找到或计算出相应的修正点火提前角，最后得出实际点火提前角：

实际点火提前角 = 初始点火提前角 + 基本点火提前角 + 修正点火提前角。

微机控制单元确定基本点火提前角的方法因节气门位置传感器中怠速触点（简称IDL）的状态不同而不同。

当微机控制单元检测到节气门位置传感器中的怠速触点处于闭合状态时，即发动机处于怠速或减速工况运行时，ECU根据发动机转速和空调开关是否接通来确定基本点火提前角。转速越低，基本点火提前角越小；转速越高，基本点火提前角越大，并且规定了怠速或减速工况下基本点火提前角最大值和最小值。如果空调开关接通，则怠速或减速工况下基本点火提前角的最小值增大，如图5-36所示。

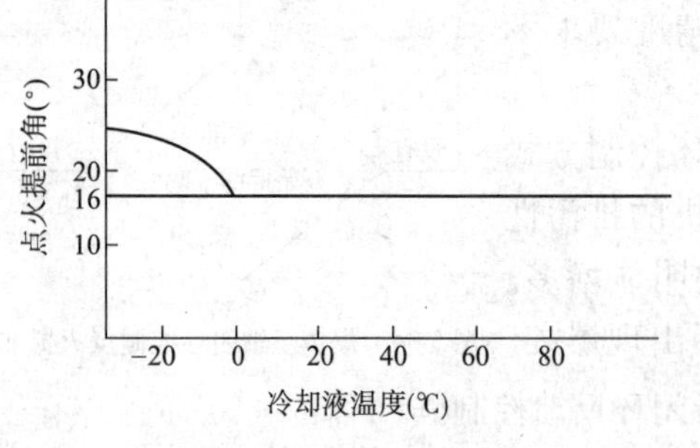

图5-35 启动时点火提前角的控制

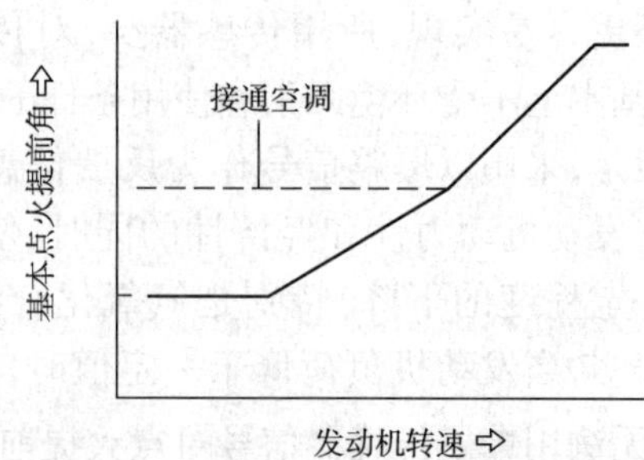

图5-36 怠速或减速时基本点火提前角控制

当微机控制单元检测到节气门位置传感器中的怠速触点处于断开状态时，即发动机处于正常工况运行时，ECU根据发动机转速和负荷（进气流量或进气歧管绝对压力或节气门开度）信号，确定出这一工况对应的基本点火提前角。

微机控制单元确定修正点火提前角时主要包括五个方面：暖机修正、怠速稳定性修正、过热修正、空燃比（氧传感器信号）反馈修正和爆震反馈修正。

暖机修正：发动机冷车启动后，当冷却液温度较低时，应增大点火提前角，冷却液温度高于一定值（如20℃）时，不再进行修正，即点火提前角修正值为零。暖机过程中，点火提前角修正值随冷却液温度变化的趋势如图5-37所示。修正曲线的形状与提前角的大小随车型不同而异。

怠速稳定性修正：发动机在怠速运行期间，由于发动机负荷变化（如空调、动力转向等）而使转速改变，ECU随时调整点火提前角，使发动机在规定的怠速转速下稳定运转。ECU不断地计算发动机的平均转速，当平均转速低于规定的怠速目标转速时，ECU根据两者的差值大小相应地增大点火提前角；当平均转速高于规定的怠速目标转速时，相应地推迟点火提前角。提前角修正值的绝对值随着平均转速与目标转速差值的增大而增大，但是有一个限定值，即提前角修正值的绝对值不大于该限定值，当空调打开时，该限定值减小，如图5-38所示。点火提前角的怠速稳定性修正一般是与怠速旁通空气量（相当于喷油量）的调节同时进行的，这样有助于提高怠速转速的控制精度，提高怠速稳定性。

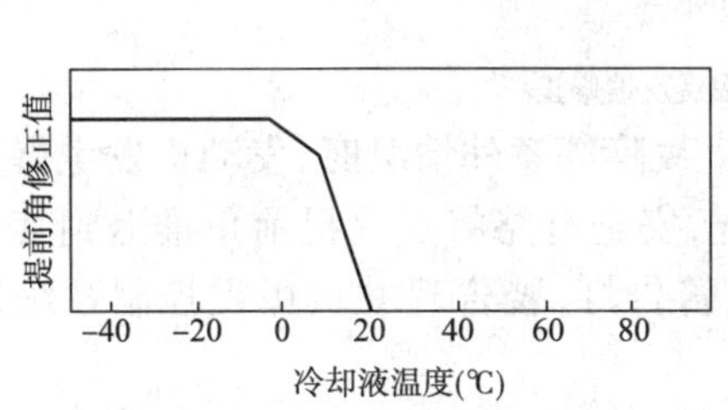

图5-37 暖机时的点火提前角修正

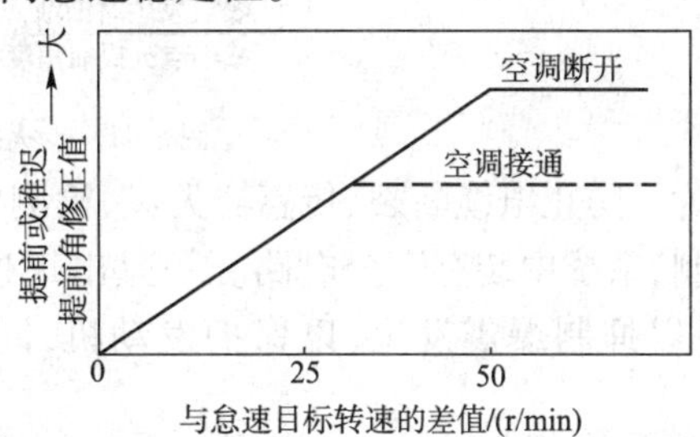

图5-38 点火提前角的怠速稳定性修正

发动机过热修正：怠速触点（IDL）断开（即发动机处于正常运行工况）时，如果冷却液温度过高，为了避免爆震发生，应将点火提前角减小；怠速触点（IDL）闭合（即发动机处于怠速或减速工况）时，如果冷却液温度过高，为了避免发动机长时间过热，应将点火提前角增大。发动机过热修正也有一个限定值，即提前角修正值的绝对值不大于该限定值，过热修正曲线的变化趋势如图5-39所示。

空燃比反馈修正：装有氧传感器（又称为λ传感器）的电控燃油喷射系统开始闭环控制时，ECU根据氧传感器的反馈信号对空燃比进行修正。随着修正喷油量的增加和减少，发动机的转速在一定范围内波动。为了提高发动机转速的稳定性，在反馈修正供油量减少使混合气较稀时，适当地增大点火提前角；而在反馈修正供油量增加、混合气变浓时，再逐渐减小点火提前角修正值，当混合气浓度超过一定值时，点火提前角修正值变为零，如图5-40所示。

爆震反馈修正：当节气门开度增大到一定值使节气门位置传感器的大负荷触点闭合，或发动机出现爆震时，ECU开始根据爆震传感器的信号进行闭环控制，其实际点火提前角的控制如图5-41所示。当任何一缸产生爆震时，ECU立即以某一固定值（1.5°~2°曲轴转角）逐渐减少点火提前角，直至发动机不产生爆震为止，在一定的时间内，先维持当前的点火提前角不变。在此期间内，若无爆震发生，则此段缓冲时间过后，又开始逐渐以同样的固定值增大点火提前角，直至爆震重新发生，又开始进行上述的反馈控制过程。

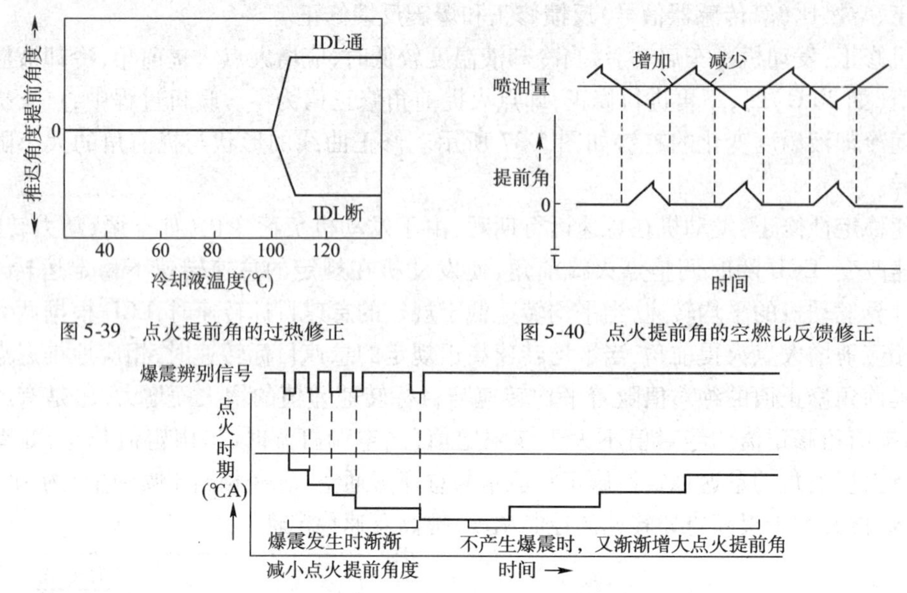

图 5-39　点火提前角的过热修正

图 5-40　点火提前角的空燃比反馈修正

图 5-41　点火提前角的爆震反馈修正

为了防止电缆断裂、传感器失灵、检测电路发生故障等意外情况时，发动机发生爆震无法控制，系统中装有安全电路。一旦出现这种情况，安全电路将点火提前角推迟到某一定值，足以抑制爆震发生，以保护发动机，同时接通警告灯，警告驾驶员爆震控制系统发生故障。

发动机正常运行期间，发动机曲轴每运转一周，ECU 就计算并输出一次基本点火提前角和修正点火提前角，使实际点火提前角随着发动机工况的变化做出相应的改变。但是，当 ECU 计算出的实际点火提前角超过允许的最大或最小点火提前角时，发动机将难以正常稳定运转。为此，有些微机控制点火系具有点火提前角限制功能，给定了基本点火提前角与修正点火提前角之和的最大值和最小值，当超出该范围时，ECU 就以最大或最小点火提前角进行调整。如丰田 TCCS 系统就具有点火提前角限制功能，其基本点火提前角与修正点火提前角之和的最大值和最小值分别为 37°和 -10°。

二、初级电路导通角控制

对于电感储能式点火系，当点火线圈初级电路接通后，初级电流是按指数规律增长的；初级电路被断开瞬间，初级电流所能达到的值即断开电流与初级电路接通的时间长短有关，只有通电时间达到一定值时，初级电流才可能达到饱和；而次级电压最大值是与断开电流成正比的，所以必须保证足够的通电时间才能使初级电流达到规定值；但是，如果通电时间过长，点火线圈又会发热，并使电能消耗增大。因此，要控制一个最佳的通电时间，兼顾上述两方面的要求。

另外，当蓄电池（电源）电压变化时，也将影响初级电流。如蓄电池电压下降时，在相同的通电时间内，初级电流所能达到的值将会减小，因此必须对初级电路通电时间根据蓄电池电压进行修正。图 5-42 即为通电时间随蓄电池电压变化的修正曲线。

点火线圈初级电路接通时间对应的凸轮轴转角(或曲轴转角)称为初级电路导通角。

为了保证在发动机转速和蓄电池电压变化时,初级电路的断开电流基本恒定,通过计算和实验将初级电路导通角与发动机转速和电源电压的关系制成初级电路导通角脉谱图,如图 5-43 所示。初级电路导通角脉谱图与发动机基本点火提前角脉谱图及其修正曲线一起储存在 ECU 的只读存储器中,在发动机工作期间,ECU 根据蓄电池电压信号从存储器中查得所需的通电时间(以 ms 计),再根据发动机转速换算成曲轴转角,以决定初级电路导通角的大小,由点火正时信号来控制初级电路的导通时刻,以保证在初级电路断开时达到必需的断开电流。初级电路导通角随着发动机转速升高和蓄电池电压降低而增大。

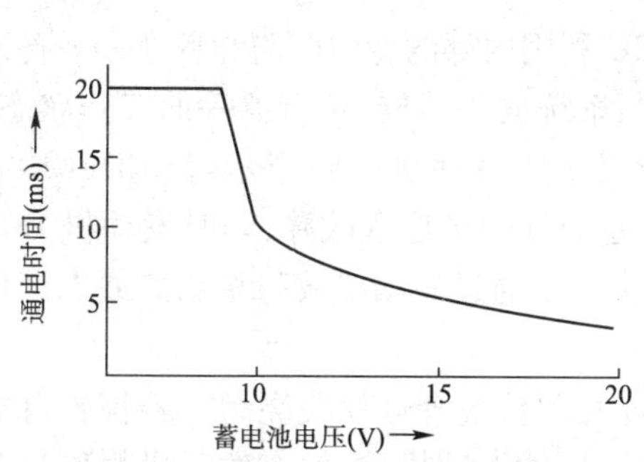

图 5-42 通电时间随蓄电池电压变化的修正曲线

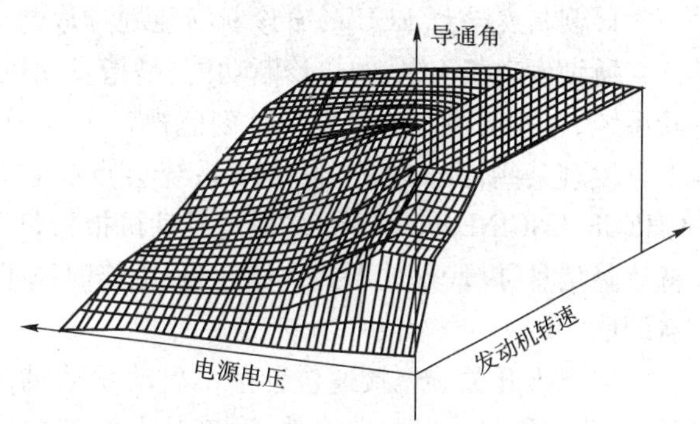

图 5-43 初级电路导通角三维脉谱图

三、恒流控制

恒流控制,即初级电流最大值控制。

为了节约材料,提高初级电流增长速度,点火线圈初级绕组电阻越来越小,有的甚至小于 0.6Ω。如果点火控制器不进行恒流控制,初级电流最大值将超过 20A,使点火线圈发热、电能消耗增大。为此,点火控制器进行恒流控制,在初级电路接通初期,点火控制器中的功率三极管处于饱和导通状态,初级电流增长快;当初级电流达到设定最大值(通常 8 ~ 10A)时,功率三极管转为放大状态,相当于限流电阻,使初级电流维持在设定最大值,直到初级电路断开。

第五节 点火系的使用

点火系技术状况的好坏,对发动机各个工况的运转都有影响,直接影响发动机的性能。因此,明确点火系正常工作的特征、了解点火系常见故障的现象及诊断排除方法,对保证发动机正常工作非常重要。

一、点火系正常工作的特征

点火系工作正常时,具有如下特征:在发动机各种工况和使用条件下,各缸火花塞都能形成能量足够的电火花;点火次序与发动机各缸配气顺序一致;在发动机各种工况和使用条件下,点火提前角都比较适当。

二、点火系常见故障诊断

如果点火系工作情况与上述特征不完全相符,表明点火系有故障。点火系常见故障包括:个别或所有火花塞不跳火或火花能量不足、点火次序与发动机各缸配气顺序不一致、点火不正时和火花塞炽热点火等,导致发动机在启动系、燃料供给系等其他系统正常情况下不能启动或工作异常等。

当发动机不能启动或工作异常,怀疑点火系故障时,应首先利用发动机 ECU 的自诊断功能进行诊断和检查,必要时再进行人工诊断,最后通过人工检查查明故障部位和原因。

1. 利用发动机 ECU 的自诊断功能进行诊断

所谓发动机 ECU 的自诊断功能,是指发动机 ECU 利用内部的专门电路和程序——自诊断系统,在发动机工作过程中时刻监视各个电子控制系统的传感器、执行器等的工作状态,一旦发现某些信号失常,自诊断系统会点亮仪表板上的"发动机故障指示灯(CHECK 或 CHECK ENGINE)"(又称为"检查发动机报警灯"),通知驾驶员出现故障;同时发动机 ECU 将故障信息,以代码的形式存储起来,维修时技术人员可以通过发动机故障指示灯或专用仪器调取。

当点火开关旋至接通位置且不启动发动机,检查发动机报警灯便会亮起。若报警灯未亮,说明报警灯或其电路有故障,应马上检查并排除。启动发动机后,检查发动机报警灯应熄灭。若检查发动机报警灯不熄灭,则说明诊断系统已检测出发动机系统有故障或不正常。可以利用发动机 ECU 的自诊断功能诊断和检查故障,主要步骤如图 5-44 所示。

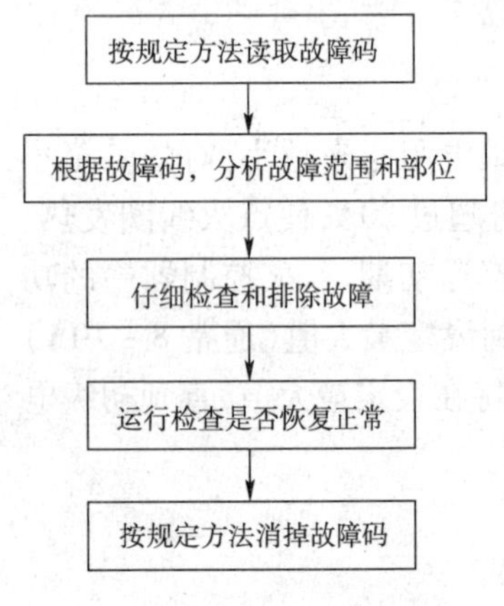

图 5-44 利用自诊断功能诊断和检查故障的步骤

2. 人工诊断

当怀疑或自诊断系统显示点火系故障需要人工诊断时,不同点火系有不同的诊断方法。

有分电器点火系的诊断一般从中央高压线的跳火试验开始。从分电器上取下中央高压线,使其端部距离汽缸体 10mm,转动曲轴,根据中央高压线和汽缸体之间的跳火是否正常按图 5-45 所示的步骤进行检查和维修。为了防止喷油器喷油过多,污染火花塞和三元催化转化器,转动曲轴时应将喷油器接线拔下或每次转动曲轴的时间最好不超过 2s。

对于无分电器点火系,如果是火花塞缺火导致的个别汽缸工作不良,主要原因除了火花塞、高压线的故障外,还可能是相应的点火信号控制电路连接不良或点火线圈、点火控制器、微机控制单元的相应部分等发生故障。下面简要介绍用高压线对缸体试火的方法检查各种无分电器点火系发动机个别汽缸工作情况的方法。

1)点火线圈配电方式

由于采用点火线圈配电方式时,共用一个点火线圈的两个汽缸的火花塞同时跳火,所以,一次试火就可以检查出两个汽缸的工作情况。

发动机中低速稳定运转,然后将某缸火花塞上的高压线拔下,再使高压线距离汽缸体

1 ~2mm 进行跳火试验,检查在高压线试火前后发动机转速是否有变化及变化幅度大小,根据转速变化情况(最好用转速表测量)和跳火情况进行分析。

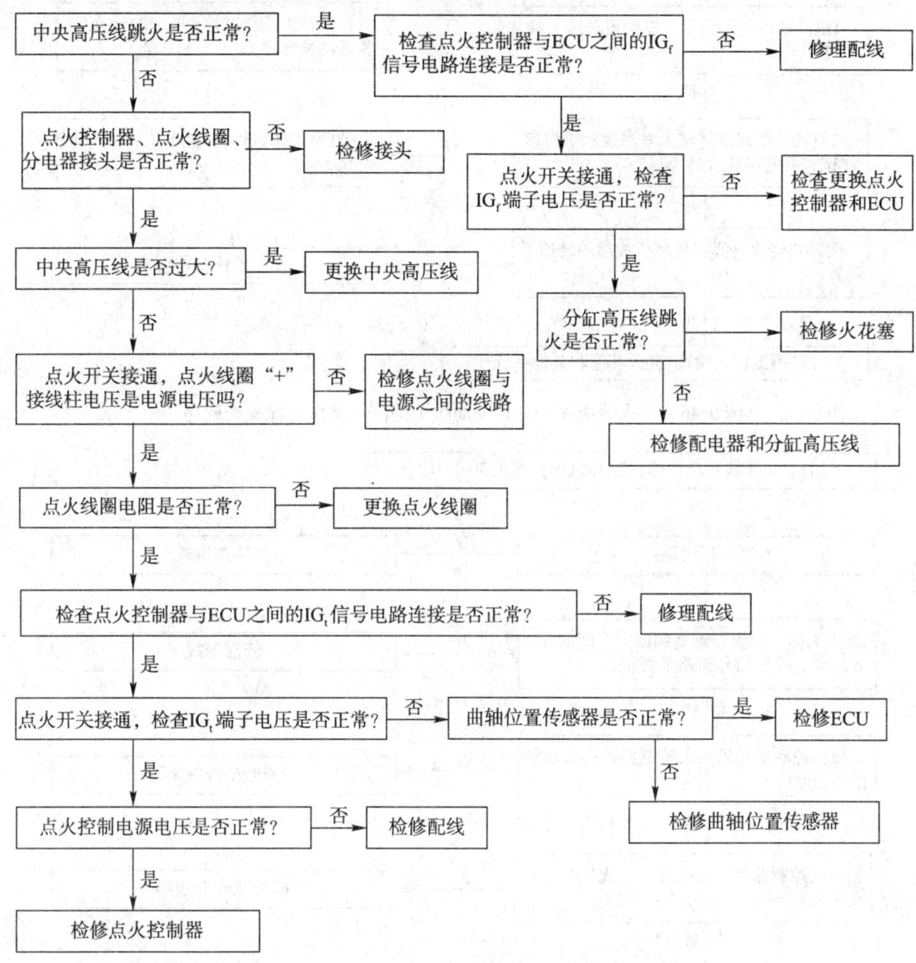

图 5-45 有分电器控制点火系故障诊断

如果有火,说明对应的点火线圈及其控制部分工作正常。如果在高压线拔下后发动机转速没有变化,说明包括断火缸在内的火花塞同时点火的两个汽缸不工作,需要检查两个汽缸的火花塞。如果试火过程中转速升高,但是没有升高到拔高压线前的转速,说明包括断火缸在内的火花塞同时点火的两个汽缸工作正常;如果试火过程中转速升高到接近拔高压线前的转速,说明与断火缸火花塞同时点火的另一个汽缸工作正常,断火缸工作不良或不工作,应检查火花塞;如果试火过程中转速几乎没有升高,说明与断火缸火花塞同时点火的另一个汽缸工作不良或不工作,应检查该缸火花塞。检查步骤如图 5-46 所示(以检查直列 6 缸发动机的 1、6 缸为例)。

如果没有火花,说明两个汽缸的高压线有断路故障或对应的点火线圈及其控制部分有故障,需要进一步诊断。首先检查高压线是否正常,然后检查点火信号控制线路是否正常,如果线路正常而点火线圈仍无次级高压产生,再用示波器进一步检查微机控制单元、点火控制器和点火线圈之间的点火控制信号,如图 5-47 所示(以检查直列 6 缸发动机的 1、6 缸为例)。

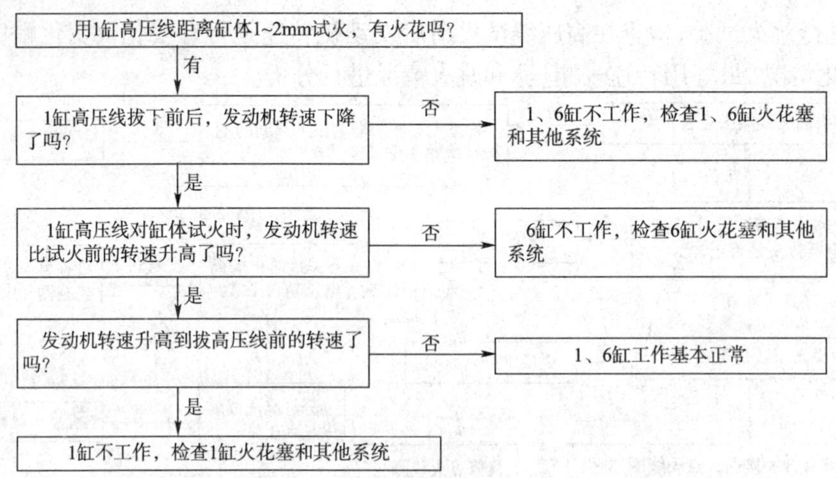

图5-46　点火线圈配电方式发动机个别汽缸工作情况检查程序

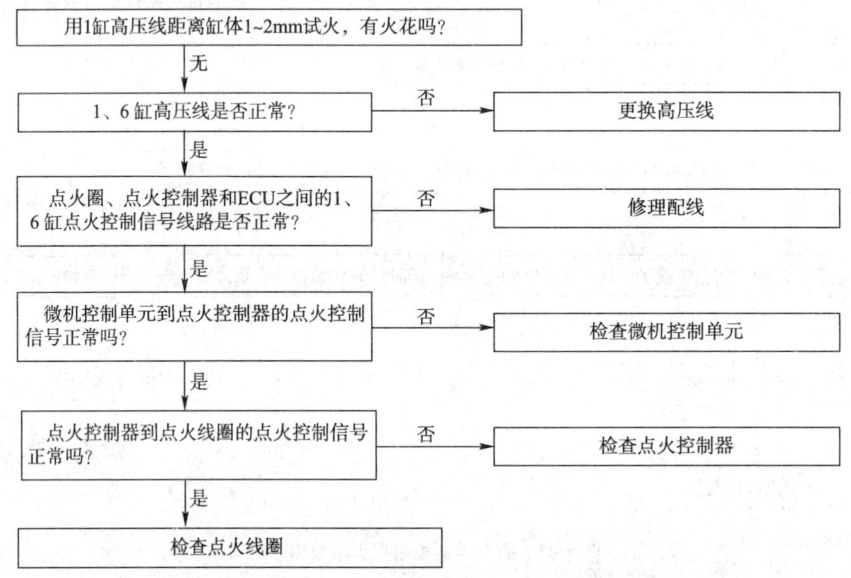

图5-47　点火线圈配电方式发动机个别汽缸不工作诊断程序

2）二极管配电方式

采用二极管配电方式的发动机，如果是火花塞缺火导致的个别汽缸工作不良，主要原因除了火花塞、高压线、点火线圈初级绕组、点火控制器、微机控制单元的相应部分发生故障或相应的点火信号控制电路连接不良外，还可能是高压二极管短路或断路所致。

如果一个高压二极管断路，就如同一根高压线断路一样，会导致火花塞同时跳火的两个汽缸不工作，可燃混合气在汽缸内没有燃烧。

如果一个高压二极管击穿短路，不但导致与该二极管相连的另一个高压二极管连接的火花塞不能正常跳火（在活塞接近压缩终了时，被发生短路故障的二极管及其火花塞短路所致），使对应汽缸的可燃混合气不能被点燃，而且使发生短路故障的二极管对应的汽缸在活塞接近下止点时至少多跳一次火（点火线圈另一个初级绕组感应的高压）。但是多跳的火花发生在不同的下止点时，对发动机工作的影响相差非常大。如果多跳的火花发生在接近做功

(膨胀)终了下止点,该火花没有什么影响,发动机只有一个汽缸不工作;但是,如果多跳的火花发生在接近进气终了下止点,则会点燃汽缸内的可燃混合气,使其在压缩行程中燃烧,几乎抵消了处于做功行程的活塞所做的功,相当于发动机有三个汽缸不工作,所以发动机无法启动。

3)单独点火方式

采用单独点火方式的发动机,如果是火花塞缺火导致的个别汽缸工作不良,主要原因有火花塞、点火线圈、点火控制器、微机控制单元的相应部分发生故障或相应的点火信号控制电路连接不良。

采用单缸断油法或单缸断火法确定出工作不良的汽缸后,可以卸下故障汽缸的点火线圈,将点火线圈输出端(必要时加导线或火花塞引出)距离汽缸体约10mm,用启动机驱动进行跳火试验,按照图5-48所示步骤进行检查。

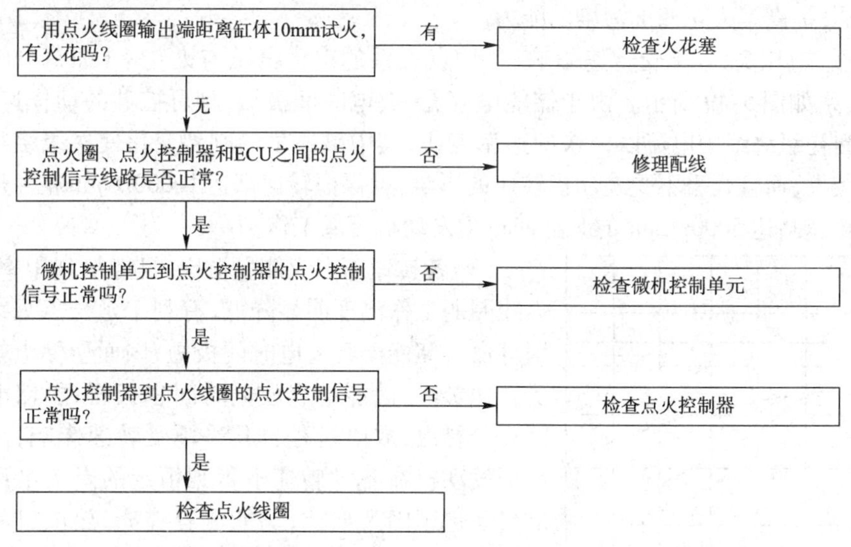

图5-48 单独点火方式发动机个别汽缸工作情况检查程序

三、点火系使用与维护注意事项

在点火系使用和检修中,为避免对车辆和人体产生不良影响,应注意以下几点:

(1)不能随意拆卸蓄电池的搭铁线;拆卸前注意读取故障代码。

(2)由于线路复杂,接插件很多,在检查接插件时,不要造成接插件端子变形,在检查过程中,不要造成端子之间的短接。

(3)诊断故障时,应充分利用故障自诊断系统,以求事半功倍。

(4)在诊断故障时,一般应首先检查传感器、导线和执行机构。

(5)尽量不用将高压线断路的方法检查二极管配电方式的点火系故障,以免造成高压二极管损坏。

(6)如果初始点火提前角可以通过改变曲轴位置和转角传感器或判缸信号传感器的定子部分(传感部分)安装位置进行调整,则使传感器的定子部分沿着传感器转子旋转方向转过一定角度,则初始点火提前角减小;反之则初始点火提前角增大。

(7)在一个发动机工作循环中,同时点火方式的每个火花塞要跳两次火,电极损耗严重,应加强对火花塞的定期检查。

第六节　电容放电式点火系

电容放电式点火系又称为电容储能式点火系。与电感放电式点火系相比，电容放电式点火系的主要特点如下：

(1)次级电压上升速率极大、上升时间极短，上升时间一般为 3～20μs，不到电感放电式点火系的三分之一。这是由于储能电容向点火线圈初级绕组放电时，储能电容与点火线圈初级绕组组成的振荡电路产生衰减振荡，其固有频率非常高，导致次级电压增长非常迅速的缘故。因此，火花塞电极间隙等处的漏电时间短、能量损失少，使次级电压对火花塞积炭或污染不敏感，提高了火花塞抗污染的能力。

(2)次级电压高，且不受转速影响，各种点火系的次级电压与火花率(即每分钟产生的火花数)关系如图 5-49 所示。由于储能电容充、放电时间极短，且可控硅的动作速率极高，使点火线圈初级绕组中电流以极快的速率变化，其中磁通量的剧烈变化使次级绕组中的感应电动势较大，而且几乎不受发动机转速的影响，可保证转速高达 10000r/min 的 4 缸四行程发动机和转速高达 5000r/min 的 8 缸四行程发动机可靠工作。

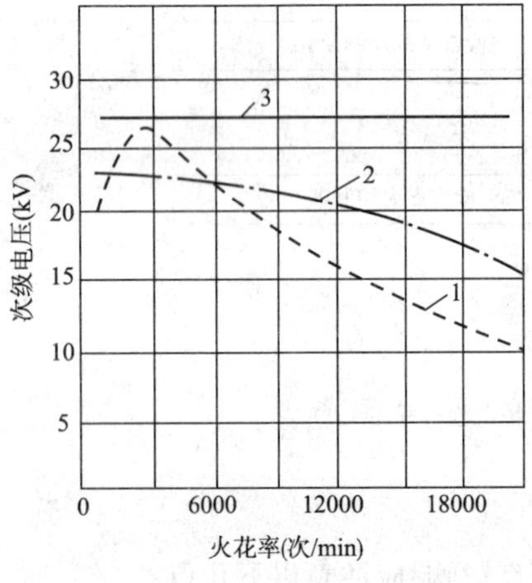

图 5-49　次级电压与火花率的关系

1-传统点火系；2-电感放电式电子点火系；3-电容放电式电子点火系

(3)各转速下点火能量恒定，且能量利用率高，使点火线圈的工作温度明显降低，有利于延长点火线圈的使用寿命。储能电容充电时间极短，因而所储电能几乎不受转速影响；储能电容放电时间也极短，所储电能在瞬间充分释放，放电过程也几乎不受转速影响，因而可以保证发动机在各种转速下得到恒定的点火电压和点火能量。也正因为如此，储能电容在充、放电过程中的能量损失较小。特别是在充电储能阶段，充足电后，充电电流自动减小，逐渐趋于零，电能浪费极小，电路也不需要恒电流控制、导通角控制等功能。而在电感储能式点火系统中，初级电流达到限定值后，所存储的能量也达到限定的最大值，以后存储能量不再增大，但是仍然需要大的初级电流来维持足够的磁场能量，而继续流动的电流却仍在白白消耗电能，还造成点火线圈发热等不良现象。

(4)耗电量随点火频率(发动机转速)增大而增大，但一般情况下，最大电流不超过 2A，有利于保持蓄电池处于良好的工作状态、延长蓄电池使用寿命。发动机转速越低，点火系耗电越少，有利于减小低速时蓄电池放电电流、增大充电电流，改善低速充电性；发动机转速越高，点火系耗电越多，有利于减小高速时蓄电池充电电流、减轻蓄电池过充电。

(5)放电持续时间(火花持续时间)太短(一般为 5～50μs，而电感储能式为 1～2ms)，容易造成发动机启动和低速时点火不良，引起发动机启动和低速时的有害排放物增多。

(6)对无线电干扰严重。由于次级电压上升速率很高，电磁波相对较强，对无线电产生严重干扰。

由于上述特点,电容放电式点火系在一般汽油机上应用较少,而用在高速大功率汽油机上,则可充分发挥其优势,因而在赛车发动机上,这种点火系统的应用较为常见。由于抗火花塞积炭和污染的能力强,使电容放电式点火系在二行程汽油机上的应用也比较广泛。下面简要介绍电容放电式点火系的基本组成、工作原理和故障诊断的一般方法。

一、基本组成

电容放电式点火系主要由电源、点火开关、直流升压器、储能电容、可控硅、触发器(点火信号发生器)以及点火线圈、分电器、高压线、火花塞等组成。

直流升压器:一般由振荡器、变压器和整流器三部分组成,其作用是将电源的低压直流电变为 300 ~ 500V 的高压直流电,以便给储能电容充电。

储能电容:用来储存点火所需的能量,并通过点火线圈初级绕组放电在次级绕组中感应出火花塞跳火所需的高压电动势。储能电容容量一般为 0.5 ~ 2μF。

可控硅:起开关作用,控制点火线圈初级电路的通断。

触发器:用来产生点火信号,触发可控硅导通。触发器可分为有触点式和无触点式两大类。无触点式主要有磁感应式、霍尔效应式、光电效应式、电磁振荡式等四种,它们的组成和工作原理与电感放电式电子点火系采用的点火信号发生器类似。

点火线圈:将储能电容 300 ~ 500V 的低压电转变为 20 ~ 30kV 的高压电,为火花塞提供工作电压。点火线圈结构和原理与电感放电式点火系采用的点火线圈相同。

二、工作原理

电容放电式点火系基本电路如图 5-50 所示。工作过程包括三个阶段:可控硅截止(关断),直流升压器为储能电容充电;可控硅在触发器信号触发下导通,储能电容经点火线圈初级绕组放电;火花塞跳火,直流升压器的振荡器停止振荡。

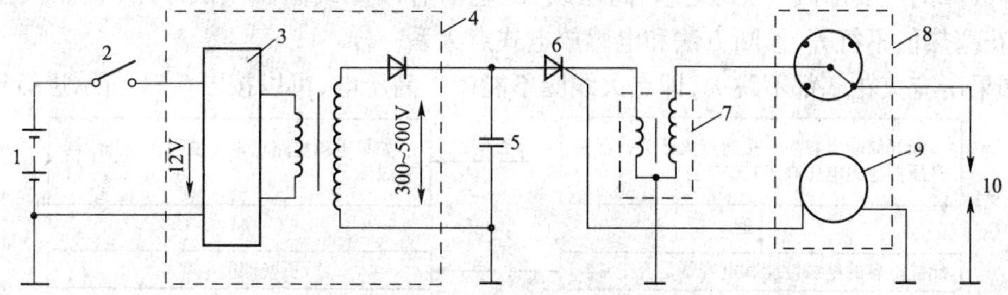

图 5-50 电容储能式电子点火系统原理图

1-蓄电池;2-点火开关;3-振荡器;4-直流升压器;5-储能电容;6-可控硅;7-点火线圈;8-分电器;9-触发器;10-火花塞

接通点火开关,直流升压器工作,振荡器把蓄电池 12V 直流低压电转换为交流电,再经变压器升压和整流器整流,成为 300 ~ 500V 的高压直流电。

(1)当可控硅 6 关断时,由直流升压器 4 输出的 300 ~ 500V 的直流电向储能电容 5 充电,由于充电回路电阻很小,电容器电压迅速升高,充电电流迅速减小,电容器电压接近升压器输出电压。同时电容器两端的电压通过搭铁和点火线圈初级绕组加在可控硅的阳极和阴极之间,使可控硅阳极和阴极之间承受正向电压。

(2)当触发器输出的信号使可控硅的控制极和阴极之间承受正向电压时,可控硅阳极和阴极导通。储能电容 5 通过可控硅 6 向点火线圈的初级绕组放电，由于初级绕组电流急剧升高，在点火线圈次级绕组中就感应出很高的电动势。

(3)当点火线圈次级绕组中的感应电动势高于火花塞击穿电压时，火花塞间隙击穿、跳火。随着火花塞跳火，储能电容电压迅速下降，直流升压器因输出端被点火线圈初级绕组短路、振荡器停止振荡而无输出，当储能电容电压低于一定值时，可控硅因阳极和阴极之间的电压过低由导通转变为截止(注意:为了保证可控硅截止后不会马上导通，触发器在触发可控硅导通后其输出信号一直使可控硅控制极承受反向电压)。

可控硅截止后，切断了直流升压器和点火线圈初级绕组之间的连接，振荡器重新开始振荡，直流升压器又开始给储能电容充电，同时使可控硅阳极和阴极之间承受越来越高的正向电压。直至触发器输出的信号使可控硅的控制极和阴极之间承受正向电压时，可控硅再次导通，重复点火过程。

可控硅的控制极只控制可控硅的导通，而不能控制可控硅截止。可控硅导通后，控制极失去对可控硅工作状态的控制作用，可控硅的工作状态完全由阳极和阴极之间的电压决定，只有当阳极和阴极之间的电压低于一定值(死区电压)或为负值时，可控硅才由导通转变为截止。

关闭点火开关后，切断了直流升压器的电源，储能电容无法充电，点火线圈不能产生高压，发动机熄火。

三、故障诊断

与电感放电式点火系一样，电容放电式点火系常见故障有个别或所有火花塞不跳火或火花能量不足、点火次序与发动机各缸配气顺序不一致、点火不正时和火花塞炽热点火等，导致发动机在启动系、燃料供给系等其他系统正常情况下发动不着或启动后工作不正常等。

个别火花塞不跳火、点火次序与发动机各缸配气顺序不一致、点火不正时和火花塞炽热点火等故障的主要原因有：火花塞、高压线、配电器有故障或高压线次序不对、点火正时不当、火花塞热值不符等，诊断方法和电感放电式点火系一样。

如果所有火花塞都不跳火，即点火线圈不能产生高压电，可以按图 5-51 所示进行检查。

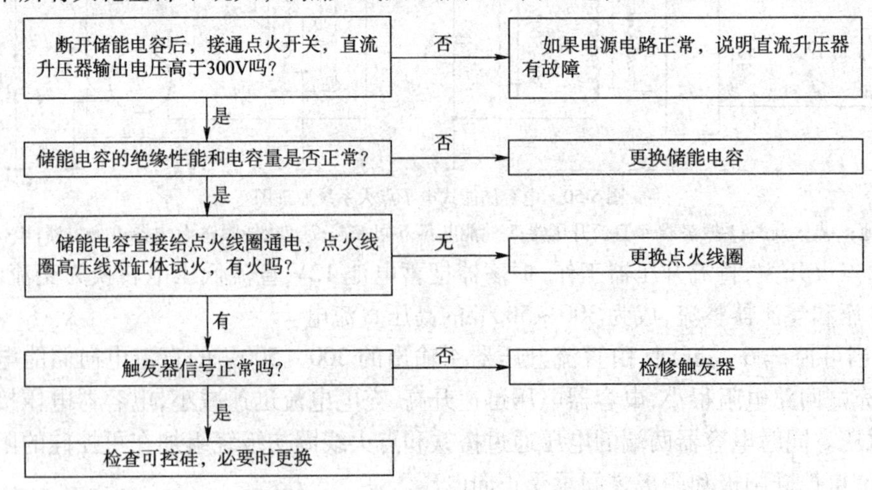

图 5-51　电容放电式点火系检查程序

复习思考题

1. 点火系的作用是什么?

2. 对点火系有什么要求?

3. 如何实现点火系的正常工作。

4. 分析配电装置的组成结构与工作原理。

5. 什么是火花塞的自净温度?

6. 分析影响火花塞工作温度的因素。

7. 不同热值的火花塞其结构特点如何? 如何选用? 为什么?

8. 简述电感储能式点火系统的工作过程。

9. U_2、U_{2max}、U_j 有什么不同?

10. 分析影响次级电压的因素有哪些?

11. 高压电路和低压电路故障的判断方法有什么不同?

12. 如何判断单缸缺火的故障,你采用的判断方法对点火系有无危害? 使用时应注意什么?

13. 分析电容储能式点火装置的优缺点。电容储能式点火装置与电感储能式点火装置相比有什么不同点和相同点。

14. 微机控制点火系统的组成、结构、电路、工作原理有什么特点?

15. 绘制各类直接点火系统的高压配电电路图,分析配电过程。

第六章　照明与信号系统

教学目标

1. 了解汽车灯具的分类与功用。
2. 熟悉汽车灯具的结构与要求。
3. 熟悉电喇叭的结构与工作原理。
4. 了解汽车仪表系统的组成与功用。
5. 理解汽车照明、信号等控制电路及工作原理。

教学要点

知识要点	掌握程度	相关知识
汽车灯具的结构与要求	熟悉	前照灯等
汽车电喇叭的结构与工作原理	熟悉	电喇叭的结构、工作原理、音量与音调的调整
汽车照明、信号等控制电路	理解	典型汽车照明系统、灯光信号系统、音响信号系统、仪表系统等控制电路及工作原理
汽车仪表系统的组成与功用	了解	机油压力表、冷却液温度表、燃油表等

汽车照明与信号系统是汽车安全行驶不可缺少的一部分。它主要包括外部照明灯具、内部照明灯具、外部信号灯具、内部信号灯具、警报器、电喇叭和蜂鸣器等。

第一节　汽车灯具的分类与功用

一、照明灯具

汽车照明灯具按其所安装的位置可分为外部照明灯具和内部照明灯具。外部照明灯具包括前照灯、雾灯、倒车灯、牌照灯、防空灯等，内部照明灯具包括顶灯、仪表灯、踏步灯、行李舱灯和工作灯等。

1. 外部照明灯具

1）前照灯

前照灯的主要用途是照明车前的道路和物体，确保行车安全。同时还可利用远近光交替变换作为夜间超车信号。前照灯又称“大灯”，安装在汽车头部两侧，有两灯制和四灯制之分。装于外侧的一对应为近、远光双光束灯;装于内侧的一对应为远光单光束灯。远光灯丝一般为50~60W,近光灯丝一般为35~55W。

2)雾灯

前雾灯安装在汽车头部前照灯附近,一般比前照灯的位置稍低。它的作用是在有雾、下雪、大雨或尘埃弥漫等能见度较低的情况下,作为道路照明和为迎面来车提供信号的灯具。灯光多为黄色,这是因为黄色光光波较长,具有良好的透雾性能。前雾灯的功率一般是35W左右。后雾灯功率较小,一般为21W,光色为红色,以警示尾随车辆保持安全距离。

3)倒车灯

倒车灯装在汽车的尾部,灯光为白色。它的作用是用于照亮车后的道路和告知其他车辆和行人,车辆正在倒车或准备倒车。它兼有信号装置的作用。

4)牌照灯

牌照灯装于汽车尾部牌照的上方或左右两侧,灯光为白色。它的作用是用来照明后牌照,确保行人距车尾20m处看清照牌上的文字及数字。它没有单独的开关控制,受示宽灯或前照灯开关控制。

5)防空灯

根据需要安装,在灯光管制时使用。

2. 内部照明灯具

1)顶灯

安装在驾驶室或车厢内顶部,为驾驶室或车厢内的照明灯具。顶灯灯光颜色一般为白色。

2)仪表灯

仪表灯安装于仪表盘内,它用来照明汽车仪表。灯光颜色为白色。

3)踏步灯

一般安装在汽车的上下车台阶的左右两侧。它的作用是用来照明车门的踏步处,方便乘客上下车。灯光为白色。

4)工作灯

是车辆维修时可以移动使用的一种随车低压照明工具,电源来自汽车发电机或蓄电池。常常带有挂钩或夹钳,插头有点烟器式和两柱插头式两种。

5)行李舱灯

为行李舱内的灯具,灯光为白色。

二、信号灯具

汽车上的信号灯具按其所处位置不同,分为外部信号灯具和内部信号灯具两大类。外部信号灯具包括示宽灯、转向灯、制动灯、尾灯、警告灯等;内部信号灯具包括门灯、指示灯等。

1. 外部信号灯具

1)示宽灯

一般都安装在车前和车尾的两侧的边缘。某些大型汽车的中部、驾驶室外侧还增设了一对示宽灯,用来表示该车的存在和车体宽度。要求在距车100m处能确认灯光信号。前示宽灯也称为小灯、示位灯。灯光一般为白色或琥珀色,后示宽灯也称为尾灯、行车灯,灯光多为红色。侧位灯光多为琥珀色。

2)转向信号灯

转向信号灯装在汽车的前后左右四角,其用途是在车辆起步、靠边停车、变更车道、超车和转弯时,发出明暗交替的闪烁信号,使前后的车辆、行人、交警知道。前转向信号灯的灯色为橙色,后转向信号灯的灯光颜色为红色或橙色。有的汽车车侧中间装有侧转向灯。

3)制动灯

又称为刹车灯,安装在车尾两侧,用来表明该车正在进行制动的灯具。灯光一律为醒目的红色。要求白天距车尾100m处能确认灯光信号。现在有的轿车后窗内加装了高位制动灯。

4)危险警示灯

由于现代交通密度日益增高,除了给特制车辆使用外,还需为发生交通事故或道路堵塞被迫停在车道上的车辆采取安全措施,通过危险警示闪光器接通前后左右转向灯发出报警闪光信号。

5)驻车灯

装于车头或车尾两侧,要求从车前和车后150m远处能确认灯光信号。一般车前灯光为白色,车后灯光为红色。夜间驻车时,将驻车灯接通以标志车辆形位。此时仪表照明灯、牌照灯并不亮,电池耗电量比示宽灯小。

2. 内部信号灯具

1)报警及指示灯

指示灯一般装在仪表盘上,用以指示有关照明、灯光信号及某些装置的工作情况的灯具。灯光的颜色可根据需要为白色、红色、绿色或蓝色。

2)门灯

门灯装于车厢内,用以指示车门关闭状况的灯具。灯光颜色为白色。

目前,多将前照灯、雾灯、前示宽灯等组合起来,称为组合前灯;将后示宽灯、后转向灯、倒车灯等组合起来称为组合后灯。

第二节　汽车前照灯及其控制电路

一、前照灯的要求、结构与分类

1. 前照灯的要求

前照灯是汽车上最主要的照明灯具。前照灯的照明效果直接影响夜间行车驾驶的操作和交通安全,因此世界各国交通管理部门一般都以法律形式规定了汽车前照灯的照明标准,以确保夜间行车的安全。基本要求如下:

(1)前照灯应保证车前有明亮而均匀的照明,使驾驶员能看清车前100m以内路面上的任何障碍物。随着高速公路的建成,汽车行驶速度的提高,要求汽车前照灯的照明距离也相应增长,现代有些汽车的前照灯照明距离已达到200~250m。

(2)应具有防止炫目的装置,确保夜间两车迎面相遇时,不使对方驾驶员因产生炫目而造成事故。

为了满足第一个要求,根据光路的可逆性原理,在前照灯的设计和制造上,装置了反射镜、配光镜和灯泡组成的光学系统。为了满足第二个要求,对前照灯的使用做了必要的规章制约,同时还对灯泡结构作了合理的设计。

2. 前照灯的结构

前照灯主要由光源(灯泡)、反射镜、配光镜三部分组成。

1)灯泡

目前,汽车前照灯用灯泡一般有充气灯泡、卤钨灯泡和高压灯泡三种,额定电压有12V、24V和20kV(高压灯泡)三种。除20kV的高压灯泡以外,其他两种灯泡的灯丝由功率大的远光灯丝和功率较小的近光灯丝组成,由钨丝制作成螺旋状,以缩小灯丝的尺寸,有利于光束的聚合。

(1)充气灯泡。

一般前照灯的灯泡是充气灯泡,如图6-1所示,是把玻璃泡内的空气抽出后,再充满惰性混合气体。充入灯泡的惰性气体可以在灯丝受热时膨胀,增大压力,减少钨的蒸发,提高灯丝的温度和发光效率,节省电能,延长灯泡的使用寿命。

(2)卤钨灯泡。

虽然充气灯泡的周围抽成真空并充满了惰性气体。但是灯丝中的钨仍然要蒸发,使灯丝损耗。而蒸发出来的钨沉积在灯泡上,使灯泡发黑。近年来,国内外已使用了一种新型的卤钨灯泡(即在灯泡内充以惰性气体中渗入某种卤族元素)。

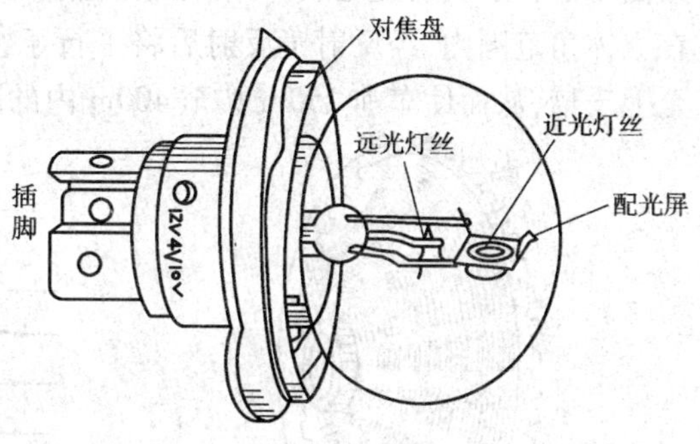

图6-1 充气灯泡

卤族元素是指碘、溴、氯、氟等元素。现在灯泡使用的卤族元素一般为碘或溴,称为碘钨灯泡或溴钨灯泡,结构如图6-2所示。我国目前生产的是溴钨灯泡。卤钨灯泡是利用卤钨再生循环反应的原理制成的。卤钨再生循环的基本原理是:从灯丝蒸发出来的气态钨与卤族反应生成了一种挥发性的卤化钨,它扩散到灯丝附近的高温区又受热分解,使钨重新回到

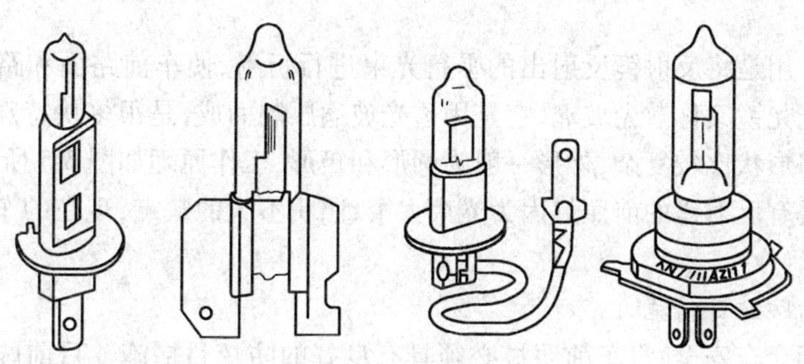
图6-2 卤钨灯泡

灯丝上，被释放出来的卤素继续扩散参与下一次循环反应，如此周而复始地循环下去，从而防止了钨的蒸发和灯泡的发黑现象。

卤钨灯泡尺寸小，泡壳用耐高温、机械强度较高的石英玻璃制成，所以充入惰性气体的压力较高。因为工作温度高，灯内的工作气压将比其他灯泡高得多，故钨的蒸发也受到更为有力的抑制。

(3)高亮度弧光灯泡(高压灯泡)。

这种灯的灯泡里没有灯丝，取而代之的是装在石英管内的两个电极，管内充有氙及微量金属(或金属卤化物)。在电极上施加5000～12000V电压后，气体开始电离而导电。由气体原子激发到电极间少量水银蒸汽弧光放电，最后转入卤化物弧光灯工作，采用多种气体是为了加快启动。

2)反射镜

反射镜的作用是将灯泡的光线聚合并导向远方。反射镜一般用0.6～0.8mm的薄钢板、玻璃、塑料压制而成。如图6-3所示，反射镜的表面形状呈旋转抛物面，其内表面镀银、铬或铝，然后抛光。由于镀铝的反射系数可以达到94%以上，机械强度也较好，所以现在一般采用真空镀铝。

由于前照灯灯泡灯丝发出的光度有限。如无反射镜，那只能照清楚汽车灯前6m左右的路面。而有了反射镜之后，灯丝位于焦点F上(如图6-4所示)，灯丝的绝大部分光线向后射在立体角范围内，经反射镜反射后将平行于主光轴的光束射向远方，使光度增强几百倍，甚至上千倍，从而使车前150m甚至400m内的路面照得足够清楚。

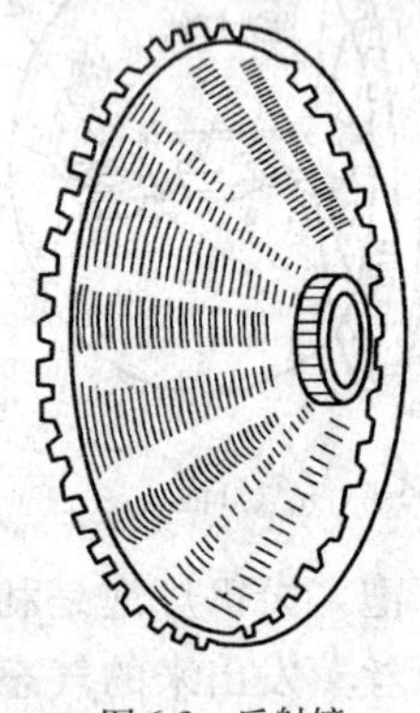

图6-3 反射镜

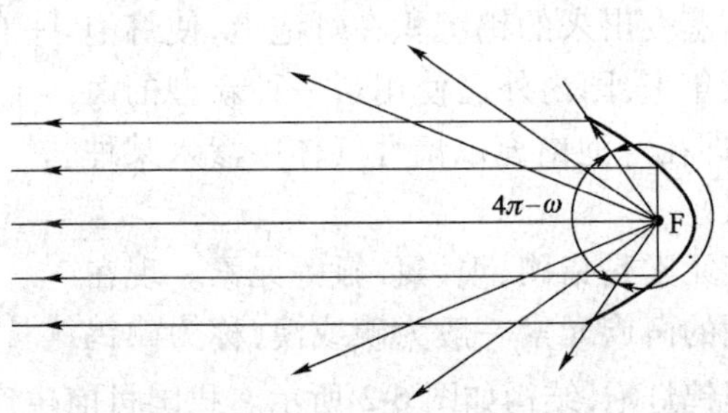

图6-4 聚光作用

3)配光镜

配光镜的作用是将反射镜反射出的平行光束进行折射，使车前路面和路线都有良好而均匀的照明。配光镜又称散光玻璃，它是用透光玻璃压制而成，是很多块特殊的棱镜和透镜的组合。其几何形状比较复杂，外形一般为圆形和矩形，工作原理如图6-5所示。

为了弥补具有反射镜的前照灯因为光束太窄、照明不大的缺点，现在的车辆大部分采用了配光镜。

3. 前照灯的防炫目措施

为保障夜间会车安全，汽车前照灯必须具有良好的防炫目措施。目前国产汽车防炫目措施有三项，先进轿车还有更严格的防炫目措施。

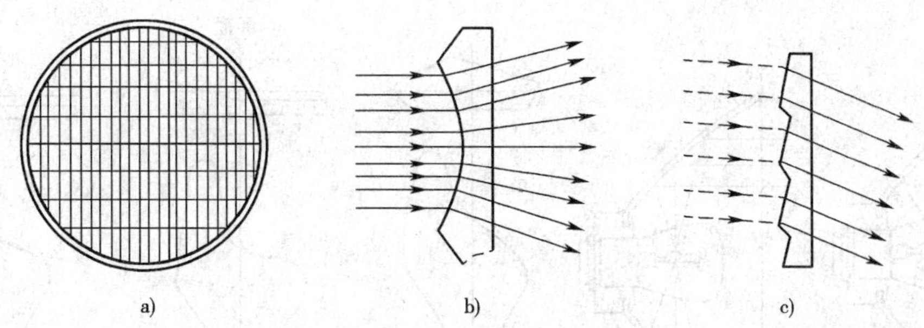

图6-5 配光镜的结构与作用

a)构造;b)水平部分(散射);c)垂直部分(折射)

1)采用远、近光束变换

为了防炫目,前照灯灯泡中装有远光与近光两根灯丝,由变光开关控制其电路。夜间公路行车且对面无来车时,使用远光灯,以增大照明距离,保证行车安全。夜间公路行车会车、夜间市区行车有路灯或尾随其他汽车行驶时,使用近光灯。远光灯丝装于呈旋转抛物面的反射镜的焦点处,远光灯丝的光线经反射镜聚光、反射后,沿光学轴线以平行光束射向远方。又由于配光镜的合理配光,使远光既能保证足够的照明距离,又有一定的光线覆盖面。近光灯丝装于反射镜焦点的上方或前上方,近光灯丝产生的光线经反射镜反射后,光束的大部分将倾斜向下射向车前的路面,所以可减轻对方驾驶员炫目。

2)近光灯丝加装配光屏

上述防炫目措施只能减轻炫目,还不能彻底避免炫目。因为近光灯丝射向反射镜下部的光线经反射后,将倾斜向上照射,仍会使对面交会汽车的驾驶员炫目。为此,现代汽车前照灯的近光灯丝下方均装设配光屏(又称遮光罩、护罩或光束偏转器),用以遮挡近光灯丝射向反射镜下半部的光线,消除反射后向上照射的光束,提高防炫目效果,如图6-6所示。现代轿车的前照灯灯泡,还在近光灯丝的前方装设一个遮光罩,遮挡近光灯丝的直射光线,防止炫目。

3)采用非对称光形

上述两项防眩目措施起到了防眩目作用,但会车使用近光灯时,近光灯仅能照亮车前方50m以内的路面,因而车速受到限制。为了达到既能防止眩目,又能以较高车速会车的目的,我国汽车的前照灯近光采用E形非对称光形(如图6-7所示),将近光灯右侧亮区倾斜升高15°,即将本车行进方向光束照射距离延长。非对称光形是将遮光罩单边倾斜15°形成的。欧洲型前照灯左侧近光亮区升高15°。这种光形的产生既有遮光罩的作用,也有配光镜的作用。有些汽车使用了Z形近光光形(如图6-7所示),该光形能使本车行进方向亮区平行升高,较E形非对称光形更加优越。

4. 前照灯的类型

按照安装的车灯数目不同,前照灯可分两灯制和四灯制。两灯制前照灯均采用双丝灯泡,为远近双光束灯。四灯制前照灯装于外侧的一对使用双丝灯泡,为双光束灯;装于内侧的一对为远光单光束灯。

前照灯的分类方法较多,通常按前照灯光学组件的结构不同,可分为可拆式前照灯、半封闭式前照灯、封闭式前照灯、投射式前照灯和高亮度弧光灯五类。

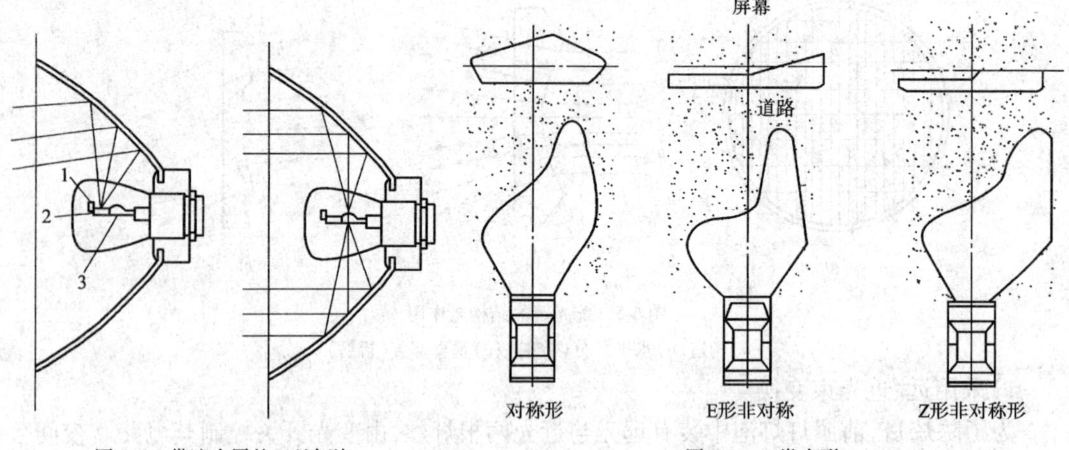

图 6-6　带遮光罩的双丝灯泡

1-近光灯丝;2-遮光罩;3-远光灯丝

图 6-7　三类光形

1)可拆式前照灯

可拆式前照灯由于反射镜和配光镜分别安装而构成组件,因此气密性差,反射镜易受湿气和尘埃污染而降低反射能力,严重降低照明效果,目前已很少采用。

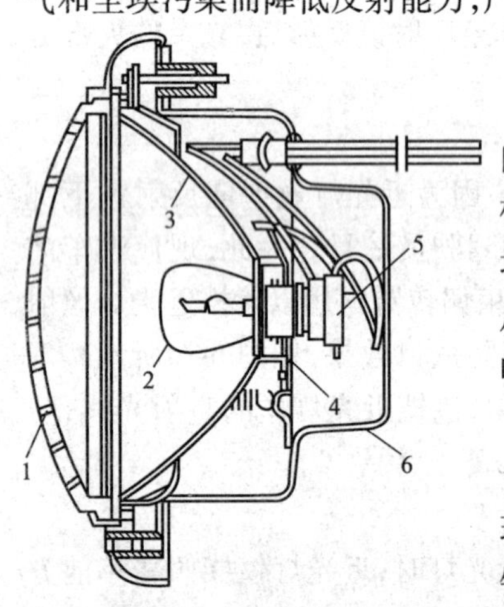

图 6-8　半封闭式前照灯

1-配光镜;2-灯泡;3-反射镜;4-插座;5-接线器;6-灯壳

2)半封闭式前照灯

半封闭式前照灯的结构如图 6-8 所示,其配光镜靠卷曲反射镜边缘上的牙齿而紧固在反射镜上,二者之间垫有橡皮密封圈,灯泡只能从反射镜后端装入。当需要更换损坏的配光镜时,应撬开反射镜外缘的牙齿,装上新的配光镜后,再将牙齿复原。由于这种灯具减少了对光学组件的影响因素,维修方便,因此得到广泛使用。

3)封闭式前照灯

封闭式前照灯(又叫真空灯),其反射镜和配光镜用玻璃制成一体,形成灯泡,里面充以惰性气体。灯丝焊在反射镜底座上,反射镜的反射面经真空镀铝。由于封闭式前照灯完全避免反射镜被污染以及遭受大气的影响,因此其反射效率高,照明效果好,使用寿命长,得到了很快的普及。但当灯丝烧断后,需要更换整个总成,成本高,因此限制了它的使用范围。

5. 新型车灯简介

1)LED 车灯

日间行车灯应在车辆发动机启动后自动开启。天黑后,驾驶员需手动开启常规照明车灯,而日间行车灯随之自动熄灭。日间行车灯可让其他“道路使用者”更容易看清汽车,而且与现行近光车头灯相比能耗更低。日间行车灯只配备在少数好车上,成为好车的象征。安装在车身前部的汽车 LED 日行灯,是使车辆在白天行驶时更容易被人认出来的灯具。它的功效不是为了使驾驶员能看清路面,而是为了让别人知道有车辆开过来了。因此这种灯具不是照明灯,而是一种信号灯。固然,加装了汽车日行灯可使汽车看起来更酷,更炫,但 LED

日行灯的最大功效,不在于美观,而是提供车辆的被辨识性。在国外行车开启头灯,可降低12.4%的车辆意外,同时也可降低26.4%的车祸死亡机率。总之,日行灯的目的是为了交通安全。

2)高亮度弧光灯

弧光式前照灯由弧光灯组件、电子控制器和升压器三大部分组成,如图6-9所示。其灯泡的光色和日光灯相似,亮度是目前卤钨灯泡的2.5倍,寿命是卤钨灯泡的5倍,灯泡的功率为35W,可节能40%。

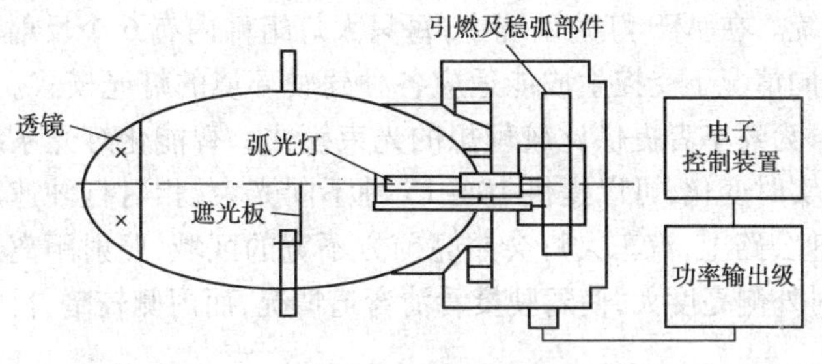

图6-9 高亮度弧光灯组成

3)HID氙气灯

氙气灯HID(High Intensity Discharge高压气体放电灯)可称为重金属灯或氙气灯。它的原理是在UV-cut抗紫外线水晶石英玻璃管内,以多种化学气体充填,其中大部分为优质的氙气(Xenon)与碘化物等惰性气体,然后再透过增压器(Ballast)将车上12V的直流电压瞬间增压至23000V,经过高压振幅激发石英管内的氙气电子游离,在两电极之间产生光源,这就是所谓的气体放电。亮度达到3200lm以上。此类灯泡因没有改变原车灯泡的外形尺寸,所以不会产生聚焦不准的问题。这样的灯泡聚光效果非常好,而且色温数值K在4300K以上,色泽柔和、灯光白亮,最适合汽车升级照明。HID工作时所需的电流量仅为3.5A,亮度是传统卤素灯泡的三倍,使用寿命比传统卤素灯泡长10倍。氙气灯已广泛应用于汽车照明领域。

4)投射式前照灯

以往的电光源前照灯,由于其结构特征被称之为反射型前照灯。1984年联邦德国海拉车灯公司推出新一代前照灯——投影型前照灯(也称DE灯),并从1990年起投入批量生产。投影型前照灯由灯泡、反光镜、挡板、凸透镜和配光镜组成。它要求精确的装配,可获得准确而清晰的明暗截止线。投射式前照灯的反射镜近似于椭圆形状,它具有两个焦点。第一焦点处放置灯泡,第二焦点是由光线形成的,凸形配光镜聚成第二焦点,再通过配光镜将聚集的光投射到前方,投射式前照灯所采用的灯泡为卤钨灯泡。第二焦点附近设有遮光板,可遮挡上半部分光,形成明暗分明的配光。由于它的这种配光特性,因此也可用于雾灯。

5)光纤前照灯

光纤车灯是根据光的全反射原理利用光源纤维来实现光的传导而开发出的最新一代汽车灯具。它由光源、反光镜、光纤和输出组件等部分组成。光纤车灯既可作为前照灯,也可用于前雾灯,更广泛地应用于汽车室内的各种照明。光纤照明技术改变了传统汽车灯具的结构,将使车灯技术进入一个全新的时代。但目前尚处于开发阶段,其昂贵的成本限制了它在汽车产品中的应用。一旦障碍被克服,光纤照明技术将迅速而广泛地应用于汽车生产,将会使汽车灯具呈现出崭新的面貌。

6)未来的汽车大灯

轿车大灯(前照灯)有两种功能,一种是照明,一种是装饰。但是在近十几年中,大灯的外形不断得到改造,与车身嵌装组合为一个整体,越来越显露出它的装饰作用。未来灯具将会装上“脑袋”变成“聪明”的灯。在20世纪90年代,欧洲开发的AFS灯光系统,日本开发的ILS智能灯光系统。在AFS灯光系统中,每只大灯组件内有6个反射器,在转弯、高速行驶及雨雾天气等不同情况下受控生成能适应各种驾驶环境的灯光模式。ILS正在向自动控制光线的方向发展,为驾车者提供比较理想的光束模式。智能化灯光系统能使汽车大灯随行驶状况的变化而实时变化,可以提供10~15种不同光束,相对行驶速度和路面而“随机应变”。例如在高速公路上,汽车大灯会照亮前方不宽的区域,照射距离远。当汽车行驶在弯道上,车辆转弯时外侧亮度大,使驾驶员看清弯道情况,而内侧较暗,目的是会车防炫目。

二、前照灯控制电路

1. 前照灯电路的主要元件

1)前照灯继电器

前照灯继电器由电磁线圈和一对常开触点组成,有三柱式、四柱式两种,其作用是保护车灯开关,延长灯光开关的使用寿命。

使用时车灯开关控制灯光继电器线圈的电流,前照灯电流由灯光继电器的触点控制。

2)车灯总开关

车灯总开关又称灯光总开关,其作用是控制除特种信号灯以外的全车照明灯的接通切断以及变换,常用的有推拉式、旋钮式和组合式等。

3)变光开关

前照灯变光开关的作用是根据行驶与会车的需要,及时变换远光与近光。一般由组合开关控制,有些车辆安装了光感应自动变光开关。

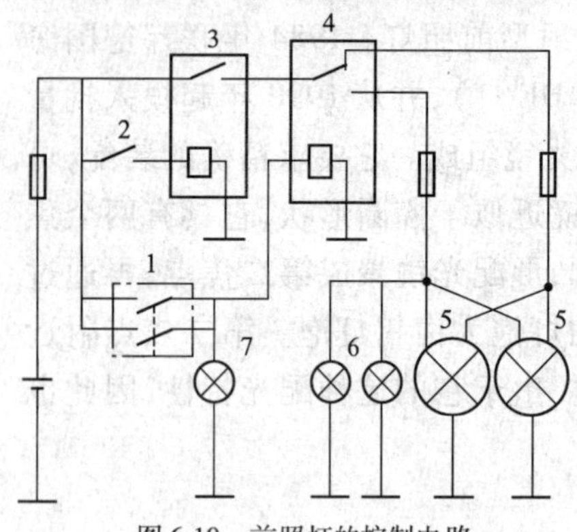

图6-10　前照灯的控制电路

1-变光开关;2-前照灯开关;3-前照灯继电器;4-变光继电器;5-双丝前照灯;6-单丝远光灯;7-远光指示灯

2. 前照灯的控制电路

1)手动开关控制电路

汽车前照灯随车型不同,控制方式有差异。当灯的功率较小时,灯的电流直接受灯光总开关控制。当灯的数量多、功率大时,为减少开关热负荷,减少线路压降,采用继电器控制。同时,分路熔断丝的个数也增加。控制电路如图6-10所示。

接通前照灯开关,近光灯接通。需要开启远光灯时,闭合变光开关,变光继电器动作,接通远光灯电路,同时远光指示灯点亮。

2)自动控制电路

为保证行车照明的安全与方便,减轻驾驶员的劳动强度。近年来,出现了多种新型的灯光控制系统,常见的有夜间行车自动点亮系统、延时控制电路、光束自动调整系统等。

(1)自动点亮系统。

灯光自动点亮系统的控制电路,如图 6-11 所示。

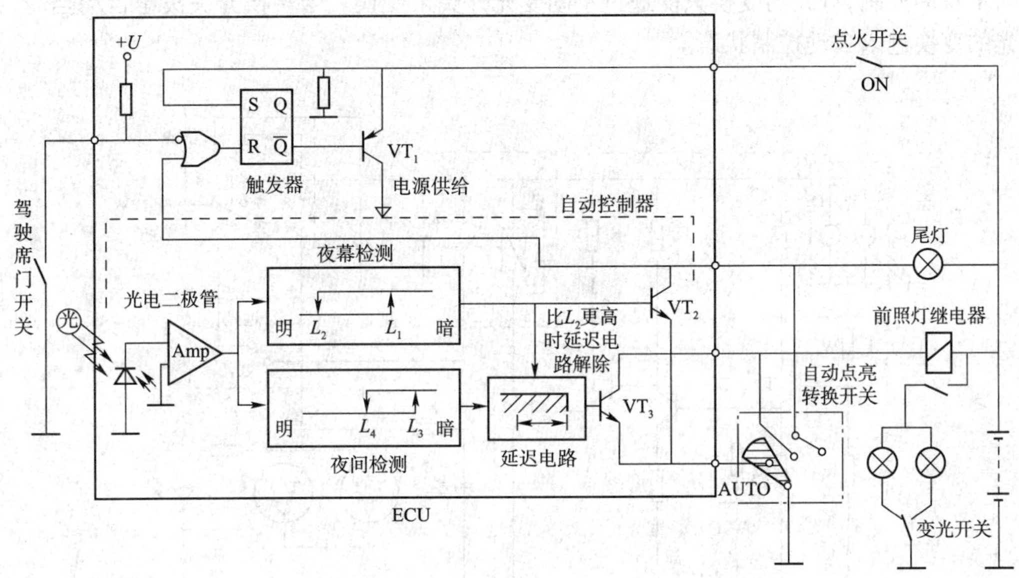

图 6-11 灯光自动点亮系统的控制电路

当前照灯开关打至 AUTO 位置时,由安装在仪表板上部的光传感器(光电二极管)检测周围的光线强度,自动控制灯光的点亮。下面介绍其工作原理。

当车门关闭,点火开关处于 ON 状态时,触发器控制晶体管 VT_1 导通,为灯光自动控制器提供电源。

当周围环境的亮度比夜幕检测电路的熄灯照度 L_2 及夜间检测电路的熄灯照度 L_4 更亮时,夜幕检测电路与夜间检测电路都输出低电位,晶体管 VT_2 和 VT_3 截止,所有灯都不工作。

当周围的亮度比夜幕检测电路的点灯照度 L_1 暗时,夜幕检测电路输出高电位,使 VT_2 导通。此时,尾灯电路接通,点亮尾灯。当变成更暗的状态,达到夜间检测电路的点灯照度 L_3 以下时,夜间检测电路输出高电位。此时,延迟电路也输出高电位,使晶体管 VT_3 导通。前照灯继电器动作,点亮前照灯。

在前照灯点亮时,由于路灯等原因周围环境突然变为明亮的情况下,夜间检测电路的输出变为低电位。但在延迟电路的作用下,在时间 T 期间,VT_3 仍保持导通状态,所以前照灯不熄灭。在周围的亮度比夜幕检测电路的熄灯照度 L_2 更亮的情况下(如白天汽车从隧道出来),从夜幕检测电路输出低电位,从而解除延迟电路,尾灯和前照灯都立即熄灭。

(2)前照灯自动变光控制。

在夜间行驶时,为了防止造成迎面的驾驶员炫目,驾驶员必须频繁使用变光开关,这样会分散注意力,影响行车安全。前照灯自动变光装置可以根据迎面来车的灯光强度来自动调节前照灯的远光或近光。

图6-12所示为前照灯自动变光控制电路。主要由光传感器、信号放大器和功率继电器等组成。光传感器由高灵敏度光敏管组成，并加有透镜聚光，以提高灵敏度，同时采用遮光圈，以避免侧向光干扰造成误触发。转换开关用于功能设置，当转换开关拨至手动挡时，即切断了自动控制，灯光的变换只能通过手动变光开关来变换。当转换开关拨至自动挡时，则灯光的变换进入自动控制状态。

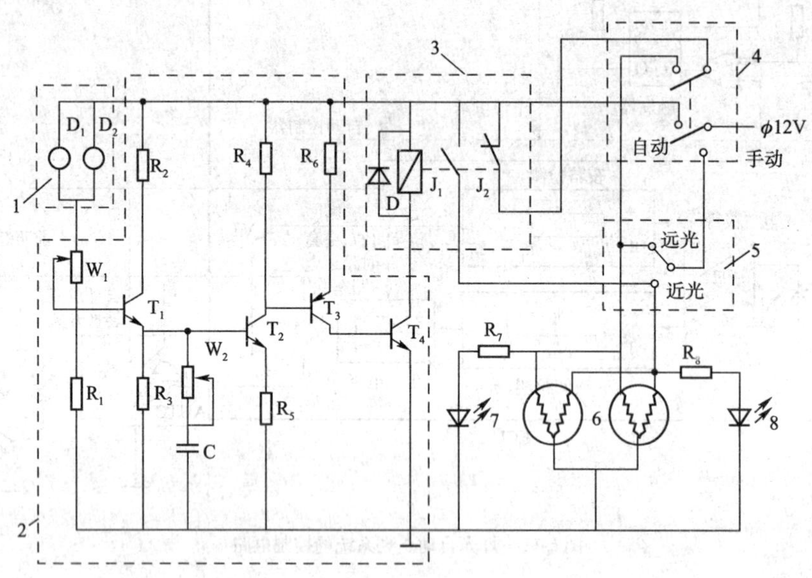

图6-12 前照灯自动变光控制电路

1-光传感器；2-信号放大电路；3-功率继电器；4-转换开关；5-手动变光开关；6-双丝前照灯；7-远光指示灯；8-近光指示灯

转换开关拨至自动挡，汽车夜间行驶没有迎面来车时，光敏管 D_1、D_2 感受光亮极少，其阻值大，三极管 T_1 基极电位过低而截止，三极管 T_2、T_3、T_4 也随之截止。功率继电器线圈中无电流流过，常开触点 J_1 打开，常闭触点 J_2 的电流经过转换开关自动挡后再经过远光灯丝搭铁构成回路，远光灯和远光指示灯7均亮。

当迎面来车会车时，对面的汽车灯光照射光传感器，使光敏管 D_1、D_2 的电阻值减小，三极管 T_1 管的基极电位升高而导通，三极管 T_2、T_3、T_4 也随之导通，功率继电器3线圈中有电流流过，磁化铁芯产生吸力吸动触点，使触点 J_1 闭合、触点 J_2 打开，远光灯丝电流切断，远光灯熄灭。同时，由于触点 J_1 闭合接通近光灯丝电路，近光灯和近光指示灯8均亮。

会车结束后，由于光敏管 D_1、D_2 电阻又增大，功率继电器触点 J_1、J_2 又恢复常态，所以又自动接通远光灯。

电位器 W_1 用于调节光电传感器的灵敏度，其阻值减小，则系统可在光照度较低时即开始控制。若阻值增大，则系统需在光照度高时，才开始控制。电位器 W_2 和电容器C构成延时电路。当光照量增加时，T_1 管导通，经 W_2 向C充电。当光照量减少时，T_1 管截止，但充了电的电容器C经 W_2、R_2 放电回路，向 T_2 管供给基极电流，此时尽管 T_1 管已经截止，但 T_2 管仍在导通，致使 T_3、T_4 管仍处于导通状态。从而实现当从近光自动地变为远光时，可以有15s

以上的延时，以便达到会车完全完成以后才接通远光灯的目的。调整电位器 W_2 和电容器 C 的值，就可以调整延时的长短。

(3)前照灯延时控制。

前照灯延时控制电路的作用是当汽车夜间停驶切断点火开关后，继续照明一段时间，为驾驶员离开黑暗的停车场所提供照明。前照灯关闭延时控制系统控制电路如图 6-13 所示，主要由机油压力开关和放大器组成。发动机不运转时，机油压力开关触点闭合，发动机运转后，因机油压力上升触点张开。放大器组件内设置一个高增益的复合三极管 T，用来控制继电器的触点开闭，另设一个大容量的电容器 C 和电阻及 R_1 串联，组成延时控制电路。

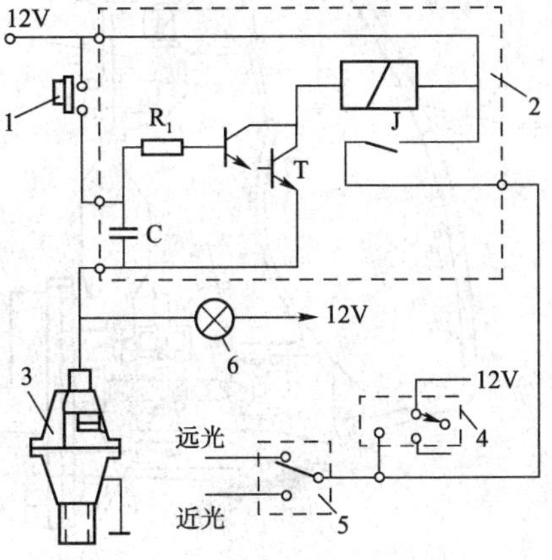

图 6-13 前照灯延时控制电路

1-前照灯延时控制开关；2-放大器组件；3-机油压力开关；4-前照灯开关；5-变光开关；6-机油压力警示灯

当汽车停驶切断点火开关时，按下前照灯延时控制开关 1，电源对电容器 C 充电，当电容器电压达到复合三极管 T 的导通电压时，T 导通，继电器 J 线圈通电，磁化铁芯吸闭触点，接通前照灯电路，前照灯亮。此时松开延时控制开关开关 1，则电容器 C 经电阻及 R_1、复合三极管 T 放电，维持 T 导通，前照灯一直亮着。当电容 C 放电其电压下降到不能维持复合三极管 T 的导通所需基极电流时，T 截止，继电器 J 触点张开，前照灯熄灭。延时时间取决于 C 及 R_1 的参数，一般可延时约 1 ~ 15min 之间。

(4)前照灯光束自动调整。

前照灯光轴方向偏斜时，应进行调整。一般调整方法是手动调整，如图 6-14 所示为外侧调整和内侧调整两种方式。调整时，按需要转动灯座上面的左右及上下调整螺钉(或旋钮)，使光轴方向符合标准。

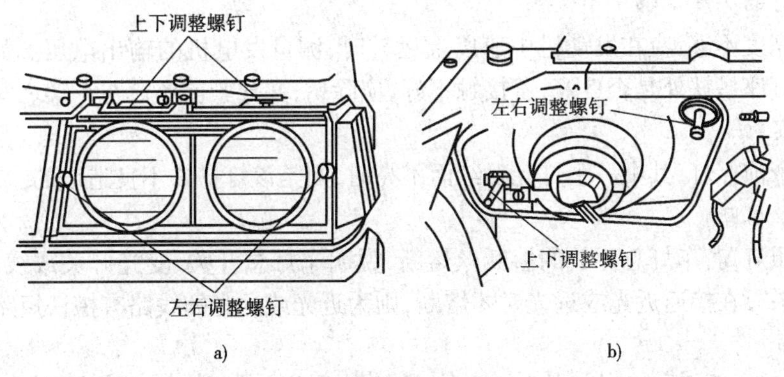

图 6-14 前照灯手动调整位置

a)外侧调整式；b)内侧调整式

在实际使用中，当车辆载荷变化时，前照灯光束的照射位置也随之发生变化，不能保证有效的照亮前方路面。因而有些车辆的前照灯装有光束自动调整机构。如图 6-15 所示。

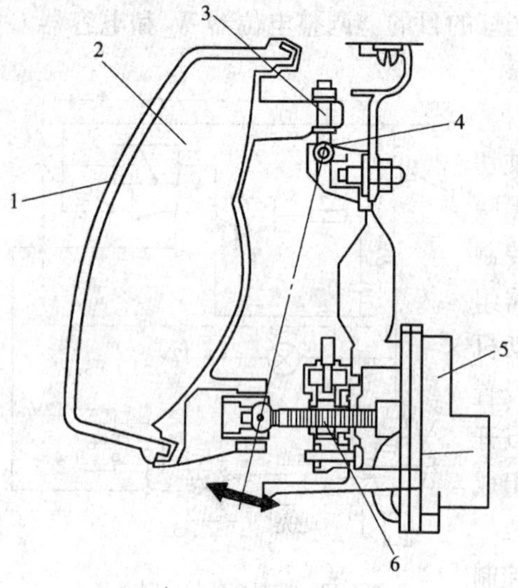

图 6-15 光束调整机构示意图

1-透镜;2-前照灯部分;3-枢轴臂;4-枢轴;5-执行器;6-调整螺钉

其工作原理如下:当车辆载荷变化时,车辆前轴和后轴的传感器将车身高度信号转变为电信号传给电子控制单元,电子控制单元通过执行器使调整螺钉与螺母相对运动来改变前照灯的倾斜角度,完成前照灯位置的变化,从而实现光束的自动调节。

三、灯光系统常见故障诊断

汽车前照灯的故障,不外乎灯光不亮,灯光发红。究其原因,大多数是因为灯丝烧断、电路断路或搭铁、灯座接触不良、开关损坏或失控所致。本书将讲述最常见的几种故障的诊断方法。

1. 前照灯远光和近光均不亮

接通车灯总开关后,若前照灯远光和近光均不亮,首先应检查车灯总开关接线柱、变光开关接线柱以及搭铁线是否有松脱断路。若接触良好,再用试火法测试车灯总开关和变光开关电源接线柱上是否有电,若有电再分别短接车灯总开关的电源与前照灯接线柱、变光开关与远近光接线柱,若灯亮,说明车灯总开关或变光开关有故障,否则可能是灯泡灯丝烧断或相应的线路故障。

2. 前照灯远光或近光不亮

应首先检查变光开关。可将变光开关的电源与不亮的近光或远光接线柱短路,若灯亮,则为变光开关故障,否则就是变光开关到前照灯之间的线路故障。

3. 一只前照灯远光或近光不亮

一般是前照灯灯泡的灯丝烧断或相应的线路故障。

4. 前照灯的亮度不够

前照灯亮度不够,应在发动机中速以上运转时,测量发电机的输出电压。如果正常,应检查前照灯灯座搭铁处是否良好,若接触不好,应除锈,并拧紧前照灯与车架之间的搭铁线。

5. 一灯发红

接通两个前照灯,其中一个灯光发红而不亮时,则是该灯搭铁不良造成的。

6. 熔断丝熔断

接通前照灯,若车灯总开关的熔断丝熔断,说明车灯总开关、变光开关或线路有搭铁短路故障。如果只在接通近光或远光时才熔断,则为近光或远光的线路有搭铁短路故障。

第三节　信号灯、危险警示灯及其控制电路

在汽车起步、转弯、变更车道或路边停车时,需要接通转向信号灯以表示汽车的行驶趋向,提醒周围车辆和行人注意。当接通危险警示信号开关时,所有转向信号灯同时闪烁,表示车辆遇紧急情况,请求其他车辆避让。根据 GB7258—2012《机动车运行安全技术条件》规

定,危险警示灯操纵装置不得受点火开关控制。

一、转向灯、危险警示灯及其控制电路

汽车转向及危险警示信号装置主要由电源、熔断器、闪光器、转向开关、转向灯等组成。

1. 闪光器(闪光继电器)

在转向或危险警示信号系统中,用于控制信号灯闪光的装置称为闪光器。闪光器串联在转向信号灯和转向指示灯电路中,转向时,使转向信号灯和转向指示灯发出明暗交替的闪烁信号;另外还可以做故障显示和危险警示信号。当转向信号灯发生故障时,仪表板上监视灯的状态发生变化,使驾驶员及时发现。闪光器的种类繁多,目前汽车用闪光器常用的结构形式有翼片式、电容式、晶体管式等形式。带继电器的晶体管式闪光器结构简单体积小、闪光频率稳定、监控作用明显、工作时伴有响声,故被广泛使用。

1)电容式闪光器

电容式闪光器的结构如图 6-16 所示,它由一只大容量电解电容器和双线圈继电器组成。工作原理:接通转向灯开关(左或右)后,串联线圈经触点、转向信号灯构成回路,且电流较大。产生较强磁场,吸动衔铁,使触点张开。此过程中,串联线圈通电时间极短,转向信号灯不亮。触点张开后电容器经串联线圈、并联线圈、转向灯开关、转向灯及转向指示灯构成充电回路。由于充电电流很小,此时转向灯与转向指示灯不亮。触点在串并联线圈的合成磁场(方向相同)作用下,仍保持张开状态。电容器充足电后,并联线圈电流消失,铁芯吸力减小,触点在复位弹簧作用下闭合,转向灯与转向指示灯亮;同时,电容器经并联线圈及触点放电,由于串联线圈与并联线圈磁场方向相反,铁芯吸力极小,触点保持闭合状态。当电容器放电结束后,并联线圈电流消失,在串联线圈磁场作用下,触点再次张开,转向灯与转向指示灯变暗,电容器再次充电。如此周而复始,转向灯与转向指示灯不停地以此频率闪烁。

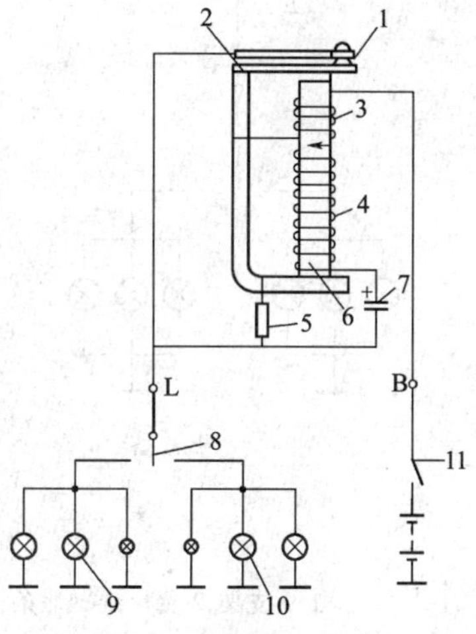

图 6-16 电容式闪光器

1-触点;2-弹簧片;3-串联线圈;4-并联线圈;5-灭弧电阻;6-铁芯;7-电解电容器;8-转向灯开关;9-左转向信号灯和转向指示灯;10-右转向信号灯和转向指示灯;11-点火开关

电容式闪光器具有监控功能,当一侧转向灯有一只或一只以上转向灯泡烧断或接触不良时,闪光器就使该侧转向灯接通时只亮不闪,以示该侧转向灯电路异常。

2)翼片式闪光器

翼片式闪光器分直热式和旁热式两种,其原理与转向灯电路,如图 6-17 所示。

直热式闪光器电路如图 6-17a)所示,当汽车转弯时,接通转向灯开关 6,电流从蓄电池"+"极→接线柱 B→支架 1→翼片 2→热胀条 3→活动触点 4→静触点 5→支架 9→接线柱 L→转向灯开关 6→转向信号灯→搭铁→蓄电池"-"极,构成回路,此时转向灯点亮。同时热胀条通电发热,受热伸长,翼片 2 绷直,触点断开,切断电路,转向灯熄灭。电路断开后,热胀条 3 冷却收缩,又拉紧翼片,使动触点 4 与静触点 5 再次接触,转向灯再次点亮,如此反

复，转向灯明暗交替，以一定的频率闪烁，标示车辆的行驶方向。

旁热式闪光器电路如图6-17b）所示，当汽车转弯时，接通转向灯开关6，电流从蓄电池“+”极→接线柱B→支架1→电热丝10→静触点5→接线柱L→ 转向灯开关6→转向信号灯→搭铁→蓄电池“-”极，构成回路。此时电阻丝10串入电路，电流小，转向灯暗。经过一段时间后，热胀条3受热伸长，触点闭合，此时电流经过弹性翼片2的触点构成回路，电流增大，转向灯亮。由于触点闭合，电阻丝10被短路，使热胀条3冷却收缩，又拉紧弹性翼片2，使触点分开，转向灯又暗。如此反复，转向灯就明暗交替，以一定的频率闪烁，标示车辆的行驶方向。

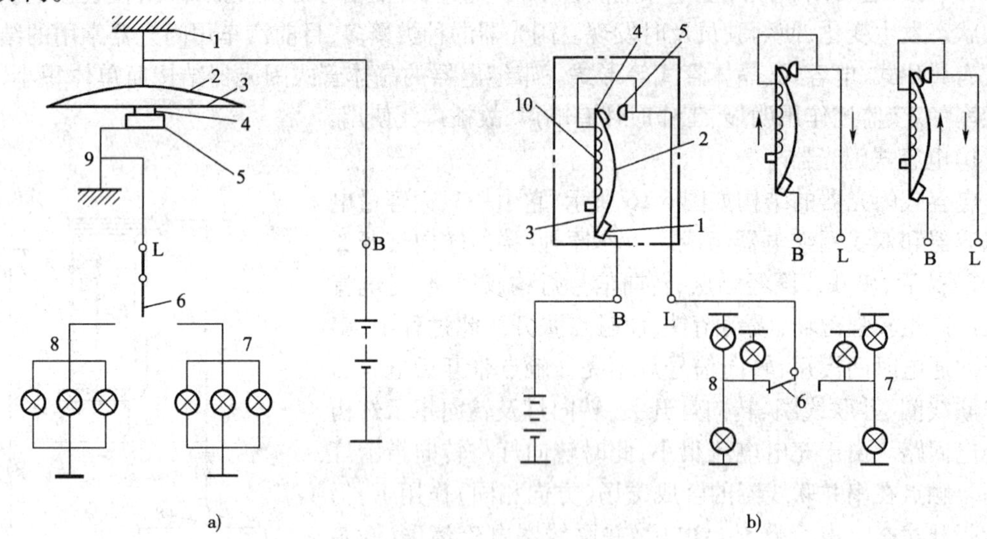

图6-17　翼片式闪光器

a）直热式闪光器；b）旁热式闪光器

1、9-支架；2-翼片；3-热胀条；4-动触点；5-静触点；6-转向开关；7-右转向灯；8-左转向灯；10-电热丝

3）晶体管式闪光器

晶体管式闪光器有带继电器晶体管式闪光器（有触点）、无触点闪光器、集成电路闪光器等。

带继电器的晶体管闪光器的工作原理如图6-18所示，它主要由三极管开关电路和小型继电器组成。

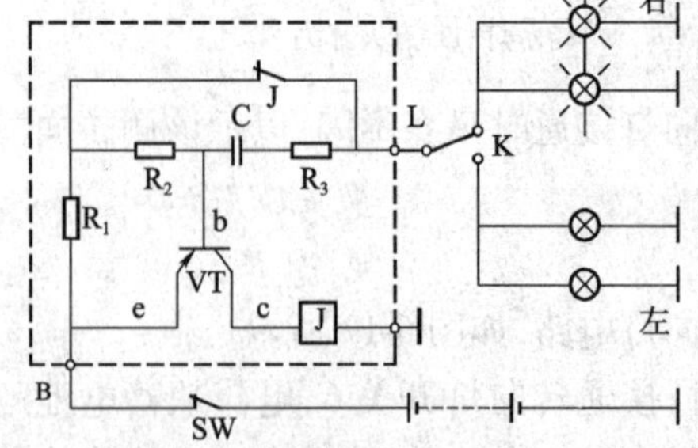

图6-18　带继电器的晶体管闪光器

接通转向灯开关，电流由蓄电池正极→电源开关SW→接线柱B→电阻R_1→继电器的常闭触点J→接线柱L→转向灯开关K→右转向信号灯→搭铁→蓄电池负极，形成回路，右转向信号灯亮。当电流通过电阻R_1时，在电阻R_1上产生电压降，三极管VT因正向偏压而导通，集电极电流通过继电器线圈J，使继电器的常闭触点立即打开，右转向信号灯随之熄灭。

三极管导通的同时，其基极电流向电容器C充电。电流由蓄电池正极→电源开关SW→接线柱B→三极管的发射极e→基极b→电容器C→电阻R_3→接线柱L→转向灯开关K→转向灯→搭铁→蓄电池负极，形成回路。随着电容器电荷的积累，充电电流逐渐减小，三极管的集电极电流也随之减小，当电流减小，线圈中产生的电磁力不足以维持衔铁的吸合而释放时，继电器触点重又闭合，转向灯又再次发亮。这时电容器 C 通过电阻 R_2、继电器触点 J、电阻 R_3放电。放电电流在 R_2上产生的电压降为三极管提供反向偏压，加速三极管的截止。当放电电流接近零时，R_1上的电压降为三极管 VT 提供正向偏压使其导通。这样，电容器不断地充电和放电，三极管也就不断地导通与截止，控制继电器触点反复地打开、闭合，使转向信号灯闪烁。

闪光器的闪光频率一般控制在 60 ~ 110 次/min。

2. 危险警示灯控制电路

危险警示灯开关一般装在仪表盘上标有红色三角符号的按钮式开关或装方向盘转向柱上的组合开关中。危险警示灯控制电路如图 6-19。

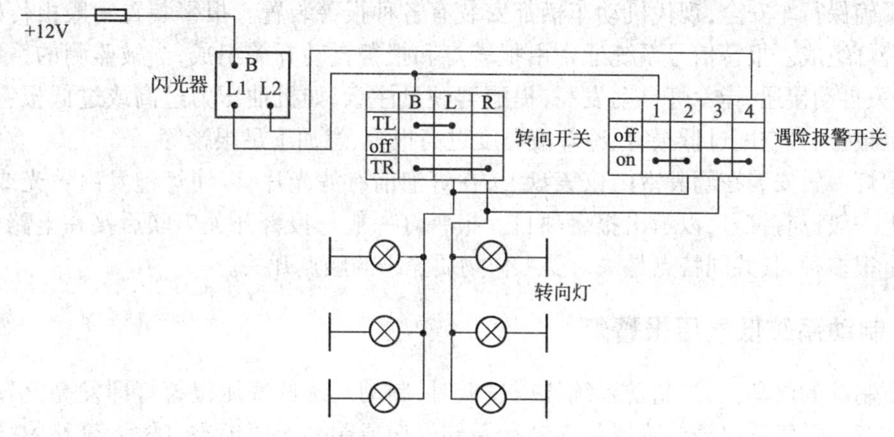

图 6-19　危险警示灯控制电路

工作原理：危险警示灯开关按下或接通后，遇险报警开关同时接通 1-2 和 3-4 端子，相当于同时接通左右转向灯开关，左右转向灯同时闪烁，以示危险状况。

二、制动灯及其控制

制动信号灯简称制动灯，装在汽车尾部的两侧，在汽车制动时发出较强的红光，以表示汽车紧急减速，提醒后面的车辆与行人注意。为避免被大型车对轿车碰撞的危险，经常在轿车后窗内加装由发光二极管成排显示的高位制动灯。制动停车灯在汽车制动时自动点亮，开关装置在制动踏板下，在踩下踏板时开关连通，制动灯亮。松开制动踏板时，开关断电，制动灯熄灭。在一些老式汽车中也有把开关安置于制动液压系统中的，制动时液压系统较高的压力接通开关，使制动灯亮。

三、信号灯、危险警示电路常见故障诊断

1. 危险警示灯和转向灯均不亮

首先接通点火开关或转向灯开关，检查灯座处导线是否有电。若有电，则应检查灯与灯座的接触状况、灯泡是否良好。若无电，则应检查线路及熔断器。如果均良好最后应检查继电器，可采用换件对比或短接继电器的方法进行检查判断其故障。

2. 危险警示灯工作正常，转向灯不正常

由于危险警示灯工作正常，因此可以判定闪光继电器、转向灯泡以及从闪光继电器到灯泡的连线没故障。首先检查转向灯熔断器，如果转向灯熔断器正常，则应检查转向灯专用线路或转向开关。

3. 转向灯工作正常，而危险警示灯不工作

首先检查危险警示灯熔断器，如果正常，则故障原因一般在危险警示灯开关或中间的连接导线上。

第四节　汽车报警灯及其控制电路

为了确保行车安全，现代机动车辆都安装有各种报警装置。报警装置一般由传感器和红色报警灯组成。报警信号系统通常由报警灯和报警自动开关组成，当被监测的系统不正常时，开关自动接通，指示灯自动发亮，提醒驾驶员注意，如机油压力过高或过低报警、制动压力不足报警、真空度过低报警、冷却液温度过高报警、燃油不足报警等。

报警灯一般安装在驾驶室内仪表盘上，在灯泡前有滤光片，以使灯泡发出黄光或红光，滤光片上一般标有符号，以示出报警项目。报警灯一般与报警开关串联后接在电路中。报警开关有很多种，其共同特点是一对受工作物质操纵的触点开关。

一、制动系统低气压报警灯

气压制动的汽车上，当制动系统气压过低时，制动系统低气压报警灯即发亮，引起汽车驾驶员注意。低气压报警传感器装在制动系储气筒或制动阀压缩空气输入管路中，红色报警灯装在仪表板上。制动系统低气压报警灯线路较为简单，主要由熔断丝、指示灯和低气压报警传感器串联组成。低气压报警传感器的结构如图 6-20 所示。

电源接通后，当制动系储气筒内的气压下降到 340 ~ 370kPa 时，由于作用在报警传感器膜片 4 上的压力减小，于是膜片 4 在复位弹簧 3 的作用下向下移动而使触点闭合，电路接通，低气压报警灯发亮。当储气筒中的气压升高到 400kPa 以上时，由于传感器中的膜片 4 所受的气压增大，使复位弹簧 3 压缩，触点打开，于是电路断开。

二、机油压力报警灯

在现代多数汽车上，除机油压力表之外，还配有一个红色报警灯，用来表示机油压力安全值的情况。当润滑系统机油压力降低或升高到允许限度时，报警灯即亮，以便引起汽车驾驶员注意。

薄膜式机油压力过低报警灯组成与原理如图 6-21 所示。当机油压力正常时，机油压力推动薄膜向上拱曲，推杆将触点打开，报警灯不亮；当机油压力过低时，薄膜在弹簧压力作用下移，从而触点闭合，红色报警灯亮，以示警告。

现代轿车的机油压力报警系统比以上更完善，它由低压开关、高压开关、控制模块及机油压力报警灯组成。低压油压开关为常闭型，其额定压力值为 0.03MPa。当油压低于此值时，开关闭合，反之则打开。高压油压开关为常开型，其额定压力值为 0.18MPa，当油压高于

此值时，开关闭合，反之打开。

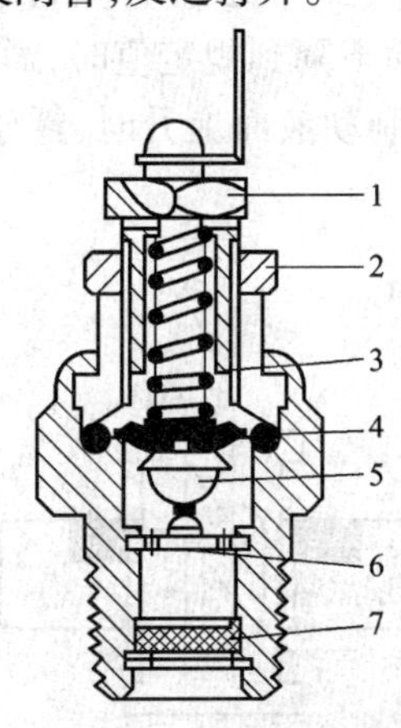

图 6-20 低气压报警传感器

1-调整螺钉；2-锁紧螺钉；3-复位弹簧；4-膜片；5-动触点；6-静触点；7-滤清器

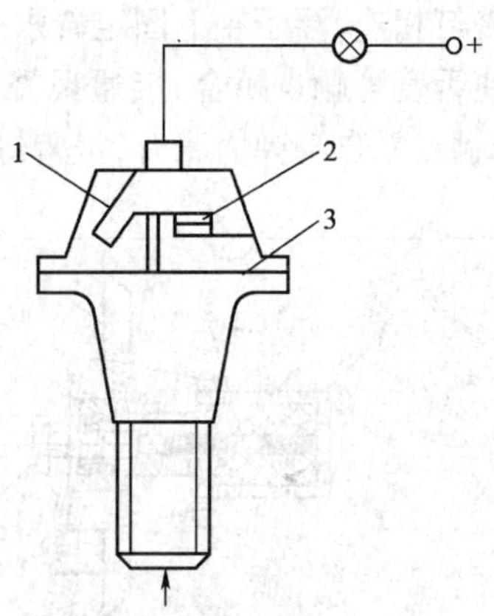

图 6-21 薄膜式机油压力过低报警灯

1-推杆；2-触点；3-薄膜

控制模块利用油压开关信号以及转速信号进行控制。当发生故障时，油压报警灯亮，同时蜂鸣器发出报警声。当发动机怠速时，若油压小于 0.03MPa，报警灯亮；当发动机转速超过 2050r/min 时，如果油压小于 0.18MPa，报警灯亮 3s 后，蜂鸣器报警；转速下降到 2050r/min 以下时，蜂鸣器也保持报警，直到油压达到 0.18MPa 以上或关掉点火开关为止。

三、冷却液温度报警灯

冷却液温度报警灯用来监控冷却系统，当冷却液温度不正常时，发出灯光信号，以示警告。其传感器由双金属片作为温度敏感元件，冷却液温度报警灯的电路如图 6-22 所示。在传感器的密封套管 1 内装有条形双金属片 2，双金属片 2 自由端焊有动触点，而静触点 4 直接搭铁。当温度升高到 95 ~ 98℃时，双金属片 2 向静触点方向弯曲，使两触点接触，红色报警灯便接通发亮。

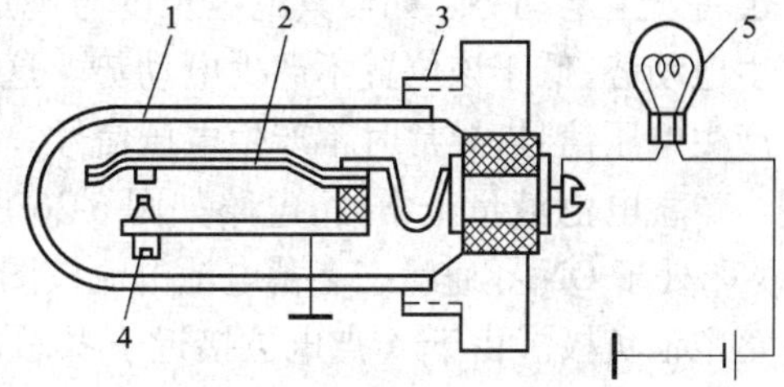

图 6-22 冷却液温度报警灯

1-传感器套管；2-双金属片；3-螺纹接头；4-静触点；5-指示灯

四、燃油油面报警灯

燃油油面报警灯用来当燃油箱内燃油减少到某一规定值时，报警灯亮，以警告驾驶员注意。如图 6-23 所示，它由热敏电阻式燃油油量报警传感器和报警灯组成。当燃油箱内燃油量多时，负温度系数的热敏电阻元件 3 浸没在燃油中，散热快，其温度较低，电阻值大所以电路中电流很小，报警灯处于熄灭状态。当燃油减少到规定值以下时热敏电阻元件 3 露出油面以上，散热慢，温度升高，电阻值减少，电流增大，则报警灯发亮。

五、制动液液面报警灯

制动液液面报警灯用来在制动液液面降到规定值时，报警灯亮，警告驾驶员进行维护。

结构如图6-24所示，它的传感器，装在制动液储液罐中。外壳1内装有舌簧管继电器，接线柱与液面报警灯相连，浮子4上固定着永久磁铁。制动液面下降到规定值时，通过浮子带动永久磁铁3使舌簧管触点闭合，接通报警灯，发出警告，当制动液面上升时，浮子上升，吸力减弱，舌簧管触点靠自身弹力张开，报警灯熄灭。

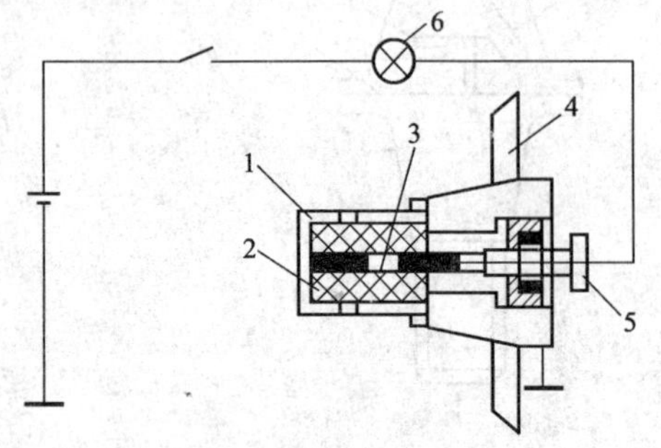

图6-23　燃油油面报警灯

1-外壳；2-金属网丝；3-热敏电阻；4-油箱外壳；5-接线柱；6-指示灯

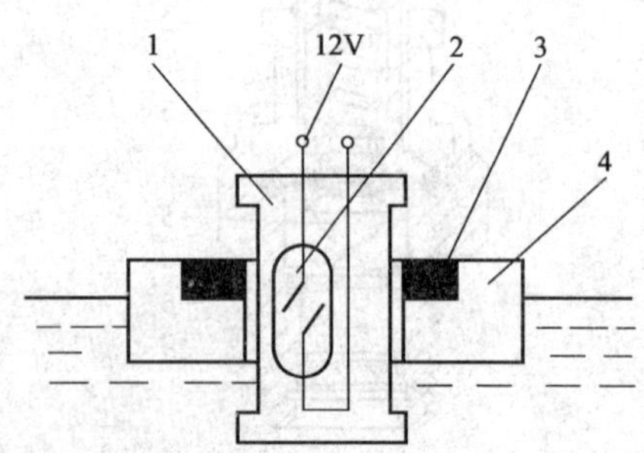

图6-24　制动液液面报警灯

1-外壳；2-舌簧管；3-永久磁铁；4-浮子

六、蓄电池液面报警灯

蓄电池液面报警灯用来当蓄电池液面下降时向驾驶员警告，以便维护。蓄电池液面报警系统利用电极式液面高度传感器测量液面高度，如图6-25所示，该传感器由装在蓄电池盖板上作为电极的铅棒构成。蓄电池液量低于规定量时报警灯点亮，从而向驾驶者发出蓄电池液量不足的报警信号。

当把传感器的电极置于蓄电池电槽中时，在该电槽中具有与蓄电池阴极板相同的作用，也将发生电动势。如使其电极长度与规定液面位置下限处吻合，实际液面高于该位置则发生电动势，低于该位置不产生电动势。这种电极式液面位置传感器在蓄电池液量正常时可产生电压信号，异常时不产生电压信号。

蓄电池液量正常时，电路如图6-26所示。传感器浸入蓄电池液中产生电动势，晶体管VT_{r1}处于ON导通状态。蓄电池电流按图中箭头方向从正极经过点火开关、晶体管VT_{r1}流向蓄电池负极。由于A点电位接近于零，晶体管VT_{r2}处于OFF截断状态，报警灯不亮。

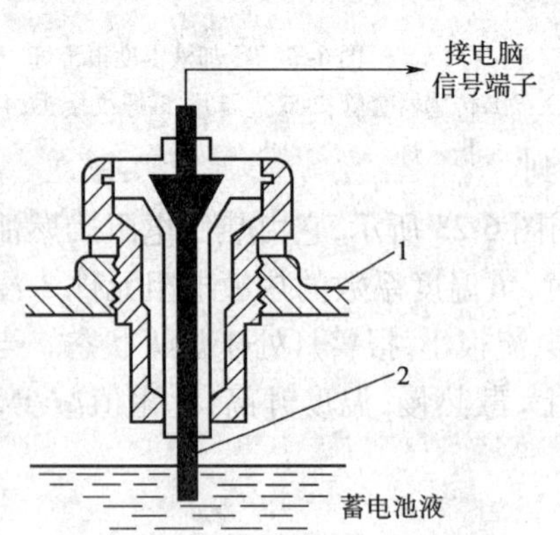

图6-25　蓄电池液面报警灯

1-蓄电池上盖板；2-电极

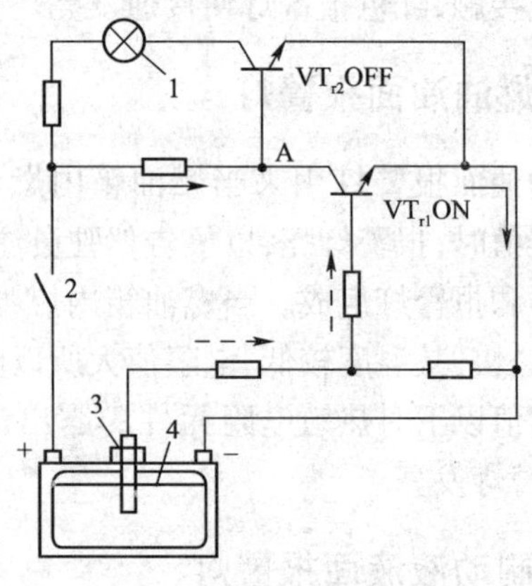

图6-26　蓄电池液面正常电路

1-报警灯；2-开关；3-传感器；4-液面

蓄电池液量不足时，电路如图6-27所示。由于此时传感器未浸入蓄电池液中，不能产生电动势，晶体管 VT_{r1} 处于OFF状态。同时，又由于A点电位升高，电流按箭头方向流过晶体管 VT_{r2} 基极，从而使 VT_{r2} 处于ON状态，报警灯亮，警告驾驶者蓄电池液量不足。

七、制动灯断线报警灯

为了提高行车安全，在汽车上安装制动灯断线报警灯。其线路原理如图6-28所示，由电磁线圈4、6和舌簧开关5，报警灯3与舌簧开关5等组成。

在正常情况下制动时，踩下制动踏板，制动灯开关接通，电流分别经电磁线圈4和6，左右制动信号灯亮。此时，两线圈所产生的磁场互相抵消，舌簧开关5在自身弹力作用下断开触点，报警灯不亮。若左（或右）制动信号灯灯线断路（或灯丝烧断）时，则电磁线圈4（或6）无电流通过，而通电的线圈产生的磁场吸力吸动舌簧开关5的触点闭合，与舌簧开关5串联的报警灯3亮。

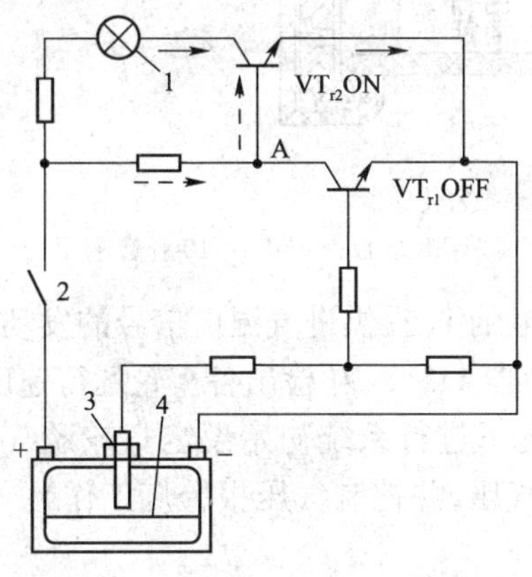

图6-27　蓄电池液面不足电路

1-报警灯；2-开关；3-传感器；4-液面

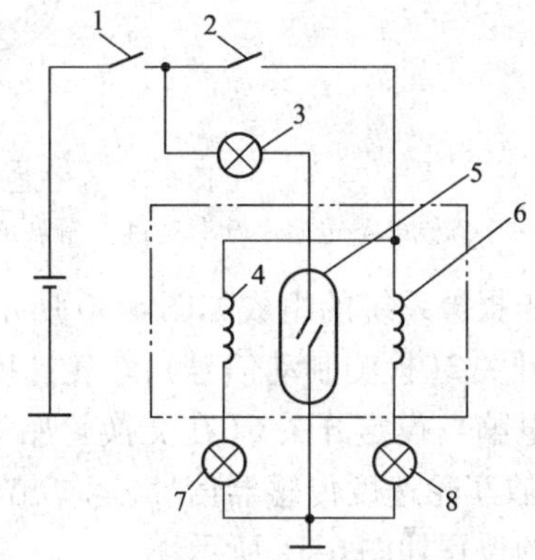

图6-28　制动灯断线报警灯

1-点火开关；2-制动开关；3-报警灯；4、6-电磁线圈；5-舌簧开关；7、8-制动信号灯

八、空气滤清器堵塞报警灯

进气管的进气畅通与否，直接影响充气效率。空气滤清器堵塞报警灯用来在进气管堵塞时，点亮报警灯，以示警告，主要用在货车上。如图6-29所示为东风汽车的空气滤清器堵塞报警传感器内部结构。外壳的前部装有感受压力差的膜片7，并靠底板8压固，底板上开有三个小孔与大气相通，外壳的后部设有通气管，通过输气管与空气滤清器的下部相通，从而使其壳内成为一个气盒。

空气滤清器堵塞时，气盒内产生真空，当其真空度达到51kPa时，在大气压力的作用下，膜片推动弹簧座移动，使触点闭合，点亮报警灯。

九、轮胎气压报警灯

轮胎气压报警系统用来在车辆行驶中，检测轮胎的气压状态，当轮胎气压降低时，使仪表板的报警信号灯点亮，向驾驶员发出警告。

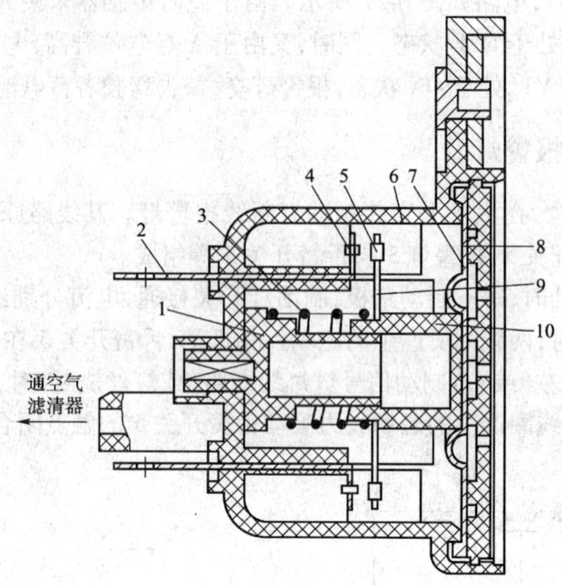

图6-29　空气滤清器堵塞报警传感器

1-螺栓;2-导电插片;3-弹簧;4、5-触点;6-外壳;7-膜片;8-底板;9-导电片;10-弹簧座

轮胎气压报警系统的组成如图6-30所示,即电脑1(提供进气温度信号的发动机控制系统);驻车灯开关2(检测制动信号);车轮速度传感器4、5、8、9(检出各车轮运行速度,并将检出结果输入电脑);设定开关6(在交换轮胎等情况下进行系统初始设定);轮胎气压报警系统电脑7(接收车轮速度传感器信号,运算出轮胎气压,并控制气压报警灯工作)。轮胎气压报警信号灯的位置如图6-31所示。

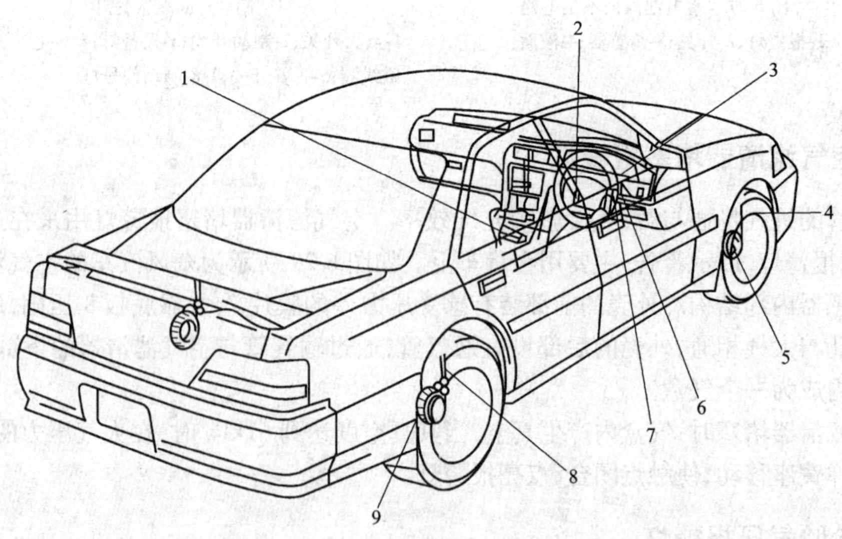

图6-30　轮胎气压报警系统

1-发动机控制系统电脑;2-驻车灯开关;3-轮胎气压报警灯;4、8-车轮速度传感器;5、9-速度传感器转盘;6-设定开关;7-轮胎气压报警系统电脑

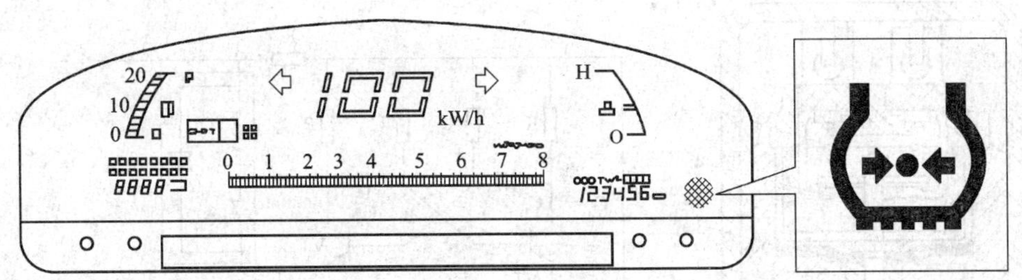

图 6-31 轮胎气压报警信号灯位置

轮胎气压报警系统利用轮胎气压与轮胎弹性的相关性，从制动防抱死系统的车轮传感器输出的轮胎信号来计算出轮胎弹性，从而实现轮胎气压的正常监测。再从轮胎弹性变化计算出共振频率的变化，以此作为轮胎气压变化，向驾驶者发出低压警告。

把车轮速度传感器输出的信号，输给中央处理器进行波形整形处理，用以计算轮胎的共振频率，再从该共振频率推算出轮胎扭转常数即可检测出轮胎气压。

第五节 倒车信号装置

倒车信号装置包括倒车灯和倒车报警器。汽车倒车时，为了警示车后的行人和其他车辆注意避让，在汽车的后部装有倒车灯和倒车蜂鸣器（或倒车语音报警器），它们均由装在变速器上的倒挡开关控制。当变速杆挂入倒挡时，在拨叉轴的作用下，倒挡开关接通倒车报警器和倒车灯电路，从而发出声光倒车信号。

一、倒车信号灯系统

汽车的倒车灯一般装于汽车尾部，为白色，左右各一只，近年生产的车辆一般仅安装一只。其作用是照亮车后路面并警告车后行人和车辆，表示该车正在倒车。倒车信号电路一般由倒车开关、倒车灯和熔断丝组成。

倒车灯开关控制倒车信号装置，倒车灯开关结构如图 6-32 所示。车辆未挂入倒挡时，钢球 1 处于顶起位置，当车辆挂入倒挡时，钢球 1 落入倒挡轴的凹坑内，借助弹簧力使触点 4 闭合，将倒车信号电路接通。

二、倒车报警器

现代许多汽车上除了装有倒车灯以外，还安装了倒车报警器。倒车报警器有倒车蜂鸣器和倒车语言报警器两种。

1. 倒车蜂鸣器

倒车蜂鸣器是一种间歇发声的音响装置，图 6-33 为倒车蜂鸣器电路。其发音部分是一只功率较小的电喇叭，控制电路是一个由无稳态电路（即“多谐振荡器”）和反相器组成的开关电路。

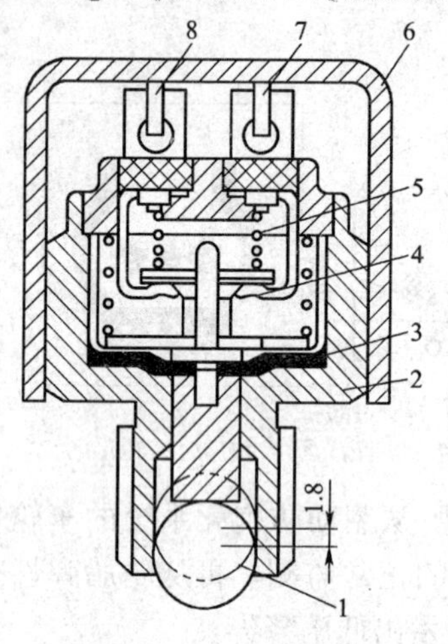

图 6-32　倒车开关结构图
1-钢球;2-壳体;3-膜片;4-触点;
5-弹簧;6-保护罩;7、8-接线柱

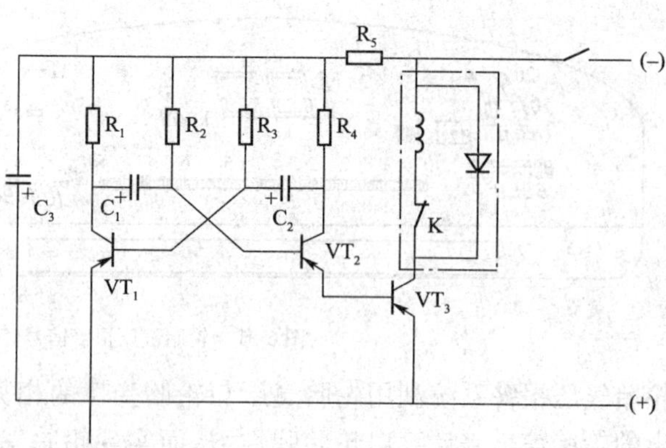

图 6-33　倒车蜂鸣器电路

三极管 VT_1、VT_2 组成一个无稳态电路,由于 VT_1 和 VT_2 之间采用电容器耦合,所以 VT_1 与 VT_2 只有两个暂时的稳定状态,或 VT_1 导通、VT_2 截止;或 VT_1 截止,VT_2 导通,这两个状态周期地自动翻转。

VT_3 在电路中起开关作用,它与 VT_2 直接耦合,VT_2 的发射极电流就是 VT_3 的基极电流。当 VT_2 导通时,VT_3 基极有足够大的基极电流导通向小喇叭供电。小喇叭通电使膜片振动,产生声音。当 VT_2 截止时,VT_3 无基极电流也截止,小喇叭断电响声停止,如此周而复始,VT_3 按照无稳态电路的翻转频率不断地导通、截止,从而使得倒车蜂鸣器发出"嘀-嘀-嘀"的间歇鸣叫声。

2. 倒车语音报警器

随着集成电路技术的发展,现在已经能将语音信号压缩存储于集成电路中,制成倒车语音报警器。在汽车倒车时,能重复发出"请注意,倒车!"等声音,以此提醒车后行人避开车辆而确保安全倒车。倒车语音报警器的典型电路如图 6-34 所示。IC_1 是储存有语音信号的集成电路,集成块 IC_2 是功率放大集成电路,稳压管 VD 用于稳定语音集成块 IC_1 的工作电压。为防止电源电压接反,在电源的输入端使用了由 4 个二极管组成的桥式整流电路,这样无论它怎样接入 12V 电源,均可保证电子电路可正常工作。

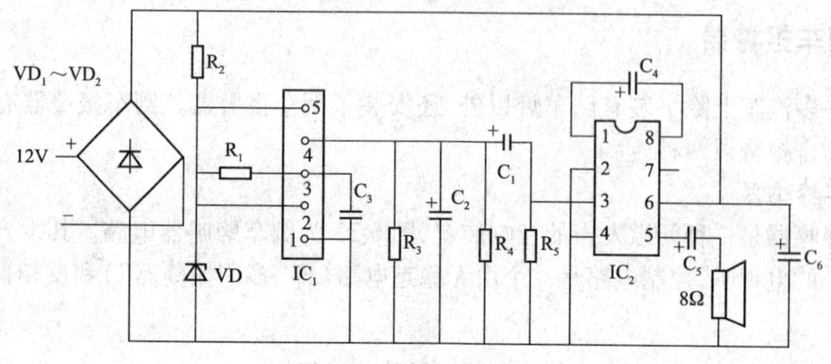

图 6-34　倒车语音报警器

当汽车挂入倒挡时，倒车开关接通了倒挡报警电路，电源便由桥式整流电路输入语音倒车报警器，语音集成电路 IC_1 的输出端便输出一定幅度的语音电压信号。此语音电压信号经 C_2、C_3、R_3、R_4、R_5 组成的阻容电路消除杂音，改善音质，并耦合到集成电路 IC_2 的输入端，经 IC_2 功率放大后，通过喇叭输出，即可发出清晰的“请注意，倒车！”等声音。

第六节　汽车电喇叭

一、电喇叭的作用与分类

汽车上都装有喇叭，它的用途是在行车过程中根据需要和规定，发出必需的音响信号，警告行人与其他车辆，以保证行车安全，同时还可用于催行与传递信号。喇叭按发音动力的不同分气喇叭和电喇叭两类；按声频分有高音和低音两种。按外形分有螺旋形、盆形、筒形三类，如图 6-35 所示。

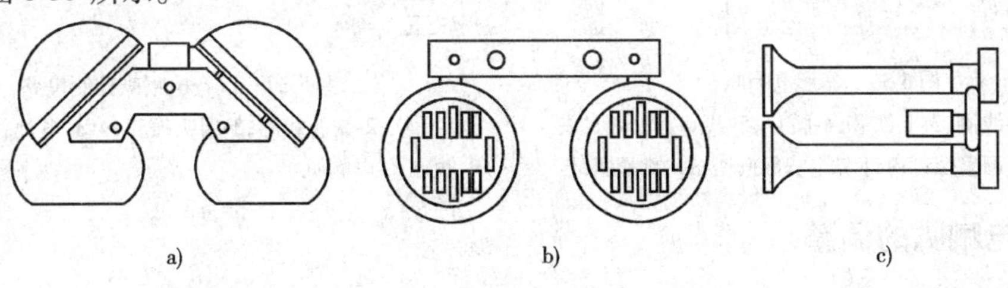

图 6-35　喇叭的种类
a）螺旋形；b）盆形；c）筒形

二、电喇叭构造与工作原理

1. 盆形电喇叭

盆形电喇叭结构如图 6-36 所示。电喇叭初始状态为触点闭合状态，按下电喇叭按钮，电喇叭线圈电路接通，电流流向为：蓄电池正极→线圈 2→触点 7→喇叭按钮 10→搭铁→蓄电池负极。线圈通电产生磁力后，吸动上铁芯 3 及衔铁 6 下移，使膜片 4 下拱，上铁芯 3 及下铁芯 9 接近，衔铁 6 下移过程中将触点 7 顶开，线圈 2 电路被切断，磁力消失，由于膜片 4 自身弹性带动上铁芯 3 及衔铁 6 一起回位，触点 7 又闭合。于是，线圈 2 中又有电流流过而产生磁力，上铁芯 3 和衔铁 9 又被吸下，膜片 4 下拱，上铁芯 3 及下铁芯 9 再次接近。如此循环，膜片因振动发出声音，同时，共鸣板 5 与膜片 4 发生谐振，把声音放大，并使声音变得悦耳。为了保护触点，有的盆形喇叭在触点之间也并联了灭弧电容器。

2. 双音电喇叭控制电路

为了得到较为和谐悦耳的声音，在汽车上常装有两个不同音调（高、低音）的电喇叭。其中高音喇叭膜片厚、扬声筒短，低音喇叭则相反。

装用单只螺旋形电喇叭或两只盆形喇叭时，电喇叭总电流较小（小于 8A），一般直接由转向盘上的喇叭按钮控制。当装用两只螺旋形电喇叭时，电喇叭耗用电流较大（15～20A），用按钮直接控制，易烧蚀按钮触点。为避免这一缺点，可采用喇叭继电器控制双音电喇叭。喇叭继电器结构和接线如图 6-37 所示。按下转向盘上喇叭按钮时，喇叭继电器线圈通电，继电器铁芯产生电磁吸力,将继电器触点闭合,接通了双音电喇叭,喇叭发音。松开喇叭按钮时,继电器线圈断电,铁芯电磁吸力消失,触点在自身弹力作用下张开,切断了电喇叭电路,电喇叭停止发音。

喇叭继电器的作用就是利用铁芯线圈的小电流控制触点的大电流,从而保护转向盘按钮触点。

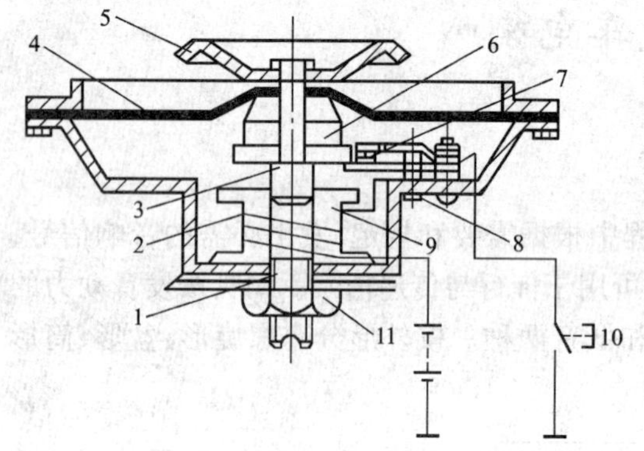

图6-36　盆形电喇叭

1-底座;2-线圈;3-上铁芯;4-膜片;5-共鸣盘;6-衔铁;7-触点;8-调整螺钉;9-下铁芯;10-按钮;11-锁紧螺母

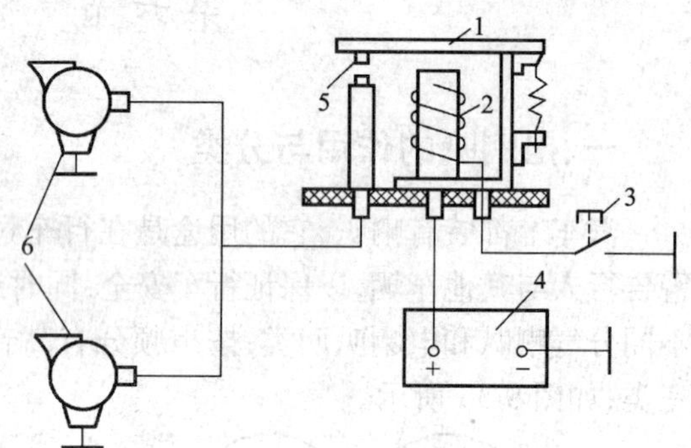

图6-37　双音电喇叭控制电路

1-衔铁;2-铁芯线圈;3-喇叭按钮;4-蓄电池;5-继电器触点;6-电喇叭

三、电喇叭的调整

电喇叭的调整一般有触点预压力和铁芯气隙调整两项,前者调整喇叭的音量,后者调整喇叭的音调。如图6-38为盆形电喇叭的调整。

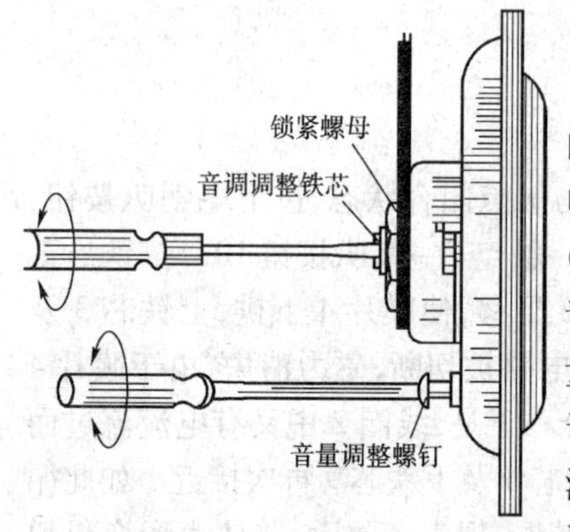

图6-38　盆形电喇叭调整位置

1. 音量的调整

音量的大小与通过线圈的电流大小有关,通过线圈的工作电流越大,喇叭发出的音量也就越大。线圈通过电流的大小,可以通过改变喇叭触点的接触压力来调整(压力增大,通过线圈的电流增大,喇叭的音量增大,反之音量减小)。旋转音量调节螺钉(逆时针方向转动时,音量增大)。调整时不可过急,一般每次转动调节螺母不多于1/10圈。触点压力是否正常,可通过检查喇叭工作电流与额定电流是否相符来判断。如工作电流等于额定电流,则说明触点压力正常;如工作电流大于或小于额定电流,则说明触点压力过大或过小,应予以调整。

2. 音调的调整

音调的高低取决于膜片振动的频率,改变铁芯间隙可以改变膜片的振动频率,从而改变音调,有的在制造时已经调好,工作中不用调整。调整时松开锁紧螺母旋转铁芯,间隙减小时音调提高,间隙增大时音调降低,铁芯气隙值(一般为0.7～1.5mm)视喇叭的高、低音及规格型号而定,如DL34G为0.7～0.9mm,DL34D为0.9～1.05mm。其中DL代表电喇叭,G代表高音,D代表低音。

电喇叭音量和音质调整并不是完全独立的,它们两者实际上是相互关联的,因此两者需反复调试才会获得最佳效果。汽车喇叭声级在距车前 2m、离地面 1.2m 处测量时,其值应为 90～115dB。

四、电喇叭常见故障诊断

1. 喇叭不响

1)故障现象

按下按钮,喇叭不响。

2)故障诊断

(1)检查火线是否有电,拆下喇叭继电器的"电源"接线柱上的导线进行划火。若无火,说明火线断路,应检查蓄电池→熔断丝→喇叭继电器"电源"接线柱之间线路有无断路。

(2)若火线有电,再将喇叭继电器的"电源"与"喇叭"两个接线柱短接,若喇叭响,说明喇叭继电器或喇叭按钮有故障,否则,喇叭本身或连接线有故障。

(3)按下喇叭按钮,倾听继电器内有无响声,若有"嗒嗒"声,但喇叭不响,说明触点氧化或烧蚀。若无"嗒嗒"响声,再将继电器按钮接线柱搭铁,若喇叭响,说明按钮或连接线有故障;若喇叭不响,但能听到继电器中有"嗒嗒"响声,为触点接触不良;听不到"嗒嗒"声,搭铁时无火花,为线圈断路;火花强烈,为线圈短路。

(4)按下喇叭按钮,喇叭只发出"嗒"的一声就不响了,故障在喇叭内部。同时观察喇叭触点是否能断开。若不能断开应重新调整;若能断开,则应先检查触点间隙以及电容器或灭弧电阻是否短路。

(5)若按下喇叭按钮,喇叭不响,检查电路发现熔断丝熔断,肯定是线路中有搭铁之处,可分段检查。

2. 喇叭响声不正常

1)故障现象

当按下喇叭按钮时,喇叭声音沙哑、发闷、刺耳。

2)故障诊断

首先检查蓄电池存电是否充足。接通前照灯开关,如果灯光暗弱,或者在发动机未启动前喇叭声音沙哑,但发动机启动并加速到中速以上运转时,喇叭声音恢复正常,则是蓄电池亏电所致。若蓄电池技术状况正常或发动机中速以上运转时,喇叭声音仍沙哑,则应检查安装情况,若有松动应紧固,若无松动,应检查各部紧固情况,必要时检查喇叭膜片和调整音量与音调。若膜片破裂,更换时应使用同型号、同音量喇叭的膜片。

3. 喇叭长鸣

1)故障现象

在行车中,喇叭突然响个不停或按下喇叭按钮松开后,喇叭依然鸣叫。

2)故障诊断

遇到这种情况,应迅速将接在继电器"电池"接线柱上的火线头拆下悬空,使喇叭停响。拆除继电器"按钮"接线柱上的接头,然后用前面拆下的电池接线柱上的火线碰划"电池"接线柱。若喇叭响,可能是继电器触点烧蚀、弹簧弹力过弱或继电器"喇叭"、"电池"接线柱短路。若喇叭不响,可能是继电器"按钮"接线柱至按钮之间的连线破损搭铁、线头搭铁或按钮复位弹簧折断或弹簧弹力过弱等。

4. 一只喇叭不响(喇叭响声过小)

1)故障现象

按下喇叭按钮,只有高音或低音喇叭鸣叫。

2)故障诊断

首先用万用表、试灯或对调两个喇叭连接线,检查导线有无断路。若导线良好,应检查喇叭的调整是否变动,喇叭线圈是否断开,喇叭搭铁是否良好等。

第七节 汽车仪表

汽车仪表是为驾驶员提供汽车运行重要信息的装置,用来指示汽车运行与发动机的运转状况,以便及时发现问题、采取措施、避免事故,保证车辆正常运行,同时也是维修人员发现和排除故障的重要工具。

现代汽车电气仪表一般包括电流表、机油压力表、冷却液温度表、燃油表和车速里程表等,有的汽车还装有发动机转速表。汽车电气仪表均集中安装在驾驶室仪表板上。常用的形式有组合式仪表板与组合仪表。不同汽车装用的仪表个数及结构类型不同,但应结构简单、工作可靠、耐振、抗冲击性好,在电源电压允许变化的范围内,仪表示值应准确,且不随周围温度的变化而变化。

一、冷却液温度表

冷却液温度表用来指示发动机冷却液工作温度。其工作电路由冷却液温度表和冷却液温度传感器两部分组成,冷却液温度表安装在组合仪表内,冷却液温度传感器安装在发动机汽缸盖的冷却水套上。电热式冷却液温度表又称双金属片式冷却液温度表,可与电热式冷却液温度传感器或热敏电阻式冷却液温度传感器配套使用。电热式冷却液温度表与电热式冷却液温度传感器的结构与工作电路如图 6-39 所示。

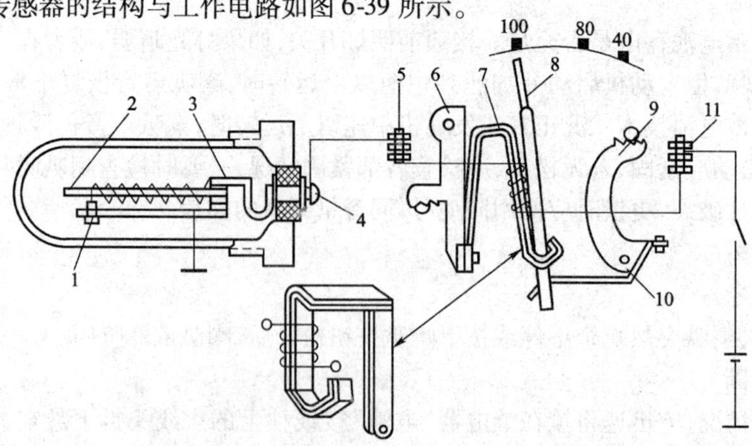

图 6-39 电热式冷却液温度表与电热式冷却液温度传感器

1-固定触点;2-双金属片;3-连接片;4-冷却液温度传感器接线柱;5、11-冷却液温度表接线柱;6、9-调节齿扇;7-双金属片;8-指针;10-弹簧片

当电路接通，冷却液温度不高时，双金属片2主要依靠加热线圈产生变形，故双金属片2需经较长时间的加热，才能使触点分开。触点打开后，由于四周温度低散热快，双金属片2迅速冷却又使触点闭合。所以冷却液温度低时，触点在闭合时间长而断开时间短的状态下工作，使流过冷却液温度表加热线圈中的电流平均值增大，双金属片7变形大，带动指针向右偏转，指示低的冷却液温度。当冷却液温度高时，双金属片2周围温度高，触点的闭合时间短而断开时间长，流过冷却液温度表加热线圈的电流平均值小，双金属片7变形小，指针向右偏转角小而指示高的冷却液温度。

二、燃油表

燃油表用来指示汽车燃油箱的油量。

电热式燃油表称为双金属片燃油表，其结构与电路如图6-40所示。

当油箱无油时，传感器浮子7在最低位置，将可变电阻5全部接入电路，加热线圈中的电流最小，所以双金属片3没有变形，指针4指示“0”的位置；当油箱中的油量增加时，传感器浮子上浮，带动滑片6移动，可变电阻的阻值减小，加热线圈中的电流增大，双金属片3受热变形，带动指针4向右偏转。

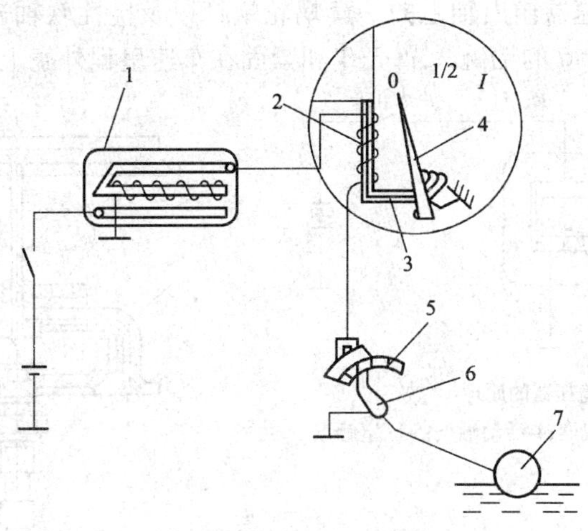

图6-40 电热式燃油表

1-电源稳压器；2-加热线圈；3-双金属片；4-指针；5-可变电阻；6-滑片；7-浮子

由于流经加热线圈中的电流除与可变电阻的阻值有关外，还与电源电压有关，因此该电路中需配有电源稳压器。

电源稳压器主要由双金属片、加热线圈、触点和调节片组成，与冷却液温度表、燃油表连接。一端铆有活动触点，调节片连接电源，另一端铆有固定触点。触点之间的压力可通过调节螺钉调节，从而调节仪表电路中电流的平均值。加热线圈的一端焊在双金属片带触点的一端，另一端搭铁。

稳压器的原理如图6-41所示。接通点火开关，稳压器通电，由于触点为常闭触点，此时输出电压等于输入电压。同时，由于电流通过加热线圈，双金属片被加热变形而拱曲，使触点打开。当触点打开后，输出电压为0。这时，双金属片因不再加热而逐渐冷却复位，触点又闭合。如此反复,触点不断开闭,使稳压器输出脉冲电压,其电压波形如图 6-42 的 AB 段所示。

当输入电压升高时,流过稳压器加热线圈的电流加大,产生的热量多,双金属片变形快,因此只需较短时间,触点就打开。这样,触点的闭合时间短,打开时间相对较长,输出脉冲虽高但窄,见图 6-42 中的 CD 段,使其平均值,即输出电压,基本上不增加。

当输入电压降低时,流过稳压器加热线圈的电流小,产生的热量少,双金属片热变形慢,所以触点的闭合时间长,打开时间相对较短,输出脉冲虽低但宽,见图 6-42 中的 EF 段,使其平均值,即输出电压,基本上不减少。

从图 6-42 可知,稳压器的输出电压低于电源电压,因此凡使用电源稳压器的仪表,不允许直接与电源相接,否则有可能损坏指示器。

三、车速里程表

车速里程表是用来指示汽车行驶速度和累计行驶里程数的仪表,由车速表和里程表两部分组成。

磁感应式车速里程表也称永磁式车速里程表,其结构如图 6-43 所示。磁感应式仪表没有电路连接,它是由变速器输出轴上的一套蜗轮蜗杆以及挠性软轴来驱动的。车速表由永久磁铁 1、带有轴及指针 6 的铝碗 2、罩壳 3 和紧固在车速里程外壳上的刻度盘 5 等组成。

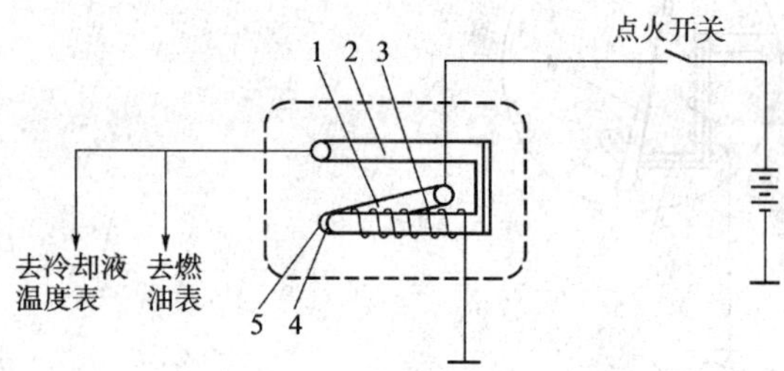

图 6-41 电源稳压器的原理

1-调节片;2-双金属片;3-加热线圈;4-活动触点;5-固定触点

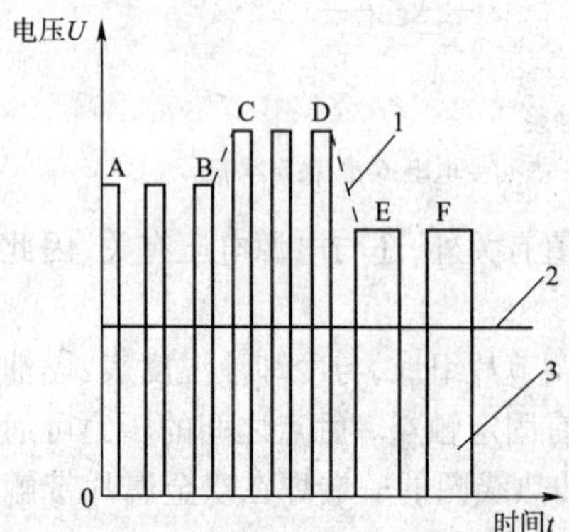

图 6-42 电源稳压器的电压波形

1-电源电压的变动波形;2-经稳压后的恒定脉冲电压平均值;3-稳压器工作时的脉冲电压波形

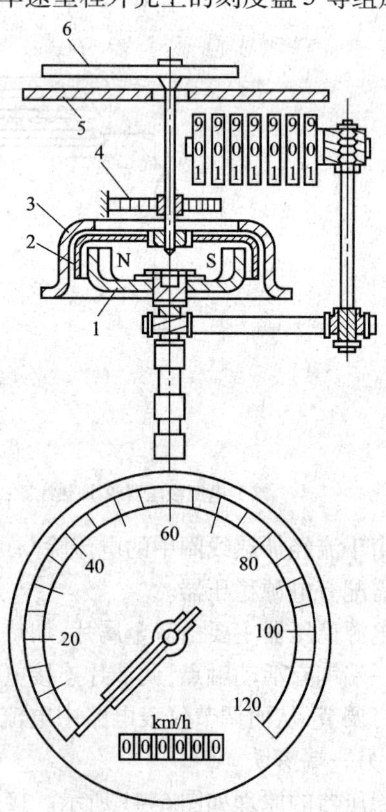

图 6-43 磁感应式车速里程表

1-永久磁铁;2-铝碗;3-罩壳;4-盘形弹簧;5-刻度盘;6-指针

罩壳3是固定的，铝碗2是杯形的，与永久磁铁1及罩壳3间具有一定的间隙，没有机械连接。铝碗2是与指针6一起转动的，在静态时，由于盘形弹簧（游丝）4的作用使指针指在刻度盘0的位置上。

当汽车行驶时，变速器输出轴上的蜗轮、蜗杆以及软轴等带动永久磁铁转动，同时在铝碗上感应出涡流，产生转矩，使铝碗反抗游丝向永久磁铁转动方向转动，带动指针同转一个角度，因为涡流的强弱与车速正比（车速越高，磁场切割速度越高），所以指针指示的速度也必与汽车的行驶速度成正比。

里程表是由蜗轮蜗杆和计数轮组成的，蜗轮蜗杆和汽车的传动轴之间具有一定的传动比。在汽车行驶时，软轴驱动车速里程表的小轴，经三对蜗轮蜗杆带动里程表的第一计数轮转动。第一计数轮上的数字为十分之一公里，每两个相临的计数轮之间，又通过本身的内齿和进位计数轮的传动齿轮，形成1:10的传动比。这样汽车行驶时，就可以将其行驶里程不断累计起来。

四、发动机转速表

发动机转速表用于指示发动机的运转速度。

发动机转速表有机械式和电子式两种。电子式转速表由于结构简单、指示精确和安装方便，因此被广泛应用。

电子转速表获取转速信号的方式一般有两种：即从点火系获取脉冲电压信号和从发动机曲轴获取转速信号。汽油发动机电子式转速表都是用点火系的初级电路为触发信号。图6-44为桑塔纳轿车转速表电路原理图，转速信号来自于点火系初级电路。工作原理如下：

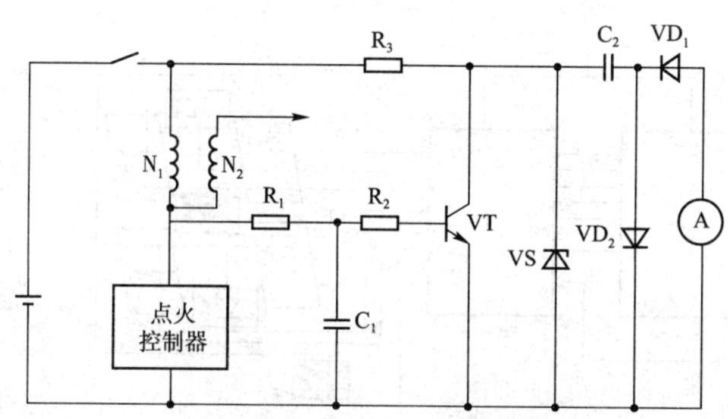

图6-44 桑塔纳轿车转速表电路原理图

当点火控制器使初级电路导通时，三极管VT处于截止状态，电容C_2被充电。其充电电路为：蓄电池正极→R_3→C_2→VD_2→蓄电池负极，构成回路。

当点火控制器使初级电路截止时，三极管VT的基极得正电位而导通，此时C_2便通过导通的三极管VT、电流表A和VD_1构成放电回路，从而驱动电流表。

当发动机工作时，初级电路不断地导通、截止，其导通、截止的次数与发动机转速成正比。所以当初级电路不断地导通、截止时，对电容C_2不断地进行充放电，其放电电流平均值与发动机转速成正比，于是将电流平均值标定成发动机转速即可。

五、汽车电子仪表

1.汽车仪表电子化的优点

随着电气设备的不断增加,汽车电气系统变得越来越复杂。汽车电子显示装置因具有如下优点将逐步取代常规的指针式仪表。

(1)电子显示装置能提供大量、复杂的信息,适应汽车排气净化、节能、安全性和舒适性的要求。

(2)能满足小型、轻量化的要求,使有限的驾驶室空间布局合理。

(3)显示图形设计造型美观实用。

(4)精度高、可靠性好。

(5)具有一"表"多用的功能,用一组显示器进行分时显示,并可同时显示几个信息,使组合仪表简单化。

2.电子显示装置

常用的电子显示器件大致分为两大类,即发光型和非发光型。发光型的显示器件有发光二极管(LED)、真空荧光管(VFD)、阴极射线管(CRT)、等离子显示器件(PDP)和电子发光显示器件(ELD)等;非发光型的有液晶显示器件(LCD)和电子变色显示器件(ECD)等。

1)发光二极管(LED)

发光二极管发出的颜色有红、绿、黄、橙,可单独使用,也可用来组成数字。在使用中,常把它焊接到印制电路板上,以形成数字显示或带色光杆显示。图6-45所示即为用七只发光二极管组成的数码显示装置。有些仪表则用发光二极管所组成的光点矩阵型显示器。LED(发光二极管显示)较适用于作汽车指示等数字符号段或点数不太多的光杆图形显示。

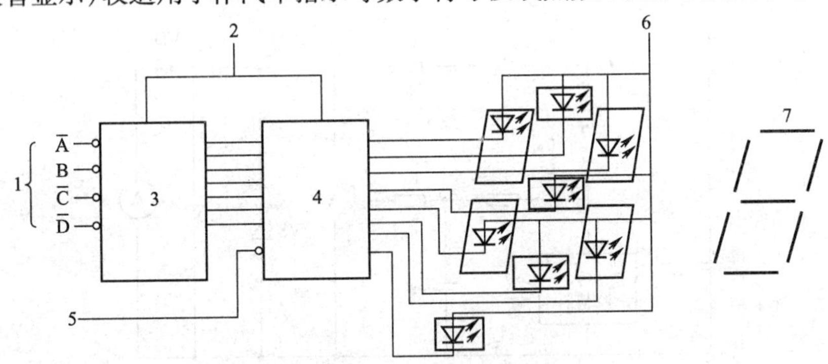

图6-45　发光二极管数码显示

1-输入;2-逻辑电路;3-译码器;4-恒流源;5-小数点;6-电源;7-"8"字形

2)真空荧光管(VFD)

真空荧光管实际上是一种低压真空管,它由玻璃、金属等材料构成。真空荧光显示是一种主动显示,其发光原理与电视机中的显像管相似。真空荧光管的结构和工作原理如图6-46所示。图示为汽车用的数字式车速表的真空荧光显示屏,三位数字。其阳极为20个字形笔画小段,上面涂有荧光物质,各与一个接线柱相接,且笔画内部相互连接;其阴极为灯丝,在灯丝与笔画小段(阳极)之间插入栅格,其构造与一般电子管相似。整个装置密封在一个被抽空了的玻璃罩内。当阳极(字形)接至电源"+"极,而阴极(灯丝)与电源"-"极相接时,便获得一定的电源电压,其灯丝作为阴极发射电子(在电场力的作用下),栅格便控制着电子流加热并加速,使其射向阳极(字形)。由于玻璃管(罩)内抽成真空,前面装有平板玻璃并配有滤色镜,故能使通过栅格轰击阳极(字形)的电子激发出亮光来,因而能显示出所要看到的内容。

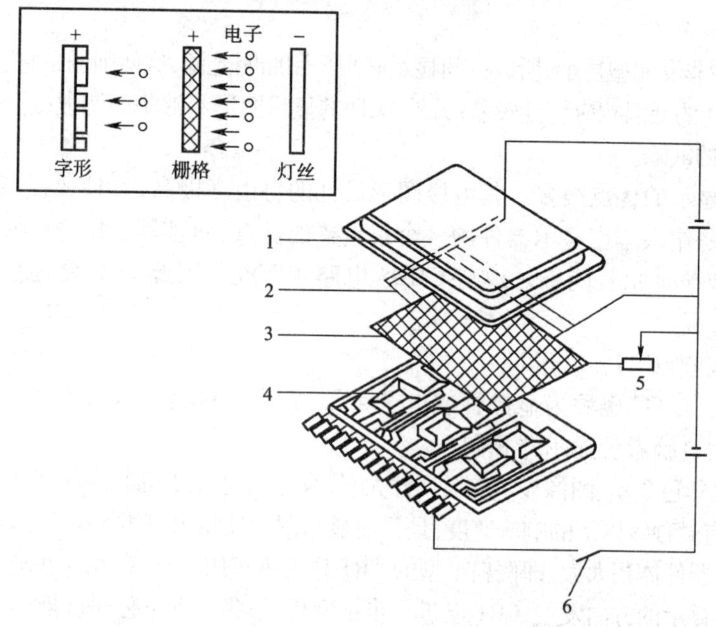

图6-46 真空荧光管的结构

1-前玻璃罩;2-灯丝;3-控制栅格;4-笔画小段;5-电位器;6-微机控制电子开关

VFD(真空荧光显示)具有色彩鲜艳、可见度高、立体感强等特点,是最早引入汽车仪表中的发光型显示器件。但由于做成大型的、多功能VFD,成本较高,故现在大多由一些单功能小型的VFD组成汽车电子式仪表盘。VFD的缺点是:

(1)其发光的荧光粉接近于白色,使显示段与非显示段之间的对比度降低。

(2)由于VFD是一种真空管,为保持一定的强度,必须采用一定厚度的玻璃外壳。故体积和质量较大。

(3)驱动电路与显示器件难以一体化,实现大容量显示的难度较大。

作为汽车用显示器件,还必须克服它的某些缺点,设法组成多功能复合型显示装置。目前国外已经试制成功大型的VFD,它能构成显示汽车车速、发动机转速等信息的彩色显示器。

3)液晶显示器件(LCD)

液晶是一种有机化合物,它由长杆形分子构成。在一定范围内,它具有普通液体的流动性质,也具有晶体的某些特征。

液晶显示器件(LCD)是一种新型的非发光型平板显示器件,其结构如图6-47所示。它有两块厚约1mm的玻璃基

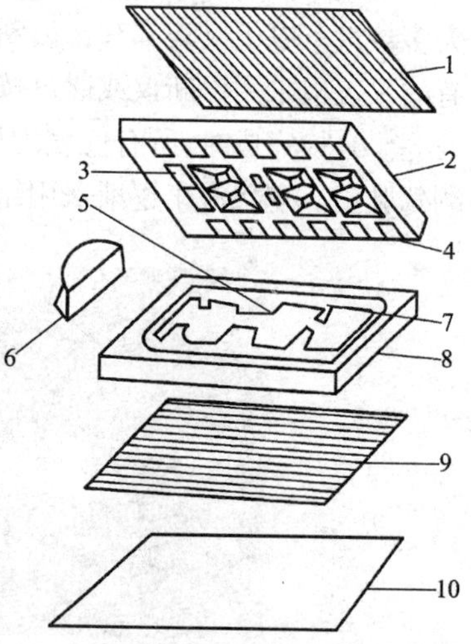

图6-47 液晶显示器件结构

1-前偏振片;2-前玻璃板;3-笔画电极;4-接线端;5-背板;6-端部密封件;7-密封面;8-玻璃背板;9-后偏振片;10-反射镜

板，基板上涂有透明的导电材料，以形成电极图形，两基板间注入一层0.5～2mm厚的液晶，再在两被热基极的外表面分别贴上前偏振片和后偏振片，并将整个显示极完全密封，以防湿气和氧侵入，这便构成透射式LCD。若在后玻璃基板的后面再加上反射镜，便组成反射-远射式LCD。

由于LCD为非发光型显示，所以夜间显示必须采用照明光源，这便削弱了它所具有的低功耗的优点；其次LCD的低温响应特性较差；另外LCD的显示图形不够华丽明显，这也是所有非发光型显示器件都有的缺陷。

但是，液晶显示的优点很多。其电极图形设计的自由度极高，设计成任意显示图形的工艺都很简单，这是作汽车用显示器件的一个很重要的优点，而且其工作电压低，一般为3V左右，功耗小（$1\mu W/cm^2$），且能很好地与CMOS电路相匹配。因此LCD常用作汽车电子钟和彩色光杆式仪表板。

4）阴极射线管（CRT）

阴极射线管（CRT）也称为显像管或电子束管，它是一种特殊的真空管。其结构与原理与家用及办公用电脑彩色显示器相同。

CRT具有全彩色显示、图像显示的灵活性大、分辨率和对比度高等特点，且具有50～100℃的工作温度范围，有微秒级以下的响应速度，是目前显示图像质量最高的一种显示器件。但作为汽车仪表盘显示用器件体积太大，即便扁平型的CRT作为汽车用，也还存在一些缺点。随着现代汽车向高度信息化显示的方向发展，CRT已进一步小型化，一些大汽车公司已推出了彩色阴极射线管（CRT）的汽车信息中心。

3.汽车电子仪表

汽车电子仪表比通常的机械式模拟仪表更精确，模拟仪表显示的是传感器检测值的平均值，而电子仪表刷新速度较快，显示的是即时值。汽车电子仪表采用的数字显示仪表通常都能提供英制单位或米制单位值的显示，并能一表多用，驾驶员可通过按钮选择仪表显示的内容。大多数汽车电子仪表都有自诊断功能，每当接通点火开关时，电子仪表板便进行一次自检，也有的仪表板采用诊断仪或通过按钮进行自检。自检时，通常整个仪表板发亮，同时各显示器都发亮。自检完成时，所有仪表均显示出当前的检测值。如有故障，便以警告灯或给出故障码提醒驾驶员。现代汽车逐渐采用组合仪表，图6-48为奥迪A4汽车组合仪表面板。

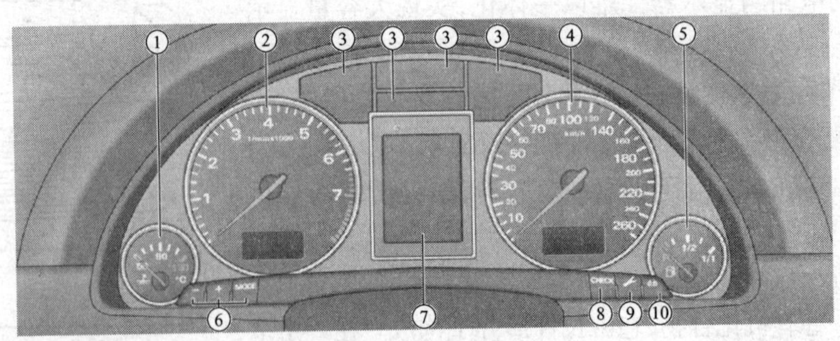

图6-48 汽车组合仪表面板

1-冷却液温度表；2-带有时间显示的转速表；3-指示灯；4-车速里程表；5-燃油表；6-调整按钮（时间、亮度）；7-驾驶员信息显示屏；8-汽车自检按钮；9-保养指示周期调用按钮；10-单次行驶里程复位按钮

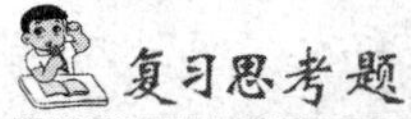

复习思考题

1. 照明系统的作用是什么？汽车上一般都有哪些照明装置？
2. 画出一般汽车照明系统的基本控制电路。
3. 汽车前照灯远光灯和近光灯分别起什么作用？结构上如何保证？
4. 信号系统的作用是什么？
5. 闪光继电器在转向信号电路中装在什么位置？
6. 喇叭继电器起什么作用？说出各接线柱的名称和接线。
7. 简述盆型电喇叭的优点，以及结构和工作原理。
8. 说出 1 ~2 种闪光器结构与工作原理。
9. 总结汽车上安装报警装置的意义及其作用原理。
10. 汽车仪表的作用是什么？电子仪表的特点是什么？

第七章 空调系统

教学目标

1. 了解空调系统的功用。
2. 理解空调系统的组成与基本原理。
3. 熟悉空调系统主要总成的结构。
4. 理解空调系统控制电路及工作原理。

教学要点

知识要点	掌握程度	相关知识
空调系统的功用	了解	车内空气温度、湿度、风速、风向
空调系统的组成与工作原理	理解	通风装置、采暖装置、制冷系统
制冷系统主要总成的结构	熟悉	换热器、压缩机、膨胀阀
制冷系统控制电路及工作原理	理解	风速控制、压缩机控制、室内外循环控制

第一节 概 述

一、空调系统的功用

汽车空调系统的作用是根据驾车人员的需要，调节汽车车厢内空气的温度、相对湿度、清洁度、气流速度及方向等，使汽车车厢内的空气处于比较理想的状态，保障驾乘环境舒适。

二、空调系统的分类

汽车空调系统按功能不同分为三类：第一类仅有通风装置，对车内进行强制性换气，保证车内空气清洁和对流；第二类是除了通风装置外还有采暖装置，用于提高车内空气的温度；第三类是不仅有通风装置、采暖装置，还有制冷系统，用于降低车内空气的温度与湿度。现代汽车空调系统多为第三类。

按控制方法不同汽车空调系统分为两类：手动空调和自动空调。手动空调是指车内调节温度、气流方向和流速等完全依靠手动设定调节；自动空调是指车内调节温度、气流方向和流速等既可以手动设定调节，也可以根据车辆运行情况和车内外环境自动调节。

第二节　空调系统的组成与工作原理

一、通风装置

通风装置的作用是实现车内外空气的对流，保持车内空气新鲜。通风方法有自然通风和强制通风两种。汽车行驶时将一定动压的风引入车厢内的方法叫自然通风，自然通风不需要什么设备，只需在汽车的有关部位开设通风口和通风窗，用阀门的启闭来控制进风。强制通风是在汽车的某一部位装鼓通风机，用机械方法将环境空气引入车内，经处理后送至车内循环，调节鼓风机转速大小，实现风量控制。通风装置原理如图7-1所示。

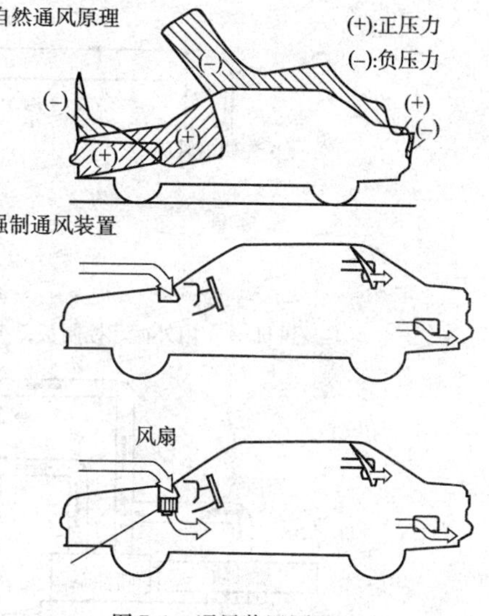

图7-1　通风装置原理

二、采暖装置

采暖装置用来提高车内空气温度。根据供热热源的不同，采暖装置可分为非独立式和独立式两种。

非独立式采暖装置（又称发动机采热式），以发动机工作时的冷却液或废气为热源，通过一个热交换器和电动机组成的暖风机，加热流经暖风机的空气，使车厢内的温度上升。利用发动机废气作为热源加热快，但是废气温度高、有毒，安全风险大，很少采用。以发动机冷却液为热源的非独立采暖装置组成如图7-2所示，采暖风道如图7-3所示。

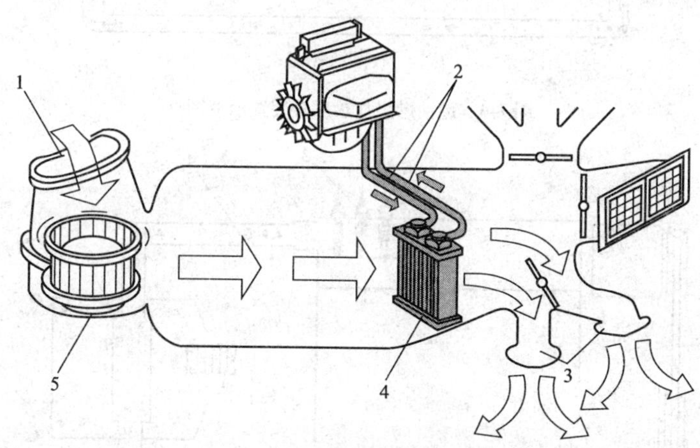

图7-2　非独立采暖装置组成原理

1-进风口；2-发动机冷却液；3-出风口；4-采暖换热器；5-鼓风机

为了克服非独立式采暖装置供热能力的不足，改善发动机冷却液温度低时的采暖效果，可以对发动机冷却液进行加热。发动机冷却液加热方式有燃油燃烧加热、电热塞加热和PTC加热等。燃油燃烧加热和电热塞加热的采暖装置组成分别如图7-4和图7-5所示。

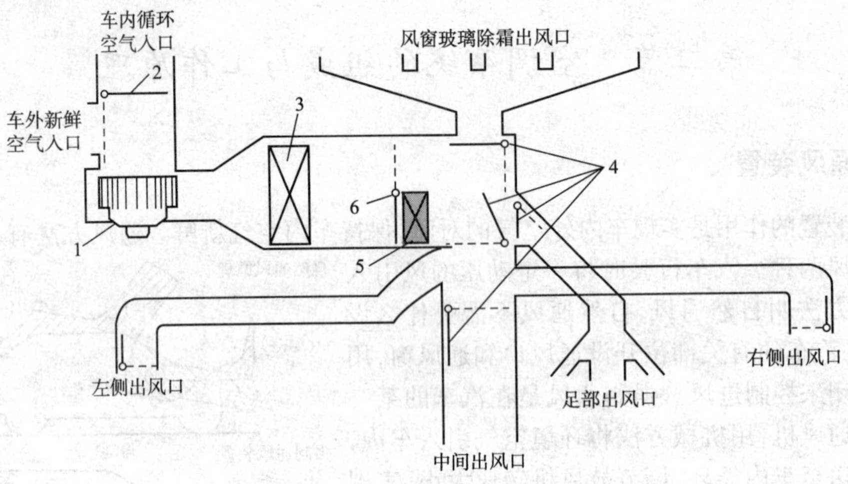

图 7-3　采暖风道示意图

1-鼓风机;2-车内外循环控制板;3-蒸发器;4-出风口选择控制板;5-采暖换热器;6-混流控制板

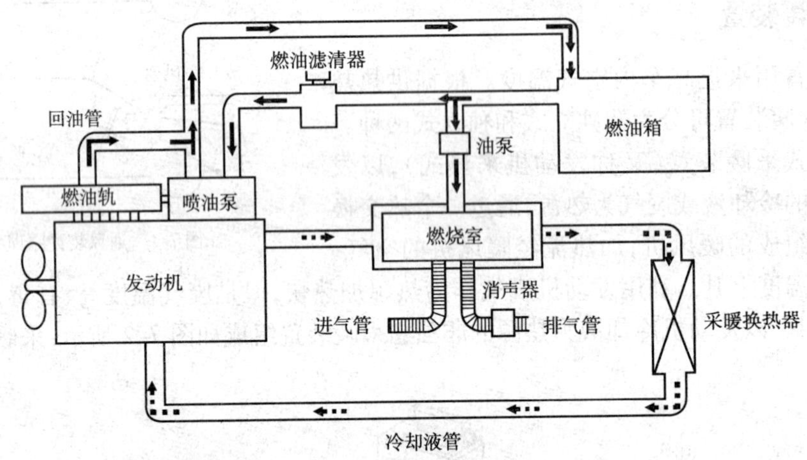

图 7-4　燃油燃烧加热采暖装置示意图

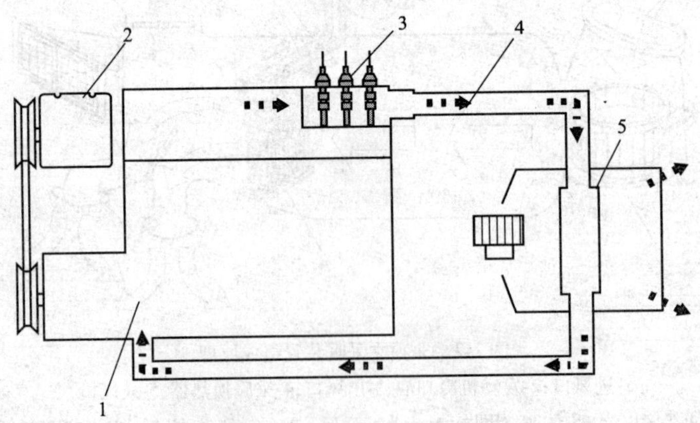

图 7-5　电热塞加热采暖装置示意图

1-发动机;2-交流发电机;3-电热塞;4-发动机冷却液;5-采暖换热器

三、制冷系统

制冷系统用来降低车厢内空气的温度，它是利用制冷剂由液态转化为气态需要吸收热量和由气态转化为液态对外放出热量的原理工作的。车用空调制冷系统由制冷剂循环系统和电控系统组成。

制冷剂循环系统多采用以 R134a（早期采用氟里昂 R12）为制冷剂的蒸气压缩式封闭循环系统，分节流孔管（fixed orifice tube，缩写为 FOT）式和膨胀阀（thermostatic expansion valve，缩写为 TXV）式两种。

FOT 式制冷剂循环系统主要由压缩机、冷凝器、集液器、节流孔管、蒸发器和管路等组成，如图 7-6 所示。

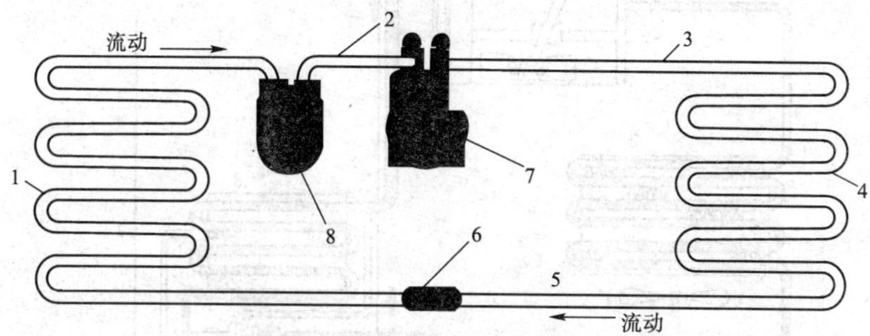

图 7-6　FOT 式制冷剂循环系统示意图

1-蒸发器；2-吸气管路；3-排气管路；4-冷凝器；5-液体管路；6-节流孔管；7-压缩机；8-集液器

压缩机将气态制冷剂加压升温后送入冷凝器；制冷剂通过冷凝器将热量散发到大气中，逐渐降温液化；液化后的制冷剂经过节流孔管节流进入蒸发器，由于蒸发器内压力低，制冷剂迅速汽化并通过蒸发器吸收车内空气的热量、使车内降温；从蒸发器出来的制冷剂经过集液器进行气液分离，使气态制冷剂进入压缩机重复上述过程，液态制冷剂留在集液器，避免危害压缩机。由于节流孔管尺寸固定，制冷剂流量无法调节。

TXV 式制冷剂循环系统主要由压缩机、冷凝器、储液干燥罐、膨胀阀、蒸发器等组成，如图 7-7 所示。制冷原理与 FOT 式制冷剂循环系统基本相同，用膨胀阀取代了节流孔管，可以保证蒸发器出来的制冷剂全部为气态，取消了蒸发器和压缩机之间的集液器；而在冷凝器和

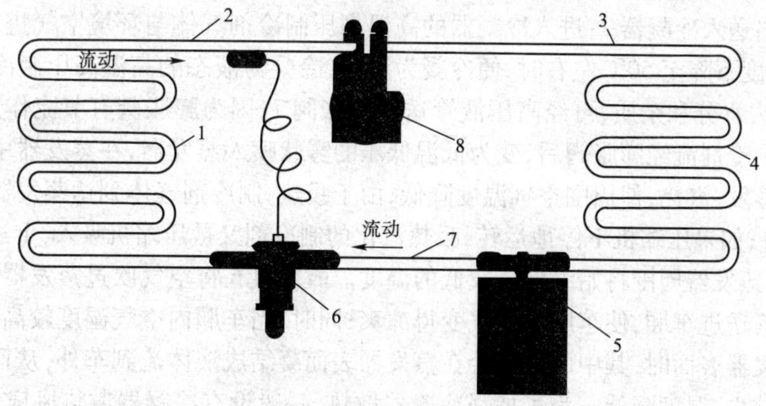

图 7-7　TXV 式制冷剂循环系统示意图

1-蒸发器；2-吸气管路；3-排气管路；4-冷凝器；5-储液干燥器；6-膨胀阀；7-液体管路；8-压缩机

膨胀阀之间增设了储液干燥罐,一方面对冷凝器来的制冷剂进行过滤、去除水分,再一方面储存适量的制冷剂以便在各种制冷负荷情况下,为膨胀阀提供液态制冷剂。由于膨胀阀能够根据制冷负荷的大小自动调节制冷剂流量,因此 TXV 式制冷剂循环系统应用更多。

压缩机的作用是提高气态制冷剂的压力和温度,维持制冷剂在系统中循环,便于气态制冷剂在冷凝器中凝结成液态、对外放出热量;膨胀阀或节流孔管的作用是通过节流作用降低液态制冷剂的压力,便于液态制冷剂在蒸发器中蒸发成气态、吸收热量;蒸发器则通过液态制冷剂的蒸发吸收车厢内气体的热量;冷凝器通过气态制冷剂凝结将制冷系统的热量放出到车厢外的空气中。制冷剂循环过程和状态变化情况如图 7-8 所示。

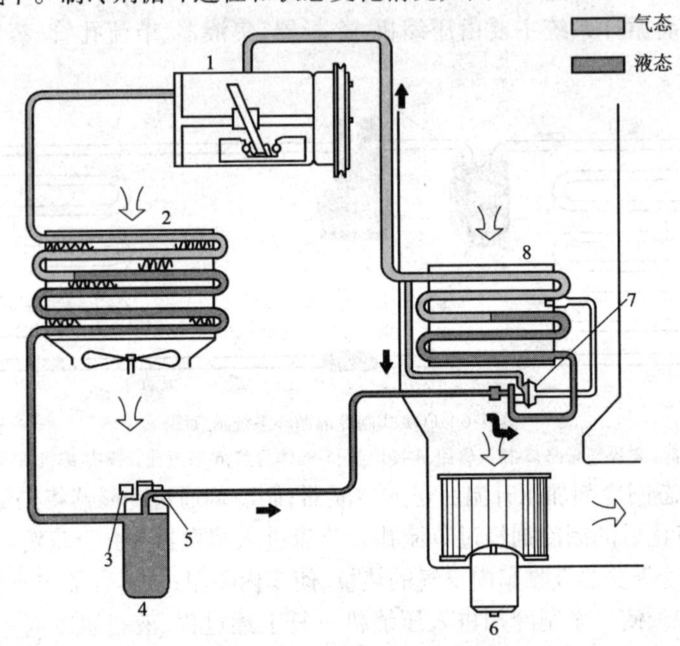

图 7-8　制冷剂循环和状态变化图

1-压缩机;2-冷凝器;3-高压阀;4-储液干燥罐;5-低压开关;6-鼓风机;7-膨胀阀;8-蒸发器

压缩机 1 由发动机经皮带轮和电磁离合器带动旋转,吸入蒸发器 8 中的低温低压(约 5℃、0.15MPa)制冷剂蒸气,将其压缩成为高温高压(约 70～80℃、1.3～2.0MPa)的气体,然后经高压管路送入冷凝器 2;进入冷凝器的高温高压制冷剂气体与环境空气进行热交换,释放热量,当温度下降至 50℃左右时,便冷凝为液态;冷凝为液态的高温高压制冷剂进入储液干燥罐 4,除去水分和杂质,再经高压液管送至膨胀阀 7;因为膨胀阀有节流作用,所以高温高压的液态制冷剂流经膨胀阀后,变为低温低压的雾状喷入蒸发器,在蒸发器中吸收周围空气的热量而蒸发、汽化,使周围空气温度降低;由于吸热,制冷剂气体到达蒸发器出口时温度升至 5℃左右;如果压缩机不停地运转,吸热汽化的制冷剂又被压缩机吸入,上述过程将连续不断地循环,蒸发器周围将始终保持较低的温度。鼓风机 6 将空气吹过蒸发器表面,空气被冷却变为凉气送进车厢,使车厢内空气变得凉爽;同时,当车厢内空气湿度较高时,空气经过温度低的蒸发器表面时,其中的水分会在蒸发器表面凝结成液体流到车外,从而使车厢内空气中的水分减少,湿度降低。为了加强冷凝器散热,一般设有冷凝器散热风扇(或由发动机冷却液风扇承担)。

乘用车用TXV式制冷剂循环系统布置如图7-9所示。

由于通风装置、采暖装置结构比较简单，而制冷系统比较复杂，是空调系统的主要部分，因此习惯上将制冷系统称为空调系统。

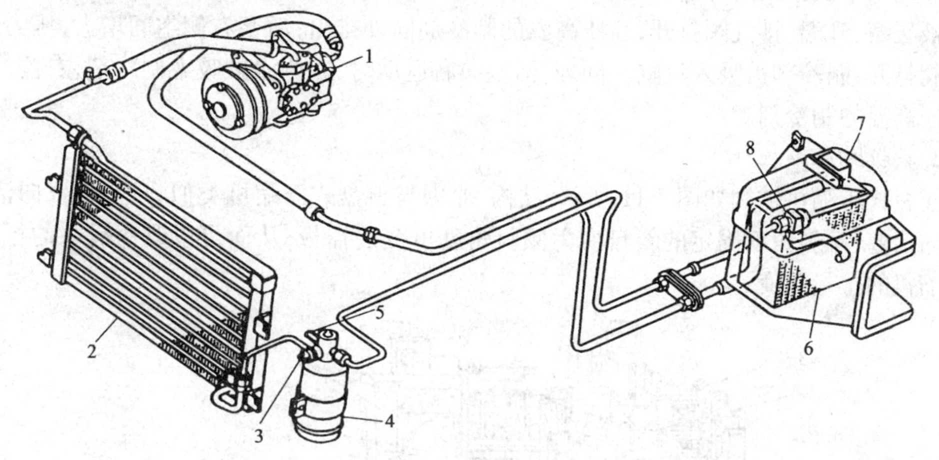

图7-9 制冷剂循环系统布置

1-压缩机;2-冷凝器;3-低压开关;4-储液干燥罐;5-高压阀;6-蒸发器;7-热控开关;8-膨胀阀

第三节 制冷循环系统主要总成

一、压缩机

汽车空调采用的压缩机有多种类型，按结构不同分为：斜盘式压缩机、摇板式压缩机、叶片式压缩机、曲柄连杆式压缩机和涡旋式压缩机等；按排量是否可调分为定排量压缩机和变排量压缩机，变排量压缩机可根据空调系统的制冷负荷自动改变排量，使空调系统运行更加经济。

1. 斜盘式压缩机

斜盘式压缩机结构如图7-10所示，在汽缸体圆周布置有多个汽缸，每个汽缸都有进气阀和排气阀、中部安装有双向的活塞，可以旋转的斜盘驱动活塞；电磁离合器控制皮带轮和压缩机轴之间的接合和分离。

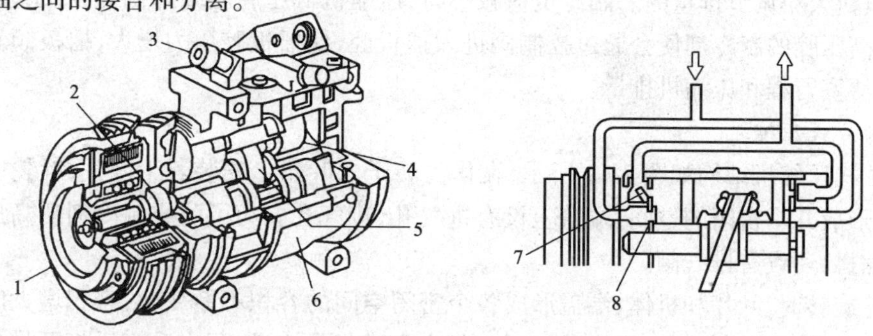

图7-10 斜盘式压缩机

1-电磁离合器;2-轴;3-安全阀;4-活塞;5-斜盘;6-汽缸体;7-排气阀;8-进气阀

电磁离合器通电，皮带轮和压缩机轴之间接合，曲轴通过皮带传动装置、压缩机轴驱动斜盘转动，使所有活塞都做往复直线运动，斜盘旋转一周，每个活塞都往复运动一次，每个汽缸分别完成一次吸入制冷剂和排出制冷剂的循环。活塞向左运动时，活塞左侧空间减小，制冷剂被压缩、升温，排气阀打开，高压高温的制冷剂向外排出；活塞右侧空间增大，压力减小，进气阀打开，制冷剂被吸入汽缸。同理，活塞向右运动时，左侧汽缸吸入制冷剂，右侧汽缸排出高压高温的制冷剂。

2. 摇板式压缩机

摇板式压缩机结构如图 7-11 所示，结构、原理与斜盘式压缩机类似，只是将双向活塞变为单向活塞，倾斜角度固定的斜盘变为倾斜角度可变的摇板，从而可以改变活塞的行程，实现压缩机的排量改变。

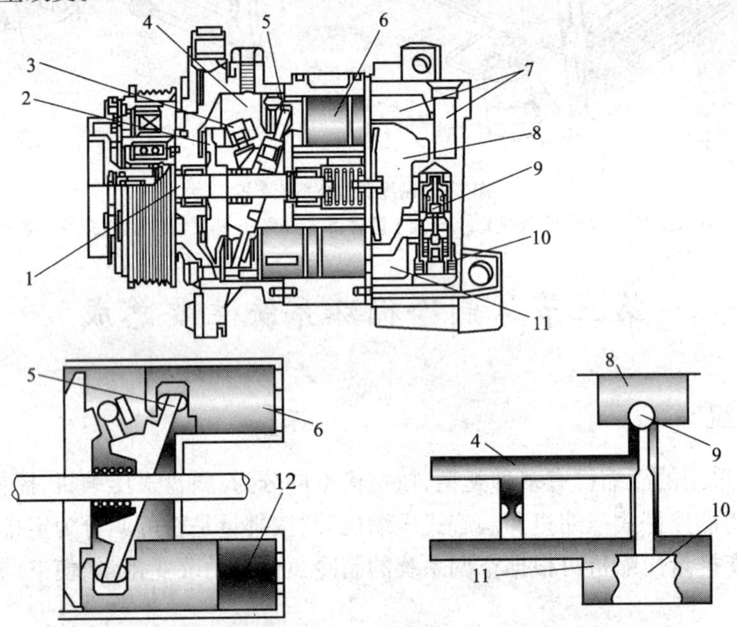

图 7-11　摇板式压缩机

1-轴；2-牵引盘；3-导向销钉；4-摇板腔；5-摇板；6-活塞；7-低压腔；8-高压腔；9-控制阀；10-波纹管；11-低压腔；12-活塞行程

压缩机轴旋转时，通过牵引盘、导向销钉再带动摇板转动使活塞往复直线运动。它是根据制冷负荷大小调节排量的。制冷负荷减小时，压缩机低压腔压力降低使波纹管膨胀打开控制阀，高压腔的制冷剂便会通过控制阀进入摇板腔，使摇板腔压力增大，摇板倾斜角度减小，减小活塞行程和压缩机排量。

3. 叶片式压缩机

叶片式压缩机结构如图 7-12 所示，在作为转子的叶轮上安装若干叶片，叶轮叶片和机体、端盖形成几个密闭的空间，端盖上设有进气孔、排气孔。为了防止制冷剂从高压管路回流到压缩机，还设有排气阀。

叶轮旋转时，叶片和机体、端盖形成各个密闭空间的容积不断变化，容积增大时空间会和进气孔连通，吸入制冷剂；容积减小时空间会和排气孔连通，压力升高后打开排气阀排出制冷剂。

4. 曲柄连杆式压缩机

曲柄连杆式压缩机结构如图 7-13 所示,包括轴、连杆、活塞、进气阀、排气阀、阀体等。

轴旋转时,通过曲柄连杆带动活塞往复运动,吸入和排出制冷剂。活塞下行时进气阀打开,制冷剂进入汽缸;活塞上行时,压缩制冷剂,排气阀打开后制冷剂排出。

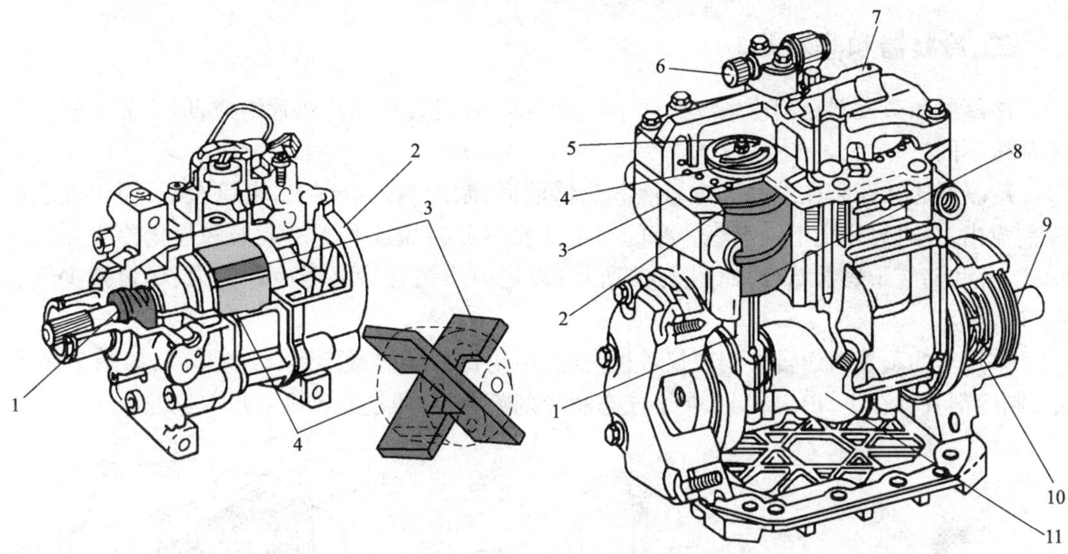

图 7-12 叶片式压缩机

1-轴;2-端盖;3-叶片;4-叶轮

图 7-13 曲柄连杆式压缩机

1-连杆;2-进气阀;3-阀体;4-排气阀;5-限位片;6-进气检修阀;7-排气检修阀;8-活塞;9-密封盘;10-油阀;11-轴

5. 涡旋式压缩机

涡旋式压缩机结构如图 7-14 所示,关键部件是涡旋动子和涡旋定子,涡旋定子安装在机体上,涡旋动子一端通过轴承偏心安装在轴上,排气口位于涡旋定子的中心部位,进气口位于涡旋定子的边缘,涡旋动子、涡旋定子借助机体和端盖形成月牙形密闭空间。

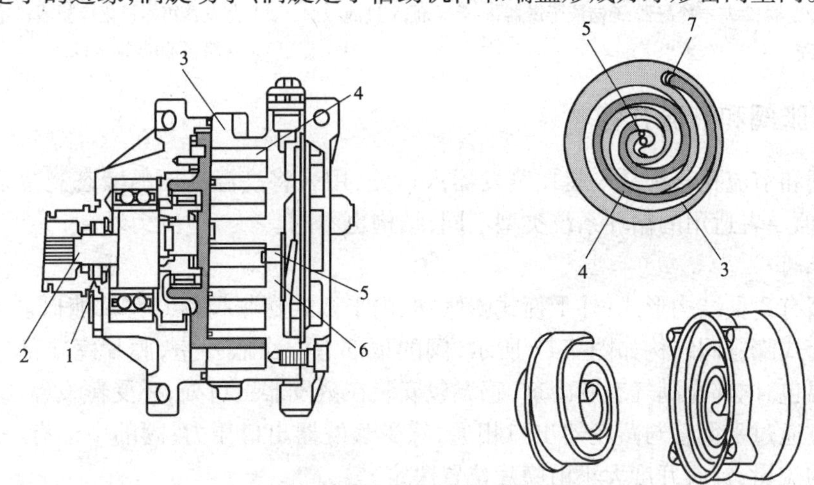

图 7-14 涡旋式压缩机

1-密封圈;2-轴;3-涡旋定子;4-涡旋动子;5-排气口;6-排气阀;7-吸气口

压缩机轴旋转时,通过轴承使涡旋动子一端做圆周运动(半径为轴承与轴的偏心距),使涡旋动子相对于涡旋定子运动,使月牙形密闭空间的容积和位置都在发生变化,和外部进气口相通时月牙形密闭空间的容积最大、吸入制冷剂,和中部排气口相通时月牙形密闭空间的容积最小、压缩排出制冷剂。

二、冷凝器和蒸发器

冷凝器和蒸发器是制冷系统的两个热交换器,都由管路和传热片组成,但安装位置和具体结构不同。

冷凝器通常安装在发动机冷却液散热器前面,制冷剂入口在上、出口在下,便于液态制冷剂流出,并通过风扇增强散热。有的车型还将冷凝器做成基本冷凝器和强化冷凝器两级形式,并和储液干燥器结合,如图 7-15 所示,以进一步增强冷凝器冷却能力、尽量减少气态制冷剂输出。

乘用车的蒸发器通常安装在仪表板内侧,结构比冷凝器紧凑,以减少空间,如图 7-16 所示,制冷剂入口在下、出口在上,便于气态制冷剂流出,并通过鼓风机增强散热。

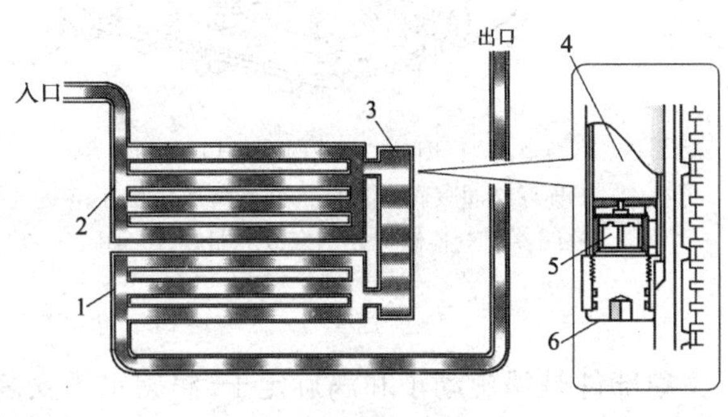

图 7-15　两级冷凝器

1-强化冷凝器;2-基本冷凝器;3-储液干燥器;4-干燥剂;5-过滤器;6-端盖

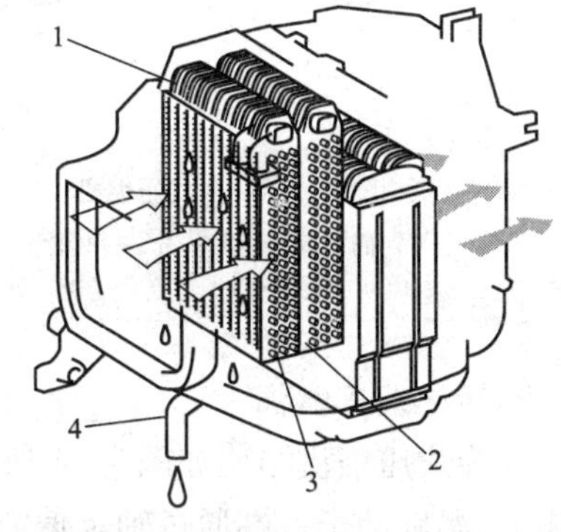

图 7-16　蒸发器

1-蒸发器箱体强化冷凝器;2-传热片;3-管路;4-除湿排水口

三、膨胀阀和节流孔管

膨胀阀和节流孔管都是安装在蒸发器入口处,用来将高温高压的液态制冷剂节流后喷入蒸发器,但二者适用的循环系统类型不同,结构也不同。

1. 膨胀阀

膨胀阀有 3 种结构形式:外平衡式膨胀阀、内平衡式膨胀阀和 H 形膨胀阀。

外平衡式膨胀阀结构如图 7-17 所示,阀的顶部有一个膜片室,膜片室端部一侧通过毛细管接感温包、内部充满气态制冷剂,感温包安装在蒸发器出口处,感受蒸发器出口处温度;膜片室下方通过平衡管与蒸发器出口相通,感受蒸发器出口压力;阀的中部有一个针阀,控制制冷剂的流量,针阀开度大小由膜片位置决定。

膨胀阀可以根据制冷负荷大小、压缩机转速高低等自动调节制冷剂流量,确保在各种工况下蒸发器出口处制冷剂全部为气态。膨胀阀针阀弹簧刚度和初始位置确定后,膜片位置就取决于膜片室两侧的压力差,蒸发器出口温度升高或蒸发器出口压力降低,膜片室两侧的压力差就增大,针阀开度增大,制冷剂流量增大,制冷能力就增强。制冷负荷减小时,蒸发器出口温度低,感温包内部压力减小,膜片室上方压力减小(或者压缩机转速变化使蒸发器出口压力增大,膜片室下方压力增大),针阀开度减小,制冷剂流量减小,制冷负荷(或压缩机转速)和制冷剂流量适应时,针阀开度稳定,维持一定的制冷强度。当蒸发器出口压力超过一定值时,膨胀阀关闭。

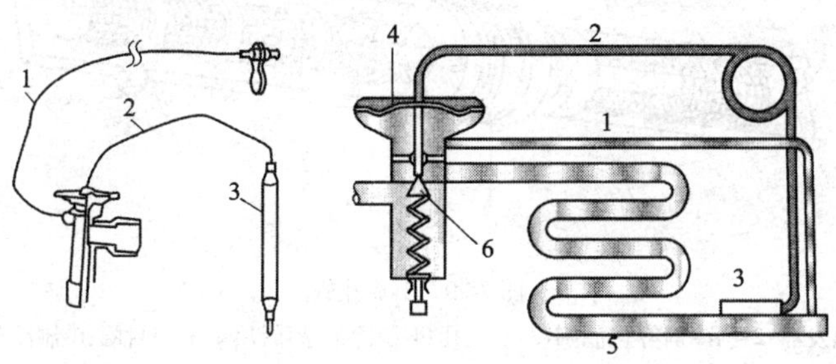

图 7-17 外平衡式膨胀阀

1-平衡管;2-毛细管;3-感温包;4-膜片;5-蒸发器;6-针阀

内平衡式膨胀阀结构如图 7-18 所示,其结构与外平衡式膨胀阀基本相同,只是省掉了平衡管,膜片室下方直接与蒸发器入口相通,感受蒸发器内部压力。工作原理和工作过程与外平衡式膨胀阀相同。

H 形膨胀阀结构如图 7-19 所示,通过直接连接蒸发器出口和入口,增加了热敏杆来感受蒸发器出口温度,并传热控制膜片室内气态制冷剂的压力、针阀开度,调节制冷剂流量适应制冷负荷和压缩机转速等变化。由于 H 形膨胀阀省掉了感温包及毛细管,结构简单,工作可靠,应用越来越广。

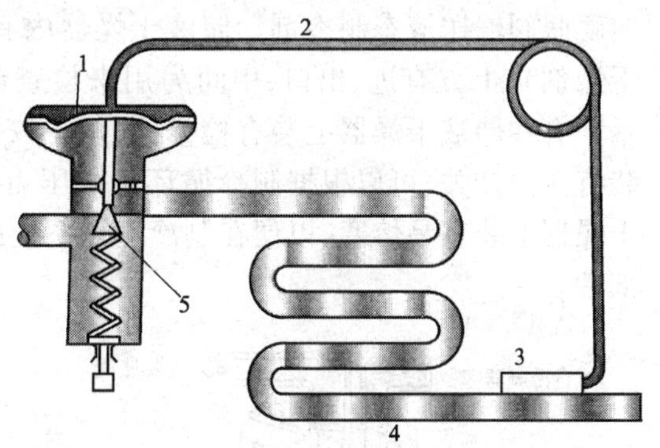

图 7-18 内平衡式膨胀阀

1-膜片;2-毛细管;3-感温包;4-蒸发器;5-针阀

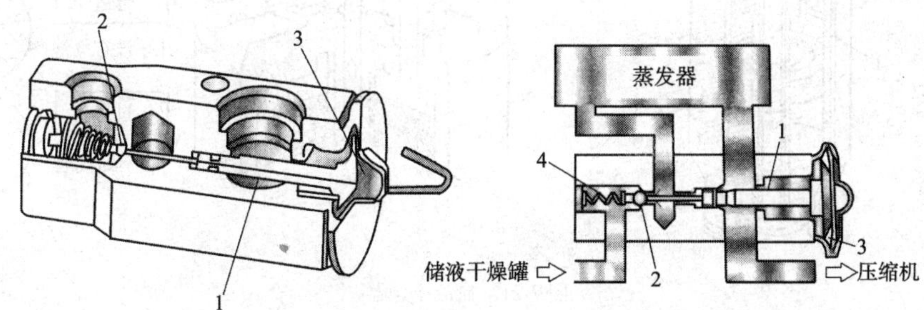

图 7-19 H 形膨胀阀

1-热敏杆;2-针阀;3-膜片;4-弹簧

2. 节流孔管

节流孔管与膨胀阀的作用基本相同，结构如图 7-20 所示，安装在冷凝器与蒸发器之间。由于节流孔管的节流孔径固定，没有调节制冷剂流量的功能，但是没有运动件，结构简单、工作可靠，在许多车上获得应用。

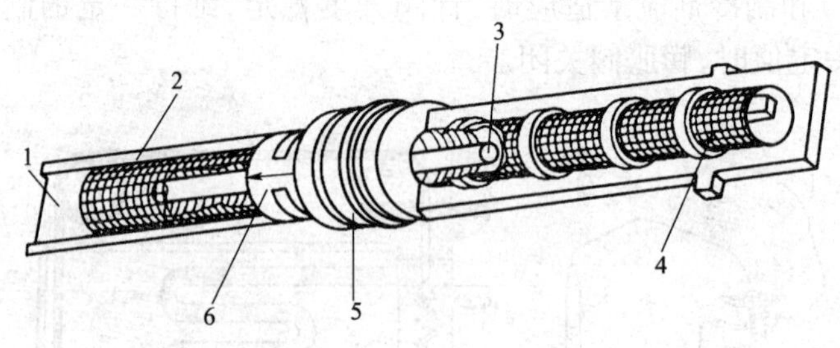

图 7-20　节流孔管

1-去蒸发器;2-制冷剂雾化滤网;3-节流孔;4-制冷剂杂质滤网;5-密封圈;6-制冷剂流向

四、储液干燥器和集液器

储液干燥器用于膨胀阀式制冷循环系统，用来吸收和过滤制冷剂中的水分和杂质，并向膨胀阀输送液态制冷剂。储液干燥器内有滤网和干燥剂（R134a 制冷剂使用沸石作为干燥剂），上方有进、出口，中间为用来检查制冷剂是否充足的视液镜，结构如图 7-21 所示。有些储液干燥器上装有检修阀，便于安装压力表和加注制冷剂。有些储液干燥器上装有压力开关，可以根据制冷循环系统压力控制压缩机或冷凝器风扇运转。还有些储液干燥器上装有易熔塞，以便在制冷循环系统压力、温度过高时，放出制冷剂，保护系统重要部件。

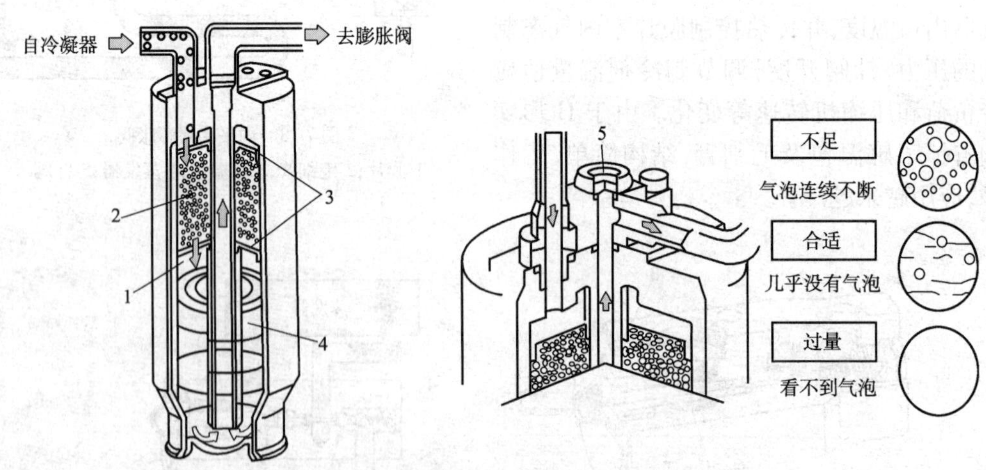

图 7-21　储液干燥器

1-气态制冷剂;2-干燥剂;3-滤网;4-液态制冷剂;5-视液镜

集液器用于节流孔管式制冷循环系统，安装在蒸发器出口与压缩机之间，对蒸发器来的制冷剂进行气液分离，使液态制冷剂沉积在底部，保证只有上方的气态制冷剂输送到压缩机。集液器结构如图 7-22 所示。

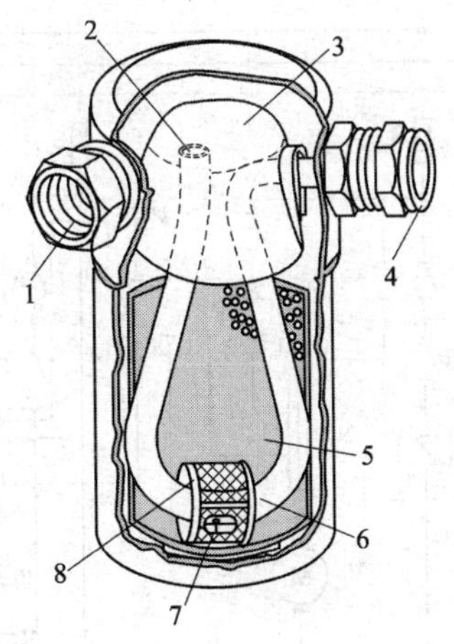

图 7-22 集液器

1-自蒸发器;2-气态制冷剂入口;3-盖;4-去压缩机;5-干燥剂;6-制冷剂输出管;7-制冷剂孔;8-滤网

第四节 空调电控系统

一、空调电控系统的作用

为了充分发挥空调循环部分的性能,保证空调系统可靠运行,空调系统增设了电控系统,实现温度调节、气流速度(简称风速)调节、空气循环方式调节、出风口调节和冷凝器风扇转速控制。

二、空调电控系统的组成

按调节方式不同,空调系统有手动和自动之分,对应的电控系统组成也不相同。

手动空调的调节通过控制面板上的拨杆、旋钮或相应按键实现,如图 7-23 所示。电控系统主要包括各种控制开关、执行装置和传感器。控制开关包括:空调制冷开关、温控开关、鼓风机开关、空气循环方式开关等;执行装置包括:空调电磁离合器、鼓风机、新鲜空气电磁阀、冷却风扇继电器等;传感器包括:冷却风扇温控开关、环境温控开关、高压开关、低压开关等。图 7-24 为手动空调电控系统组成和电路实例。

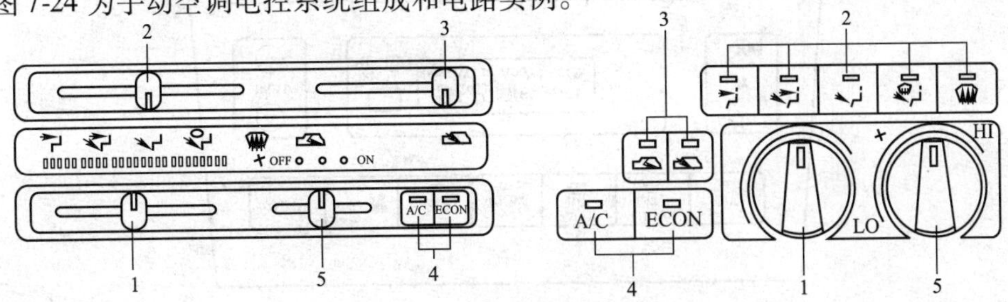

图 7-23 空调控制面板

1-温度选择;2-出风口位置选择;3-空气循环方式选择;4- A/C 开关;5-风速选择

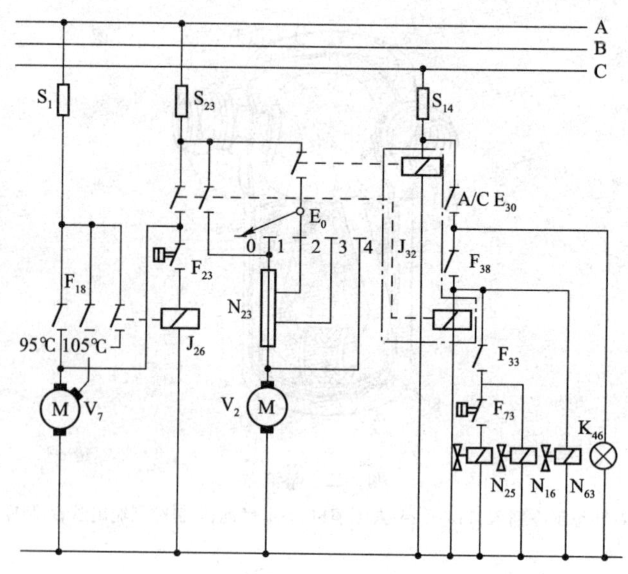

图 7-24　手动空调电控系统组成和电路

S_1-冷却风扇熔断器；S_{14}-空调熔断器；S_{23}-鼓风机熔断器；K_{48}-空调指示灯；J_{32}-空调继电器；J_{28}-冷却风扇继电器；E_{30}-空调制冷开关；E_0-鼓风机开关；F_{73}-低压开关；F_{23}-高压开关；F_{18}-冷却风扇电机温控开关；F_{33}-温控开关；F_{38}-环境温控开关；V_7-冷却风扇电动机；V_2-鼓风机；N_{25}-空调电磁离合器；N_{18}-怠速电磁阀；N_{63}-新鲜空气电磁阀；N_{23}-调速电阻

自动空调电控系统除了包括控制开关、执行装置和传感器外，增加了控制单元和显示器，显示器可以显示鼓风机转速、出风口位置、运行模式、车外温度等信息，如图 7-25 所示。控制单元根据传感器信息及乘员指令确定车内空气温度、气流速度、空气循环方式、出风口位置和冷凝器风扇转速等参数的目标值和实际值，必要时通过控制电磁离合器、鼓风机电压、空气循环电磁阀、风门电机、冷凝器风扇电机等执行装置进行调节。还增加了模式开关，供驾驶员选择不同的空调运行模式；图 7-26 为自动空调送风系统及有关传感器电路。

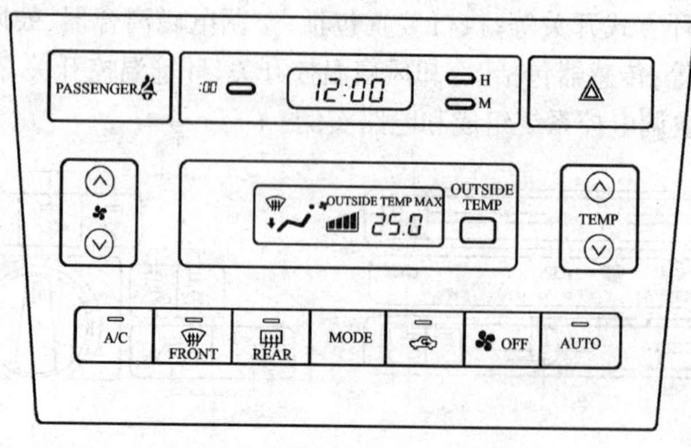

图 7-25　自动空调控制和显示实例

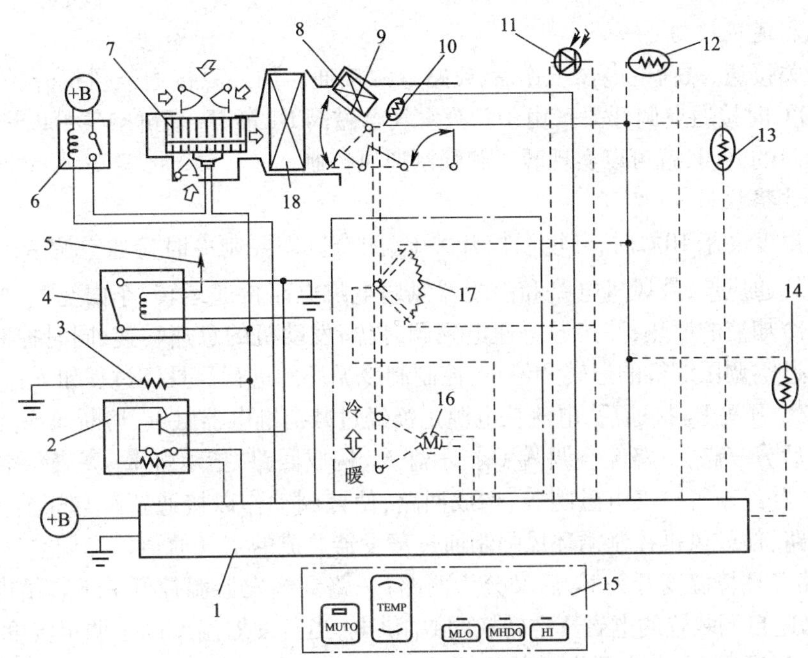

图 7-26 空调送风系统及有关传感器原理图

1-空调 ECU;2-功率管;3-鼓风机电阻;4-超高继电器;5-到蓄电池;6-采暖继电器;7-鼓风机;8-采暖换热器;9-冷暖风门;10-冷却液温度传感器;11-日照传感器;12-室温传感器;13-车外温度传感器;14-蒸发器出口温度传感器;15-控制仪表板;16-伺服电动机;17-位置传感器;18-蒸发器

三、控制原理

电控系统具体组成和形式有差异,但控制原理基本相同,下面以图 7-24 所示空调系统为例,介绍空调电控系统的工作原理。

电磁离合器 N_{25} 用来控制空调压缩机和驱动皮带轮之间的连接,只有电磁离合器通电时,皮带轮才带动压缩机运转。电磁离合器由空调制冷开关(A/C 开关)E_{30}、温控开关 F_{33}、环境温控开关 F_{38}、低压开关 F_{73} 等串联控制。

鼓风机 V_2 用来增强气流速度。为了调控速度,该机由单掷五位开关 E_0 控制,与鼓风机串联的分挡电阻 N_{23} 使其有四种不同转速。鼓风机开关 E_0 电源来自 A 路电源,经过熔断器 S_{23},并受空调继电器 J_{23} 控制,开关位于 1 挡时,N_{23} 的全部电阻都串入鼓风机电路,鼓风机转速最低;4 挡时,未串联电阻、鼓风机转速最高。为了便于散热,电阻器 N_{23} 位于鼓风机风箱内。

空调制冷开关 E_{30},位于仪表板操作面板上,控制制冷系统的工作。

温控开关 F_{33} 位于蒸发器冷风进口,可以进行人工设定,一般在低于 0℃时,F_{33} 断开,高于 2℃时,F_{33} 接通,防止蒸发器结霜,保证制冷系统正常工作。

低压开关 F_{73} 和高压开关 F_{23} 位于干燥过滤器上,为了保证压缩机及制冷系统正常工作而设置。

许多车辆还在电磁离合器的电路(或控制电路)中串联一个常闭的高压开关,当系统压力超过规定值时,高压开关断开,切断电路、保护压缩机。

1. 暖风和通风控制

点火开关接通、减荷继电器工作后，C 路电源接通。如果只接通鼓风机开关（或当环境温度低于 10℃时接通空调开关），由于新鲜空气电磁阀 N_{63} 断开，新鲜空气可以进入车厢，通过控制各风门的开闭，就可以实现暖风和强制通风控制。

2. 制冷过程控制

当环境温度高于 10℃时，环境温控开关 F_{38} 闭合。需要制冷时接通空调 A/C 开关 E_{30}，关闭新鲜空气通风口，鼓风机电路和冷凝器风扇电机电路接通运转，车内空气进入内循环，加强发动机冷却液的散热；并接通怠速电磁阀，提高发动机的怠速转速，同时控制系统根据设定温度通过空调压缩机的运转和停止，控制制冷循环的进行。具体过程如下：

空调 A/C 开关 E_{30} 接通后，电流从电源正极经过减荷继电器触点、熔断丝 S_{14} 到空调 A/C 开关 E_{30}，而后分三路，一路经空调 A/C 指示灯 K_{48} 构成回路，指示灯 K_{48} 亮表示空调 A/C 开关接通；第二路经新鲜空气电磁阀 N_{63} 构成回路，使该阀动作以接通新鲜空气翻板真空促动器的真空通路，使鼓风机控制循环风强制通过蒸发器总成的空气通道以降低空气温度、去处水分；第三路经环境温度开关 F_{38} 后又分为两路：一路到蒸发器温控开关 F_{33}，给电磁离合器 N_{25} 和控制怠速自调装置的电磁真空转换阀 N_{16} 供电，当蒸发器温度高于调定温度时，蒸发器温控开关 F_{33} 接通，电磁离合器电路接通吸合，压缩机才能运转制冷，同时电磁真空转换阀 N_{16} 动作而使发动机以较高的怠速转速运转以有足够的功率驱动压缩机工作；如果蒸发器温度低于调定温度，温控开关 F_{33} 断开，压缩机停止转动，同时电磁真空转换阀 N_{16} 断电，怠速自动调节装置不起作用。经环境温度开关 F_{38} 后的另一条电路是经空调继电器 J_{32} 构成回路，使其两对触点吸合，其中一对触点用于控制冷凝器冷却风扇电动机及其继电器 J_{26}，高压开关 F_{23} 和继电器 J_{26} 串联，当制冷系统高压侧压力低于 1.5MPa 时，高压开关 F_{23} 触点断开，冷却风扇低速运转，当制冷系统高压侧压力高于 1.5MPa 时，高压开关 F_{23} 触点接通，继电器 J_{26} 通电，触点闭合，冷却风扇高速运转以加强冷凝效果；另一对触点用于控制鼓风电机 V_2，该触点在接通空调 A/C 开关 E_{30} 时，立即闭合，这时即使没有接通鼓风机电路，鼓风机 V_2 也将从该触点获得电流而低速旋转，以免接通空调 A/C 开关后忘记接通鼓风机电路使蒸发器表面不能获得强制通风而造成结冰现象。因此，在接通空调 A/C 开关 E_{30} 之前应先接通鼓风机开关 E_0。

低压开关 F_{73} 串联在蒸发器温控开关 F_{33} 和电磁离合器 N_{25} 之间，当制冷系统严重缺乏制冷剂而使系统压力低于时，F_{73} 的触点断开，避免压缩机空转。

环境温度开关 F_{38} 的作用是在环境温度低于设定值（如 10℃）时，切断压缩机电磁离合器的电路。

自动空调系统的基本工作原理是，空调 ECU 根据设定的温度信号以及车内温度传感器（一般安放在能感受到车内平均温度的地方）、日照传感器（放在仪表板前能感受到太阳辐射的地方）、车外温度传感器（一般放在新风进口等能感受车外气温的地方）、发动机冷却液温度传感器、蒸发器出口温度传感器发出的各种信号，通过运算、对比、判断，确定调节冷暖风门开度、鼓风机转速、空气循环方式、采暖换热器水阀开关、压缩机状态和需要执行的操作，从而实现对车内温度、风速和空气循环方式的自动控制。

图 7-26 中采暖继电器用来控制鼓风机，只要空调开关接通，该继电器就工作，使鼓风机运转。鼓风机的转速由空调器控制 ECU 根据人为设定和各传感器的信号通过功率管、鼓风

机电阻和超高继电器进行调整。如果选择“LO”挡位,则功率管截止、超高继电器不工作,鼓风机电阻与鼓风机串联,鼓风机电流最小、转速最低;如果选择“HI”挡位,超高继电器工作,将鼓风机电阻和功率管短路,鼓风机电流最大、转速最高;如果选择“MED”挡位,则超高继电器不工作,功率管处于放大状态、鼓风机电阻与鼓风机串联,空调器系统 ECU 根据各传感器的信号通过功率管的放大状态,实现对鼓风机转速的连续控制。

第五节 空调系统的使用与检测

一、空调系统使用注意事项

正确使用空调系统,不仅有助于保持车内适宜的温度、湿度,改善驾乘环境,提高乘坐舒适性,而且可以避免风窗玻璃雾化,提高行车安全。为了更好发挥空调系统作用,使用中应注意:

(1)正确选择出风口位置,保持最佳效果:采暖时,风吹足部;制冷时,风吹面部;除雾除霜时,风吹风窗玻璃。

(2)正确选择应用时机,更加节能:采暖系统尽量在发动机冷却液温度升高后使用;车内温度很高时,应先开窗通风后再开启制冷系统。

(3)发动机运行后才可以开启采暖系统和制冷系统;发动机熄火后,鼓风机虽然可以运转、换风,但无采暖和制冷功能。

二、空调系统的检测

空调系统常见故障有:风量不足或无风、系统不制冷、制冷效果差、系统噪声太大等。可以用万用表、压力表检测。

1. 空调系统风量不足或无风

1)故障现象

接通点火开关,将鼓风机开关置所有挡位或某一挡位时,出风口不出风或出风量过小。

2)故障原因

(1)熔断器断路;

(2)鼓风机开关继电器接触不良或损坏;

(3)鼓风机损坏或分挡电阻断路;

(4)连接线路断路或接触不良;

(5)通风管道不畅或风门不能打开等。

3)故障诊断与排除

如果鼓风机开关置于任何挡位,出风口均不出风时,应首先检查熔断器是否断路,若熔断器断路,应核对熔断器的容量是否符合要求,检查线路及鼓风机电机电枢绕组是否搭铁,查明原因并修复或更换;若熔断器良好,则应检查鼓风机开关电源线上的电压。电压为零时,应检查空调继电器的线圈是否断路、触点能否闭合及连接线路是否断路;电压正常时,应检查鼓风机开关是否损坏,鼓风机搭铁是否良好。上述检查均正常,则应检修鼓风机电机。

如果鼓风机电机仅在某一挡位不能转动时,应检查鼓风机开关该挡位的触点是否导通,该挡至分挡电阻间的连接导线及分挡电阻是否断路,并视情予以修复。

如果鼓风机开关置于任何挡位时,鼓风机电机转动缓慢,各出风口风量均较少,一般是鼓风机电机损坏或鼓风机开关及连接导线接触不良。应检查连接导线各插接件是否松动,鼓风机电机搭铁是否良好,鼓风机开关各接触点接触是否良好。最后对鼓风机电机进行检修。

如果鼓风机电机运转正常,但个别出风口无风或风量过小,应检查该风口出风管道中有无异物堵塞,风门能否打开,各连接管道是否密封,并视情予以修复。

2. 系统不制冷

1)故障现象

接通制冷开关 A/C 与鼓风机开关 5min 后,出风口无冷风吹出。

2)故障原因

(1)电磁离合器线圈或线路断路;

(2)压缩机损坏;

(3)控制线路中温控开关、低压开关等损坏;

(4)系统内制冷剂泄漏;

(5)储液干燥器或膨胀阀堵塞。

3)故障诊断与排除

启动发动机正常运转,接通制冷开关,检查电磁离合器能否吸合。

若电磁离合器吸合,而压缩机不转,应检查离合器线圈的电阻值。若电阻小于规定值,说明线圈匝间短路,应更换线圈;若电阻符合规定值,说明压缩机内部卡死,应检修或更换压缩机;如果压缩机运转正常,则应检查储液干燥器或膨胀阀是否堵塞。

若电磁离合器不吸合,应检查低压开关处电源线上的电压。若电压为零,则分别检查温控开关及线路连接是否正常;若电压正常,可短接低压开关。此时,若电磁离合器仍不吸合,应检查电磁离合器线圈或连接线路是否断路,电磁离合器若能吸合,应检查系统内制冷剂是否适量,测试压缩机工作是否正常。

3. 制冷效果差

1)故障现象

接通制冷开关 A/C 和鼓风机开关 5min 后,出风口有冷风,但温度偏高而无凉爽感,车厢内温度下降缓慢。

2)故障原因

(1)系统内制冷剂量不足;

(2)储液干燥器、膨胀阀滤网、蒸发器等不畅或堵塞;

(3)膨胀阀感温包失效;

(4)冷凝器或蒸发器表面过分脏污,影响热交换;

(5)压缩机皮带、离合器打滑或压缩机内部工作不良;

(6)鼓风机开关接触电阻过大或鼓风机功率不足。

3)故障诊断与排除

(1)检查压缩机皮带是否损坏、打滑,皮带损坏应予更换;皮带过松时,应予以调整。

(2)启动发动机后,接通制冷开关,若听到刺耳的金属摩擦声,一般是电磁离合器打滑,应检修电磁离合器。如无明显异常响声，用手触摸系统管路和各部件根据温度进行判断。

正常情况下，高压端管路温度为55~65℃，手感热而不烫手；低压端管路为低温状态，其部件及连接管路有水露。

如果高压端有烫手感觉，应检查冷凝器表面是否清洁，冷却风扇转动是否缓慢，风扇护罩是否损坏，如果无异常，则可能是制冷剂过多。

如果高压端手感热度不够，则可能是制冷剂量不足或压缩机工作不良。

如果在储液干燥器上出现霜冻或水露，则说明干燥器破碎堵住制冷剂流通进口管道，此时应检修。

膨胀阀工作正常时，其进口连接处是热的，但出口连接处是凉的，有水露。若膨胀阀出口处有霜冻现象，说明膨胀阀的阀口可能被堵塞，须马上处理。低压管手感冰凉、有水露，但不应有霜冻。若出现霜冻，则可能是膨胀阀的感温包内传感液体漏光，需更换新件。

经上述直观检查，若不能准确判断故障所在，可借助歧管压力表总成检测系统高、低压侧的压力值，作为判断故障的依据，见表7-1。

空调系统系统压力对应故障原因及解决方法 表7-1

压力表读数(10kPa)		故障原因	解决方法
低压侧	高压侧		
10	80	系统内缺少制冷剂	检漏、抽空、补充制冷剂
30~50	200~350	系统内制冷剂过量，冷凝器散热不良	放卸制冷剂；检查冷凝器
0~69	300	储液干燥器堵塞	更换储液干燥器
15~30	200	储液干燥器饱和	更换储液干燥器
0	130	膨胀阀只闭不开	更换膨胀阀
45	230	膨胀阀只开不闭	更换膨胀阀

4. 系统噪声太大

1)故障现象

空调系统工作时，发出异常的响声或出现明显的振动。

2)故障原因

(1)压缩机皮带松紧度调整不当；

(2)电磁离合器间隙调整不当或摩擦片不平、沾有油污；

(3)压缩机皮带轮或张紧轮轴承损坏；

(4)压缩机内部部件磨损严重、配合松旷；

(5)制冷剂过量引起高压管振动、压缩机敲击；

(6)鼓风机有故障。

3)故障诊断与排除

如果无论制冷系统是否工作，系统都有噪音，一般是鼓风机有故障或压缩机固定螺栓松动或皮带轮、张紧轮轴承损坏。首先检查鼓风机工作是否正常，然后检查紧固压缩机固定螺栓，最后检修皮带轮轴承和鼓风机电动机。

若接通制冷开关响声出现，可先检查压缩机皮带是否松弛，并视情况予以调整或更换。若皮带工作正常，可直观检查制冷系统制冷剂量是否合适。

上述检查正常,应检查电磁线圈安装是否正常、皮带轮是否倾斜,若无异常,应检修或更换电磁离合器和压缩机。

对于自动空调系统,有故障自诊断功能时,应首先进行按规定的方法进行自诊断,参考故障码进行检修,故障排除后消除故障码。

复习思考题

1. 汽车空调制冷系统是怎样工作的?

2. 空调压缩机进气阀与排气阀的硬度有什么不同?为什么?

3. 感温包的作用是什么?说出其作用原理。

4. 汽车空调系统控制电路具有哪些控制功能?

5. 现代汽车空调控制系统还有那些不完善的地方?还需要哪些改进?可以提出自己的建议。

6. 分析自动空调的工作原理。

第八章　辅助电气设备

教学目标

1. 掌握电动装置的作用与基本原理。
2. 了解电动装置的组成与结构。
3. 理解风窗刮水、清洁设备的组成与工作原理。
4. 理解电子控制防盗系统的基本原理。

教学要点

知识要点	掌握程度	相关知识
电动装置的作用与基本原理	掌握	电动装置调速原理、换向原理
电动装置的组成与结构	了解	电动车窗、电动座椅、电动门锁
风窗刮水、清洁设备的组成与原理	理解	电动刮水器、风窗清洗装置和除霜装置
电子控制防盗系统的基本原理	理解	电子控制防盗系统组成、工作原理

第一节　风窗刮水、清洁设备

为了保证在各种使用条件下风窗玻璃表面干净、清洁，汽车都安装了刮水器、风窗清洗装置和除霜装置。

一、电动刮水器

1. 作用

为了保证汽车风窗玻璃清洁、光滑，使驾驶员在雨天、雪天和雾天有良好的视线，许多汽车都安装有电动风窗玻璃刮水器，它具有一个或两个以上的橡皮刷，由驱动装置带动往复摆动，以除去玻璃上的水、雪和灰尘。

2. 结构

电动刮水器主要由电动机、减速机构、自动复位机构、刮水器开关和传动机构及刮片等组成，机械传动关系如图 8-1 所示。

减速机构采用蜗轮蜗杆，它和自动复位机构、电动机组装在一起，使结构紧凑。

刮水器的电动机由磁场、电枢、电刷等组成。按磁场结构来分，电动机有绕线式（励磁式）和永磁式两种，永磁式电动刮水器具有体积小、重量轻、结构简单的特点，被广泛地应用在汽车上。永磁式电动机及减速机构和自动复位机构如图 8-2 所示。

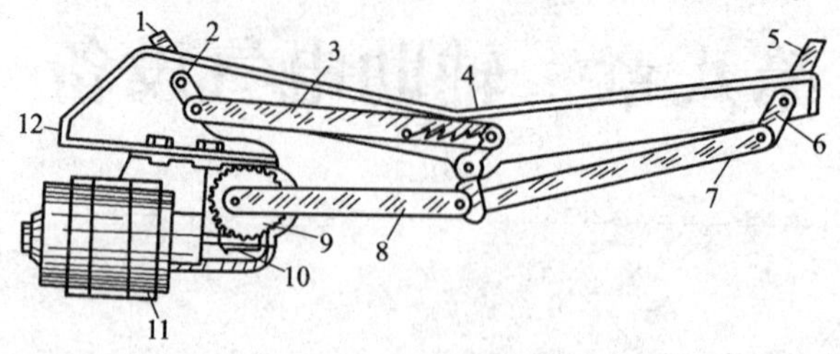

图 8-1　电动刮水器

1、5-刮片架；2、4、6-摆杆；3、7、8-连杆；9-减速蜗轮；10-蜗杆；11-电动机；12-底板

永磁式电动机的磁场由铁氧体永久磁铁产生，磁场强弱不能改变，为了改变工作速度可采用三刷电动机，利用三个电刷改变正负电刷之间串联的电枢线圈个数实现变速。因为直流电动机旋转时，在电枢绕组内同时产生反电动势，其方向与电枢电流的方向相反，当电枢转速上升时，反电动势也相应上升，电枢电流产生的电磁力矩与运转阻力矩平衡时，电枢转速趋于稳定。由于运转阻力矩一定时，电枢稳定运转所需要的电枢电流一定，对应的电枢绕组反向电动势高低就一定。而电枢绕组反向电动势与转速和正负电刷之间串联的电枢线圈个数的乘积成正比，电枢绕组反向电动势高低一定时，转速和正负电刷之间串联的电枢线圈个数成反比，正负电刷之间串联的电枢线圈个数越多，转速越低，反之，正负电刷之间串联的电枢线圈个数越少，转速越高。所以，利用三个电刷改变正负电刷之间串联的电枢线圈个数可以实现变速，变速原理如图 8-3 所示。

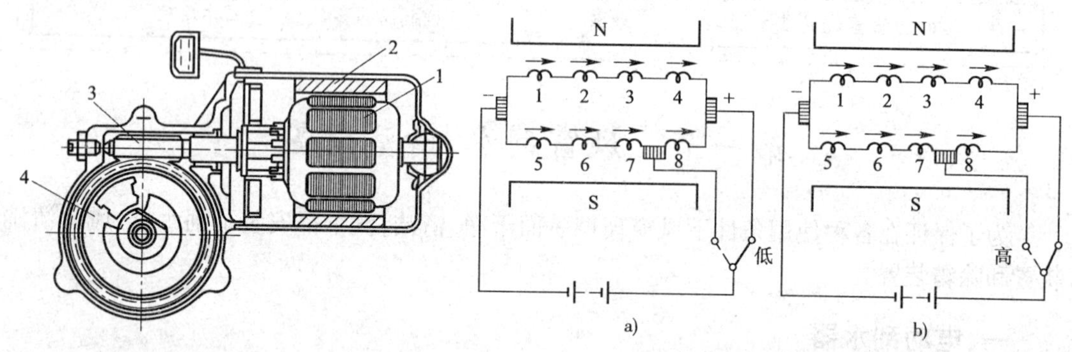

图 8-2　永磁式电动刮水器

1-电枢；2-永久磁铁；3-蜗杆；4-蜗轮

图 8-3　三刷电动机变速原理

当刮水器开关拨至低速挡时，电枢电路如图 8-3a）所示，电源电压加在“+”与“-”电刷之间，使其内部形成两条对称的并联支路，一条由线圈 4、3、2、1 串联组成，另一条由线圈 8、7、6、5 串联组成。由于各线圈反向电动势方向相同，互相叠加，相当于 4 对线圈串联，电动机以较低转速稳定旋转。当刮水器开关拨至高速挡时，电枢电路如图 8-3b）所示，电源电压加在“-”电刷与偏置电刷之间，从图中可以看出电枢绕组的一条支路由五个线圈 8、4、3、2、1 串联，另一条支路由三个线圈 7、6、5 串联，使并联后总电阻比低速时减小，总功率增大；线圈 8 与线圈 4、3、2、1 的反电动势方向相反，互相抵消后，相当于只有三对线圈串联，因而只有转

速升高,才能使反电动势达到与运转阻力矩相应的值,形成新的平衡,故此时转速较高。

自动复位机构的作用是,关闭刮水器开关时不论刮水片在什么位置,都使刮水片自动停止在风窗玻璃底部。自动复位机构组成和电路连接如图 8-4 所示,它由装在减速机构端盖上的自动复位触片 6、7 和嵌在减速蜗轮上的自动复位滑片 8、9 组成,滑片 8 与壳体绝缘,而滑片 9 则直接搭铁;触片 6、7 靠自身弹力保持与自动复位滑片 8、9 接触。能与滑片 9 接触的自动复位触片 7,叫自动复位触点,它与刮水器开关连接,在开关置于断开位置(0 挡)时与电动机低速电刷 10 接通;能与滑片 8 接触的自动复位触片 6,叫自动复位电源触点,它始终与电源电刷 4 接通。减速蜗轮运转时,两弹片触点与两组滑片处于时通时断状态。

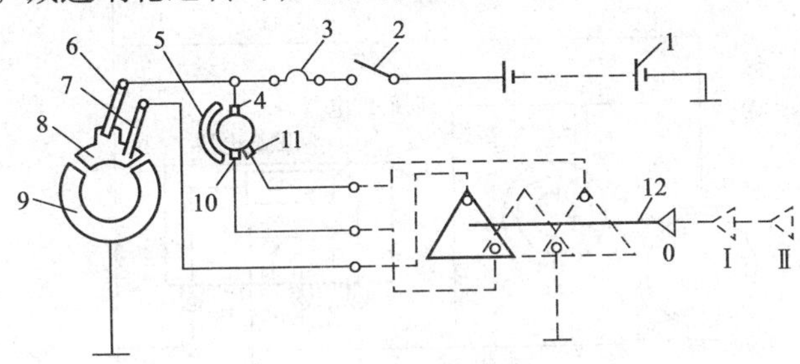

图 8-4 永磁式双速刮水器控制线路

1-蓄电池;2-电源开关;3-熔断丝;4、10、11-电刷;5-永久磁铁;6、7-自动复位触片;8、9-自动复位滑片;12-刮水器开关

3. 工作过程

由图 8-4 可见,通过将刮水器开关 12 置于不同的挡位,可实现刮水器的低速运转、高速运转及停机复位等功能。

电源开关 2 接通,当刮水器开关 12 置于“Ⅰ”挡时,电刷 4、10 工作,电动机通电,因电刷 4、10 间串联的电枢线圈较多,电枢在永久磁场作用下低速运转。电路为:蓄电池正极→电源开关 2→熔断丝 3→电刷 4→电枢绕组→电刷 10→刮水器开关 12→搭铁→蓄电池负极。

当刮水器开关 12 置于“Ⅱ”挡时,电刷 4、11 工作,电动机通电,因电刷 4、11 间串联的电枢线圈减少,电枢在永久磁场作用下高速运转。电路为:蓄电池正极→电源开关 2→熔断丝 3→电刷 4→电枢绕组→电刷 11→刮水器开关 12→搭铁→蓄电池负极。

当刮水器开关 12 置于“0”挡时,如果刮水片没有停到适当位置,此时自动复位开关触片 7 与滑片 9 接触,维持刮水器电动机电路接通,以低速运行,电路为:蓄电池正极→电源开关 2→熔断丝 3→电刷 4→电枢绕组→电刷 10→刮水器开关 12→触片 7→滑片 9→搭铁→蓄电池负极。当刮水片摆到适当位置后,触片 7 与滑片 9 脱开,切断电动机的搭铁线,电动机断电当作发电机减速运行,为了使其尽快停止,通过滑片 8 将触片 6、7 短接,使电枢通过滑片 8、触片 6、7 构成回路形成电流,产生制动作用,使刮水片停到适当位置,电路为:电枢绕组“+”→电刷 4→触片 6→滑片 8→触片 7→刮水器开关 12→电刷 10→电枢绕组“-”。

当汽车在毛毛细雨或浓雾天气行驶时,因风窗玻璃表面形成的是不连续水滴,如果刮水器的刮片按一定速度连续刮拭,微量的水分和灰尘就会形成发粘的表面,因此不仅不能将风窗玻璃刮拭干净,相反使玻璃模糊不清,留下污斑,影响驾驶员的视线。为此多数轿车刮水器中设置了间歇继电器,在碰到上面提及行驶条件时;只需将刮水开关拨至间歇工作挡位,刮水器便在间歇继电器的控制下,按每停止 2 ~ 12s 刮水一次的规律自动停止和刮拭，使风窗洁净，驾驶员获得良好的视野。间歇继电器有机械式和电子式两大类，原理各不相同。

图8-5是采用机械式间歇继电器的一种实例，刮水器开关有0、Ⅰ、Ⅱ、Ⅲ四个挡位，其中0挡为停止挡、Ⅰ挡为间歇挡、Ⅱ挡为低速挡、Ⅲ挡为高速挡；间歇继电器由时间继电器、一对常开触点A和一对常闭触点B组成。间歇工作原理如下：

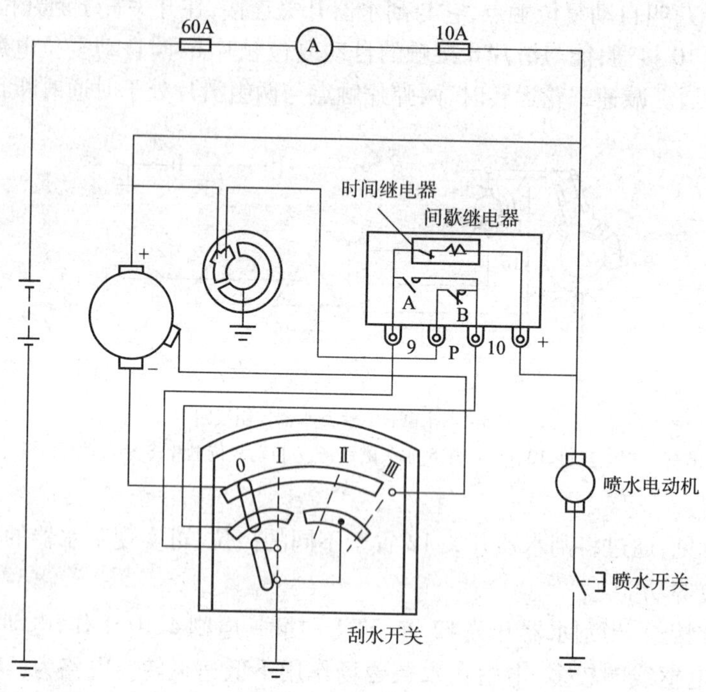

图8-5　间歇刮水器实例

当刮水器开关拨至Ⅰ挡时，刮水器间歇继电器中的时间继电器通电，电路为：蓄电池正极→60A熔断器→电流表→10A熔断器→间歇继电器"+"接线柱→时间继电器线圈、触点→间歇继电器"9"接线柱→刮水器开关内部触点→搭铁→蓄电池负极，时间继电器线圈产生吸力，将常开触点A闭合，常闭触点B打开，此时电动机通过间歇继电器构成回路，电路为：蓄电池正极→60A熔断器→电流表→10A熔断器→刮水电动机电刷"+"→电枢绕组→电刷"-"→刮水器开关内部触点→间歇继电器接线柱10→常开触点A→刮水器开关→搭铁→蓄电池负极。电动机低速运转，带动刮水片工作。

间歇继电器中的时间继电器线圈很快自动断电，在弹簧的作用下，常开触点A被打开，常闭触点B又闭合。如果此时自动复位触点处于自动复位机构的搭铁铜片上，电动机不因继电器线圈断电而停止工作，此时电路为：蓄电池正极→60A熔断器→电流表→10A熔断器→刮水电动机电刷"+"→电枢绕组→电刷"-"→刮水器开关内部触点→间歇继电器接线柱10→常闭触点B→间歇继电器接线柱P→自动复位机构搭铁片→搭铁→蓄电池负极；当电动机转到图示所在位置时，间歇继电器接线柱P的搭铁电路断开，刮水电动机电路被切断、停止工作。但由于机械惯性，电动机瞬间还会转动，因而电动机以发电机运行而产生制动，迫使电动机立即停止转动，使刮水片正好处于玻璃下方。

间歇继电器经几秒钟间歇后又重新接通，刮水电动机又开始工作。如此反复循环，构成了刮水电动机的间歇工作。当刮水器拨至Ⅱ、Ⅲ挡时，电动机的转速直接由刮水开关控制，刮水开关内部Ⅰ挡的触点与搭铁断开。只有将刮水开关拨至0、Ⅰ挡时，自动复位机构才起作用。

由于驾驶员可以方便设定间歇周期长短，电子式间歇继电器应用越来越广。

4. 常见故障诊断与排除

刮水器常见故障有：刮水器各挡位都不工作、个别挡位不工作、不能自动复位。

1）各挡位都不工作

（1）故障现象：接通点火开关后，刮水器开关置各挡位，刮水器均不工作。

（2）主要原因：熔断器断路；刮水电动机或开关有故障；机械传动部分锈蚀或与电动机脱开；连接线路断路或插接件松脱。

（3）诊断与排除：可参照下列步骤进行诊断检查并视情维修：首先检查熔断器有无断路，线路有无松脱；检查刮水器电动机及开关的电源线和搭铁线是否连接良好；检查开关各个接线柱在相应挡位能否正常接通；最后检查电动机和机械连接情况。

2）个别挡位不工作

（1）故障现象：接通点火开关后，刮水器个别挡位（低速、高速或间歇挡）不工作。

（2）主要原因：刮水电动机或开关有故障；间歇继电器有故障；连接线路断路或插接件松脱。

（3）诊断与排除：如果刮水器是高速挡或低速挡不工作，可参照下列步骤进行诊断检查并视情维修：首先检查刮水器电动机及开关对应故障挡位的线路是否正常；检查开关接线柱在相应挡位能否正常接通；最后检查电动机是否个别电刷接触不良。

如果刮水器在间歇挡不工作，应顺序检查间歇开关（或刮水器开关的间歇挡）、线路和间歇继电器。

3）不能自动复位

（1）故障现象：刮水器开关断开或在间歇挡工作时，刮水器不能自动停止在设定的停放位置。

（2）主要原因：刮水电动机自动复位机构损坏；刮水器开关损坏；刮水臂调整不当；线路连接错误。

（3）诊断与排除：可参照下列步骤进行诊断检查并视情维修：首先检查刮水臂的安装及刮水器开关线路连接是否正确；再检查刮水器开关在相应挡位的接线柱能否正常接通；最后检查电动机自动复位机构触点能否正常闭合和接触良好。

二、风窗清洗装置

1. 作用

汽车在灰尘较多的环境中行驶时，会造成一些灰尘飘落在风窗上影响驾驶员的视线。为此汽车刮水系统中增设了清洗装置，在需要时向风窗表面喷洒专用清洗液或水，在刮水片配合工作下，保持风窗表面洁净。

2. 组成

风窗清洗装置的组成如图 8-6 所示，由储液罐、清洗泵、输液管、喷嘴、清洗开关等组成。

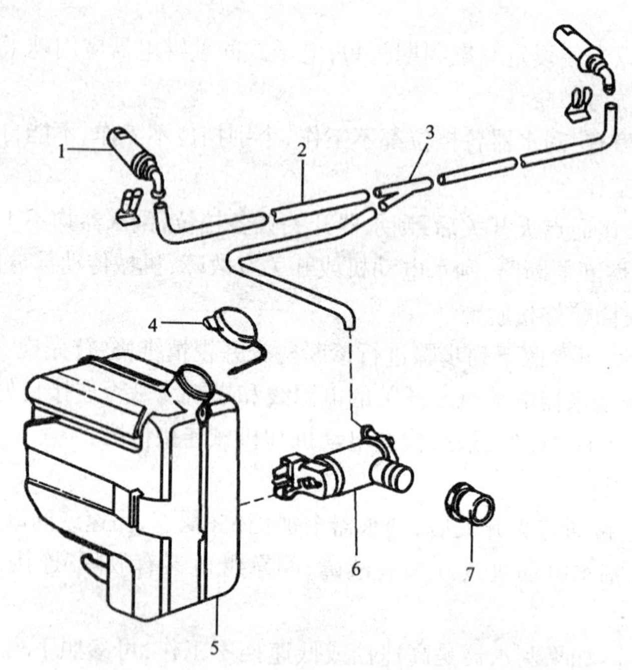

图 8-6 风窗清洗装置

1-喷嘴;2-输液管;3-接头;4-箱盖;5-储液罐;6-清洗泵;7-衬垫

储液罐由塑料制成。其内储有水、酒精或洗涤剂等配制的清洗液。有些储液罐上装有液面传感器，用以监视清洗液的数量。

清洗泵由永磁电动机驱动，将清洗液通过输液管泵至喷嘴，喷洒到风窗玻璃表面。

3. 原理

风窗清洗装置电路比较简单，参见图 8-5，一般和电动刮水器共用一个熔断丝；有的车清洗开关单独设置安装，有的则和刮水器开关组合在一起。当清洗开关接通时，清洗电动机带动液压泵转动，将清洗液加压，通过输液管和喷嘴喷洒到风窗玻璃表面。有的车型在清洗开关接通时自动使刮水器低速运行，改善清洗效果。

4. 常见故障诊断与排除

风窗清洗装置常见故障有：喷嘴不工作。

主要故障原因：清洗电动机或开关损坏；线路断路；清洗液液面过低或连接管脱落；喷嘴堵塞。

诊断步骤：如果所有喷嘴都不工作，先检查清洗液液面和连接管是否正常；然后检查清洗电动机搭铁线和电源线有无断路、松脱；开关和电动机是否正常。如果个别喷嘴不工作，一般是喷嘴堵塞所致。

有些轿车还有前照灯清洗装置，原理和常见故障及诊断方法与风窗清洗装置相同。

三、风窗除霜装置

1. 作用

在较冷的季节，有雨、雪或雾的天气，空气中的水分会在冷的风窗玻璃上凝结成细小的水滴甚至结冰，从而影响驾驶员的视线。为了防止水蒸气在风窗玻璃上凝结，设置风窗除霜装置，需要时可以对风窗玻璃加热。

2. 组成与工作原理

在装有空调或暖风装置的汽车上，可以通过风道向前面及侧面风窗玻璃吹热风以加热玻璃防止水分凝结。对后风窗玻璃的除霜，常常是利用电热丝加热实现的。如图8-7所示，在风窗玻璃内表面均匀间隔地镀有数条很窄的导电膜，形成电热丝，在需要时接通电路，即可对风窗进行加热。这种后窗除霜装置耗电量约为50～100W，在乘用车上广泛应用。

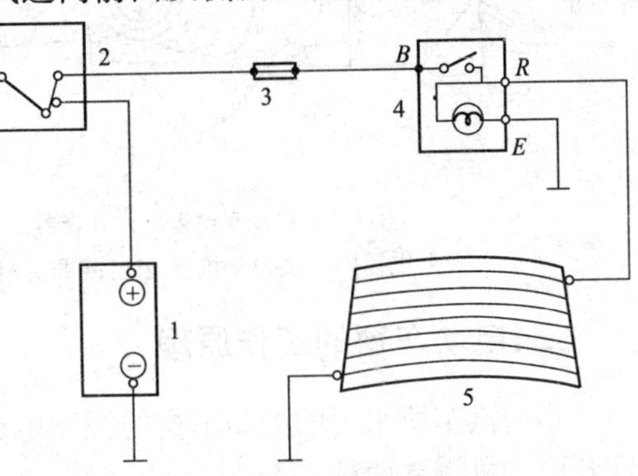

图8-7 后窗除霜装置

1-蓄电池；2-点火开关；3-熔断丝；4-除霜器开关及指示灯；5-除霜器（电热丝）

3. 常见故障诊断与排除

风窗除霜装置常见故障是不工作。

主要故障原因：熔断器或控制线路断路；加热丝或开关损坏。

诊断步骤：首先检查熔断器是否正常，然后将开关接通后检查加热丝火线端电压是否正常，如果电压为零，应检查开关和电源线路；否则检查电热丝是否断路。若电热丝断路，可用润滑脂清理加热丝端部，并用蜡和硅脱膜剂清理加热丝断头，再用专用修理剂进行修补，将断点处连接起来，保持适当时间后即可使用。

第二节 电 动 车 窗

一、电动车窗的作用

为了方便驾乘人员，减轻劳动强度，许多轿车采用了电动车窗，又称自动车窗，利用电动机来驱动升降器使车窗玻璃上下移动。

二、电动车窗的组成

电动车窗主要由车窗升降器、电动机、开关等组成。有些汽车上的电动车窗由电动机直接作用于升降器，而有些则是通过驱动机构作用于升降器，从而把电动机的转动转换成车窗的上下移动。

车窗升降器有两种形式。一种用齿扇来实现换向作用，如图8-8所示。齿扇上连有螺旋弹簧。当车窗玻璃上升时，弹簧伸展，放出能量，以减轻电动机负荷；当车窗玻璃下降时，弹簧压缩，吸收能量，从而使车窗玻璃无论是上升还是下降，电动机的负荷基本相同。另一种换向器使用柔性齿条和小齿轮，车窗玻璃连在齿条的一端，电动机带动轴端小齿轮转动，使齿条移动，以带动车窗玻璃升降，其结构如图 8-9 所示。

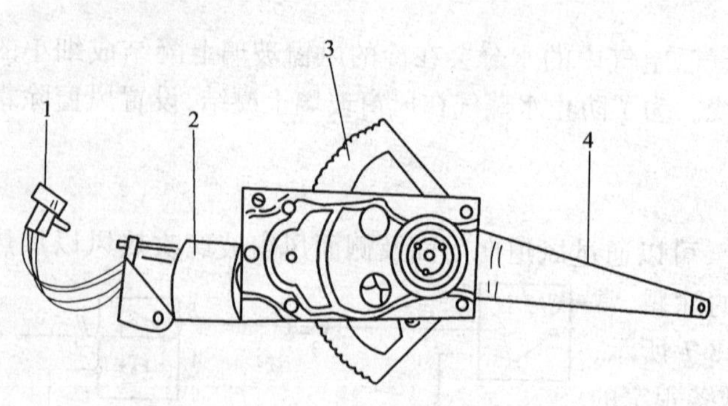

图 8-8　电动车窗齿扇式升降器

1-电缆接头；2-电动机；3-齿扇；4-推力杆

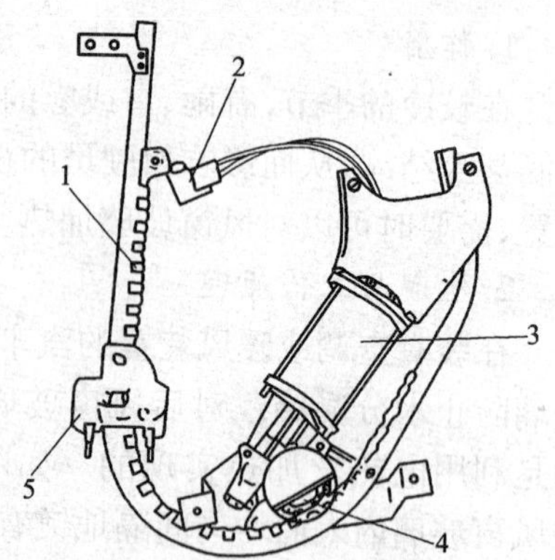

图 8-9　电动车窗齿条升降器

1-齿条；2-电缆接头；3-电动机；4-小齿轮；5-定位架

三、电动车窗的工作原理

不同汽车所采用的电动车窗的控制电路不同，按电动机是否直接搭铁分为电动机不搭铁和电动机搭铁两种。

电动机不搭铁的控制电路是指电动机不直接搭铁，电动机的搭铁受开关控制，通过改变电动机的电流方向来改变电动机的转向，从而实现车窗的升降，控制电路如图 8-10 所示。

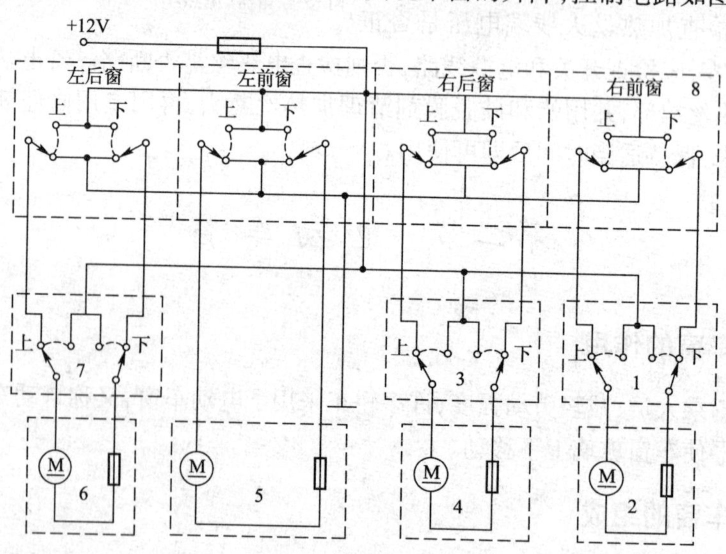

图 8-10　电动机不搭铁的电动车窗控制电路

1-右前车窗开关；2-右前车窗电动机；3-右后车窗开关；4-右后车窗电动机；5-左前车窗电动机；8-左后车窗电动机；7-左后车窗开关；8-驾驶员主控开关组件

电动机搭铁的控制电路是指电动机一端直接搭铁，而电动机有两组磁场绕组，两组磁场绕组产生的磁场使电动机转向相反，通过接通不同的磁场绕组，使电动机的转向不同，实现车窗的升降。控制电路如图 8-11 所示。

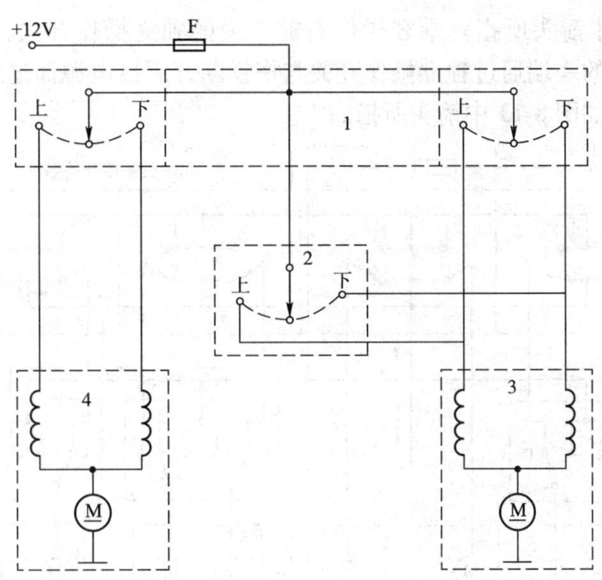

图 8-11　电动机搭铁的电动车窗控制电路

1-驾驶员主控开关组件;2-右前车窗开关;3-右前车窗电机;4-左前车窗电动机

可见,电动车窗控制电路中,一般都设由驾驶员集中控制的主控开关和每一个车窗的独立操作开关,每个车窗的操作开关可由乘客自己操作。但是,有些汽车的主控开关备有安全开关,可以切断其他各车窗的电源,使每个车窗的操作开关不起作用,这个开关只能由驾驶员一人操作。

电动机不搭铁的控制方式,因为开关既控制电动机的电源线,又控制电动机的搭铁线,所以开关结构和线路比较复杂。但是电动机结构简单,应用比较广泛。

图 8-12 和 8-13 是以电动机不搭铁电动车窗系统为例,驾驶员和乘客分别操作使右前车窗下降时的电流方向。驾驶员操作的主控开关中的右前车窗开关,使其在“下”的位置时,右前车窗电动机的一端通过主控开关与搭铁断开后接电源而通电转动,使右前车窗向下运动,

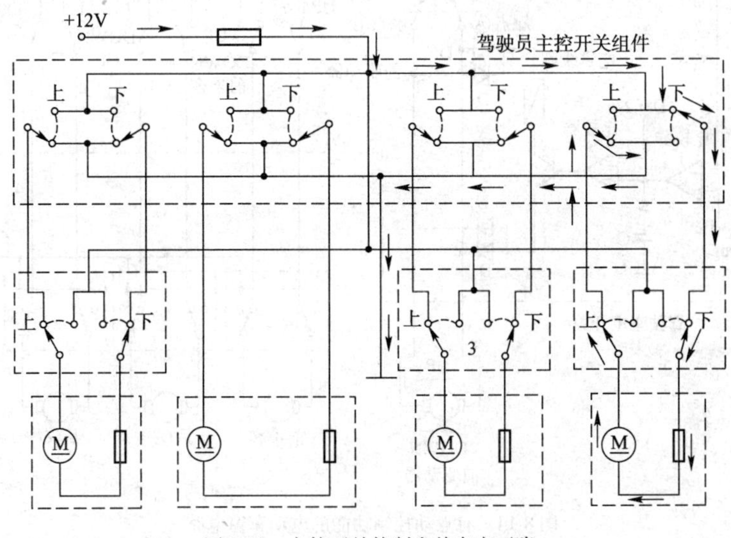

图 8-12　主控开关控制右前车窗下降

电流方向如图 8-12 中箭头所指。乘客操作右前车窗的独立操作开关,使其在“下”的位置时,右前车窗电动机的一端通过独立操作开关与搭铁断开后接电源而通电转动,使右前车窗向下运动,电流方向如图 8-13 中箭头所指。

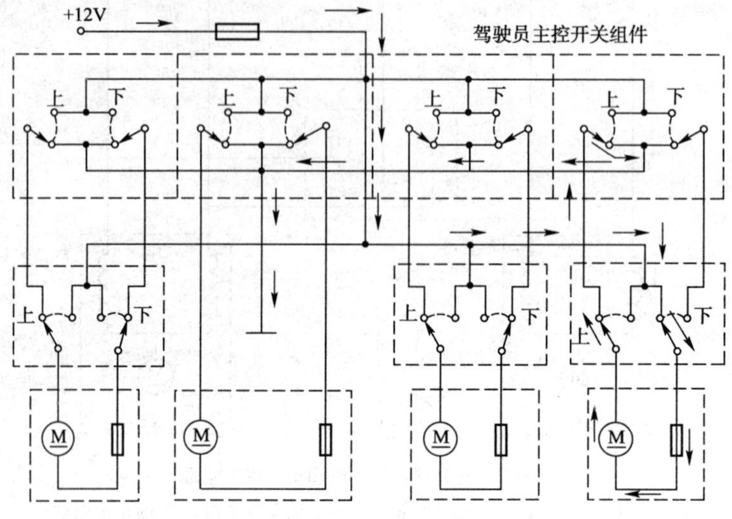

图 8-13　独立操作开关控制右前车窗下降

图 8-14 为具有自动控制(也称为点动控制)功能的电动车窗控制电路。所谓自动控制是指按下自动按钮(点动即可),松开手后车窗玻璃会一直上升至最高或下降至最低。自动控制过程如下:

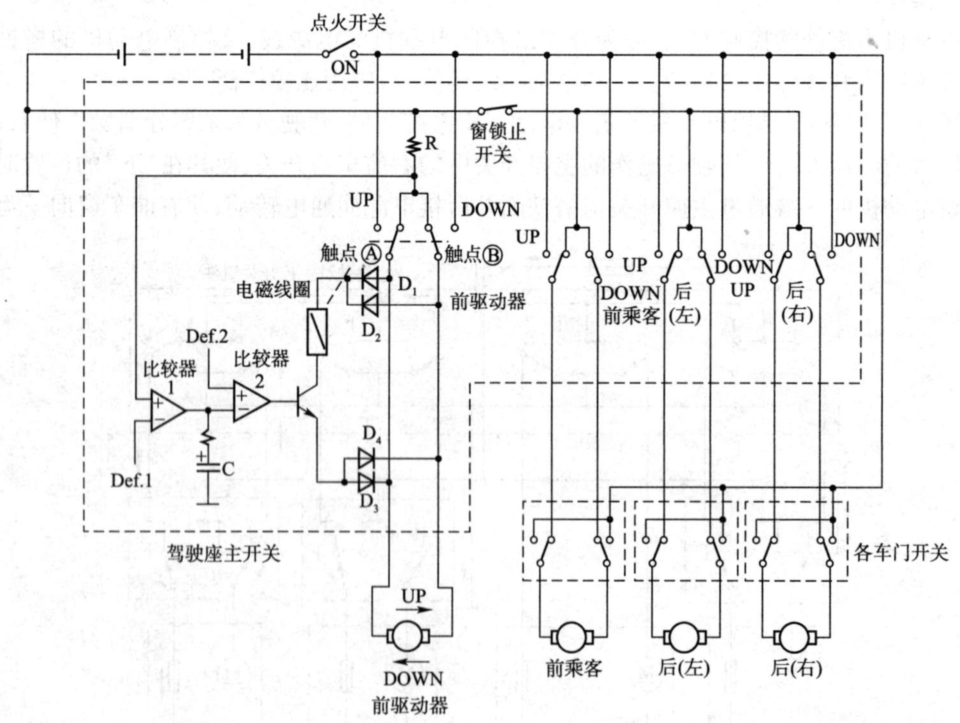

图 8-14　有点动控制功能的电动车窗电路

当按钮按下到 UP 侧时，电动机与电源的连接电路接通，电动机按 UP 箭头方向通过电流，车窗玻璃上升，同时电阻 R 上的电压降作为比较器 1 的一个输入信号。由于参考电压 Ref.1 对应于电动机锁止时的电压，如果电动机没有锁止，则 R 上的电压降小于参考电压 Ref.1，比较器 1 输出为负电位，小于参考电压 Ref.2（设定的正电位），使比较器 2 输出正电压，晶体管导通，自动按钮内的电磁线圈通过较大电流产生磁力，克服弹簧弹力维持按钮的接通状态。当车窗玻璃上升到终点位置，电动机锁止，R 上的电压降升高，高于参考电压 Ref.1 后，比较器 1 输出为正电位，给电容器 C 充电，当 C 两端电压高于参考电压 Ref.2 时，比较器 2 输出负电压，晶体管截止，自动按钮内的电磁线圈断电，弹簧弹力使按钮回复到中立位置，电动机与电源的连接电路断开，停止转动。

车窗玻璃自动下降的工作情况与上述情况类似，只是将按钮按下到 DOWN 侧，电动机按 DOWN 箭头方向通过电流而已。

在车窗玻璃自动升降过程中，若想中途停止，只要向反方向扳动按钮再立刻松开，使电动机和电磁线圈同时断电即可。

在玻璃自动升降过程中，只要由于某种原因（如外界阻力）使电动机电流增大超过一定值，自动按钮都会使电动机停止运转、玻璃停止升降，防夹手功能就是这样实现的。

四、电动车窗常见故障的诊断与排除

电动车窗常见故障有：所有车窗玻璃均不能升降、某车窗玻璃不能升降或只能一个方向运动等。

1. 所有车窗玻璃均不能升降

1）主要故障原因：熔断器断路；连接导线断路；有关继电器、开关损坏；电动机损坏；搭铁点锈蚀、松动。

2）诊断步骤：首先检查熔断器是否断路；若熔断器良好，则应将点火开关接通，检查有关继电器和开关火线接线柱上的电压是否正常，电压为零，应检查电源线路；电压正常，则应检查搭铁线是否良好。搭铁不良时，应清洁、紧固搭铁线；若搭铁良好，应对继电器、开关和电动机进行检测。

2. 某车窗玻璃不能升降或只能一个方向运动

1）主要故障原因：该车窗按键开关损坏；该车窗电动机损坏；连接导线断路；安全开关故障。

2）诊断步骤：如果车窗玻璃不能升降，首先检查安全开关是否工作，该车窗的按键开关工作是否正常，再通电检查该车窗的电动机正反转是否运转稳定。若有故障，应检修或更换新件；若正常，则应检修连接导线。如果车窗只能一个方向运动，一般是按键开关故障或部分线路断路或接错所致，可以先检查线路连接是否正常，再检修开关。

如果点动控制功能丧失，应重点检查和按钮的电磁线圈电路比较电路。

第三节　电动座椅

一、电动座椅的作用

为了提高驾驶员和乘客的舒适和便利，许多汽车安装了电动座椅（又称自动座椅），即用

电动机实现位置调整的座椅。它可以满足驾驶员多种姿势情况下的操作和安全要求，当然也包括对乘客的舒适性和安全性的要求。本节介绍电动座椅控制装置的组成和工作原理。

二、电动座椅控制装置的组成

电动座椅控制装置由座椅开关、电动机、传动和执行机构、控制电路等组成。

三、电动座椅的工作原理

1. 基本原理

电动座椅最普通的形式是使用三个电动机实现座椅六个不同方向的位置调整：上、下、前、后、前倾、后倾。三个电机分别是前高度调整电动机、后高度调整电动机与前后移动电动机，它们分别控制座椅的前部高度、后部高度以及座椅前后位置，基本控制电路如图 8-15 所示。

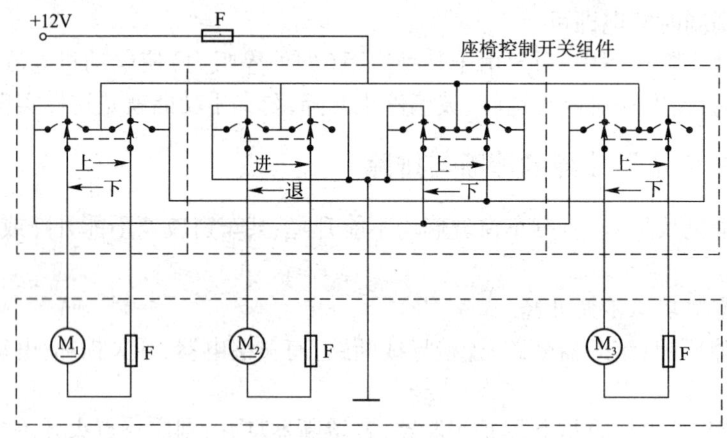

图 8-15 电动座椅的电路原理图

M_1-前高度电动机；M_2-前进后退电动机；M_3-后高度电动机；F-熔断丝

座椅开关通过控制电动机搭铁和电源电路，使三个电动机按所需的方向旋转。

当座椅控制开关置于上或下的位置时，前与后高度调整电动机同时旋转；当开关位于前倾或后倾位置时，只有一个高度电动机旋转；如果座椅控制开关位于前移或后退的位置，前进后退电动机旋转。

图 8-16 是自动座椅控制开关在使座椅前方上升时的电流方向示意图。控制座椅的后方上升和下降的操作方法与控制座椅的前方上升和下降的方法相同。

2. 有储存功能的控制原理

有些电动座椅控制系统具有储存功能，通过每个座椅的位置传感器来反映座椅位置，座椅位置固定后，驾驶员按下存储器相应的按钮，存储器就保存位置传感器的信息，作为自动调整的依据。需要时，只要按相应的存储按钮，就能自动调整座椅到对应的位置。图 8-17 为装有四个电动机和单独存储器的电动座椅系统。

有的汽车在驾驶坐席旁安装的独立乘客座椅也具有上述相似的控制系统，一般有 4 个移动方向，不像驾驶座椅那样有 6 个移动方向。这四个移动方向通常是前进、后退、座椅的前方上升与下降，通过两个电动机就可以实现调整。

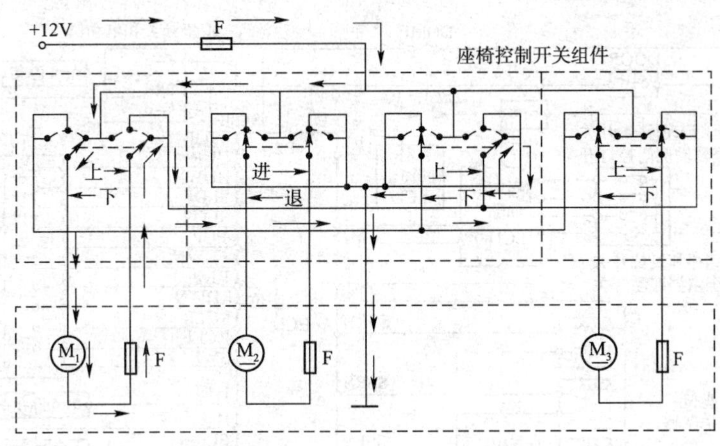

图 8-16 电动座椅前方上升时的电流方向

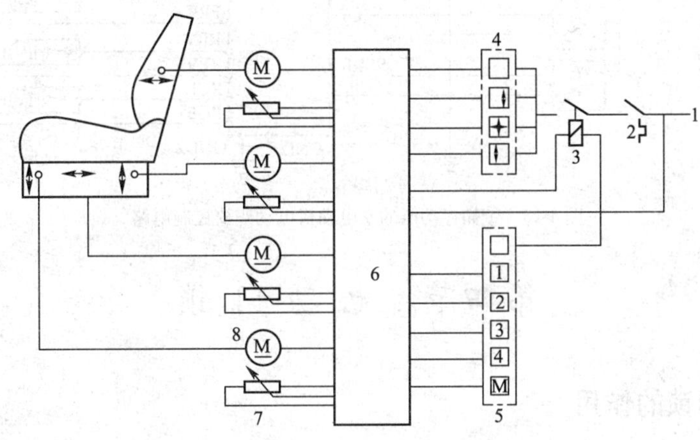

图 8-17 有存储功能的电动座椅

1-接蓄电池;2-热过载保护;3-主继电器;4-手动调整开关;5-存储器操作开关;6-控制单元;7-位置传感器;8-电动机

图 8-18 所示为带储存功能的 6 电动机电动座椅控制电路,电动座位电动机不仅包括后移动电动机(滑动电动机)、前升高电动机(前垂直电动机)和后升高电动机(后垂直电动机),而且增加了调节椅背倾斜角度的倾斜电动机、头枕电动机、和调节椅垫位置的腰垫电动机,进一步改善椅背的舒适性;每个电动机内部都设有热保护触头,以防电动机过载损坏;由电动座位ECU)根据电动座位开关、储存和复位开关以及电动座位位置传感器信息进行控制。

四、电动座椅的故障诊断与排除

电动座椅常见故障有:完全不动作或某个方向不能工作。

电动座椅完全不动作的主要原因有:熔断器断路;线路断路;座椅开关有故障等。可以首先检查熔断器是否断路;若熔断器良好,则应检查线路连接是否正常,最后检查开关。对于有存储功能的电动座椅系统,还应检查电动座椅 ECU 的电源电路和搭铁线是否正常,若开关、线路等都正常,应检查控制单元。

电动座椅某个方向不能工作的主要原因:该方向对应的电动机损坏、开关、连接导线断路。可以先检查线路是否正常,再检查开关和电动机。

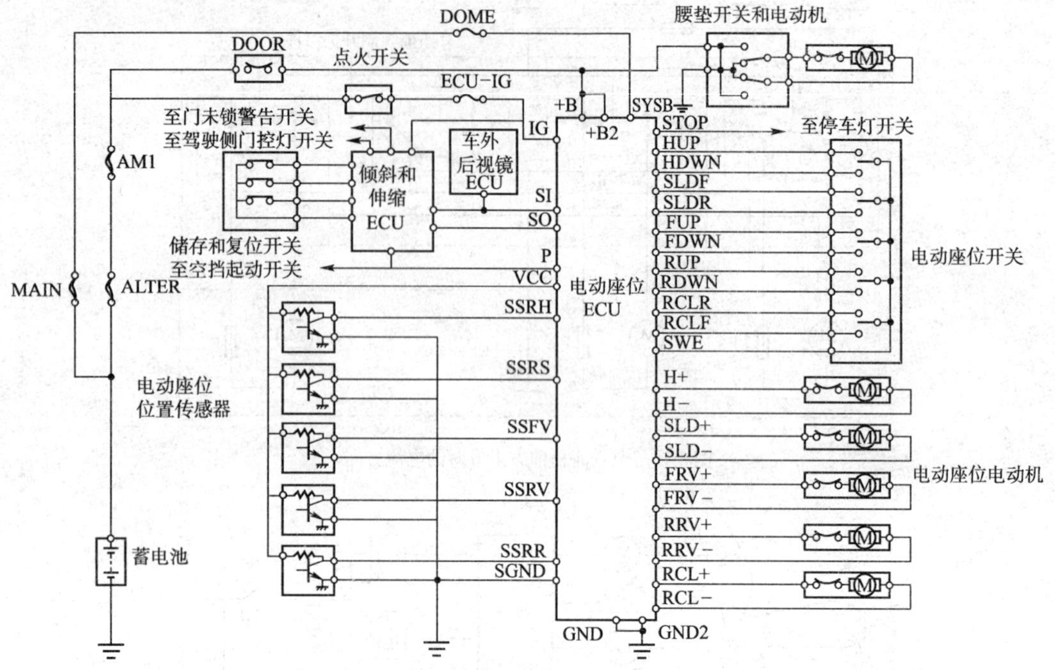

图 8-18　带储存功能的 6 电动机电动座椅控制电路

第四节　电 动 门 锁

一、电动门锁的作用

通过使用电动机或电磁铁操作车门机械机构，使车门锁住或打开。

二、电动门锁的组成

电动门锁由门锁开关、电动机及传动机构（或电磁铁）、执行机构等组成。

三、电动门锁的工作原理

1. 基本工作原理

不同汽车所采用电动门锁的功能和控制电路不同。有的汽车有多个集中控制开关，驾驶员或乘客都可以集中控制门锁，把所有的车门锁住或打开。有的汽车则只有一个集中控制开关和几个单独控制开关，驾驶员可以操作集中控制开关，把所有的车门锁住或打开，乘客只能操作单独控制开关，把对应的车门锁住或打开，集中控制开关通常安装在驾驶室车门和前乘客车门上；单独控制开关通常就在相应的车门上。

图 8-19 是配置两个集中控制开关的电动门锁电路。驾驶员（或副驾驶）利用门锁开关可以接通或断开门锁继电器，门锁继电器包括锁定和开锁两个继电器。门锁开关都不接通时，所有电动机两端都通过继电器直接搭铁，电动机不转；门锁开关接通（开锁或锁定）一个继电器时，电动机一端不再搭铁而是与电源接通，使电动机通过两个继电器触点和电源构成

回路而通电运转。不同的继电器工作,可以改变电动机中电流的方向,使门锁电动机的转向改变,实现开锁和锁定。将门锁开关置于锁定位置时,电源通过门锁开关给锁定继电器线圈供电,继电器动作,其常闭触点打开、常开触点闭合,电动机一端经该触点与电源接通,另一端经开锁继电器常闭触点接地,电动机旋转将各车门锁住,电路电流如图 8-20 所示。当门锁开关放在中间位置时,锁定继电器释放。将开关掷向开锁位置时,开锁继电器线圈有电,继电器吸合,其常闭触点打开、常开触点闭合,电动机一端经该触点与电源接通,另一端经锁定继电器常闭触点接地,电动机中的电流方向与图 8-20 相反,电动机反向旋转把门锁打开。当门锁开关放在中间位置时,开锁继电器释放。

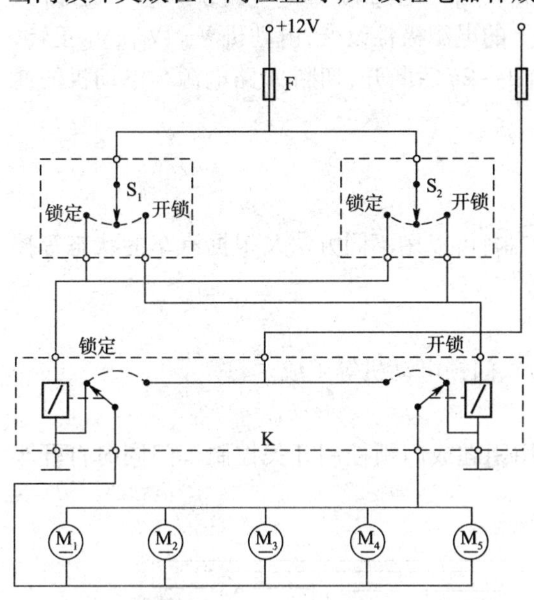

图 8-19　电动门锁电路图

S_1-左前门锁开关;S_2-右前门锁开关;K-门锁继电器;M_1-尾门锁电动机;M_2-左后门锁电动机;M_3-左前门锁电动机;M_4-右前门锁电动机;M_5-右后门锁电动机;F-熔断器

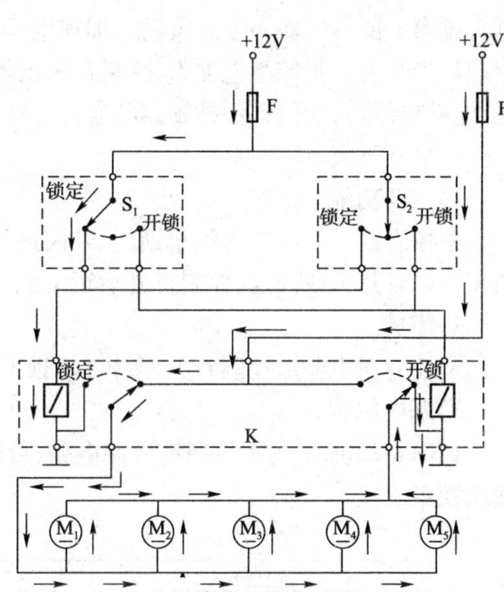

图 8-20　门锁开关在锁定位置时的电流方向

配置一个集中控制开关和几个单独控制开关的电动门锁,驾驶员可以通过按下或提起左前门上的门锁提钮(集中控制开关)或操纵该车门上的门锁钥匙对 4 个车门门锁集中控制,把所有的车门锁住或打开;乘客只能操作单独开关(右前、右后和左后车门上的门锁提钮)以开启或锁住 3 个车门的门锁。集中控制开关对右前、左后、右后门锁控制电路如图 8-21 所示,V_{30}、V_{31}、V_{32}分别是右前、左后、右后门锁电动机,集中控制开关和集控继电器 J_{53} 组合在一起。集中控制过程如下:

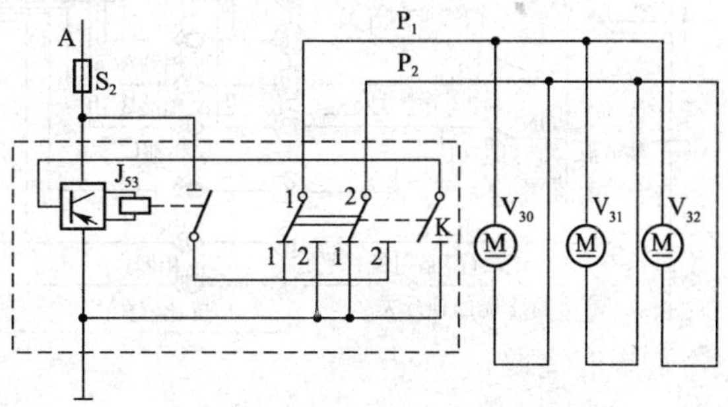

图 8-21　集中控制开关控制电路

1)门锁锁定过程

压下左前门门锁提钮使集中控制开关第 2 位接通过程中,集中控制开关的附带触点 K

被短暂闭合，因而，集控继电器 J_{53} 的触点闭合，接通门锁电动机电路，电动机反转，带动各门锁闭锁。电路为：A 路电源→熔断器 S_2→J_{53} 的闭合触点→集控开关第 2 掷第 2 位→P_2→电动机 V_{30}、V_{31}、V_{32}→P_1→集控开关第 1 掷第 2 位→搭铁→电源负极。此时，集控继电器 J_{53} 控制其触点闭合 1～2s 后断开，切断 A 路电源与电动机的通路，电动机停转，使门锁保持锁定状态。

2）门锁开启过程

将左前门门锁提钮提起，使集中控制开关第 2 位触点断开，第 1 位触点闭合。在提钮被提起的过程中，触点 K 又被短暂闭合，从而使集控继电器 J_{53} 的触点再次闭合，A 路电源→熔断器 S_2→J_{53} 的闭合触点→集控开关第 1 掷第 1 位→P_1→电动机 V_{30}、V_{31}、V_{32}→P_2→集控开关第 2 掷第 1 位→搭铁→电源负极。加在电动机上的电源极性改变，电动机 V_{30}、V_{31}、V_{32} 正转，带动门锁开启。集控继电器 J_{53} 控制其触点闭合 1～2s 后断开，切断 A 路电源与电动机的通路，电动机停转，使门锁保持锁定状态。

2. 中控门锁

1）主要功能

中控门锁利用微机对汽车锁门、开门进行控制，可以用不同方法及根据汽车的状态等控制车门同时开锁或锁定、控制打开后行李舱盖等。

2）组成

中控门锁主要由控制开关、微机（门锁 ECU）、门锁电动机等组成。

3）基本原理

如图 8-22 所示的中控门锁控制电路，可以用钥匙或门锁控制开关控制车门同时打开车锁或锁定。

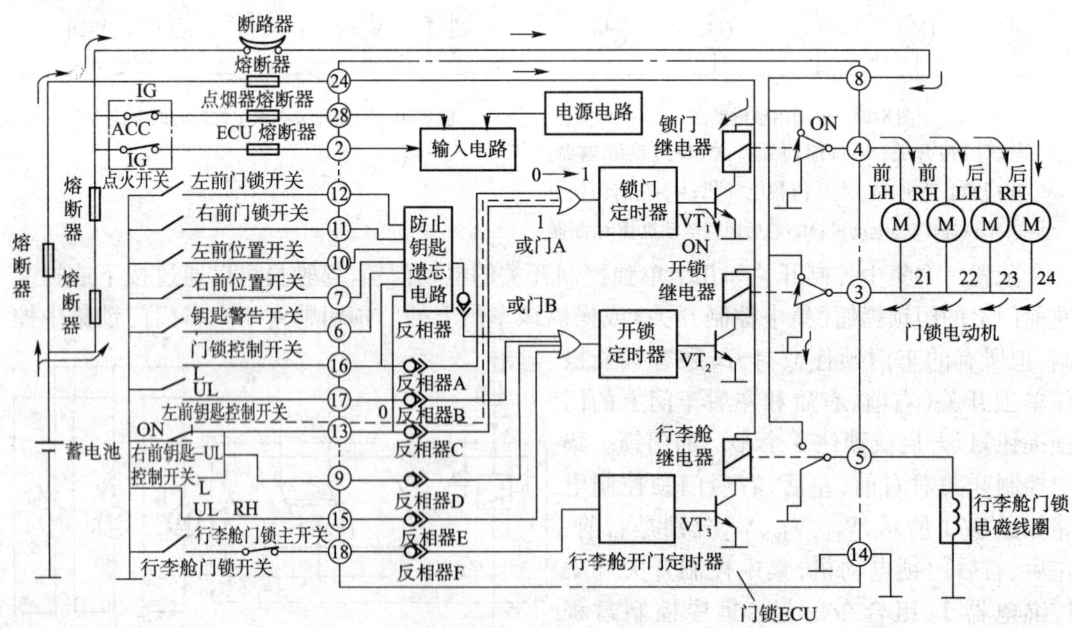

图 8-22　中控门锁电路

右前钥匙开关）的 L 侧（锁门）接通，使门锁 ECU 的 13 端子搭铁，并经反相器 C、或门 A 提供锁门信号（如图 8-22 中虚线部分所示），启动锁门定时器使 VT_1 和锁门继电器导通一定时间，锁门继电器常开触点接通,为门锁电动机提供电源,经开锁继电器常闭触点搭铁(如图 8-22 中箭头所示),门锁电动机向锁门方向转动完成四个车门的锁门动作。将钥匙插入驾驶员侧或副驾驶员侧门锁锁芯并向开锁方向转动时,左前钥匙开关(或右前钥匙开关)的 UL 侧(开锁)接通,使门锁 ECU 的 9(或 15)端子搭铁,并经反相器 D(或 E)、或门 B 提供开锁信号,启动开锁定时器使 VT_2 和开锁继电器导通一定时间,开锁继电器常开触点接通,为门锁电动机提供电源,经锁门继电器常闭触点搭铁,门锁电动机向开锁方向转动完成四个车门的开锁动作。

用门锁控制开关锁门和开锁的原理与钥匙控制原理基本相同,只是对应的 ECU 端子和反相器不同。将门锁控制开关推向 L 侧(锁门)时,门锁 ECU 的 16 端子搭铁,并经反相器 A、或门 A 提供锁门信号。将门锁控制开关推向 UL 侧(开锁)时,门锁 ECU 的 17 端子搭铁,并经反相器 B、或门 B 提供提供开锁信号。

行李舱门锁控制:当行李舱门锁开关和主开关同时接通时,使门锁 ECU 的 18 端子搭铁,并经反相器 F 启动行李舱开门定时器,使 VT_3 和行李舱继电器导通一定时间,行李舱继电器常开触点接通,为行李舱门锁电磁线圈提供电源,使行李舱门弹起、打开。

图中门锁 ECU 的“防止钥匙遗忘电路”,可以根据各门锁开关、位置开关、钥匙报警开关的信号,保证在车门没有关好、钥匙未拔出等情况下使车门门锁打开、不能锁门。

3. 门锁遥控原理

为了便于操作,许多汽车配备了门锁遥控器,遥控器功能键如图 8-23 所示,借助无线电波发射出锁门(Lock)、开锁(Unlock)、开启行李舱等操作指令信号,门锁 ECU(或门锁与防盗 ECU)根据接收到的指令控制门锁。遥控器可以单独制作,也可以与点火钥匙制作在一起。

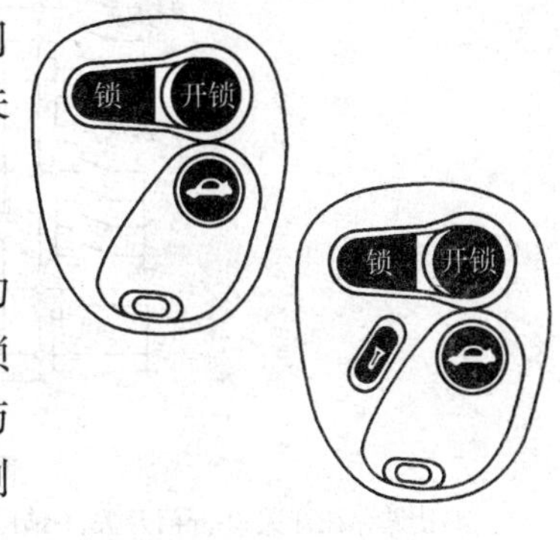

图 8-23 门锁遥控器

四、电动门锁常见故障的诊断与排除

电动门锁常见故障有:所有门锁均不工作、某个门锁不能工作。

全部门锁均不工作主要原因有:熔断器断路;继电器故障;门控开关触点烧蚀;搭铁点锈蚀或松动;连接线路断路。可以首先检查熔断器是否断路;若熔断器良好,则应将门控开关接通,检查电动机接线柱上的电压是否正常,电压为零,应检查继电器和电源线路;电压正常,则应检查搭铁线是否良好。搭铁不良时,应清洁、紧固搭铁线;若搭铁良好,应对开关和电动机进行检测。

某个门锁不能工作主要原因:该门锁电动机损坏或对应开关、连接导线断路。可以先检查线路是否正常,再检查开关和电动机。

第五节 电子控制防盗系统

一、电子控制防盗系统的作用

许多汽车都装有电子控制防盗系统,又称防盗报警系统,其作用是当有人以非正常的方法擅自打开任何一个车门或启动发动机时,电子控制防盗系统会立即发出声光报警信号,有的还使发动机无法工作等功能。

二、电子控制防盗系统的组成

电子控制防盗系统主要由电子控制单元(防盗 ECU)、门控开关以及门锁开关等传感器、报警装置及启动中断继电器等执行元件组成。电子控制单元包括报警设置、状态检测、定时器、解除报警和报警控制电路等。

三、电子控制防盗系统的工作原理

1. 基本工作原理

图 8-24 是电子控制防盗系统的基本原理图。

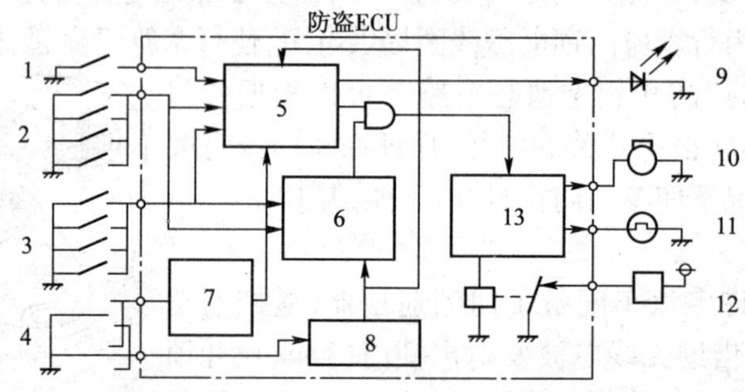

图 8-24　电子防盗报警系统基本原理图

1-钥匙存在开关;2-开门开关;3-锁门开关;4-钥匙操作开关;5-报警设置电路;6-状态检测电路;7-定时器;8-解除报警电路;9-指示器;10-报警器;11-报警灯;12-启动断电器;13-报警控制电路

当用钥匙锁好所有车门时,电子防盗报警系统进行自检,然后指示器断续闪光,表示系统已经处于监视状态,车门不能用门锁控制开关打开,行李舱门不能用行李舱门开启器开关打开,发动机罩也无法正常打开。若不通过正常手段开启车门或行李舱门,则防盗 ECU 根据相应开关信号判定为非法开启,接通喇叭线路和各种报警灯开关继电器进行报警。此后,只有防盗 ECU 接收到解除信号(如合法钥匙插入锁孔开关等),才能使系统 ECU 解除监视状态。

图 8-25 所示的电子控制防盗系统,和门锁采用一个控制单元(防盗和门锁控制 ECU);传感器包括:门控开关、门锁开关、行李舱门钥匙启动开关、钥匙未锁警告开关、钥匙操纵开关和门锁电动机位置开关等;执行器包括:防盗喇叭、汽车喇叭继电器、前灯控制继电器、启动电动机继电器、尾灯控制继电器、门锁电动机和防盗指示灯等。

门控开关包括:所有车门门控开关和发动机罩控制开关。4 个车门门控开关和行李舱门控开关电路并联,共同接在 ECU 的 CTY 端子上。当其中的任意一个未关好时,其开关接通,CTY 端子为低电位 0V;所有门都关好、门控开关都断开,CTY 端子为高电位 4 ~ 5V。发动机罩控制灯开关接在 ECU 的 HOOD 端子上,发动机罩打开时,开关接通 HOOD 端子为低电位 0V;当发动机罩关好时,开关断开,HOOD 端子为高电位 4 ~ 5V。

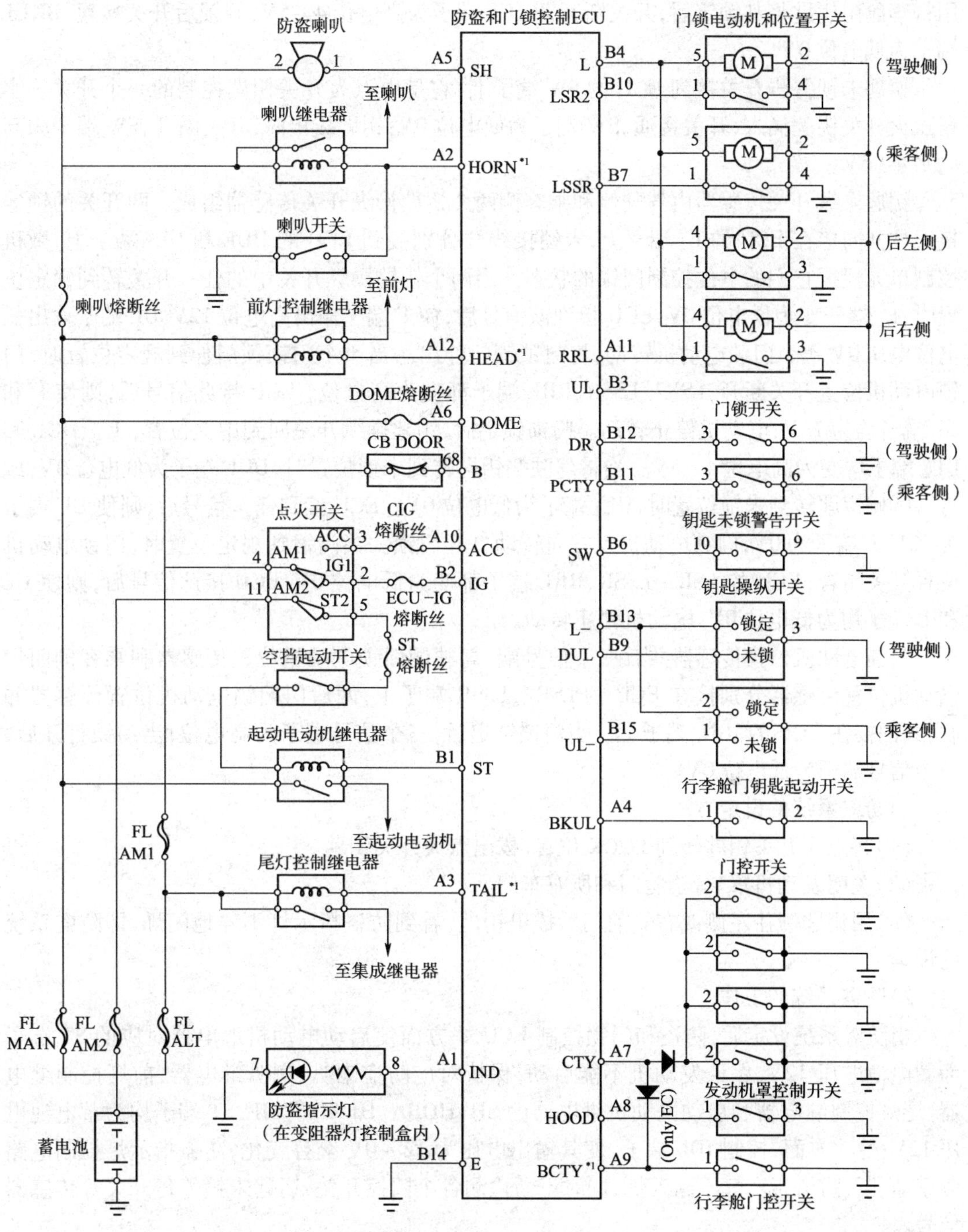

图 8-25 防盗系统实例

门锁开关包括驾驶侧门锁开关和乘客侧门锁开关，分别接到 ECU 的 DR 端子和 PCTY 端子上。车门锁定后，开关断开，端子为高电位 4～5V；车门打开后，开关接通，端子为低电位 0V。

行李舱门钥匙启动开关接到 ECU 的 BKUL 端子上，它是受行李舱门锁控制的开关。当用行李舱门钥匙将其锁定后，开关断开，BKUL 端子为高电位 4～5V；开锁后开关接通，BKUL 端子为低电位 0V。

钥匙未锁警告开关接到 ECU 的 SW 端子上，它是由点火开关钥匙控制的一个开关。本车点火开关钥匙插入，开关接通，SW 端子为低电位 0V；钥匙拔出时，开关断开，SW 端子为高电平 4～5V。

钥匙操纵开关传感器由驾驶侧和乘客侧两个钥匙操纵开关传感器组成。两开关的锁定接线柱共同接在 ECU 的 L₋端子上，未锁接线柱分别接到 ECU 的 DUL 和 UL₋端子上，微机控制单元根据它们的电位控制门锁的状态。当两个钥匙操纵开关中的任一开关转到锁定位置时，L₋端子变为低电位 0V，ECU 接到该信号后，使 L 端子输出高电位 12V，UL 端子输出低电位电压 0V，4 个门锁电动机转动，将门锁锁门伸出。当 4 个门锁锁门伸到规定位置时，门锁电动机位置开关断开，LSR2、LSSR、RRL 端子都变为高电位，ECU 接此信号后，则使 L 和 UL 端子均为 12V，电动机停止转动。门锁锁定后，钥匙操纵开关回到中立位置，L₋、DUL 和 UL₋端子均变为高电位 4～5V。当将驾驶侧钥匙转到未锁位置时，DUL 端子为低电位 0V，或将乘客侧钥匙转到未锁位置时，UL₋端子为低电位 0V。ECU 接到任一信号后，则使 UL 端子为 12V，L 端子为 0V，门锁电动机反方向转动打开门锁。锁闩缩到规定位置时，门锁电动机位置开关闭合，ECU 的 LSR2、LSSR、RRL 端子都变为低电位 0V，ECU 接此信号后，则使 UL 和 L 端子均为低电位 0V，电动机停止转动。

门锁电动机位置传感器共有三个信号端，驾驶侧门锁电动机位置传感器和乘客侧门锁电动机位置传感器分别接在 ECU 的 LSR2、LSSR 端子上，两后门门锁电动机位置传感器并联，共同接在 ECU 的 RRL 端子上。当门锁锁定后，三个信号端子为高电位；当门锁打开后，三个信号端子为低电位 0V。

1）防盗系统的设定方法

（1）将点火开关钥匙转到 LOCK 位置，拔出点火开关钥匙。

（2）关闭发动机罩、行李舱门和所有车门。

（3）用钥匙锁住左侧或右侧前门后拔出钥匙，看到防盗指示灯不停地闪烁，即防盗系统已设定。

2）防盗系统的工作

当防盗系统设定后，防盗和门锁控制 ECU 一方面使启动电动机继电器对应的 ST 端子为蓄电池电压 12V，保证发动机不能启动，保持对应防盗喇叭、喇叭继电器、前灯控制继电器、尾灯控制继电器和启动电动机继电器的 SH、HORN、HEAD、TAIL、ST 端子均为蓄电池电压 12V；另一方面，控制 IDL 端子，使其输出电压为 12～0V 交替变化，防盗指示灯控制电路频繁通、断，防盗指示灯不断闪烁，同时不断检测各个门控开关、钥匙未锁警告开关等传感器信号。

防盗和门锁控制 ECU 检测到有人不用钥匙强行打开车门或行李舱门或发动机舱盖时，即控制 SH、HORN、HEAD、TAIL 端子，使 4 个端子均搭铁，防盗喇叭电路接通而鸣叫；汽车喇叭继电器线圈通电，其触点闭合，汽车喇叭电路接通也鸣叫；同时，前灯、尾灯的继电器线圈均通电，其触点闭合，前灯控制电路接通而闪亮，尾灯控制电路也接通而闪亮；同时控制 L 端子为高电位 12V，UL 端子为低电位 0V，门锁电动机转动，使所有的车门均锁上。若所有车门未锁住,防盗系统在报警时间内每隔 2s 重复锁门动作。

总之,当有人企图不用钥匙强行进入汽车,或强行打开发动机罩或行李舱门时,防盗系统使防盗喇叭和汽车喇叭鸣叫,并闪烁前灯和尾灯约 1min 作为报警;与此同时,锁上所有车门,并断开电动机电源。

3)防盗功能的清除

(1)用钥匙打开左侧或右侧前门、或行李舱门,或用遥控系统打开所有车门,解除车门防盗系统。

(2)将点火开关钥匙插入点火开关内,并将其转至 ACC 或 ON 位置,全部防盗功能解除。

2.增强功能原理

许多电子防盗报警系统采用内部含有集成电路的智能钥匙,增加一些控制功能提高防盗能力。

1)内部含有集成电路的智能钥匙,通过电子应答来判断使用的钥匙是否合法,并以此确定是否允许发动机 ECU 工作。通过编程学习,车辆的每一把钥匙均含有特定信息,这些信息被存储在防盗 ECU 中。当启动防盗系统后,所有车门被锁住,此时若用不含相应信息的钥匙开启车门或启动发动机,防盗系统则判定为非法进入,进行防盗报警,同时使启动机不工作或控制喷油器不喷油或点火系不点火。

钥匙编程学习过程又叫做钥匙匹配过程,有两种类型,一种是生产线使用,此时防盗 ECU 预置为自学习模式,不需其他设备即可记忆钥匙匹配过程;另一种供给售后维修使用,必须借助诊断仪及防盗 ECU 密码才能进行匹配过程。在售后维修中钥匙匹配要注意:如果需要重新匹配钥匙或增配钥匙,必须同时匹配汽车的全部钥匙;如果合法钥匙遗失,为确保车辆安全必须将其他所有合法钥匙用诊断仪重新进行匹配,以使丢失的钥匙变为非法钥匙。

2)利用局域网通信(总线技术),防盗 ECU 将防盗启动信息传输给发动机 ECU,只有防盗警戒解除,发动机 ECU 才可以正常工作。若防盗 ECU 处于防盗状态或者和发动机 ECU 之间信息联系中断,则发动机 ECU 停止工作,发动机无法运转。

3)为了防止遥控器因信号固定被复制,采用加密遥控器。即每次车辆锁门后,遥控器与接收器均按程序设定同时改变工作频率,使遥控器不能复制。

四、电子控制防盗系统常见故障的诊断与排除

防盗系统常见故障有:系统不能设定、报警装置工作不正常、防盗功能不能正常清除等。主要原因有:传感器故障、控制线路连接不良、执行机构和微机控制单元有故障等。

如果防盗系统不能设定,应首先检查各门控开关、门锁电动机位置开关等与设定功能有关的传感器及其线路,然后检查微机控制单元及其配线。

如果报警装置工作不正常,应首先检查灯光、喇叭等执行机构的熔断器、线路和是否正常,然后检查执行机构有无故障,最后检查微机控制单元及其配线。

如果防盗功能不能正常清除,应首先检查各门控开关是否正常,然后检查点火开关及其线路,最后检查微机控制单元及其配线。

复习思考题

1. 电动刮水器一般设有几个挡位，分别在什么情况下使用？

2. 简述三刷式雨刷电机的变速原理。

3. 电动刮水器、电动门锁、电动座椅、车窗玻璃升降装置其控制电路有什么共同之处和各自的特点。

4. 简述车窗玻璃升降机构的形式与原理，如何保证运动平稳不发生运动干涉。

5. 简述汽车防盗系统的工作原理。

第九章　汽车总电路

教学目标

1. 了解汽车总电路的组成及特点。
2. 熟悉汽车电气系统配电装置的作用与结构。
3. 了解汽车电路表达方法。
4. 理解汽车电路故障检查方法。

教学要点

知识要点	掌握程度	相关知识
汽车电气系统配电装置的作用与结构	熟悉	导线、线路连接装置、电路控制装置、电路保护装置
汽车总电路图	了解	汽车电路表达方法
汽车电路故障检查	理解	汽车电路故障的检查方法

第一节　汽车总电路的组成及特点

一、汽车总电路的组成

汽车总电路是指由汽车电源和用电设备通过导线、控制开关、电路保护装置按照各电气系统的工作特性和相互内在联系连接起来的汽车全车总电路。它包括汽车电源系统、启动系统、点火系统、照明系统、信号系统、仪表系统、空调系统、辅助电器系统等。

二、汽车总电路的特点

不同车型其电气设备的组成、电路复杂程度有较大差异。但从总体上看，汽车总电路都具有如下接线特点：

(1)单线制；

(2)用电设备均为并联连接；

(3)导线长短应符合接线要求，不能过长或过短；

(4)汽车若有电流表，其接线应符合使电流表显示蓄电池的充放电情况；

(5)负载电流太大和电流摆动较大的用电设备，在蓄电池放电时不经过电流表(如启动机、电喇叭）；

(6)汽车均装有保险装置，以防短路而烧坏电缆和用电设备；

(7)电源的搭铁极性与汽车上半导体元件的搭铁极性相一致。

第二节　汽车电气系统配电装置

汽车电气系统配电器件包括线路连接装置、电路控制装置、电路保护装置、中央接线盒等。

一、导线

导线是汽车电路的基本元件，分为低压导线、高压导线和低压电缆。

1. 低压导线

低压导线是传输低电压和小电流的导线，绝缘层较薄。导线线芯一般采用多股铜线拧成，特点是电阻小、柔软、电线头易于压接或焊接；绝缘层的作用是防止导线短路、搭铁和防腐蚀，一般采用耐温耐腐蚀的聚氯乙烯（PVC）材料。单股铜导线线芯较硬，一般用于不需要柔软性的电路。在汽车上也有少量用到银、金、铝、黄铜薄板等导电材料作为线芯的。有些传感器或电子控制装置的信号线采用了有屏蔽层的屏蔽导线，以防外界的电磁干扰。

选择低压导线的规格时，应注意线芯截面必须满足在要求长度的条件下能传输负载正常工作的电流，且导线要有足够的机械强度和耐受可能的热辐射。一般低压导线线芯截面不小于0.5mm^2。汽车用低压导线的规格与允许载流量见表9-1。12V电系统主要电路导线截面的推荐值见表9-2。

低压导线的允许载流量　　表9-1

导线标称截面(mm^2)	0.5	0.8	1.0	1.5	2.5	3.0	4.0	6.0	10	16
允许载流量(A)	—	—	11	14	20	22	25	35	50	70

12V电系统主要电路导线截面推荐值　　表9-2

电 路 名 称	标称截面(mm^2)
尾灯、顶灯、指示灯、牌照灯、刮水器电动机	0.5
转向灯、制动灯、停车灯、分电器	0.8
前照灯近光、电喇叭(3A以下)	1.0
前照灯远光、电喇叭(3A以上)	1.5
其他5A以上的电路	1.5～4
电热塞	4～6
电源线	4～25
启动电路	16～95

随着汽车电器数量的增多，导线数量也不断增加，为了便于安装与维修，低压导线常以不同的颜色加以区分。一般截面积在4 mm^{2}以上的采用单色，4 mm^{2}以下的采用双色。汽车

用低压导线颜色、代号及其应用见表9-3。

国产车各电系统低压导线的主色及代号　　表9-3

序号	系统名称	主色	颜色代号
1	电源系统	红	R
2	启动、点火系统	白	W
3	雾灯	蓝	Bl
4	灯光、信号系统	绿	G
5	车身内部照明系统	黄	Y
6	仪表、报警系统、喇叭系统	棕	Br
7	收音机、点烟器等辅助系统	紫	V
8	各种辅助电动机及电气操纵系统	灰	Gr
9	搭铁线	黑	B

汽车电路图中导线上一般都标有表示截面积和颜色的符号。如1.5RW，其中数字1.5表示导线的截面积为1.5mm^2，第一位字母R表示导线的主色为红色，第二位字母W表示导线的辅助色（呈轴向条状或螺旋状）为白色。

2. 高压导线

高压导线是传输高电压的导线。如用于点火系统的高压点火线（电压可达20～25kV以上），而电流强度较小。因此高压导线绝缘层较厚，耐压性能好，但线芯截面积很小。

为了衰减火花塞产生的电磁波干扰，汽车上已广泛使用高压阻尼点火线。常用的高压阻尼点火线有金属阻丝式和塑料芯导线式。

金属阻丝式又有金属阻丝线芯式和金属阻丝线绕电阻式两种。金属阻丝线芯式是由金属电阻丝绕在绝缘线束上，外包绝缘体制成阻尼线；金属丝线绕电阻式是由电阻丝绕在耐高温的绝缘体上制成电阻，再与不同型式的绝缘套构成。

塑料芯导线式是用塑料和橡胶制成直径为2mm的电阻线芯，在其外面紧紧地编织着玻璃纤维，外面再包上高压PVC塑料或橡胶等绝缘体，这种结构型式，制造过程易于自动化，成本低且可制成高阻值线芯，应用越来越广泛。

不同车型采用的阻尼高压线的阻值不相同，在检修或更换高压线时要注意测量。

国产车高压点火线的型号和规格见表9-4。

国产车高压点火线的型号和规格　　表9-4

型号	名　　称	线芯结构		标称外径（mm）
		根数	单线直径（mm）	
QGV	铜芯聚氯乙烯绝缘高压点火线	7	0.39	7.0±0.3
QGXV	铜芯橡皮绝缘聚氯乙烯护套高压点火线			
QGX	铜芯橡皮绝缘氯丁橡胶护套高压点火线			
QG	全塑料高压阻尼点火线	1	2.3	

注：QG全塑料高压阻尼点火线线芯系聚氯乙烯塑料加炭黑及其他辅料混炼塑料经注塑成型。

3. 低压电缆

低压电缆是传输低电压大电流的导线。如蓄电池与启动机之间的连接线（正极电缆）和蓄电池的搭铁线(负极电缆),正极电缆绝缘层较厚。汽车上的低压电缆要求通过电流达500～1000A,且线路上每100A的电流电压降不得超过0.1～0.15V,因此,该导线截面积要足够大。低压电缆截面积有25、35、50、70 mm^2 等多种规格。正极电缆一般为红色,负极电缆一般为黑色。

蓄电池的搭铁电缆也有用多股铜丝编织而成,不包绝缘物的。

低压电缆的连接务必要牢固,接头处要干净,以防出现电弧和发生腐蚀,保证尽可能小的接触电阻。

二、线路连接装置

线路连接装置(线路连接器或插接器)的作用是将线路中导线与导线、导线与电器元件迅速、安全可靠地连接一起。并要求连接牢固,接触电阻小,插接、拆卸方便,耐振动。

线路连接装置的结构形式很多,主要有插头和插座组成,其上设有锁止装置。拆卸时,用手按下锁止片后将插头和插座分开。为了防止插接器集中的地方接线错误,往往使用不同规格的插接装置。图9-1是几种不同结构形式的插接装置。

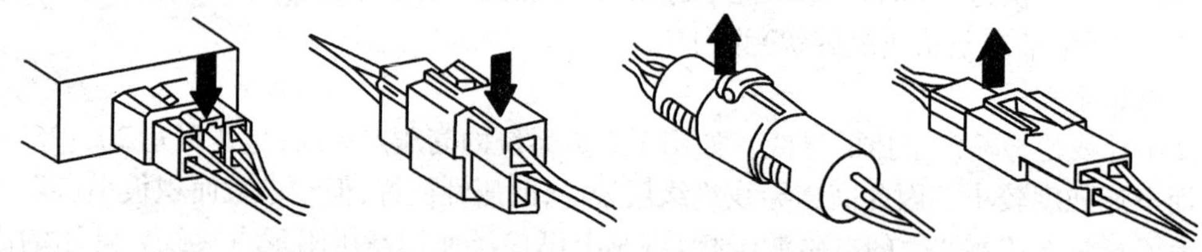

图9-1 插接装置的结构形式及解锁示意

三、电路控制装置

电路控制装置一般指开关和继电器。

1. 开关

开关的作用是在汽车电路中控制电源与各用电设备之间的电路接通或切断,从而控制用电设备的工作或停止。

按结构形式不同可分为:按键式、旋转式、推拉式、闸刀式、顶杆式、扳柄式、翘板式、组合式等。

按控制方式不同可分为:机械开关、电磁开关、温控开关、压力开关(气压、液压)、光控开关、感应开关等。

按挡位不同可分为:单挡式、多挡式。

按复位方式不同可分为:自动复位式、非自动复位式。

按开关原始状态不同可分为:常开式开关(在原设定位置即不工作时为断开状态)、常闭式开关(在原设定位置即不工作时为闭合状态)。

图9-2是几种不同结构形式的汽车电路开关。

开关结构形式繁多,应根据不同的用途,不同的工作性能,承载电流的能力、设计需要等相关要求进行合理的选择。随着汽车设计理念的更新,汽车操控将更加方便实用。下面介绍几种典型开关的工作情况。

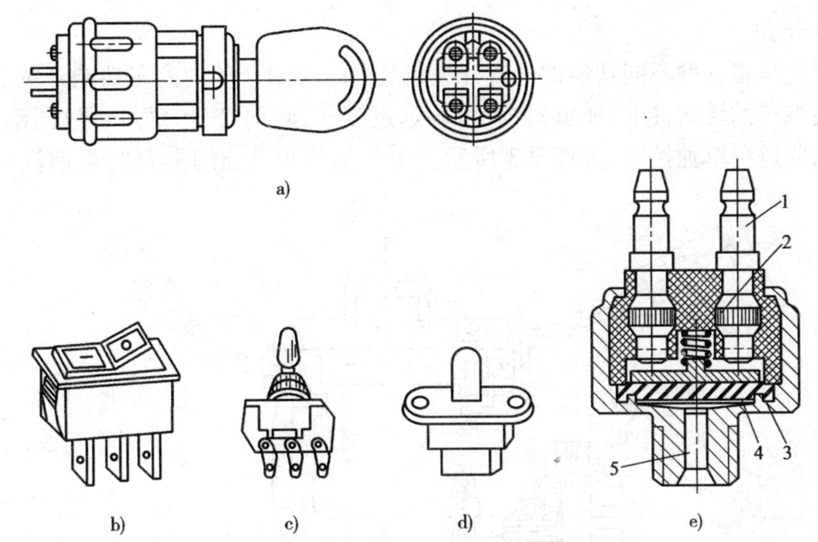

图 9-2　不同结构形式的开关

a）钥匙控制旋转式；b）翘板式；c）扳柄式；d）顶杆式；e）压力式

1-接线柱；2-弹簧；3-连接桥；4-膜片；5-接头

1）点火开关

点火开关主要用来控制点火电路、发电机磁场电路、仪表电路、启动电路和一些辅助电器的电路等，一般都具有可以自动复位的启动挡并配有钥匙以备停车时锁止方向盘。

点火开关常用的有三接线柱和四接线柱式。三接线柱式点火开关具有 0、Ⅰ、Ⅱ 挡位，“0”挡位是断开位置，钥匙可以自由插入或拔出；顺时针旋转至“Ⅰ”挡位时，点火电路、发电机励磁电路、仪表电路、部分辅助电器电路接通；继续旋转至“Ⅱ”挡位时，启动电路接通，同时切断与启动无关的辅助电器电路，以提高启动性能，“Ⅱ”挡具有自动复位功能，即钥匙至“Ⅱ”挡，启动后松开手，钥匙将自动弹回“Ⅰ”挡位置。四接线柱式的点火开关多设一挡，即“Ⅲ”挡，“Ⅲ”挡接通收音机电路和其他辅助电器电路。三接线柱式点火开关的接线柱连接和工作挡位关系见表 9-5，四接线柱式点火开关的接线柱连接和工作挡位关系见表 9-6。

三接线柱式点火开关的挡位及各接线柱之间的通断关系　　表 9-5

接线柱 / 挡位	1 电源（BAT）	2 点火（IG）	3 启动（ST）	用途
0	○			空位
Ⅰ	○——	——○		点火
Ⅱ	○——	——○——	——○	启动（具有自动回位）

四接线柱式点火开关的挡位及各接线柱之间的通断关系　　表 9-6

接线柱 / 挡位	1 电源（BAT）	2 点火（IG）	3 辅助电器（Acc）	3 启动（ST）	用途
Ⅲ	○——	——————	——○		收音机
0	○				空位
Ⅰ	○——	——○——	——○		点火
Ⅱ	○——	——○——	——————	——○	启动（具有自动回位）

2)组合开关

组合开关是将各种不同功能的电气开关组装在一个组合体内的多功能开关。组合开关一般安装在汽车的转向柱上,能够对前照灯、远近变光、转向灯、示廓灯、尾灯、刮水器、洗涤喷水器等电器进行单独控制,如图 9-3 所示。由于操作灵活、使用方便,目前汽车上已得到广泛应用。

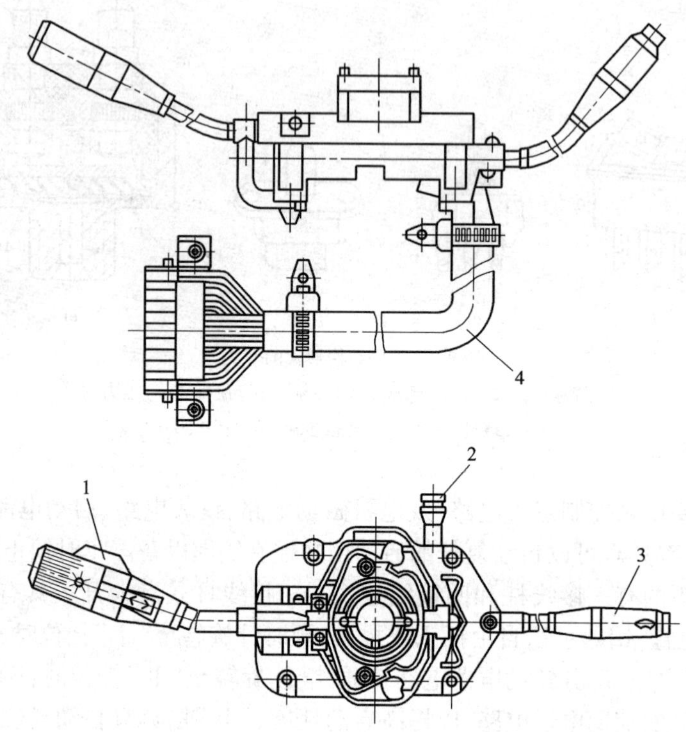

图 9-3 组合开关的结构

1-转向、变光、灯光开关;2-危险警示灯开关;3-刮水器、洗涤开关;4-组合开关线束

3)无钥匙进入系统 PKE(Passive Keyless Enter)

无钥匙进入系统 PKE 采用了先进的 RFID 无线射频识别技术,通过车主随身携带的智能钥匙(智能卡)里面的芯片感应自动开关门锁和完成其他功能。

当驾驶者携带智能钥匙靠近车体一定距离时,门锁会自动开启并解除防盗;当离开车体时,门锁会自动上锁并进入防盗状态。一般装备有无钥匙进入系统的车辆,车门把手上有感应按钮,同时也有钥匙孔,以防智能钥匙没电或损坏时,驾驶者仍可用普通方式开启车门。当驾驶者进入车内时,车内的检测系统会马上识别其智能卡信息,经过确认后车内的电脑才会进入工作状态,此时只需轻轻按动车内的启动按钮(或旋钮),就可以正常启动车辆了。也就是说无论驾驶者在车内还是车外,都可以保证系统正确识别驾驶者。

当驾驶者未升车窗离开车辆时,车门会自动上锁进入防盗状态,并将车窗自动升起;若驾驶者匆忙离开车辆车门未完全关闭时,智能钥匙的感应系统会发出报警,提醒及时关好门;若行窃者非法进入车内,没有智能钥匙与车辆匹配,也无法启动车辆,只有智能钥匙进入车内后,报警系统自动解除,电路油路才能恢复导通模式;若驾驶者进入车内未关好门启动车辆,系统也会发出警示信号,5s 后若仍未关好门则会自动断开油路和电路;另外智能钥匙还具有遥控上锁、遥控开锁、遥控寻车、制动落锁熄火开锁等功能。

不同车辆的智能钥匙所具备的功能不尽相同,但总的来说无钥匙进入系统确实为车主最大限度的提供了便利和安全。

2. 继电器

汽车上的继电器分为专用继电器和普通继电器。专用继电器可以实现特定的功能,如闪光继电器、刮水间歇继电器等,工作时能自动控制电路通断转换。普通继电器是作为一般开关使用的,有常开触点式、常闭触点式和具有常开常闭两对触点的组合式三种形式,如启动继电器、喇叭继电器、灯光继电器、充电指示灯继电器等,继电器工作时,触点即转换至相反的位置,并保持不动。常开触点式继电器又常用来保护控制开关,即工作时由控制开关控制通过磁化线圈的小电流,铁芯被磁化后吸动触点闭合,由触点控制负载的大电流。

继电器更换时标称电压和电流应与原车的相同。

四、电路保护装置

电路保护装置的作用是防止电路中导线或电器元件因过载而损坏。

电路保护装置(即保险装置)串接于被保护电路的电源与用电设备之间,当电路中由于搭铁短路等故障或电器元件过载引起过电流时,会将电路自动断开,以保护该电路系统不被损坏。电路保护装置主要有以下几种。

1. 易熔线

易熔线是一种截面一定,可长时间通过额定电流的铜或合金导线,外表包裹耐热性好的绝缘层。主要对电源电路提供保护,一辆汽车可设有一根或几根易熔线,常接在被保护电路的起始端,当所保护的电路较长时间过载时易熔线熔断,以保护电路系统。易熔线有 4 种不同的颜色以表示不同的规格,见表 9-7。

易熔线的规格　表 9-7

标称容量(A)	截面积(mm^2)	额定电流(A)	5s 熔断电流(A)	颜色
20	0.3	13	150	棕
40	0.5	20	200	绿
60	0.85	25	250	红
80	1.25	33	300	黑

2. 熔断器

熔断器又称保险丝,是最普通的电路保护装置,常见的结构形式如图 9-4 所示。熔断器的熔丝或熔片采用锌、锡、铅、铜等金属的合金材料制成,主要用于局部电路的保护。当电路中过载电流超过熔丝的额定电流值时,熔丝即在数秒内熔断,自动切断电路进行保护。为了方便检查和更换,汽车上常将各电路熔断器集中安装在一个熔断器盒内,熔断器标识和规格通常贴在熔断器盒盖上。表 9-8 是各种熔断器额定电流的规格。

也有许多汽车上采用大容量的熔断器替代易熔线,它是将电气系统划分成几组电路,每组电路用一个大容量熔断器进行保护,这样替代一根易熔线可能需要多个大容量熔断器,但优点是当出现电路故障造成一个熔断器熔断时,影响到正常工作的电气设备范围较小,同时,诊断故障也相对简便。

易熔线和熔断器是可换元件，要求易于安装和更换。需要更换时，必须选用相同规格的易熔线和熔断器，不能用超过制造厂规定额定值的熔丝或其他电阻线等代替。

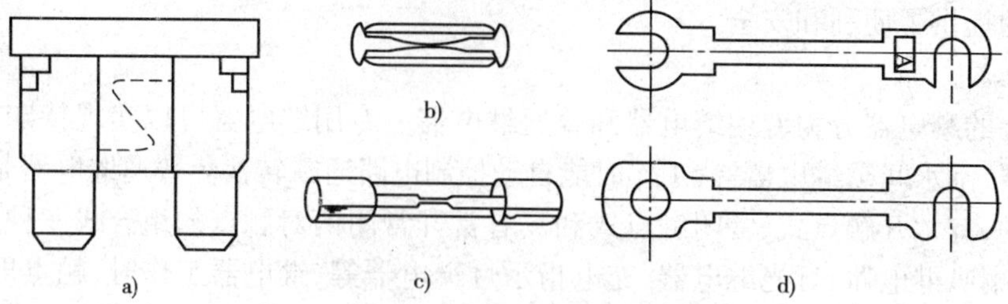

图 9-4　熔断器的结构形式

a）插片式；b）瓷芯式；c）玻璃管式；d）平板式

各种熔断器额定电流的规格　　表 9-8

熔断器型式	额定电流（A）
玻璃管式	2　3　5　7.5　10　15　20　25　30　40
瓷芯式	5　8　16　20　25
插片式	2（无色）　3（紫）　5（棕）　7.5（褐）　10（红）　15（浅黄）　25（白）　30（绿）
平板式（厚度 mm）	20（0.2）　45（0.4）　60（0.6）　80（0.8）

3. 电路断电器

电路断电器是一种可以复位后重复使用的电路保护装置，主要用于平时工作容易过载的电路保护，其结构形式主要有以下两种：

1）手动复位电路断电器

手动复位电路断电器，如图 9-5 所示。双金属片是由两种不同热膨胀系数的金属材料制成，当电路过载时，双金属片受热发生弯曲变形，使触点断开，以保护电路。故障排除后，若要重新接通电路，需要按下按钮克服弹簧力使其复位。

2）自动复位电路断电器

自动复位电路断电器，如图 9-6 所示。当电路出现过载时，双金属片上流过大电流受热变形使触点断开，而后双金属片上电流消失使之冷却自动复位，触点又会闭合，如此反复，直至过载消除为止。这种结构国产车在灯光线路中有所应用，国外常用于刮水电动机和门窗玻璃升降电动机电路中，假如电动机工作受阻，电路中电流就会增大，该电路断电器将起到

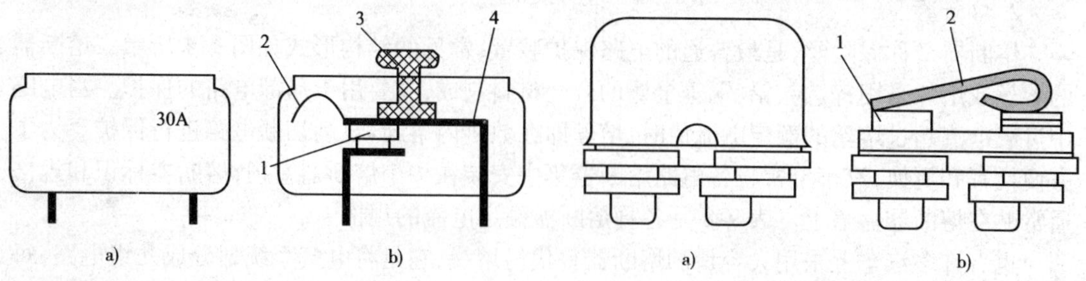

图 9-5　手动复位电路断电器

a）外形；b）内部结构

1-触点；2-弹簧；3-复位按钮；4-双金属臂

图 9-6　自动复原的电路断电器

a）外形；b）内部结构

1-触点；2-双金属臂

保护作用，直至故障解除，方能正常工作。

五、中央接线盒

随着汽车电气设备数量的逐渐增多，各种继电器和保险装置也越来越多，为方便装配和使用中排除故障，许多汽车将各种继电器和熔断器等集中安装在一起，成为一个中央接线盒，接线盒一面安装继电器和熔断器，另一面插接线束。图9-7为桑塔纳轿车中央接线盒的布局图。

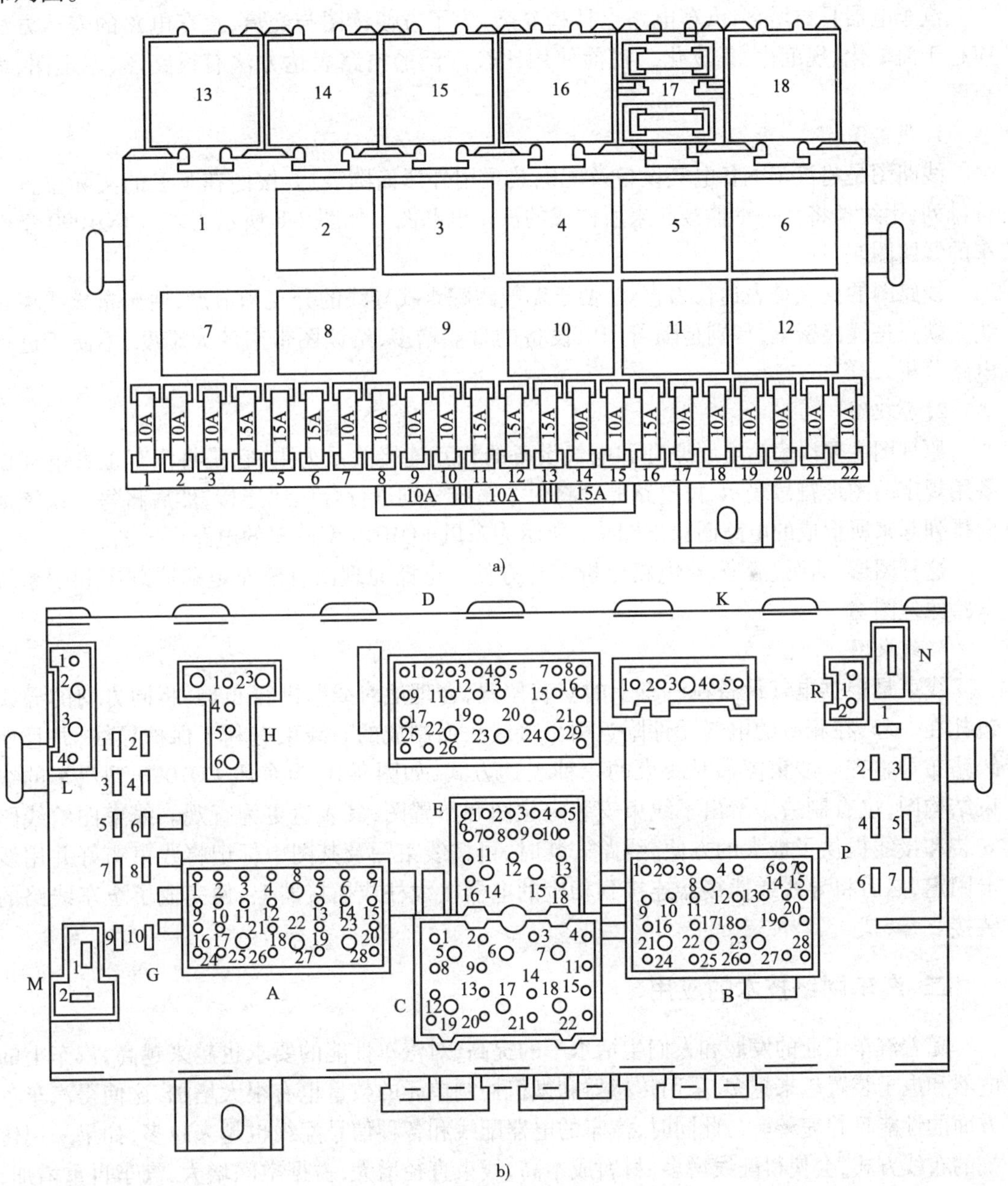

图9-7 桑塔纳轿车中央接线盒

a）正面安装继电器和熔断器；b）背面为插座

第三节　汽车总电路图

熟悉汽车电路，了解电气设备相互之间的联系，有利于正确使用电气设备并有助于迅速分析和排除电气故障。

一、汽车电路的表达方法

汽车电器日益增多，汽车电路也日趋复杂，为了方便读图与交流，汽车电路的表达方法应趋于简单化、规范化、集成化。目前使用比较广泛的电路表达方法有线路图、原理图、线束图。

1. 线路图

线路图是将汽车上各电气设备及配电装置用外形简图表达，按照在车上的实际位置进行排列，用线条将其一一连接起来所构成的汽车电路图。如图 9-8 所示为东风 EQ1090 型汽车的线路图。

线路图的优点是表达较为直观，便于循线跟踪查找导线的分支和节点，便于指导线束布线。缺点是线路密集，特别是随着用电设备的日益增多，给读图带来较大难度、不便于进行电路分析。

2. 原理图

原理图主要以表达电路原理和电气设备的相互连接关系为主，它是将汽车上各电气设备用规定的图形符号表示，按电路原理将每个系统分别进行合理地连接，然后将每个系统横向排列起来所形成的电路图。如图 9-9 所示为东风 EQ1090 型汽车的电路原理图。

这种图形，简明、清晰，对电路分析十分方便。电路原理图有整车电路原理图和子系统电路原理图。

3. 线束图

线束是根据电气设备在汽车上的安装位置，合理地对线路进行布局，将同方向的导线包扎在一起，在相应的电气元件附近引出接线头而制成的。线束有利于保护导线，并且使线路布局整齐。线束图是对线束的一种表达方式，如图 9-10 为东风 EQ1090 型汽车的线束结构图，也有制造厂给出了线束安装定位图和布置图，其表达更为直观。线束图给线路安装和接线提供了极大的方便，线路安装时，可按线束图及其图中标记将线束布好并用线卡固定，然后将导线或插接器连接到相应的电器接线柱或插接器上，便完成了全车线路的装接。

二、汽车网络技术的应用

随着汽车工业的发展和人们生活水平的提高，对汽车性能的要求也越来越高，汽车上的电器和电子装置越来越多，采用传感器和微机控制单元的数量也有很大增加，这使得汽车各方面的性能日趋完善。与此同时，汽车的电器配线和各种信号配线也越来越多，如果采用传统的布线方式，会使得配线增多，材料成本高，线束直径增大，占据空间增大，汽车自重增加，汽车配线设计和布线变得十分复杂，系统可靠性下降，排查故障困难。

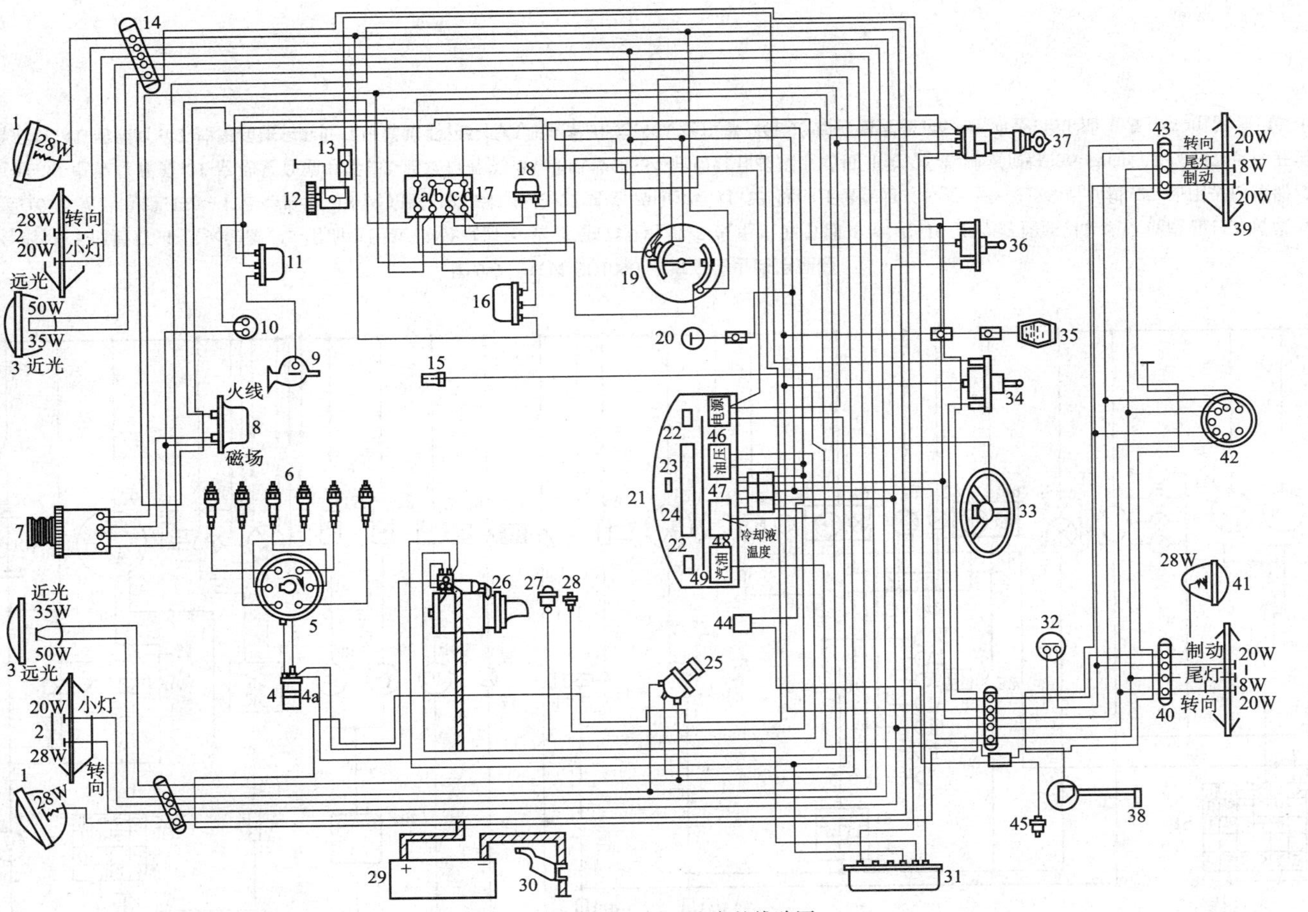

图 9-8 东风 EQ1090 型汽车的线路图

1-前侧灯;2-组合前灯;3-前照灯;4-点火线圈;4a-附加电阻线;5-分电器;6-火花塞;7-发电机;8-发电机调节器;9-喇叭;10-工作灯插座;11-喇叭继电器;12-暖风电动机;13-接线管;14-五线接线板;15-冷却液温度传感器;16-灯光继电器;17-熔断器盒;17a～17d-熔断器;18-闪光器;19-车灯开关;20-发动机罩下灯;21-仪表盘;22-左右转向指示灯;23-低油压警告灯;24-车速里程表;25-变光开关;26-启动机;27-油压表传感器;28-低油压报警开关;29-蓄电池;30-电源总开关;31-启动复合继电器;32-制动灯开关;33-喇叭按钮;34-后照灯和暖风电动机开关;35-驾驶室顶灯;36-转向灯开关;37-点火开关;38-燃油表传感器;39-组合后灯;40-四线接线板;41-后照灯;42-挂车插座;43-三线接线柱;44-低气压蜂鸣器;45-低气压报警开关;46-电流表;47-油压表;48-冷却液温度表;49-燃油表

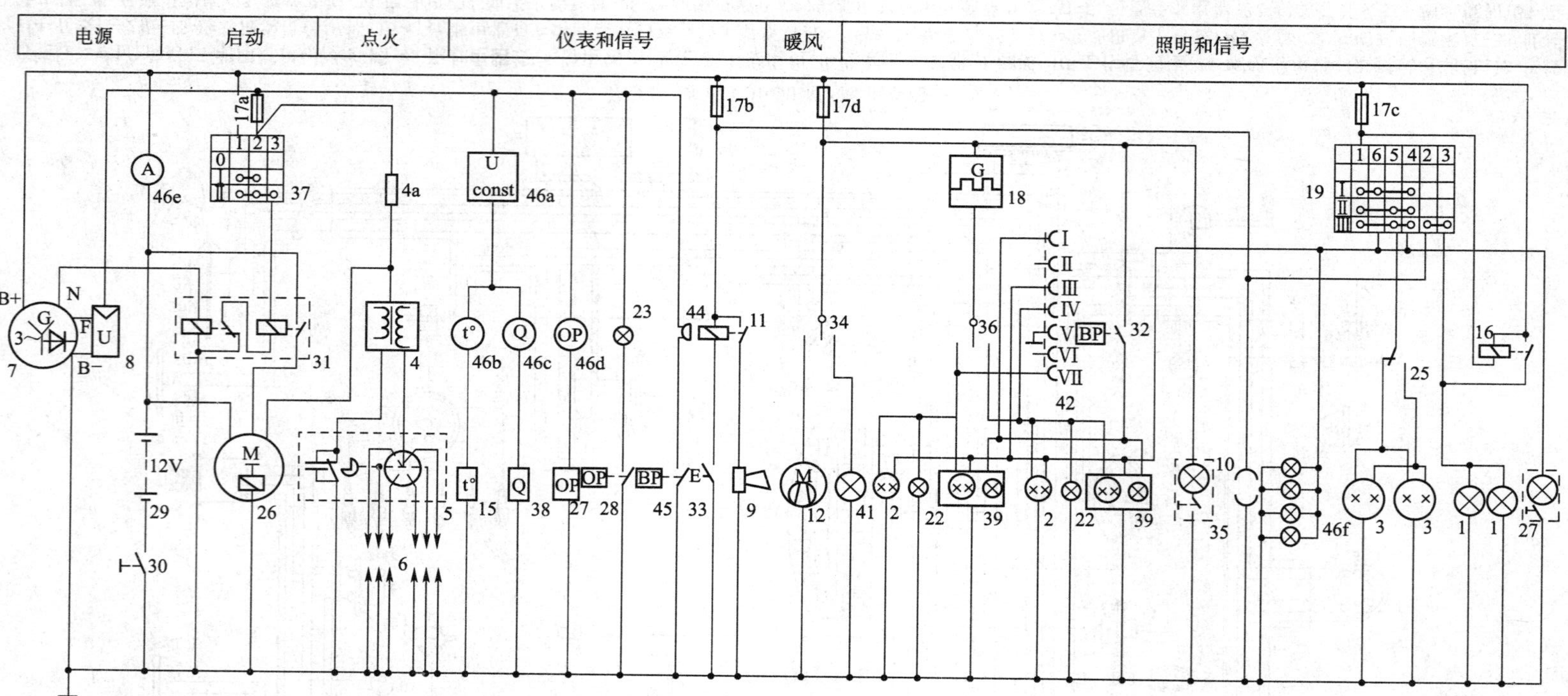

图 9-9 东风 EQ1090 型汽车的电路原理图

1-前侧灯;2-组合前灯;3-前照灯;4-点火线圈;4a-附加电阻线;5-分电器;6-火花塞;7-发电机;8-发电机调节器;9-喇叭;10-工作灯插座;11-喇叭继电器;12-暖风电动机;15-冷却液温度传感器;16-灯光继电器;17a～17d-熔断器;18-闪光器;19-车灯开关;22-左右转向指示灯;23-低油压警告灯;25-变光开关;26-启动机;27-油压表传感器;28-低油压报警开关;29-蓄电池;30-电源总开关;31-启动复合继电器;32-制动灯开关;33-喇叭按钮;34-后照灯和暖风电动机开关;35-驾驶室顶灯;36-转向灯开关;37-点火开关;38-燃油表传感器;39-组合后灯;41-后照灯;42-挂车插座;44-低气压蜂鸣器;45-低气压报警开关;46a-稳压器;46b-冷却液温度表;46c-燃油表;46d-油压表;46e-电流表;46f-仪表灯

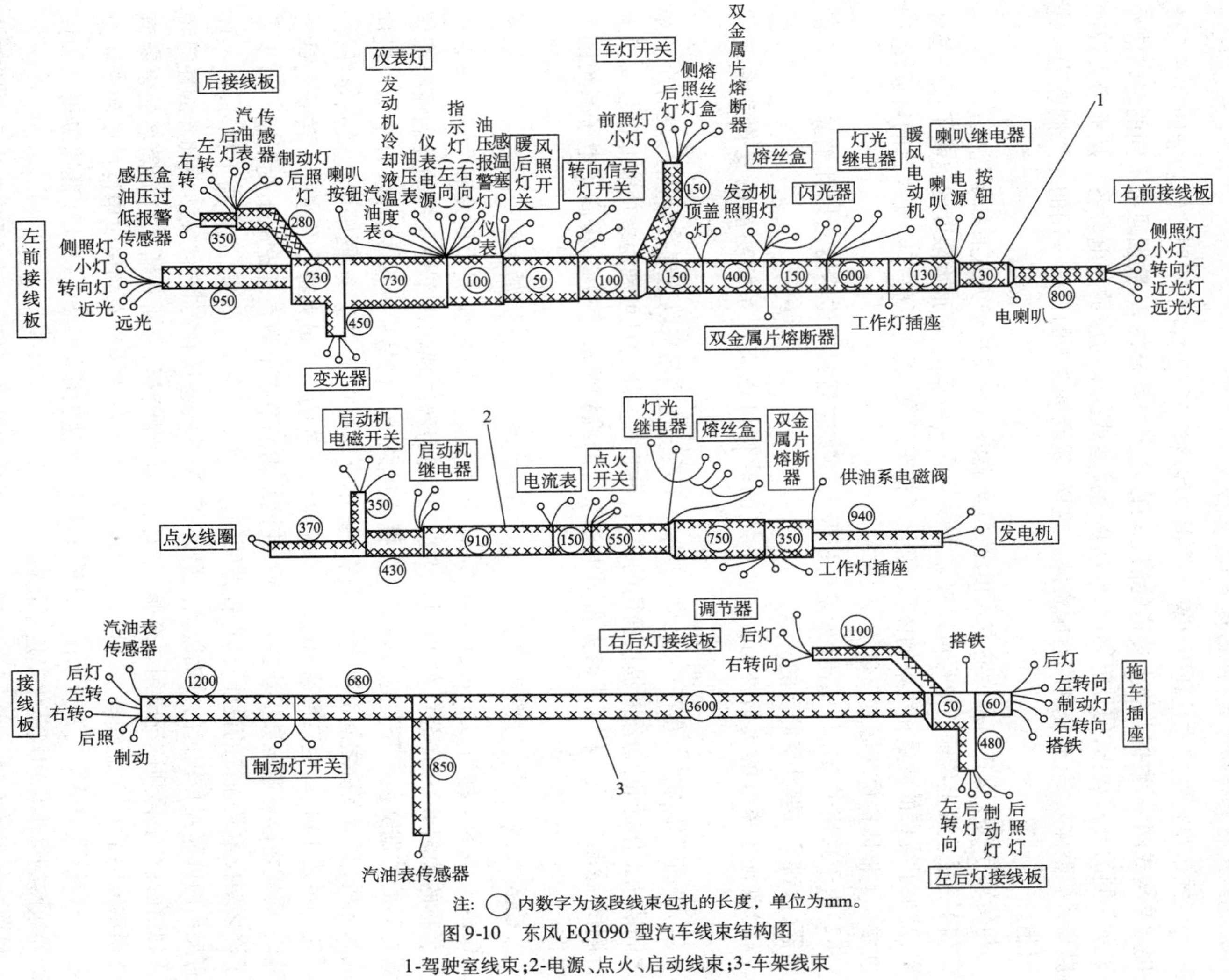

注：◯内数字为该段线束包扎的长度，单位为mm。

图 9-10 东风 EQ1090 型汽车线束结构图

1-驾驶室线束;2-电源、点火、启动线束;3-车架线束

另外，电子控制单元的引入，要求大量的数据信息能够在不同的子系统中共享，汽车综合控制系统中大量的控制信号也需要实时交换，以提高信号的利用率。因此，开发适应于汽车环境的网络技术，组建汽车内部的通讯网络，是解决上述问题的手段之一。

1. 总线式信息传输方式（网络技术）及其特点

总线式信息传输方式是利用计算机数据总线将汽车上的各个不同控制功能的电子系统连接起来构成网络，数据总线上传递的信号可以被多个系统共享，数据通过不同的编码信号来表示不同的开关动作，信号解码后，根据指令接通或断开对应的用电设备。从而最大限度的提高系统整体效率，充分利用有限资源。这样，就能将过去的一线一用的专线制改为一线多用制。

与传统导线线束式信息传输方式相比，汽车总线式信息传输方式有如下优点：

(1)一根总线上传输的信号可以被多个设备系统共享，从而很大限度的提高了系统整体效率，减少了线束的数量和线束的体积，简化了整车线束，提高了整车电气线路的可靠性，因而也减少了整体造价和线束重量。

(2)由于采用了通用传感器（如发动机及自动变速器共用传感器），因此消除了冗余的传感器，达到了数据共享的目的。

(3)改善了系统的灵活性，即通过系统的软件可以实现系统功能的变化和系统的升级。

(4)提高了维修性。由于网络结构将各个子系统连接起来以达到数据共享，使各个子系统之间协调工作，同时为诊断提供通用的接口，可非常方便的且可利用多功能测试仪对系统进行测试、诊断，大大方便了维修人员对电子系统的维护和故障检修，提高了电子系统的可维修性。

2. CAN 总线

CAN 总线的全称为 Controller Area Network，即控制器局域网，是由研发和生产汽车电子产品著称的德国 BOSCH 公司在 20 世纪 80 年代初为解决现代汽车中众多的控制器与测试仪器之间的数据交换而开发的一种串行数据通讯总线。它是一种多主总线，每个节点机均可成为主机，其节点机之间也可进行通信。通讯介质可以是双绞线、同轴电缆或光导纤维，通讯速率可达 1Mb/s，距离可达 10km。CAN 总线系统的一个最大特点是废除了传统的站地址编码，而代之以对通讯数据块进行编码，使网络内的节点个数在理论上不受限制。由于采用了许多新技术及独特的设计，具有较强的纠错能力，支持差分收发，适合高干扰环境，因而具有突出的可靠性和较远的传输距离。另外，CAN 总线还具有实时性、灵活性和开放性等特点，因此在汽车上得到广泛应用。奔驰、宝马、大众、保时捷、劳斯莱斯等世界著名的多家汽车公司都采用了 CAN 总线技术。目前，CAN 总线技术已成为汽车领域应用最广泛的现场总线之一。1993 年，CAN 成为国际标准：ISO 11898（高速应用）和 ISO 11519（低速应用），为控制器局域网的标准化和规范化奠定了基础。

目前汽车上的 CAN 总线网络连接方式主要采用两条 CAN，一条用于驱动系统的高速 CAN，速率在 500kb/s 以上；另一条用于车身系统的低速 CAN，速率在 500kb/s 以下。这两条独立的总线之间通过“网关”实现在各个 CAN 之间的数据交换和资源共享。

第四节 汽车电路故障的检查

一、电路故障检查方法

1. 直观法

直观法是凭检修人员的直观感觉来检查和判断故障的一种方法。是通过人体感觉器官，即听、摸、嗅、看的手段对汽车电器元件的完好状况、电路及其连接状况、开关及保险装置是否正常等外观现象进行检查，及时判断故障部位进行排除。有时凭检修人员的经验可以排除一些较复杂的电路故障。

2. 搭铁试火法

搭铁试火法一般不发动车，是利用蓄电池作为电源，经需要检查的导线或用电设备后引出的线头碰试汽车的车架或与之相连接的金属部件，来判断需要检查的导线或用电设备是否连接正常。若碰试部位有火花说明线路连接良好，无火花说明断路故障，若火花相对较弱说明线路接触不良。应注意的是，搭铁试火法不能在汽车电子线路中应用。因为忽通忽断的大电流会使电路中若有线圈时产生感应电动势，有损坏电子元件的可能。

3. 试灯法

试灯法是用汽车上的小功率灯泡作为试灯，一端搭铁，另一端依次触及需要检查的线路各接线柱，来诊断故障的一种方法。依然利用蓄电池作为电源，若触及时试灯亮，说明触及处至蓄电池正极之间无断路，否则说明该段线路之间有断路处。试灯触及搭铁点时应该不亮。此方法适合于检查带有电子元件的电气装置所构成的电路。但要慎重用试灯法检查计算机控制的电路。

若线路中有短路或搭铁故障，烧断了熔断丝，也可利用试灯跨接于烧断的熔断丝之间，然后，依次拆除用电设备的搭铁至熔断丝之间的各连接器，直至灯灭为止，找出故障部位。如果一只熔断器同时保护几支电路，则可一次断开一条支路，直至灯灭，故障即在灯灭时断开的那一支电路中。

4. 替换法

替换法是一种通过换件对比（即用完好的电器元件替换怀疑有故障的电器元件）来判断故障的一种方法。此方法主要用于一些不能拆检的整体式电器元件，但前提是替换元件与被替换元件应具有相同的规格型号，电路中故障较少，且已确定无使替换元件再次损坏的可能。

5. 短路法

短路法是用一根导线跨接某一怀疑有故障的部位（包括搭铁是否良好）或电器元件，暂时取消该部位或电器元件的作用，来判断故障的一种方法。若该部位或电器元件被短接后，故障现象消除，说明该部位或电器元件有故障。但因短接的部位或电器元件不工作又会引起其他故障时，应加以注意。另外，检查故障时不能直接将跨接线连接蓄电池的正负极。

6. 断路法

断路法是对需要检查的电路依次断开，判断故障的一种方法。此方法适应于电路中有搭铁短路故障的情况,电路搭铁通常是指电流在到达预定负载部件之前就返回到搭铁的情况。如接通某一用电设备时,电路中会显示放电电流较大或熔断器烧断,这说明有搭铁短路故障。可用依次断路法进行故障检查,若断开某一部位后故障消除,说明故障位置在断开部位之后(从电源正极开始依此类推),若故障依然存在说明故障位置在断开部位之前。检查故障时,可将一试灯跨接在熔断的熔丝之间协助检查(参见试灯检查法)。

7.仪表检查法

仪表检查法是利用仪表对电器和电路进行检查判断故障的一种方法。第一可用万用表直接测量读取被测电器及电路的电阻、电流和电压值,但前提是必须了解该电器元件的正常参数和正常使用条件下有关参数的变化规律。第二是借助于车载仪表(电流表、燃油表、冷却液温度表、机油压力表)的指示情况综合考虑来判断查找电路故障,这种检查方法除电流表外,其他仪表只能进行单项故障判断。

8.示波器检查法

示波器检查法是利用汽车专用示波器对汽车电器工作波形进行检测和显示,与正常波形相对比,分析故障原因,以此诊断故障。

9.故障码读取法

汽车上采用ECU控制系统时,一般都设计有自诊断功能,当出现故障时,ECU中故障检测系统会将故障以代码的形式通过仪表盘上的故障警告灯显示,或通过专用的故障接口读出。然后根据故障代码所提示的线索查找故障。

以上是检查电路故障的常见方法,由于各车电路有自己的特点,所以具体情况还要具体分析,只要把电路图读懂,结合故障现象,借助与专用工具,便可顺利地排除故障。特别要指出的是判断一个故障的方法并不是唯一的。

二、电路检查注意事项

(1)点火开关接通时,不要拆除电子装置的电源线。

(2)拆卸和安装电子装置的接插件或更换配件重新接线时,应先关闭电器开关和拆下蓄电池搭铁线,待线路接好后检查无误再接好蓄电池搭铁线。

(3)拆卸蓄电池时应先拆下负极接线,装蓄电池时应最后连接负极接线。拆装蓄电池时应断开点火开关和其他电器开关,注意蓄电池极性不要接反。

(4)只要接通了蓄电池,就不要随意去碰发电机正极端子,因为该端子始终存在蓄电池的电压。

(5)拆装连接器时,要先解除闭锁,不要硬拉硬拽,插接时要保证连接牢固。

(6)熔断器烧断后,要及时查明原因,大多数情况下是由于电路中有短路现象造成的,查找故障时,应对共用该熔断器的所有电路都进行检查,查找并排除故障后,确保无故障时,务必更换同样规格的熔断器,并保证接触良好。

(7)应注意电子装置的防水,如果电子装置进水,应立即熄火并拆下蓄电池搭铁线,不能反复启动发动机,以避免烧坏电子元件。

(8)严禁使用搭铁试火法检查由电子元件组成的电器总成。

(9)查找排除故障时,不要随意改动原车线束。

(10)检查电脑和传感器时,应采用内阻较大的数字式仪表检测,以保证被测装置的安全。

(11)自诊断系统排查故障时,按维修手册中的要求和步骤进行。

复习思考题

1. 汽车总电路的作用是什么?
2. 如何选择汽车熔丝的规格、形式,有哪些注意事项。
3. 汽车导线的选择有什么要求?
4. 简述汽车钥匙开关的用途及发展现状。
5. 如何实现汽车电路的简单化、规范化、集成化、轻量化。

参 考 文 献

[1] 汽车工程手册编委会. 汽车工程手册[M]. 北京:人民交通出版社,2001.
[2] 周允. 汽车百科全书[M]. 北京:机械工业出版社,1992.
[3] 边焕鹤,蹇小平. 汽车电器与电子设备[M]. 北京:人民交通出版社,1997.
[4] 梁杰,王慧君. 工程机械电器与电子控制装置[M]. 北京:人民交通出版社,1999.
[5] 邬惠乐,梁恩忠. 汽车技术词典[M]. 北京:人民交通出版社,1989.
[6] 顾柏良. 汽车工程手册[M]. 北京:北京理工大学出版社,2004.
[7] (美)B. 霍莱姆比克. 汽车电气与电子系统[M]. 北京:机械工业出版社,1998.
[8] 王锦俞,闵思鹏. 图解英汉汽车技术词典[M]. 北京:机械工业出版社,2002.
[9] 蹇小平,麻友良. 汽车电器与电子技术[M]. 北京:人民交通出版社,2006.
[10] 司景萍,高志鹰. 汽车电器及电子控制技术[M]. 北京:北京大学出版社,2012.
[11] 于明进,于光明. 汽车电气设备构造与维修[M]. 北京:高等教育出版社,2011.
[12] 于明进. 现代轿车构造与检修[M]. 北京:国防工业出版社,2002.
[13] 边焕鹤. 汽车电器与电子技术[M]. 北京:人民交通出版社,2009.
[14] 孙仁云,付百学. 汽车电器与电子技术[M]. 北京:机械工业出版社,2007.
[15] 周建平. 汽车电气设备构造与维修[M]. 北京:人民交通出版社,2005.
[16] 中华人民共和国国家质量检验检疫总局. 国家标准 GB/T 534—2002[M]. 北京:中国标准出版社,2002.
[17] 王启瑞. 汽车电气及电子设备[M]. 合肥:安徽科学技术出版社,2000.
[18] 李智超. 汽车电气及电子设备[M]. 合肥:合肥工业大学出版社,2011.
[19] 潘承炜. 汽车电气设备构造与维修[M]. 杭州:浙江科学技术出版社,2006.
[20] 杨生辉. 汽车电气与电子技术[M]. 北京:国防工业出版社,2004.
[21] 吴芷红,胡福祥. 汽车电气设备[M]. 北京:中国水利水电出版社,2010.